한국어뱅크

TOPIK II
한 권이면 OK

한국어뱅크

TOPIK II
한 권이면 OK

한국어능력시험 II
중·고급(3~6급)

Phiên bản tiếng Việt

초판 1쇄 인쇄 | 2022년 4월 10일
초판 1쇄 발행 | 2022년 4월 20일

지은이 | 김훈·김미정·김승옥·임리라·장지연·조인화
발행인 | 김태웅
편   집 | 김현아
디자인 | 남은혜, 신효선
총   괄 | 나재승
제   작 | 현대순

발행처 | (주)동양북스
등   록 | 제 2014-000055호
주   소 | 서울시 마포구 동교로22길 14 (04030)
구입문의 | 전화 (02)337-1737   팩스 (02)334-6624
내용문의 | 전화 (02)337-1762   dybooks2@gmail.com

ISBN 979-11-5768-801-2 13710

한국어뱅크

TOPIK II
한 권이면 OK

Phiên bản tiếng Việt

한국어능력시험 II
중·고급(3~6급)

동양북스

머리말

아무리 좋은 재료와 요리 도구를 가지고 있다고 하더라도 그것을 맛있게 조리하는 방법을 모르면 절대 맛있는 음식은 완성할 수 없을 것입니다. 한국어능력시험II (TOPIK II)를 준비하는 수험생들은 좋은 점수를 얻고 싶어 하지만, 실제로는 어떻게 시험을 대비해야 하는지는 모르는 경우가 많습니다. 본 책은 수험생들에게 시험의 유형에 익숙해지고 자신의 언어 능력을 발휘할 수 있는 방법, 더 나아가 TOPIK II에서 효율적으로 좋은 성과를 올리는 방법을 제시하고 있습니다.

본 책은 TOPIK II를 준비하는 외국인 수험생을 위한 종합 학습서입니다. 준비 단계와 유형 분석, 문제 분석과 적용의 단계로 이루어져 있습니다. 수험생들은 준비 단계를 통해 TOPIK II에서 필수적으로 나타나는 어휘와 문법을 익힐 수 있습니다. 또한 유형 분석을 통해 시험의 유형을 숙지하고, 직접 기출 문제와 샘플 문제를 통해 문제를 해석하여 올바른 정답을 찾아내는 연습을 하게 됩니다. 마지막으로 실전과 유사한 형태의 연습 문제를 통해 최종 점검을 하도록 구성하였습니다.

본 책에서 나오는 어휘와 문법은 그동안 출제되었던 TOPIK 문제와 국제 통용 한국어교육 표준 모형(국립국어원), 주요 대학의 한국어 교재를 분석한 결과를 바탕으로 하고 있습니다. 또한 읽기와 듣기, 쓰기 문제의 주제와 소재는 그동안의 TOPIK 기출 문제와 다년간의 시험의 흐름을 면밀히 분석하여 선정하였습니다.

또한 본 책은 선생님들이 직접 수업을 하는 것 같은 친절하고 자세한 설명을 제공합니다. 이는 집필진 모두가 한국어 교육 현장에서 TOPIK 관련 프로그램을 운영하거나 교재 집필, TOPIK 문제 출제와 평가를 한 경험이 있는 전문가들이기에 가능한 것이었습니다. 또한 이와 같은 경험은 많은 TOPIK 수험생들이 현장에서 바라고 있는 시험 관련 대비서로서의 요구 사항을 분석하여 본 책에 반영할 수 있는 바탕이 되었습니다.

이 책이 나올 때까지 세심한 부분까지 도와주시고 격려해 주신 분들께 감사의 말씀을 드립니다. 또한 책을 좀 더 나은 모습으로 구성하고 디자인해주신 동양북스에도 감사의 인사를 드립니다. 모쪼록 본 책이 TOPIK을 준비하는 수험생들에게 좋은 길잡이가 되기를 바라며, TOPIK을 준비하는 모든 수험생들에게 격려와 응원을 보냅니다..

집필진 일동

Lời mở đầu

Cho dù bạn có nguyên liệu và dụng cụ nấu ăn tốt đến đâu, nếu bạn không khéo nấu, bạn sẽ không bao giờ có thể hoàn thành món ăn ngon. Thí sinh chuẩn bị cho kỳ thi năng lực tiếng Hàn (TOPIK II) mong muốn đạt điểm cao, nhưng trên thực tế, họ thường không biết làm thế nào để chuẩn bị cho bài kiểm tra. Cuốn sách này cung cấp cho học sinh cách làm quen với các dạng bài kiểm tra và thể hiện kỹ năng ngôn ngữ của mình, và hơn nữa, cách đạt được kết quả tốt trong TOPIK II một cách hiệu quả.

Cuốn sách này là một hướng dẫn học tập toàn diện cho các thí sinh nước ngoài chuẩn bị cho TOPIK II. Nó bao gồm giai đoạn chuẩn bị, phân tích loại và phân tích vấn đề và ứng dụng. Thí sinh có thể học từ vựng và ngữ pháp cần thiết trong TOPIK II thông qua giai đoạn chuẩn bị. Ngoài ra, bạn sẽ làm quen với các dạng bài thi thông qua phân tích dạng bài, và thực hành tìm ra câu trả lời đúng bằng cách diễn giải câu hỏi thông qua các câu hỏi trong quá khứ và các câu hỏi mẫu. Cuối cùng, việc kiểm tra lần cuối được thực hiện thông qua các câu hỏi thực hành tương tự như thực hành thực tế.

Từ vựng và ngữ pháp trong cuốn sách này dựa trên kết quả phân tích các bài toán TOPIK, mô hình chuẩn quốc tế về giáo dục Hàn Quốc (National Institute of the Korean Language), và các giáo trình tiếng Hàn tại các trường đại học lớn. Ngoài ra, các chủ đề và dữ liệu của các câu hỏi đọc, nghe, viết được chọn lọc sau khi phân tích kỹ các câu hỏi TOPIK trước đó và phân luồng của các đề thi qua các năm.

Ngoài ra, cuốn sách này còn cung cấp những lời giải chi tiết và tử tế như thể các giáo viên đang trực tiếp giảng dạy các em. Điều này có thể thực hiện được vì tất cả những người viết đều là những chuyên gia đã có kinh nghiệm điều hành các chương trình liên quan đến TOPIK trong lĩnh vực giáo dục tiếng Hàn, viết sách giáo khoa và giải đề và đánh giá TOPIK. Ngoài ra, kinh nghiệm này đã trở thành cơ sở để phân tích các yêu cầu của nhiều kỳ thi TOPIK như một sự chuẩn bị cho kỳ thi trong lĩnh vực này và phản ánh điều đó trong cuốn sách này.

Tôi muốn gửi lời cảm ơn đến những người đã giúp đỡ và động viên tôi từng chi tiết cho đến khi cuốn sách này hoàn thiện hơn. Tôi cũng xin cảm ơn Dongyang Books đã sắp xếp và thiết kế cuốn sách một cách tốt hơn. Chúng tôi hy vọng rằng cuốn sách này sẽ là một hướng dẫn tốt cho học sinh chuẩn bị cho TOPIK, và tôi gửi lời động viên và hỗ trợ đến tất cả các thí sinh chuẩn bị cho TOPIK.

Nhóm biên soạn

TOPIK 소개

시험의 목적

— 한국어를 모국어로 하지 않는 재외동포·외국인의 한국어 학습 방향 제시 및 한국어 보급 확대
— 한국어 사용능력을 측정·평가하여 그 결과를 국내 대학 유학 및 취업 등에 활용

응시대상

한국어를 모국어로 하지 않는 재외동포 및 외국인으로서

— 한국어 학습자 및 국내 대학 유학 희망자
— 국내외 한국 기업체 및 공공기관 취업 희망자
— 외국 학교에 재학 중이거나 졸업한 재외국민

유효기간

성적발표일로부터 2년간 유효

시험의 활용처

— 정부초청 외국인장학생 진학 및 학사관리
— 외국인 및 12년 외국 교육과정이수 재외동포의 국내 대학 및 대학원 입학
— 한국기업체 취업희망자의 취업비자 획득 및 선발, 인사기준
— 외국인 의사자격자의 국내 면허인정
— 외국인의 한국어교원자격시험(2~3급)응시 자격 취득
— 영주권 취득
— 결혼이민자 비자 발급 신청

시험시간표

구분	교시	영역	중국 등			한국, 일본			기타 국가			시험시간(분)
			입실시간	시작	종료	입실시간	시작	종료	입실시간	시작	종료	
TOPIK I	1교시	듣기 읽기	08:30	09:00	10:40	09:20	10:00	11:40	09:00	09:30	11:10	100
TOPIK II	1교시	듣기 쓰기	11:30	12:00	13:50	12:20	13:00	14:50	12:00	12:30	14:20	100
	2교시	읽기	14:10	14:20	15:30	15:10	15:40	16:30	14:40	14:50	16:00	70

※ 중국 등 : 중국(홍콩 포함), 몽골, 대만, 필리핀, 싱가포르, 브루나이, 말레이시아
※ 시험 시간은 현지 시간 기준 / TOPIK I 과 TOPIK II 복수 지원 가능
※ TOPIK I 은 1교시만 실시함
※ 중국 TOPIK II 는 13:00에 시작

시험의 수준 및 등급

— 시험수준: TOPIK I, TOPIK II
— 평가등급: 6개 등급(1~6급)
　획득한 종합점수를 기준으로 판정되며, 등급별 분할점수는 아래와 같습니다.

구분	TOPIK I		TOPIK II			
	1급	2급	3급	4급	5급	6급
등급결정	80점 이상	140점 이상	120점 이상	150점 이상	190점 이상	230점 이상

※ 35회 이전 시험기준으로 TOPIK I은 초급 TOPIK II는 중고급 수준입니다.

문항구성

1) 수준별 구성

시험 수준	교시	영역(시간)	유형	문항수	배점	총점
TOPIK I	1교시	듣기(40분)	객관식	30	100	200
	2교시	읽기(60분)	객관식	40	100	
TOPIK II	1교시	듣기(60분)	객관식	50	100	300
		쓰기(50분)	주관식	4	100	
	2교시	읽기(70분)	주관식	50	100	

2) 문제유형
　— 객관식 문항(사지선다형)
　— 주관식 문항(쓰기 영역)
　　문장완성형(단답형): 2문항
　　작문형: 2문항(200~300자 정도의 중급 수준 설명문 1문항, 600~700자 정도의 고급 수준 논술문 1문항)

성적 확인 방법 및 성적증명서 발급

① 성적 확인 방법
　홈페이지(www.topik.go.kr) 접속 후 확인 및 발송된 성적증명서 확인
　※ 홈페이지에 접속하여 성적을 확인할 경우 시험 회차, 수험번호, 생년월일이 필요함
　※ 해외응시자도 홈페이지(www.topik.go.kr)를 통해 자기 성적 확인

② 성적증명서 발급 대상
　부정행위자를 제외하고 합격·불합격 여부에 관계없이 응시자 전원에게 발급

③ 성적증명서 발급 방법
　※ 인터넷 발급
　　— TOPIK 홈페이지 성적증명서 발급 메뉴를 이용하여 온라인 발급(성적발표 당일 출력 가능)
　※ 우편수령 선택
　　— 한국 응시자의 경우 성적발표일로부터 3일 후(근무일 기준)발송
　　— 일반우편으로 발송되므로 수취 여부를 보장하지 못함
　　— 주소 오류 또는 반송된 성적증명서는 다시 발송 되지 않음(3개월 이내 방문 수령 가능)

구성 및 활용

➤ 1단계 – 준비 Bước 1 - Chuẩn bị

이 단계는 씨를 뿌리는 단계입니다. TOPIK을 풀기 이전에 먼저 한국어 능력을 키워야 합니다. 아무리 좋은 설계도가 있어도 재료가 없으면 집을 지을 수 없는 것처럼 기본적인 어휘와 문법 실력 없이는 TOPIK을 잘 볼 수 없습니다.

Đây là giai đoạn gieo hạt. Trước khi giải đề TOPIK, các bạn phải nâng cao năng lực tiếng Hàn của mình. Bản thiết kế có tốt đến đâu đi nữa, bạn, không thể xây nhà nếu không có vật liệu; cũng vậy,bạn cũng không thể làm bài TOPIK tốt nếu không trang bị vốn từ vựng và ngữ pháp cơ bản.

오늘의 어휘&문법 Từ vựng & Ngữ pháp của ngày hôm nay

TOPIK에 자주 출제된 중요 기출 어휘와 문법, 국립국어원에서 제시한 '국제통용 한국어교육 표준모형'의 중요 어휘와 문법, 그리고 주요 대학 교재를 분석하여 앞으로 자주 출제될 어휘와 문법을 제시하였습니다. 문장으로 자연스럽게 학습할 수 있도록 예문을 제시하였고 기출, 샘플, 연습 문제의 지문에도 오늘의 어휘와 문법이 포함되어 있습니다. 항상 가지고 다니며 공부할 수 있도록 핸드북을 따로 만들어 두었으니 적극적으로 활용하시기 바랍니다. 오늘의 어휘와 문법은 반드시 외우기 바랍니다.

Sau khi phân tích các từ vựng và cấu trúc ngữ pháp quan trọng thường gặp trong các kỳ thi TOPIK, từ vựng và ngữ pháp quan trọng được trình bày trong 'Mô hình tiêu chuẩn quốc tế về giáo dục tiếng Hàn cho mục đích sử dụng quốc tế' của Viện Ngôn ngữ học Hàn Quốc và sách giáo khoa của các trường đại học, chúng tôi trình bày các từ vựng và cấu trúc ngữ pháp có thể xuất hiện trong các bài thi TOPIK. Chúng tôi trình bày các ví dụ thành câu văn hoàn chỉnh để thí sinh có thể học chúng một cách tự nhiên; đồng thời, mục 'Từ vựng & ngữ pháp của ngày hôm nay' cũng bao gồm các văn bản xuất hiện trong các kỳ thi trước đây, các bài mẫu và các bài tập thực hành. Chúng tôi đã thiết kế một cuốn sổ tay riêng để các bạn có thể luôn mang theo bên mình để học tập; vì vậy, các bạn hãy tích cực sử dụng nó! Hy vọng các bạn thuộc lòng từ vựng và ngữ pháp của ngày hôm nay.

Hand book Sổ tay

오늘의 어휘와 문법은 가지고 다니면서 공부할 수 있도록 따로 핸드북을 만들어 두었습니다. TOPIK을 준비하는 학생이라면 반드시 알아야 할 최소한의 어휘와 문법입니다. 항상 가지고 다니면서 반복해서 보고 꼭 외우시기 바랍니다. 어휘와 문법은 뜻만 외우는 것보다는 문장과 함께 외우는 것이 더 좋습니다.

Mục 'Từ vựng và ngữ pháp của ngày hôm nay' được soạn trong một cuốn sổ tay riêng để bạn có thể dễ dàng mang theo và học tập. Đây là những từ vựng và ngữ pháp tối thiểu mà thí sinh chuẩn bị thi TOPIK cần phải biết. Hãy luôn mang theo, đọc đi đọc lại để ghi nhớ chúng! Thay vì chỉ nhớ nghĩa của từ vựng và ngữ pháp, bạn nên học thuộc cả câu.

➤ 2단계 – 유형 연구 Bước 2 - Nghiên cứu dạng đề

이 단계는 숲을 보면서 전체적인 틀을 파악하는 단계입니다. 문제 하나하나를 보기 전에 전체적인 문제의 유형과 구성을 알아야 합니다. 아무리 한국어 능력이 뛰어나다 해도 시험 유형에 익숙하지 않으면 좋은 점수를 받을 수 없습니다.

Đây là quá trình nắm bắt mô hình tổng thể của đề thi giosog như nhìn vào một khu rừng. Trước khi xem xét từng vấn đề riêng lẻ, bạn cần nắm bắt khái quát dạng đề thi và cấu trúc của đề thi. Dù trình độ tiếng Hàn của bạn có giỏi đến đâu đi nữa, bạn sẽ không đạt được điểm cao nếu không làm quen với dạng đề thi.

유형 분석 Phân tích dạng đề

해당 문제들에 대한 전체 설명과 각 문제를 푸는 구체적인 방법을 제시하였습니다. TOPIK 문제 하나하나를 분석하여 가장 빠르고 정확하게 답을 고를 수 있도록 하였습니다. 꼼꼼히 읽고 숙지하기 바랍니다. 진한 글씨 부분은 문제를 푸는 데 핵심적인 내용이므로 더욱 주의 깊게 보십시오.

Chúng tôi sẽ giải thích khái quát về các đề thi và trình bày phương cách giải đề một cách cụ thể. Chúng tôi đã phân tích từng đề thi một để giúp bạn có thể chọn được đáp án đúng một cách nhanh nhất và chính xác nhất. Hãy đọc kỹ đề thi và các đáp án để hiểu rõ hơn! Bạn nên đọc thật kỹ phần chữ in đậm vì đây chính là nội dung cốt lõi giúp bạn có thể giải đề thành công.

➤ 3단계 – 문제 분석 Bước 3 - Phân tích đề thi

이 단계는 한 그루 한 그루 나무를 자세히 관찰하는 단계입니다. 왜 이 문제의 답이 ③번인지 문제 하나하나를 분석하고 답을 고르는 방법을 상세히 설명해 줄 겁니다.

Đây là bước quan sát chi tiết từng đề thi giống như quan sát từng cây trong một khu rừng. Tôi sẽ phân tích từng đề thi một và giải thích chi tiết tại sao đáp án cho câu hỏi này là số ③

기출 문제 Đề thi trước đây

각 유형을 파악할 수 있도록 TOPIK 기출 문제 35~37회 중 하나를 선택하여 제시하였습니다. 새롭게 바뀐 TOPIK 경향을 파악하는 데 큰 도움이 될 것입니다. 빨간 펜으로 중요한 부분에 밑줄을 긋고 구체적인 설명을 달아 두었습니다. 주의 깊게 보시기 바랍니다. 기출문제는 한 번 푸는 걸로 끝내지 마시고 문제에 나왔던 주제, 어휘, 문법을 반드시 복습해야 합니다.

Để giúp bạn nắm vững từng dạng đề, chúng tôi đã lựa chọn và trình bày một trong các đề thi TOPIK từ kỳ 35 đến kỳ 37. Đề thi này sẽ giúp bạn tìm hiểu xu hướng ra đề TOPIK mới thay đổi. Chún tôi gạch chân bằng bút đỏ những phần quan trọng và đưa ra lời giải thích chi tiết. Hãy đọc thật kỹ phần này! Đừng giải đề một lần rồi thôi, nhưng hãy ôn đi ôn lại chủ đề, từ vựng và ngữ pháp được sử dụng trong đề thi thực tế trước đây.

샘플 문제 Đề thi mẫu

연습 문제를 풀기 전에 문제 유형을 다시 한 번 확인하는 단계입니다. 빨간 펜으로 밑줄을 그어 놓은 부분을 주의 깊게 보시기 바랍니다. 샘플 문제는 각 문제 유형에 나올 만한 주제와 어휘, 문법으로 구성되어 있기 때문에 풀고 나서 꼭 어휘와 문법을 정리해 두시기 바랍니다.

Đây là bước kiểm tra một lần nữa dạng đề trước khi giải đề thi thực hành. Hãy chú ý những phần được gạch chân bằng bút đỏ! Vì các đề thi mẫu bao gồm các chủ đề, từ vựng và cấu trúc ngữ pháp có khả năng xuất hiện trong mỗi dạng đề nên hãy tổng hợp và ghi nhớ từ vựng và cấu trúc ngữ pháp sau khi giải chúng.

추가어휘 Từ vựng bổ sung

지문에 나온 새로운 어휘들을 정리해 두었습니다. 오늘의 어휘와 함께 충분히 공부하시기 바랍니다.

Trong phần này, chúng tôi đã tổng hợp các từ vựng mới xuất hiện trong văn bản. Hãy học kỹ phần này cùng với mục 'Từ vựng của ngày hôm nay'!

문제 풀이 Giải đề

기출 문제와 샘플 문제의 해설입니다. 유형 분석한 내용을 바탕으로 왜 답이 되는지 구체적으로 설명하고 있으니 자세히 읽고 문제를 푸는 방법을 파악하시기 바랍니다.

Đây là bước giải thích Đề thi trước đây và đề thi mẫu. Dựa trên phân tích dạng đề, chúng tôi sẽ giải thích cụ thể lý do đưa ra đáp án; vì vậy, hãy đọc kỹ để tìm ra cách giải đề!

➤ 4단계 – 적용 Bước 4 - Áp dụng

자! 이제 준비와 분석은 끝났습니다. 실전이라고 생각하면서 문제를 풀어 보시기 바랍니다.

Chà, vậy là quá trình chuẩn bị và phân tích đã hoàn tất. Bây giờ, chúng ta cùng giải đề nhé?

연습 문제 Câu hỏi thực hành

유형 분석의 내용과 기출 문제, 샘플 문제의 문제 풀이를 잘 활용하여 실전이라고 생각하면서 풀어 보십시오. 연습 문제에도 각 유형에 나올 만한 주제와 어휘, 문법이 포함되어 있습니다. 한 번 푸는 데 그치지 마시고 어휘와 문법은 반복하여 공부하시기 바랍니다.

Hãy vận dụng nội dung 'Phân tích dạng đề' và giải 'đề thi trước đây' và 'đề thi mẫu'! Đề thi thực hành cũng bao gồm chủ đề, từ vựng và ngữ pháp có khả năng xuất hiện trong các dạng đề. Thay vì chỉ giải đề một lần, hãy ôn đi ôn lại từ vựng và ngữ pháp!

연습 문제 해설

Giải thích đề thi thực hành

연습 문제의 해설입니다. 틀린 문제는 해설을 보고 참고하여 왜 틀렸는지 알아 두고 같은 실수를 반복해서 하지 않도록 해야 합니다.

Đây là lời giải thích cho đề thi thực hành. Đối với đáp án sai, bạn nên đọc phần giải thích để hiểu vì sao nó sai và tránh lặp lại lỗi sai tương tự!

차례

듣기 영역

TOPIK II
한 권이면 OK

꼭 읽어 보세요!
듣기 시험을 보기 위한 TIP

1. 자신이 목표한 등급에 전략 세우기

— TOPIK Ⅱ 듣기는 **60분 동안 50문제**를 풀어야 합니다. 3·4급 수준의 문항 25개 정도, 5·6급 수준의 문항 25개 정도가 출제되는데 1번부터 50번까지 순서대로 어려워집니다.

— 3급은 300점 만점 중 120점, 4급은 150점, 5급은 190점, 6급은 230점 이상을 받아야 통과할 수 있습니다.

구분	TOPIK Ⅱ			
	3급	4급	5급	6급
등급결정	120점 이상	150점 이상	190점 이상	230점 이상

— 중급을 목표로 하는 학생들이 처음 토픽 시험을 칠 때 고급 문제 때문에 시험을 망쳤다는 생각을 할 수 있을 것입니다. 하지만 자신이 목표한 등급이 중급이라는 것을 잊지 말기 바랍니다. 당연히 뒷부분은 어려울 수밖에 없습니다. 자신이 목표한 등급에 따라 어느 문제까지 풀어야 하는지 미리 파악해 두기 바랍니다.

— 일반적으로 읽기나 쓰기보다 **듣기에서 점수를 더 많이 얻어 두는 것**이 좋습니다. 3급을 목표로 한다면 듣기에서 50점 이상을, 4급에서는 60점 이상을 받으면 성공했다고 말할 수 있습니다. 즉 **3급을 받기 위해서는 30번 정도까지, 4급을 받기 위해서는 35번 정도까지는 최선을 다해서 풀어야 합니다.**

— 듣기는 1번부터 50번까지 계속 듣기 지문을 들으면서 문제를 풀어야 하기 때문에 읽기와 달리 자신이 시간을 나누어 풀기 어렵습니다. 그리고 다시 들을 수 없기 때문에 집중해서 들어야 합니다.

— TOPIK은 선택지 ①②③④번이 25%씩 나옵니다. 그렇기 때문에 자신의 수준에 맞는 문제를 확실하게 풀고 나머지는 자신이 선택한 답 이외에 적게 나온 번호를 골라 표시하는 것이 좋습니다.

2. 듣기 지문 들려 주는 방법 알아 두기

— 문제가 하나인 경우 한 번 들려주고, 두 개인 경우 두 번 들려줍니다. 그래서 **1~20번 문제는 한 번, 21~50번 문제는 두 번씩** 들려 줍니다.

— **문제와 문제 사이는 14초 정도의 생각할 시간을 줍니다.**

— 지문을 두 번 들려주는 경우는 바로 연결해서 들려 줍니다.

— 예를 들어 아래와 같이 진행이 됩니다.

[17~20] 문제

"띵~똥~"	17~20번 문제	"한 번씩 읽겠습니다."
'17번'	지문	무음(14초)
'18번'	지문	무음(14초)
'19번'	지문	무음(14초)
'20번'	지문	무음(14초)

[21~22] 문제

"띵~똥~"	21~22번 문제	"두 번 읽겠습니다."
지문	"다시 들으십시오."	지문
"21번"		무음(14초)
"22번"		무음(14초)

3. 문제 유형 미리 파악해 두기

— 지문을 듣기 전에 먼저 전체 문제를 파악하고 있어야 합니다. TOPIK은 매회 같은 유형의 문제가 출제됩니다.

— '여자가 이어서 할 행동, 남자의 중심 생각' 등 듣기 문제에는 무엇을 집중해서 들어야 하는지 문제 속에 힌트가 들어 있습니다.

— 또 문제에 '대담, 인터뷰, 강연, 뉴스, 다큐멘터리, 교양 프로그램' 등 지문의 유형이 무엇인지도 미리 알려 주고 있기 때문에 문제의 유형을 미리 파악해 두면 무엇을 더 집중해서 들어야 하는지 알 수 있게 됩니다.

4. 문제와 선택지를 미리 파악하고 지문 듣기

— 지문을 듣기 전에 문제를 파악하고 선택지 ①②③④를 먼저 읽어 두는 것이 좋습니다.

　듣기는 생각보다 느리게 말하기 때문에 들으면서 선택지를 읽을 시간이 있습니다. 지문을 모두 듣고 선택지를 읽으면 시간이 부족합니다.

— 선택지에 반복적으로 나오는 단어를 찾아 미리 어떤 주제가 나오는지 파악해 두는 것이 좋습니다.

— 그리고 지문을 들으면서 선택지의 구체적인 내용을 읽고 답을 찾으십시오.

— 21번 이후 문제의 경우 지문을 두 번 들려 줍니다. 두 문제 중 한 문제에는 '남자/여자가 누구인지, 남자/여자의 중심 생각이나 태도, 그리고 행동'을 묻는 문제들이 나옵니다. 처음 들을 때는 문제에서 제시되어 있는 '남자/여자'의 목소리를 집중해서 중심 내용을 파악하시기 바랍니다.

— 두 번째 들을 때는 세부 내용에 집중하여 듣고 '내용과 일치하는 것'을 고르는 문제를 푸시기 바랍니다.

5. 집중해서 들어야 하는 부분

— 중심 생각을 고르는 문제의 경우 접속 부사 뒤에서 중심 생각을 정리해서 말하는 경우가 많으므로 접속 부사가 나오면 그 뒤에 나오는 내용에 더 집중할 필요가 있습니다.

— 두 사람이 대화하는 형식에서는 보통 뒤에 말하는 사람이 어떤 분야의 전문가일 가능성이 높습니다. 사회자는 전체적인 주제를 소개하거나 전문가가 누구인지 알려 줍니다. 이후 전문가가 중심 주제에 대하여 구체적인 설명을 합니다. 그렇기 때문에 사회자의 말을 들으면서 전체적인 주제를 파악하고 전문가가 하는 말의 내용을 집중해서 들으면서 세부적인 내용을 파악하는 것이 좋습니다.

— 중심 생각이나 태도를 고르는 문제에서는 전문가가 강한 어조로 말하는 부분이 힌트가 될 수 있습니다. 강한 어조로 말하는 부분을 집중해서 들으시기 바랍니다.

▶ 듣기 영역 음원(MP3) 바로 듣기

Hãy đọc kỹ!

Mẹo cho bài thi Nghe

1. Lập chiến lược để đạt được mục tiêu

- Trong bài thi Nghe TOPIK II, bạn cần hoàn thành 50 câu hỏi trong 60 phút. Có khoảng 25 câu hỏi của cấp 3-4 và 25 câu hỏi của cấp 5-6; độ khó sẽ tăng dần từ câu 1 đến câu 50.
- Trong tổng số điểm 300, bạn cần đạt ít nhất 120 điểm cho cấp 3, 150 cho cấp 4, 190 cho cấp 5 và 230 cho cấp 6.

Phạm trù	TOPIK II			
	Cấp 3	Cấp 4	Cấp 5	Cấp 6
Số điểm cần thiết	120	150	190	230

- Sau khi thi TOPIK lần đầu, do đề thi cao cấp khó, thí sinh đặt mục tiêu thi đỗ trình độ trung cấp có thể nghĩ rằng mình đã làm bài quá tệ. Nhưng đừng quên rằng bạn trình độ bạn nhắm đến là trung cấp. Đương nhiên, bạn sẽ gặp khó khăn khi giải các đề ở phần sau của bài thi. Hãy xác định trước sẽ phải giải đến câu số mấy theo trình độ mà bạn đã đặt mục tiêu!
- Nhìn chung, bạn nên đạt điểm càng cao càng tốt trong bài thi Nghe thay vì bài thi Đọc hoặc Viết. Nếu đặt mục tiêu là cấp 2, bạn phải đạt tối thiểu 50 điểm, nếu đặt mục tiêu là cấp 4, bạn phải đạt tối thiểu 60 điểm trong bài thi Nghe. Vì vậy, bạn cần cố gắng hết sức để giải đến câu 30 để đạt điểm 3 hoặc đến câu 35 để đạt điểm 4.
- Bạn cần nghe và giải đề từ 1 đến câu 50; vì vậy, khác với bài thi Đọc, bạn khó có thể phân bổ thời gian. Bạn không thể nghe lại đoạn văn; vì vậy, hãy tập trung lắng nghe! Trong TOPIK, mỗi đáp án ①, ②, ③, ④ chiếm 25%. Vì vậy, bạn nên giải các đề dễ một cách chắc chắn; đối với các đề khó còn lại, bạn nên chọn con số xuất hiện ít ngoài đáp án đã chọn.

2. Biết cách tiến hành bài thi Nghe

- Nếu chỉ có một câu hỏi cho một đoạn văn, bạn sẽ nghe đoạn văn đó 1 lần duy nhất; và nếu có 2 câu hỏi, bạn sẽ nghe đoạn văn 2 lần. Do đó, từ câu 1 đến câu 20, bạn sẽ nghe đoạn văn một lần, từ câu 21 đến câu 50, bạn sẽ nghe 2 lần.
- Giữa các câu hỏi, bạn sẽ có 14 giây để suy nghĩ.
- Đối với đoạn văn được đọc 2 lần, đoạn văn sẽ được đọc 2 lần liên tục.
- Ví dụ, bài thi được tiến hành như sau:

Câu [17~20]

"Ding ~ Dong ~"	Câu #17-#20	"한 번씩 읽겠습니다"
"Câu17"	Đoạn văn #17	무음(14초) Im lặng(14 giây)
"Câu18"	Đoạn văn #18	무음(14초) Im lặng(14 giây)
"Câu19"	Đoạn văn #19	무음(14초) Im lặng(14 giây)
"Câu20"	Đoạn văn #20	무음(14초) Im lặng(14 giây)

Câu [21~22]

"Ding~Dong~"	Câu #21-#22	"두 번 읽겠습니다"
đoạn văn của câu #21-#22	"다시 들으십시오."	đoạn văn của #21-#22
"Câu21"		무음 (14초) Im lặng(14 giây)
"Câu22"		무음 (14초) Im lặng(14 giây)

3. Tìm hiểu trước dạng đề

- Điều quan trọng là xác định dạng đề trước khi nghe văn bản. TOPIK đưa ra cùng một dạng đề trong mỗi kỳ thi.
- Trong những đề thi yêu cầu chúng ta chọn 'hành động tiếp theo của cô gái', 'ý chính của người đàn ông' có chứa các gợi ý để bạn có thể biết phải tập trung lắng nghe chi tiết nào.
- Đề bài yêu cầu cho biết văn bản nói về điều gì, ví dụ '대담, 인터뷰, 강연, 뉴스, 다큐멘터리, 교양 프로그램, (đối thoại, phỏng vấn, bài giảng, tin tức, phim tài liệu, chương trình văn hóa, vv)', vì vậy, nếu nắm trước từng dạng đề, bạn có thể biết mình cần tập trung lắng nghe chi tiết nào.

4. Tìm hiểu đề thi và đáp án trước khi nghe đoạn văn

- Bạn nên nắm bắt đề thi và đọc các đáp án ①, ②, ③, ④ trước khi nghe đoạn văn, đoạn văn được đọc chậm hơn bạn nghĩ; vì vậy, trong khi nghe, bạn sẽ có thời gian để đọc các đáp án. Nếu nghe toàn bộ đoạn văn rồi mới đọc các đáp án, bạn đã hết thời gian.
- Bạn nên tìm hiểu trước chủ đề dựa vào những từ ngữ lặp đi lặp lại trong các đáp án.
- Trong khi nghe đoạn văn, hãy đọc kỹ các đáp án để tìm ra đáp án đúng!
- Từ câu 21 trở đi, đoạn văn được đọc hai lần. Một trong hai câu hỏi yêu cầu tìm "Người đàn đông/ người phụ nữ là ai? Ý chính hoặc thái độ và hành động của người đàn đông/người phụ nữ là gì?". Khi nghe lần đầu tiên, hãy tập trung vào giọng nói của người đàn ông/người phụ nữ trong đoạn văn và nắm được nội dung chính.
- Khi nghe lần thứ hai, hãy tập trung vào các nội dung chi tiết để giải đề 'chọn đáp án giống với nội dung đoạn văn'!

5. Những chi tiết cần tập trung lắng nghe

- Trong dạng đề chọn ý chính, có nhiều trường hợp ý chính được tóm tắt sau trạng từ liên kết; vì vậy, khi xuất hiện trạng từ kết hợp, bạn cần tập trung hơn vào nội dung sau đó.
- Trong dạng đề hội thoại giữa hai người, thông thường, khả năng cao người nói sau là chuyên gia trong một lĩnh vực nào đó. Người dẫn chương trình thường giới thiệu tổng quát chủ đề hoặc cho bạn biết chuyên gia là ai. Sau đó, chuyên gia giải thích cụ thể về chủ đề chính. Vì vậy, trong khi lắng nghe lời giới thiệu của người dẫn chương trình, bạn nên nắm bắt tổng thể chủ đề và khi nghe lời nói của chuyên gia, bạn nên nắm bắt nội dung chi tiết.
- Trong dạng đề chọn ý chính hoặc thái độ, chi tiết mà chuyên gia nói với một ngữ điệu mạnh mẽ có thể là một gợi ý. Hãy chú ý lắng nghe kỹ chi tiết đó!

1-3

✏️ 오늘의 어휘

검사	Kiểm tra	Danh	어디가 아픈지 검사를 해 봅시다.
구매	Mua	Danh	요즘은 충동적으로 구매를 하는 경우가 많다.
나타나다	Xuất hiện	Động	그 기획안을 검토해 보니 문제가 많이 나타났다.
늘다	Gia tăng	Động	처음 동호회 활동을 시작했을 때 한 명이던 회원이 지금은 백 명으로 늘었다.
맡기다	Để lại	Động	나는 도서관에 신분증을 맡기고 책을 빌렸다.
싸다	Gói	Động	남은 음식은 싸 드리겠습니다.
쏟다	Đổ	Động	물을 쏟아서 바닥이 미끄럽다.
이용하다	Sử dụng	Động	버스나 지하철 같은 대중교통을 이용하면 아주 편리하다.
젖다	Ướt	Động	비가 와서 옷이 다 젖었다.
조사하다	Điều tra	Động	외국인을 대상으로 한국에서 가장 가고 싶은 곳을 조사했다.
줄어들다	Suy giảm	Động	농촌 인구가 계속 줄어들고 있다.
켜지다	Được bật	Động	밤이 되자 가게에 하나둘 불이 켜졌다.
뒤를 잇다	Tiếp nối /theo sau		외국인이 가장 좋아하는 음식으로 비빔밥이 1위를 차지했고 불고기, 삼계탕이 그 뒤를 이었다.

🍵 오늘의 문법

A/V-거든요	상대방의 의견이나 질문에 대해 말하는 사람의 생각이나 이유를 나타낸다. *Diễn đạt suy nghĩ hoặc lý do của người nói về ý kiến hoặc câu hỏi của đối phương.* 예 가: 요즘 더 건강해지신 것 같아요. 나: 네, 매일 운동을 하거든요.
N에 비해(서)	앞 내용을 기준으로 뒤의 내용을 비교할 때 사용한다. '-에 비하면'으로 바꿔 쓸 수 있다. *This is Sử dụng khi so sánh nội dung sau với nội dung trước. Có thể được thay thế bằng '-에 비하면'.* 예 그는 나이에 비해서 젊어 보인다.

V:동사 동, A:형용사 형, N:명사 명

1-3

📖 유형분석

대화를 듣고 일치하는 그림을 고르는 문제입니다. 대화가 짧고 간단하기 때문에 남자와 여자의 대화에 집중하여 들어야 합니다. 그림을 찾기 위해서는 **대화 속에 핵심이 되는 동사를 잘들어야 그림을 쉽게 고를 수 있습니다.**

Đây là dạng đề lắng nghe đoạn hội thoại và chọn bức tranh giống với nội dung đoạn hội thoại đó. Vì đoạn hội thoại ngắn và đơn giản nên bạn phải tập trung lắng nghe câu chuyện giữa một người đàn ông và một người phụ nữ. Để tìm được bức tranh, bạn phải nghe rõ động từ chính trong đoạn hội thoại.

1~2 알맞은 그림 고르기

짧은 대화를 듣고 알맞은 그림을 찾는 문제입니다. 여자와 남자가 **대화하고 있는 장소와 두 사람의 역할, 관계가 어떤지 대화 속에서 단서를 찾으면 쉽게 그림을 고를 수 있습니다.** 주로한 사람에게 문제가 발생하면 다른 사람이 그것을 해결해 주는 방식의 대화가 자주 출제됩니다. 답을 고를 때에는 A1의 말을 집중해서 들으면 좀 더 쉽게 정답을 유추할 수 있습니다. 듣기전에 먼저 그림을 보고 어떤 내용인지 미리 파악해 두는 것도 좋습니다.

Đây là dạng đề nghe một đoạn hội thoại ngắn và tìm bức tranh phù hợp. Nếu tìm thấy manh mối trong đoạn hội thoại về nơi mà người phụ nữ và người đàn ông đang nói chuyện, vai trò của họ và mối quan hệ giữa họ, bạn có thể dễ dàng chọn được bức ảnh. Nội dung của dạng đề này thường là đoạn hội thoại mà trong đó, khi một người gặp khó khăn, người khác giải quyết giúp. Dạng hội thoại này thường xuất hiện trong đề thi TOPIK. Khi chọn đáp án, nếu chú ý đến các từ trong A1, bạn có thể suy ra đáp án đúng dễ dàng hơn. Trước khi nghe, bạn cũng nên nhìn vào bức tranh để nắm bắt nội dung của nó.

3 알맞은 도표 고르기

통계 자료에 대한 설명을 듣고 그에 맞는 도표를 찾는 문제로 새로 추가된 문제 유형입니다. 선택지 ①, ②와 ③, ④에 다른 종류의 도표가 제시됩니다. 내용을 들을 때 대부분 **A1이 '을/를 조사한 결과'라는 표현으로 앞부분에서 도표 제목을 말하므로 도표 제목과 상관이 없는 나머지 두 개의 도표는 자연스럽게 정답에서 멀어지게 됩니다.** 도표의 종류가 다르게 출제되고 있으므로 미리 도표의 종류를 알아 두고 읽는 법을 알아 두도록 합니다. 또한, **통계 자료 분석에서 자주 사용되는 표현과 어휘**를 알고 있어야 합니다.

1) 문법과 표현: N을/를 조사한 결과, 그 다음으로는, N(으)로 나타나다, A/V-(으)ㄴ/는 반면에, N에 비해서, N에 비하면 N 보다

2) 어휘: 늘다, 줄다, 증가하다, 감소하다, 높아지다, 낮아지다, 비슷하다

3) 도표의 종류:

Đây là một dạng đề mới được thêm vào, là dạng đề nghe giải thích dữ liệu thống kê và tìm biểu đồ phù hợp với nó. Các loại sơ đồ khác nhau được trình bày trong các đáp án ①, ② và ③, ④. Khi nghe nội dung, thông thường, phần đầu của A1 đề cập đến tiêu đề của biểu đồ bằng cụm từ '-을/를 điều tra kết quả,' cho nên, hai biểu đồ còn lại không liên quan đến tiêu đề của biểu đồ đương nhiên cách xa đáp án. Vì các dạng biểu đồ khác nhau được đưa vào đề thi nên bạn phải nắm được các dạng biểu đồ và cách đọc chúng. Đồng thời, bạn cũng nên làm quen với các từ vựng và ngữ pháp thường được sử dụng trong phân tích dữ liệu thống kê.

막대형	원형	꺾은선형

영역형	도넛형	방사형

※ A, B는 말하는 사람(남자 또는 여자) /
  1, 2는 말하는 순서
  예) A1-B1-A2-B2

🔍 문제분석

기출문제

※[1~3] 다음을 듣고 알맞은 그림을 고르십시오. 각 2점 🎵 track 01

1~2

> 여자: 왜 이렇게 옷이 다 젖었어요?☆ 밖에 비가 와요?
> 남자: 네, 집에 오는데 갑자기 비가 오네요.
> 여자: 우선 이걸로 좀 닦으세요.

①  ②

③  ④

3

> 남자: 30대 여성을 대상으로 화장품 구매 장소를 조사한 결과 ①화장품 전문 매장을 가장 많이 이용하는 것으로 나타났습니다. 그 다음으로는 ②백화점과 ③대형 마트가 뒤를 이었는데 백화점 이용객은 지난해에 비해서 크게 줄어든 것으로 조사되었습니다.

① 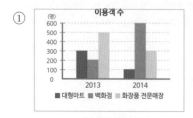 ②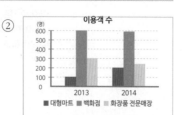

③  ④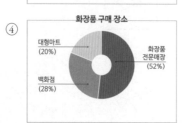

⟨TOPIK 36회 듣기 [1]⟩
• 갑자기 Đột nhiên
• 우선 Trước tiên
• 닦다 Lau

1~2
비를 맞아서 옷이 젖은 남자에게 여자가 닦을 것을 건네준다는 내용의 듣기입니다. 여자의 첫 대화에서 '옷이 다 젖었어요?'라는 표현만 들어도 답을 쉽게 찾을 수 있습니다. 게다가 여자의 마지막 말에서 '이걸로…'라고 하는 것으로 보아 남자에게 무언가를 건네주려고 하는 그림이 나올 것임을 유추할 수 있습니다. 따라서 정답은 ①입니다.

Đây là đề nghe có nội dung người phụ nữ đưa khăn lau cho người đàn ông bị ướt quần áo do mắc mưa. Chỉ cần nghe câu '옷이 다 젖었어요?' trong lời thoại đầu tiên, bạn cũng có thể dễ dàng tìm ra đáp án. Ngoài ra, dựa vào '이걸로…' trong lời thoại cuối cùng của người phụ nữ, bạn có thể đoán được sẽ có một bức tranh đang người phụ nữ đang đưa một thứ gì đó cho người đàn ông. Vì vậy, đáp án đúng là ①.

⟨TOPIK 37회 듣기 [3]⟩
• 대상 Đối tượng
• 전문 Chuyên môn
• 매장 Cửa hàng
• 대형 Lớn, quy mô lớn
• 이용객 Người sử dụng, khách, khách hàng

3
30대 여성의 화장품 구매 장소 이용에 관한 설문 조사입니다. 첫 문장에서 이미 '화장품 구매 장소 조사'라는 말이 나오기 때문에 ③이나 ④ 중에 답이 있습니다. 그 다음의 내용은 도표의 항목 순서와 관련이 있고, 보통은 비율이 높은 순서로 이야기합니다. 여기에서는 '전문 매장', '백화점', '대형마트' 순서입니다. 따라서 정답은 ④입니다.

Đây là khảo sát về việc sử dụng địa điểm mua mỹ phẩm của phụ nữ ở độ tuổi 30. Vì ngay trong câu đầu tiên đã xuất hiện nội dung '화장품 구매 장소 조사' nên đáp án đúng là ③ hoặc ④. Và nội dung sau đó liên quan đến thứ tự các hạng mục trong biểu đồ và thông thường được trình bày theo tỷ lệ giảm dần. Thứ tự ở đây là '전문 매장', '백화점', '대형마트'. Vì vậy, đáp án đúng là ④.

※[1~3] 다음을 듣고 알맞은 그림을 고르십시오. 각 2점 🔴 track 02

1~2

> 여자: 저기, 제가 노트북에 물을 쏟았는데 그때부터 노트북이
> 안 켜져서요.
> 남자: 어디 좀 볼까요? 음…, 검사를 해 봐야 할 것 같습니다.
> 오늘 맡기고 가세요.
> 여자: 그럼, 주말까지 해 주세요.

①  ②

③  ④

3

> 남자: 최근 서울 시민들의 도서 구매 장소를 조사한 결과 온
> 라인 서점을 가장 많이 이용하는 것으로 나타났습니다.
> 그 다음으로는 대형 서점과 동네 서점이 그 뒤를 이었
> 습니다. 동네 서점을 이용하는 비율은 5년 전에 비해서
> 크게 줄어들어 문을 닫는 동네 서점들이 늘고 있는 것
> 으로 조사되었습니다.

① 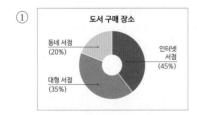 ②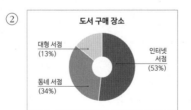

③  ④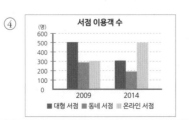

🖱 연습문제

※[1~3] 다음을 듣고 알맞은 그림을 고르십시오. 각 2점 track 03

1 ①

②

③

④

2 ①

②

③

④

예매하다 Đặt trước (vé hoặc cuộc hẹn) | **성함** Tên | **남다** Được để lại/ở lại | **바로** Ngay lập tức | **포장하다** Gói

3 ①

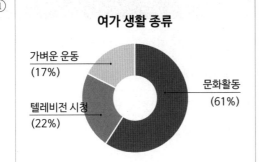

여가 생활 종류

가벼운 운동 (17%)
텔레비전 시청 (22%)
문화활동 (61%)

②

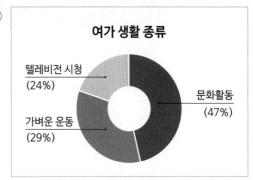

여가 생활 종류

텔레비전 시청 (24%)
가벼운 운동 (29%)
문화활동 (47%)

③

연령별 여가 시간

(분)

	20대	30대

■ 문화생활　■ 가벼운 운동　▨ 텔레비전 시청

④

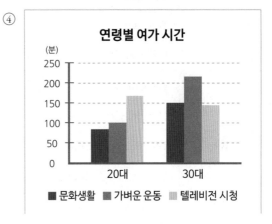

연령별 여가 시간

(분)

■ 문화생활　■ 가벼운 운동　▨ 텔레비전 시청

여가 Thời gian nhàn rỗi | **문화생활** Sinh hoạt văn hóa | **즐기다** Thưởng thức/hưởng thụ | **직장인** Người đi làm |
이어서 Tiếp theo | **시청** Nghe nhìn | **어리다** Nhỏ | **종류** Chủng loại | **연령별** Theo độ tuổi

4-8

✏️ 오늘의 어휘

고객	Quý khách hàng	Danh	저희 식당은 고객님의 만족을 위해 언제나 노력하겠습니다.
보호	Bảo vệ	Danh	우리는 문화재 보호를 위해 노력해야 한다.
소음	Tiếng ồn	Danh	이 지역은 소음으로 인한 문제가 너무 많다.
접수	Tiếp nhận	Danh	회원 접수는 인터넷 홈페이지에서만 가능하다.
마음껏	Tùy thích	Trạng	음식을 많이 준비했으니 마음껏 드세요.
직접	Trực tiếp	Trạng	내가 직접 들은 이야기는 아니다.
망설이다	Lưỡng lự	Động	잠시 무엇을 사야 할지 망설였다.
방문하다	Viếng thăm	Động	이번 전시회를 방문한 사람이 만 명이 넘었다.
알리다	Cho biết	Động	도착하면 저에게 알려 주십시오.
알아보다	Tìm hiểu	Động	요즘 옮길 직장을 알아보고 있어요.
이사하다	Chuyển nhà	Động	내년 6월에 부모님 집으로 이사할 겁니다.
준비하다	Chuẩn bị	Động	학교 행사를 준비하느라 모두 바쁘게 움직이고 있다.
아쉽다	Tiếc	Tính	자주 가던 도서관이 없어져서 아쉽다.

☕ 오늘의 문법

V-아/어 보니	어떤 것을 경험하거나 시도해 본 후 평가를 하거나 의견을 제시함을 나타낸다. Sử dụng khi đánh giá hoặc đưa ra ý kiến sau khi trải nghiệm hoặc thử thự hiện một hành động nào đó. 예 인생을 살아보니 20대 때가 가장 행복했던 것 같아.
V-도록 하다	상대방에게 어떤 행위를 권유하거나 명령함을 나타낸다. '-도록 합시다, -도록 하세요'의 형태로 사용된다. Sử dụng khi khuyên hoặc ra lệnh cho đối phương làm một điều gì đó. Nó cũng được sử dụng dưới dạng '-도록 합시다' hoặc '-도록 하세요'. 예 다음부터는 숙제를 일찍 내도록 하세요.
A/V-(으)ㄹ수록	앞의 상황이나 정도가 뒤로 가면서 점점 심해짐을 나타낸다. '-(으)면 -(으)ㄹ수록'의 형태로 사용된다. Sử dụng khi tình huống hoặc mức độ về trước càng về sau càng nghiêm trọng hơn. Nó cũng được sử dụng dưới dạng '-(으)면 -(으)ㄹ수록'. 예 산은 올라가면 올라갈수록 기온이 떨어진다.
V-(으)려고	어떤 행위를 하는 의도나 계획을 나타낸다. Diễn đạt ý định hoặc kế hoạch làm một điều gì đó. 예 겨울방학이 길어서 고향에 다녀오려고요.

4-8

📖 유형분석

4~8 이어질 수 있는 말 고르기

대화를 듣고 그 뒤에 이어질 말을 고르는 문제입니다. 선택지는 A1-B1의 대화 후에 이어지는 A2의 말을 골라야 하기 때문에 **B1의 말을 잘 들어야 답을 고를 수 있습니다.** 하지만 질문에 대한 단순한 응답을 고르는 문제보다는 전체 대화의 내용을 이해해야 풀 수 있는 문제가 출제되고 있습니다. 따라서 **내용의 흐름을 파악하면서 B1의 말을 집중해서 들어야 합니다.**

문제는 다양한 장소(집, 학교, 회사, 식당 등)에서 다양한 관계(친구, 동료, 선생님과 학생, 상사와 부하, 손님과 직원 사이 등)의 사람들이 문의, 부탁, 요청, 제안, 지시 등을 하는 대화 상황이 출제됩니다. 그래서 **장소와 대화를 하는 사람 간의 관계를 파악해 두면 답을 쉽게 고를 수 있습니다.**

Đây là dạng đề nghe một đoạn hội thoại và chọn nội dung tiếp theo. Vì bạn phải chọn các từ trong A2 theo đoạn hội thoại của A1-B1 nên phải nghe kỹ câu B1 thì mới chọn được đáp án đúng. Tuy nhiên, đây không đơn thuần chỉ là dạng đề chọn câu trả lời cho câu hỏi mà là dạng đề bạn có thể giải khi hiểu được nội dung tổng thể của đoạn hội thoại. Do đó, bạn cần hiểu rõ diễn biến của đoạn hội thoại, đồng thời tập trung nghe nội dung B1. Các tình huống thường xuất hiện trong dạng đề này rất đa dạng(hỏi thông tin, nhờ vả, yêu cầu, đề nghị, ra lệnh, vv), diễn ra tại nhiều địa điểm khác nhau(nhà, trường học, công ty, nhà hàng, vv) giữa những người có những mối quan hệ khác nhau(bạn bè, đồng nghiệp, giáo viên và sinh viên, cấp trên và cấp dưới, giữa khách và nhân viên. Vì vậy, nếu nắm được mối quan hệ giữa địa điểm và mối quan hệ giữa hai người đối thoại, bạn có thể dễ dàng lựa chọn đáp án đúng.

4-8

 MP3

🔍 문제분석

기출문제

※[4~8] 다음 대화를 잘 듣고 이어질 수 있는 말을 고르십시오.

각 2점　🔊 track 04

4~8

> 여자: 요즘 새로 이사할 집을 알아보고 있어.
> 남자: 왜?☆ 지금 사는 집 아주 마음에 든다고 했잖아.
> 여자: _____

① 살아 보니 소음이 너무 심하더라고.
② 혼자 사는 것보다 둘이 사는 게 좋았어.
③ 지금 집은 학교와 가까워서 편하고 좋아.
④ 부동산에 가서 알아보는 게 좋을 것 같아서.

⟨TOPIK 36회 듣기 [5]⟩
• 새로 Mới
• 마음에 들다 Thích/ưng ý
• 심하다 Nặng
• 부동산 Bất động sản

4~8
여자가 이사 갈 집을 찾고 있는 상황입니다. 이 문제에서 핵심 단어는 '새로 이사할 집'입니다. 그리고 남자가 '왜?'라고 한 말만 잘 들어도 이어서 여자가 이사를 가는 이유를 말할 것임을 짐작할 수 있습니다. 따라서 정답은 ①입니다.

Người phụ nữ đang tìm nhà để chuyển tới. Từ khóa trong đề thi này là '새로 이사할 집'. Và chỉ cần nghe người đàn ông nói '왜', bạn cũng có thể đoán được người phụ nữ sẽ trình bày lý do tại sao cô ấy chuyển nhà. Do đó, đáp án đúng là ①.

※[4~8] 다음 대화를 잘 듣고 이어질 수 있는 말을 고르십시오.

각 2점 track 05

- 부장 Trưởng bộ phận
- 자료 Tài liệu
- 다행 May mắn

4~8

> 여자: 부장님, 제가 어제 감기에 걸려서 회의 자료를 아직
>   다 준비하지 못했습니다.
> 남자: 괜찮아요. 그럼, 언제까지 할 수 있겠어요?
> 여자: _____

① 일이 생겨서 못 갔습니다.
② 일을 끝낼 수 있어서 다행입니다.
③ 내일까지는 꼭 끝내도록 하겠습니다.
④ 오늘 못 가게 되면 알려 드리겠습니다.

4~8

회사에서 여자가 감기에 걸려서 맡은 일을 끝내지 못한 상황입니다. 그래서 여자가 언제까지 맡은 일을 끝내겠다는 의지를 나타내는 말을 찾아야 합니다. 따라서 정답은 ③입니다.

Tại công ty, người phụ nữ bị cảm lạnh và không thể hoàn thành công việc mình đảm nhận. Vì vậy, bạn cần tìm cụm từ diễn đạt ý định của người phụ nữ hoàn thành công việc của mình vào lúc nào. Vì vậy, dáp án đúng là ③.

4-8

MP3

※[4~8] 다음 대화를 잘 듣고 이어질 수 있는 말을 고르십시오. 각 2점 🔴 track 06

4
① 제시간에 도착해서 다행입니다.
② 받는 대로 연락드리도록 하겠습니다.
③ 보내신 분의 성함과 연락처를 알려 주십시오.
④ 죄송하지만 오늘은 택배가 많아서 접수가 어렵습니다.

5
① 돈을 많이 바꿀수록 싸지겠네요.
② 수수료를 안 내도 되니까 잘됐어요.
③ 그럼 인터넷으로 신청을 해야겠네요.
④ 은행에 가지 않아도 돼서 편했는데 아쉬워요.

6
① 그럼 내가 음식 시켜 놓고 있을게.
② 지금 출발하니까 조금만 기다려 줘.
③ 길이 막히니까 지하철 타라고 했잖아.
④ 언제든지 괜찮으니까 출발할 때 연락해.

7
① 생각보다 준비할 게 별로 없나 봐요.
② 제 친구한테 도움을 받아 보는 게 어때요?
③ 그러고 싶은데 아직 다 준비를 못 했어요.
④ 망설이지 말고 자연 보호 단체를 찾아보세요.

8
① 직접 만들어 볼 수 있어서 좋네요.
② 음식은 함께 만들어 먹어야 맛있죠.
③ 집 앞에 반찬 가게가 있어서 편해요.
④ 그래도 뭐 해 먹을까 걱정하지 않아도 되잖아요.

택배 Giao hàng | 제시간 Đúng giờ | 도착하다 Đến | 연락처 Thông tin liên lạc | 환전 Đổi tiền | 수수료 Lệ phí | 먼저 Trước tiên | 인터넷 뱅킹 Internet banking | 신청 Xin | 시키다 Sai khiến | 언제든지 Bất cứ lúc nào | 캠핑 Cắm trại | 유행 Trào lưu | 캠핑장 Địa điểm cắm trại | 자연 Tự nhiên | 망설여지다 Lưỡng lự | 도움 Sự giúp đỡ | 자연 보호 단체 Tổ chức bảo vệ thiên nhiên | 반찬 Thức ăn | 인기 Sự yêu thích | 간편하다 Đơn giản/tiện lợi | 다양하다 Đa dạng | 별로 Lắm

9-12

✏️ 오늘의 어휘

고장	Hư hỏng	Danh	텔레비전은 고장이 나서 소리가 안 난다.
배송	Giao hàng	Danh	온라인 쇼핑몰은 물건 배송이 빠르다.
원인	Nguyên nhân	Danh	경찰은 이번 사건의 원인을 조사하고 있다.
정확히	Chính xác	Trạng	예전 집 주소가 정확히 기억은 안 나지만 찾아갈 수 있다.
고치다	Sửa chữa	Động	이 휴대 전화를 고치려면 가까운 수리 센터에 가야 합니다.
관련되다	Liên quan	Động	이 일에 관련된 사람들이 모두 모였다.
수리하다	Sửa chữa	Động	세탁기가 고장 나서 수리해야 한다.
수집하다	Thu thập	Động	그 사람은 취미로 우표를 수집한다.
작성하다	Viết	Động	신청서를 작성하여 사무실에 제출하세요.
제출하다	Nộp	Động	교수님께서 이번 주말까지 과제를 제출하라고 하셨다.
주문하다	Đặt hàng	Động	우리는 배가 고파서 식당에 들어가자마자 음식을 주문했다.
짜다	Sắp xếp/lên	Động	나는 시험 보기 전에 공부 계획을 짰다.
확인하다	Xác nhận/kiểm tra	Động	시험 결과를 확인하고 싶은 사람은 사무실로 오세요.
비용이 들다	Tốn chi phí		집을 수리하는 데 비용이 얼마나 들었어요?

🍵 오늘의 문법

A/V-(으)ㄹ 테니(까)	말하는 사람의 의지나 추측을 나타낸다. Diễn đạt ý muốn hoặc phỏng đoán của người nói. 예 회의 자료는 내가 준비할 테니(까) 걱정하지 마세요.
V-(으)려던 참이다	지금 또는 가까운 시간에 어떤 일을 하려고 했음을 나타낸다. Diễn đạt dự định làm điều gì đó bây giờ hoặc trong tương lai gần. 예 저도 마침 도서관에 가려던 참이었어요.
A-(으)ㄴ지 V-는지	문장 안에서 의문을 나타낼 때 사용한다. Sử dụng để diễn đạt nghi vấn trong câu. 예 정답이 맞았는지 확인해 보세요.
A/V-아/어야지	듣는 사람이나 다른 사람에게 어떤 행위를 해야 하거나 어떤 상태여야 함을 나타낸다. Sử dụng khi người nghe hoặc người khác phải thực hiện một hành động nào đó hoặc ở trong một trạng thái nào đó. 예 빨리 건강해지려면 담배부터 끊어야지.

9-12

9~12 여자가 이어서 할 행동 고르기

대화를 듣고 이어서 할 행동을 고르는 문제입니다. 대화는 주로 A1-B1-A2-B2, A1-B1-A2-B2-A3의 형태로 출제됩니다. 요청, 제안, 지시, 충고 등을 하는 대화가 자주 출제되기 때문에 그에 따른 여자(남자)의 행동을 예측할 수 있어야 합니다. **특히 A2와 B2, B2와 A3의 대화에서 이어서 할 행동에 대한 단서가 많이 나오기 때문에 이 부분을 집중해서 들어야 합니다.** 다음과 같이 **행동을 나타낼 때 사용하는 문법과 표현을 알아 두는 것이 좋습니다.**

1) 문법과 표현: A/V-겠다, V-아/어야겠다, V-(으)ㄹ게요, V-아/어 주다, V-(으)러 가다, V-아/어 두다, V-아/어 보다

2) 어휘: 부탁하다, 알아보다, 예약하다, 전화하다, 점검하다, 접수하다, 조사하다, 취소하다, 확인하다

Đây là dạng đề nghe đoạn hội thoại và lựa chọn hành động phải diễn ra sau đó. Các đoạn hội thoại chủ yếu được trình bày theo dạng A1-B1-A2-B2, A1-B1-A2-B2-A3. Bởi vì các dạng câu yêu cầu, đề nghị, mệnh lệnh và khuyên nhủ thường xuất hiện trong đoạn hội thoại nên bạn phải suy đoán được hành động người phụ nữ(người đàn ông). Đặc biệt, trong đoạn đối thoại giữa A2 và B2, B2 và A3 có nhiều manh mối về hành động phải diễn ra tiếp theo; vì vậy, bạn cần chú ý kỹ phần này. Bạn nên biết những từ vựng và cấu trúc ngữ pháp được sử dụng để diễn đạt các hành động mà chúng tôi trình bày dưới đây.

9-12

 MP3

🔍 **문제분석**

기출문제

※[9~12] 다음 대화를 잘 듣고 여자가 이어서 할 행동으로 알맞은 것을 고르십시오. 각 2점 🎧 track 07

9~12

> 여자: 관리사무소지요? 아파트 관리비 고지서를 아직 못 받아서요.
>
> 남자: 아, 그렇습니까? 혹시 우편함은 확인하셨나요? 어제 넣어 드렸는데요.
>
> 여자: 봤는데 없더라고요. ☆지금 관리사무소에 가면 받을 수 있나요?
>
> 남자: 네, 오시면 바로 재발급해 드리겠습니다.

① 사무실에 전화해서 고지서를 받는다.
② 고지서가 있는지 우편함을 확인한다.
③ 고지서를 받으러 관리사무소에 간다.
④ 우편함에 관리비 고지서를 넣어 둔다.

〈TOPIK 37회 듣기 [10]〉
- 관리사무소 Văn phòng quản lý
- 관리비 Phí quản lý
- 고지서 Thống báo
- 혹시 Có lẽ
- 우편함 Hộp thư
- 재발급하다 Cấp lại

9~12

여자가 관리사무소에 고지서를 못 받았다고 문의하는 전화로 여자는 '관리사무소에 가면'이라고 질문을 했고, 남자가 이어서 '네'라고 대답했으므로 여자는 전화를 끊은 후에 관리사무소에 갈 것으로 보입니다. 따라서 정답은 ③입니다.

Đây là tình huống người phụ nữ gọi điện thoại cho văn phòng quản lý nói rằng chưa nhận được thông báo. Trong câu hỏi của người phụ nữ có chi tiết '관리사무소에 가면', và sau đó, người đàn ông trả lời '네', vì vậy, chúng ta có thể suy đoán được người phụ nữ sẽ cúp máy và đến văn phòng quản lý. Do đó, đáp án đúng là ③.

※[9~12] 다음 대화를 잘 듣고 여자가 <u>이어서 할 행동</u>으로 알맞은 것을 고르십시오. [각 2점] 🔘 track 08

9~12

> 여자: 김 부장님, 사무실 에어컨을 새로 사야 할 것 같은데요.
> 남자: 왜요? 수리할 수 있다고 하지 않았어요?
> 여자: 고칠 수는 있는데 비용이 많이 들 것 같다고 합니다. 새로 사는 게 나을 것 같은데 어떻게 할까요?
> 남자: 그럼, 그렇게 합시다. 이 대리가 괜찮은 <u>에어컨 좀 찾아봐 주세요.</u>

① 에어컨의 고장 원인을 찾는다.
② 에어컨을 서비스 센터에 맡긴다.
③ 에어컨의 종류와 가격을 조사한다.
④ 사무실에서 사용할 에어컨을 사러 간다.

• 낫다 Tốt hơn
• 대리 Trợ lý
• 서비스 센터 Trung tâm dịch vụ
• 가격 Giá cả

9~12

여자는 사무실 에어컨을 새로 사야 할 것 같다는 말로 대화를 시작합니다. 남자의 두 번째 말에서 남자는 여자에게 에어컨을 찾아볼 것을 지시하였습니다. 그래서 여자는 이 지시에 따라 에어컨을 찾아볼 것입니다. 따라서 정답은 ③입니다.

Người phụ nữ bắt đầu đoạn hội thoại bằng câu '사무실 에어컨을 새로 사야 할 것 같다'. Trong câu thứ hai của người đàn ông, người đàn ông yêu cầu người phụ nữ tìm hiểu máy điều hòa nhiệt độ. Vì vậy, người phụ nữ sẽ làm theo lời đề nghị này để tìm máy điều hòa nhiệt độ. Do đó, đáp án đúng là ③.

9-12

MP3

연습문제

※[9~12] 다음 대화를 잘 듣고 여자가 이어서 할 행동으로 알맞은 것을 고르십시오. [각 2점] ◎ track 09

9 ① 은행에 가서 참가비를 입금한다.
② 홈페이지에서 참가 신청을 한다.
③ 서류를 작성해서 우편으로 보낸다.
④ 사무실에 전화해서 접수 방법을 물어본다.

10 ① 발표 주제를 정한다.
② 명절에 대한 자료를 수집한다.
③ 수집한 자료들을 정리해서 제출한다.
④ 친구에게 연락해서 도와달라고 한다.

11 ① 커튼 주문을 취소한다.
② 배송 회사에 연락한다.
③ 집 창문의 사이즈를 잰다.
④ 다른 사이즈로 바꿔서 주문한다.

12 ① 여행 일정을 다시 짠다.
② 전화로 예약한 표를 취소한다.
③ 친구와 다른 여행 장소를 찾아본다.
④ 여행을 갈 수 있는 친구를 알아본다.

대회 Đại hội/cuộc thi | 안내 Hướng dẫn | 참가비 Phí tham gia | 신청서 Đơn xin | 접수하다 Tiếp nhận | 입금하다 Nộp tiền vào tài khoản | 참가 Tham gia | 서류 Giấy tờ | 우편 Thư | 한국사 Lịch sử Hàn QUốc | 발표 Phát biểu | 명절 Lễ Tết | 모으다 Gom/tập trung | 정리 Sắp xếp | 주제 Chủ đề | 정하다 Quyết định | 커튼 Rèm | 주문 제작 Sản xuất theo đơn đặt hàng | 길이 Chiều dài | 재다 Đo | 일정을 짜다 Sắp lịch | 그렇지 않아도 Dù không như vậy | 미루다 Hoãn

13-16

✏️ 오늘의 어휘

공공	Công cộng	Danh	공공 기관에서는 예절을 지켜야 합니다.
시설	Cơ sở vật chất/thiết bị	Danh	시민들의 편의를 위한 시설에 많은 투자를 하고 있다.
예정	Dự định	Danh	이번 출장은 예정보다 길어질 것 같다.
위기	Nguy cơ	Danh	사라질 위기에 놓인 동물들을 보호해야 한다.
점검	Kiểm tra	Danh	엘리베이터 점검이 끝날 때까지 계단을 이용해 주세요.
지역	Khu vực	Danh	이 지역은 관광지로 유명한 곳이다.
감소하다	Giảm thiểu	Động	수출이 감소하고 수입이 늘어서 경제가 어려워지고 있다.
비우다	Làm trống/dọn	Động	새로운 사람이 오기 전에 방을 비워 주세요.
실시하다	Thực thi	Động	올해부터 분리수거를 실시하기로 했다.
양해하다	Hiểu/thông cảm	Động	열차가 지연되고 있으니 양해해 주시기 바랍니다.
연장하다	Gia hạn	Động	이번 행사는 고객들의 호응이 좋은 편이어서 일주일 더 연장하기로 했다.
작동되다	Hoạt động/vận hành	Động	기계가 제대로 작동되는지 확인해 봅시다.
정리하다	Sắp xếp/dọn dẹp/bỏ	Động	사용한 물건은 정리하고 나가야 한다.
확대하다	Mở rộng	Động	정부는 복지 시설을 확대하기 위해 시민들의 의견을 조사했다.

🌱 오늘의 문법

A/V-던데	과거 어떤 경험이나 상황을 전달하거나 듣는 사람의 반응을 기다림을 나타낸다. Diễn đạt một kinh nghiệm hoặc tình huống nào đó trong quá khứ hoặc diễn đạt sự chờ đợi đáp ứng từ người nghe. 예 그 지역은 겨울에 정말 춥던데. 다른 곳으로 가는 게 어때요?
V-(으)ㄴ 지	어떤 일이나 행위를 한 후 시간이 어느 정도 지났음을 나타낸다. '-(으)ㄴ 지 (시간이) 지나다/흐르다/되다/경과하다'의 형태로 사용된다. Diễn đạt một khoảng thời gian nào đó đã trôi qua sau khi thực hiện một việc làm hoặc hành động nào đó. Nó cũng có thể được sử dụng ở dạng '- (으)ㄴ 지 (시간이) 지나다/흐르다/되다/경과하다'. 예 내가 한국에서 공부한 지 벌써 3년이 흘렀다.
V-기 바라다	무엇을 원하거나 희망함을 나타낸다. '-기를 바라다'의 형태로도 사용된다. Diễn đạt mong muốn hoặc hy vọng. Nó cũng được dùng ở dạng '-기를 바라다'. 예 다음에는 밝은 얼굴로 다시 만날 수 있기 바랍니다.
V-아/어 내다	어떤 일을 마침내 이루거나 어떤 과정을 통해서 얻은 결과임을 나타낸다. Sử dụng khi một công việc nào cuối cùng cũng kết thúc hoặc kết quả thu nhận được thông qua một quá trình nào đó. 예 아버지가 일찍 돌아가셨지만 어머니는 7남매를 훌륭하게 키워 냈다.

13-16

듣고 일치하는 것을 고르는 문제입니다. 일상생활에서 경험하게 될 사소한 주제부터 전문 분야에 이르기까지 대화 주제가 매우 광범위합니다. 전문 분야의 경우 주제 자체는 어렵지만 내용은 간단하게 다루고 있습니다.

Đây là dạng đề nghe và lựa chọn nội dung giống nhau. Các chủ đề của đoạn hội thoại rất đa dạng, từ những chủ đề nhỏ nhặt mà bạn có thể kinh nghiệm trong cuộc sống hàng ngày cho đến những lĩnh vực chuyên môn. Trong trường hợp chuyên môn, bản thân chủ đề khó, nhưng nội dung thì đơn giản.

13 내용과 일치하는 것 고르기

A1-B1-A2-B2 형식의 대화로, A1이 대화의 중심 주제를 제시하면, B1이 그 주제에 대해 자세하게 이야기합니다. 또한 A가 대화 주제에 대해 부정적인 반응을 보일 때 B는 그것의 긍정적인 요소를 말하거나 A를 설득시키기도 합니다. **A와 B의 의견이 대립되는 경우도 있기 때문에 두 사람의 견해가 엇갈릴 때는 왜, 무엇이 다른지에 대해 주의하면서 듣습니다.**

Đây là đoạn hội thoại hình thức A1-B1-A2-B2, nếu A1 trình bày chủ đề chính của đoạn hội thoại, B1 sẽ trình bày cụ thể về chủ đề đó. Nếu A đưa ra phản ứng tiêu cực về chủ đề đó, B1 sẽ đề cập đến các yếu tố tích cực của nó hoặc thuyết phục A. Vì cũng có trường hợp ý kiến của A và B trái ngược nhau nên khi quan điểm của hai người trái ngược nhau, bạn phải chú ý lắng nghe xem chi tiết khác nhau là gì và lý do tại sao lại như vậy.

14 내용과 일치하는 것 고르기

안내방송을 듣고 내용과 일치하는 것을 고르는 문제입니다. 방송의 내용은 일상생활에서 쉽게 일어날 수 있는 상황들이 출제됩니다. **주로 공공장소에의 변경 사항이나 주의 사항에 대해 알려주는 내용이기 때문에 무엇, 어디, 언제 등에 나타난 표현에 주의하면서 듣습니다.**

Đây là dạng đề nghe thông báo và chọn đáp án giống với với nội dung của thông báo đó. Nội dung thông báo thường là những tình huống xảy ra trong cuộc sống hàng ngày. Vì nội dung chủ yếu là về những thay đổi và chú ý tại những nơi công cộng nên bạn cần tập trung vào những từ ngữ diễn đạt cái gì, ở đâu, khi nào, vv.

15 내용과 일치하는 것 고르기

정보를 전달하는 내용의 듣기입니다. 문화 예술이나 정부 정책과 관련된 분야이거나 홍보와 안내 목적의 내용이 담긴 문제가 출제될 가능성이 높습니다. **첫 문장에서 내용의 중심 주제를 알려 줍니다.** 뒤이어 내용의 취지, 목적과 대상을 나열하는 경우가 많으며, 마지막에는 청취자에게 참여를 권유하는 말을 합니다.

Đây là dạng đề nghe nội dung truyền đạt thông tin. Khả năng cao nội dung dạng đề này thuộc lĩnh vực liên quan đến văn hóa nghệ thuật hoặc chính sách của chính phủ hoặc nhằm mục đích quảng bá, hướng dẫn. Câu đầu tiên cho biết chủ đề chính của nội dung. Thông thường, câu tiếp theo đề cập tới mục đích, đối tượng của nội dung tiếp theo. Cuối cùng, phát thanh viên thường khuyên khán thính giả tham dự sự kiện.

16 내용과 일치하는 것 고르기

전문가 또는 그 분야의 관련인과 인터뷰하는 내용입니다. A-B 형식의 대화로, **먼저 A가 장소의 이름과 인터뷰 대상자에 대해서 간단히 소개를 합니다. 이후 B는 관련 장소의 배경 설명과 함께 인터뷰의 목적이나 취지, 그로 인한 결과와 현재 모습 등을 순차적으로 이야기합니다.** 선택지는 B의 말과 대조해 가면서 답을 고르도록 합니다.

Đây là nội dung cuộc phỏng vấn với chuyên gia hoặc người có liên quan tới lĩnh vực đó. Đây là dạng hội thoại A-B, trước tiên A giới thiệu ngắn gọn tên của địa điểm và người được phỏng vấn. Sau đó, B giải thích bối cảnh của địa điểm liên quan, mô tả tuần tự mục đích của cuộc phỏng vấn, kết quả và tình hình hiện tại. Các bạn nên đối chiếu các đáp án với câu nói của B để tìm ra đáp án đúng.

13-16 MP3

기출문제

※[13~16] 다음을 듣고 내용과 일치하는 것을 고르십시오. 각 2점

 track 10

13 대화

> 여자: 민수야, 미안한데 도서관에서 책 좀 빌려 줄래? 어제 학생증을 잃어버렸어.
> 남자: 도서관에 가면 도서관 출입증을 만들어 주던데.
> 여자: 도서관 출입증? 사진이 없는데……. 사진이 없어도 만들어 줘?
> 남자: 도서관에서 사진을 찍어 줄 거야. 그 사진으로 만들면 돼.

① 여자는 사진을 한 장 가지고 있다. X
② 남자는 여자에게 학생증을 빌려 줬다. X
③ 도서관에 가면 학생증을 바로 만들어 준다. X
④ 도서관 출입증을 만들려면 사진이 필요하다.

※들은 내용과 관계없는 것은 'X'

14 안내방송

> 여자: 총무과에서 안내 말씀 드리겠습니다. 오늘 오후 두 시부터 소방 시설 점검을 실시할 예정입니다. 점검 중에 비상경보 벨이 작동될 수 있습니다. 그리고 엘리베이터를 사용할 수 없으니 계단을 이용해 주시기 바랍니다. 조금 불편하시더라도 양해해 주시면 감사하겠습니다.

① 점검을 할 때 비상벨이 울릴 수 있다.
② 불편한 점은 총무과에 전화하면 된다. X
③ 점검하는 동안 계단으로 가면 안 된다. X
④ 소방 점검은 두 시간 동안 진행될 것이다. X

〈TOPIK 37회 듣기 [13]〉
• 빌리다 Mượn
• 학생증 Thẻ sinh viên
• 잃어버리다 Mất
• 출입증 Thẻ ra vào

13
여자가 학생증을 잃어버렸다고 하자 남자가 도서관 출입증을 만드는 방법을 여자에게 알려 주는 내용의 대화입니다. 도서관 출입증은 도서관에 가서 만들되 사진이 있어야 합니다. 따라서 정답은 ④입니다.

Trong đoạn hội thoại này, cô gái nói rằng đã đánh mất thẻ sinh viên. chàng trai liền nói cho cô gái cách làm thẻ ra vào thư viện. Cô gái có thể đến thư viện để làm thẻ ra vào nhưng cần có ảnh. Vì vậy, đáp án đúng là ④.

〈TOPIK 37회 듣기 [14]〉
• 총무과 Ban Tổng hợp
• 소방 시설
  Thiết bị phòng cháy chữa cháy
• 비상경보 Còi báo động khẩn cấp
• 계단 Bậc thang/thang bộ
• 비상벨이 울리다
  Rung chuông báo hiệu khẩn cấp
• 불편하다 Bất tiện/khó chịu
• 진행되다 Được tiến hành

14
소방 시설 점검과 관련된 안내 방송입니다. 방송에는 비상경보 벨이 작동될 수 있다는 점, 엘리베이터를 사용 할 수 없다는 점을 말하고 있습니다. 위의 두 가지 상황에 대한 선택지가 알맞은 답이 될 것입니다. 따라서 정답은 ①입니다.

Đây là phát thanh hướng dẫn liên quan đến việc kiểm tra các thiết bị phòng cháy chữa cháy. Nội dung phát thanh cho biết chuông báo hiệu tình trạng khẩn cấp có thể hoạt động, không thể sử dụng được thang máy. Đáp án nói về hai tình huống trên sẽ là đáp án phù hợp. Do đó, đáp án đúng là ①.

15 정보전달

> 남자: 인주시에서는 지난 4월부터 맞춤형 순찰제를 도입했습니다. 이것은 각 구역마다 담당 경찰관을 지정하는 제도입니다. 구역 게시판에 담당 경찰관의 사진과 연락처를 붙여 두고 주민들이 24시간 연락할 수 있도록 한 것입니다. 도입한 지 6개월 만에 범죄 발생률이 절반 가까이 줄어 이 제도를 다른 지역으로 확대하는 방안이 검토되고 있습니다.

① 맞춤형 순찰제도는 작년부터 실시되었다.
② 이 제도를 도입한 후 범죄율이 감소하였다.
③ 맞춤형 순찰제도는 전국에서 시행되고 있다.
④ 주민들이 경찰관과 함께 담당 구역을 순찰한다.

※ 첫 문장에 내용의 중심 주제가 있음

16 인터뷰

> A 여자: 시장님, 시청연수원을 시민을 위한 문화 공간으로 바꾸는 공사가 진행 중인 것으로 아는데요. 소개 좀 부탁드립니다.
>
> B 남자: 네, 시청연수원은 시설이 낡아서 몇 년간 비워 두었던 곳입니다. 그래서 재건축을 계획하면서 시민들의 생각을 알아봤더니 문화 공간으로 사용하자는 의견이 많았습니다. 앞으로 이곳은 공연장이나 행사장으로 활용할 계획입니다. 다음 달이면 우리 시에도 새로운 문화 공간이 탄생하는 것이죠.

① 이곳은 오래된 문화 공간이다.
② 이곳은 시민들이 직접 사용하고 있다.
③ 이곳은 다음 달에 새로 문을 열 계획이다.
④ 이곳은 시장을 위한 공간으로 바뀔 것이다.

※ B의 내용과 선택지를 비교하면서 듣기

<TOPIK 36회 듣기 [15]>
• 맞춤형 순찰제 Hệ thống tuần tra tùy chỉnh
• 도입하다 Dẫn nhập
• 구역 Khu vực
• 담당 Đảm trách
• 지정하다 Chỉ định
• 제도 Chế độ/hệ thống
• 붙이다 Dán/gắn
• 범죄 발생률 Tỷ lệ phát sinh tội phạm
• 절반 Một nửa
• 검토되다 Được xem xét
• 시행되다 Được thi hành
• 순찰하다 Tuần tra

15
맞춤형 순찰제에 대한 설명과 도입 후 나타난 변화에 대해 말하고 있습니다. 이 제도는 같은 해 4월에 인주시에 도입하였으며 주민들이 연락할 수 있도록 한 제도입니다. 그리고 도입 6개월 후 범죄 발생률이 줄어 다른 지역으로 확대하려고 하였습니다. 따라서 정답은 ②입니다.

Đây là văn bản giải thích về hệ thống tuần tra tự chỉnh và sự thay đổi diễn ra sau khi đưa vào sử dụng. Hệ thống này được đưa vào sử dụng tại TP In Ju vào tháng 4 cùng năm và là hệ thống người dân có thể liên lạc được. Và 6 tháng sau khi đưa vào sử dụng, tỷ lệ phát sinh tội phạm giảm nên nó được dự định mở rộng sang các khu vực khác. Do đó đáp án đúng là ②.

<TOPIK 37회 듣기 [16]>
• 연수원 Trung tâm tập huấn
• 공사 Công trình xây dựng
• 낡다 Cũ kỹ
• 재건축 Tái kiến thiết
• 계획하다 Lên kế hoạch
• 의견 Ý kiến
• 공연장 Phòng biểu diễn
• 행사장 Trung tâm tổ chức sự kiện
• 활용하다 Tận dụng/sử dụng
• 탄생하다 Ra đời

16
시청연수원의 관계자와 공사 진행에 대해 이야기하고 있습니다. 다음 달에 새로운 문화 공간이 탄생한다(새로 생긴다)고 했습니다. 따라서 정답은 ③입니다.

Phóng viên đang nói chuyện với cán bộ của Trung tâm tập huấn Tòa thị chính về việc tiến hành công trình xây dựng. Một không gian văn hóa mới sẽ ra đời(mới xuất hiện) vào tháng tới. Do đó, đáp án đúng là ③.

※[13~16] 다음을 듣고 내용과 일치하는 것을 고르십시오. [각 2점]

13

track 11

> 여자: 요즘 인터넷 공동구매로 물건을 많이 산다던데?
> 남자: 응. 물건 배송이 좀 오래 걸리기는 해도 훨씬 싸던데.
> 여자: 그래? 나도 구매를 하고 싶은데 하는 방법을 잘 몰라.
> 남자: 그럼 내가 가르쳐 줄게 한번 해 봐. 별로 어렵지 않아.

① 인터넷 공동구매는 개인이 직접 살 수 없다.
② 남자는 인터넷 공동구매를 이용해 본 적이 없다.
③ 여자는 인터넷 공동구매를 하는 방법을 잘 안다.
④ 인터넷 공동구매는 물건을 받을 때까지 오래 걸린다.

14

> 여자: 안내 말씀 드리겠습니다. 다음 주부터 도서관 사물함
> 의 올바른 사용을 위해 개인 사물함을 없애고, 공공
> 사물함으로 모두 교체할 예정입니다. 사물함에 넣어
> 두신 개인 짐은 다음 주말까지 모두 가져가 주시기
> 바랍니다. 앞으로 공공 사물함은 방문 당일에만 이용
> 가능하니 협조해 주시기 바랍니다.

① 공공 사물함이 부족하여 더 늘릴 계획이다.
② 개인 사물함은 다음 달까지 사용할 수 있다.
③ 공공 사물함을 이용하려면 회원 가입을 해야 한다.
④ 사물함 안의 개인 물건은 다음 주말까지 정리해야 한다.

- 공동구매 Mua hàng chung
- 훨씬 Hơn nhiều
- 개인 Cá nhân

13

두 사람이 인터넷 공동구매에 대해 이야기
하고 있습니다. 남자는 공동구매의 단점으
로 배송이 오래 걸린다고 하였습니다. 따라
서 정답은 ④입니다.

Hai người đang nói về việc mua hàng
chung qua internet. Người đàn ông
nói việc giao hàng mất nhiều thời
gian là nhược điểm của hình thức
mua hàng chung. Do đó, đáp án đúng
là ④.

- 사물함 Tủ bảo quản vật dụng
- 올바르다 Ngay thẳng
- 교체하다 Thay đổi
- 짐 Hành lý
- 당일 Cùng ngày
- 가능하다 Có thể
- 협조하다 Hợp tác
- 부족하다 Thiếu
- 회원 가입 Đăng ký thành viên

14

도서관 사물함 사용 변경과 관련된 안내 방
송입니다. 그동안 사용해 오던 개인 사물
함을 모두 없애고 다음 주부터 공공 사물함
으로 바꾸겠다고 합니다. 그래서 그 전까지
사물함의 짐을 모두 정리해야 한다고 말하
고 있습니다. 따라서 정답은 ④입니다.

Đây là nội dung phát thanh hướng
dẫn liên quan đến sự thay đổi trong
việc sử dụng tủ bảo quản vật dụng
của thư viện. Phát thanh viên nói sẽ
dẹp bỏ tất cả các tủ khóa cá nhân đã
được sử dụng trong thời gian qua và
thay thế chúng bằng tủ bảo quản đồ
vật công cộng từ tuần tới. Vì vậy, phát
thanh viên nói rằng mọi người phải
thu dọn tất cả đồ đạc của mình trong
tủ bảo quản đồ vật trước đó. Vì vậy,
đáp án đúng là ④.

15

남자: 다음은 지역 문화행사 소식입니다. 이 행사는 전남문화예술단과 전남 경찰서 동호회가 지역 주민들을 위해 준비한 공연인데요. 이웃과 함께하는 솜사탕 음악회라는 주제로 음악 해설과 노래 따라 부르기 등을 진행할 예정입니다. 공연을 준비 중인 예술단장은 이번 공연으로 지역 주민들에게 솜사탕처럼 달콤한 음악을 선물할 계획이라고 말했습니다.

① 이 공연에는 음악 해설이 포함되어 있다.
② 이 행사는 참가자에게 솜사탕을 선물한다.
③ 지역 주민들이 이웃을 위해 공연을 준비했다.
④ 이 행사는 솜사탕에 대한 노래를 함께 부른다.

16

여자: 지금 저는 벽화로 유명한 마을에 와 있습니다. 이 마을 이장님을 만나 이야기를 들어 보겠습니다.
남자: 5년 전에 우리 마을은 재개발 지역이 되면서 없어질 위기에 놓여 있었습니다. 이를 안타깝게 여긴 근처 미술대학 학생들이 작년부터 무료로 벽에 그림을 그려 주기 시작하면서 지금과 같은 벽화 마을이 된 것입니다. 벽화 덕분에 마을에 사건 사고도 줄고, 주민들이 카페나 식당을 열어 생활하고 있습니다. 주말이면 관광객들의 발길도 끊이지 않고 있습니다.

① 5년 후에 카페와 식당을 열 계획이다.
② 관광객들이 늘면서 사건과 사고가 많아졌다.
③ 관광객들의 인기를 얻자 벽화를 그리기 시작했다.
④ 미술대학 학생들이 돈을 받지 않고 벽화를 그렸다.

- 문화행사 Sự kiện văn hóa
- 전남문화예술단
  Đoàn văn hóa nghệ thuật Jeollanam-do
- 동호회 Hội đồng hao
- 주민들 Cư dân
- 이웃 Hàng xóm
- 솜사탕 음악회
  Chương trình âm nhạc kẹo bông gòn
- 해설 Giải thích/thuyết minh
- 예술단장 Trưởng đoàn nghệ thuật
- 달콤하다 Ngọt ngào
- 선물하다 Món quà
- 연주되다 Được biểu diễn(nhạc cụ)
- 참가자 Người tham dự

15

지역예술단과 동호회가 함께 문화행사를 열 것이라는 내용을 안내하고 있습니다. 행사에서 음악을 해설해 주고, 주민들이 노래를 따라 부릅니다. 따라서 정답은 ①입니다.

Phát thanh viên đang thông báo rằng đoàn nghệ thuật địa phương và hội đồng hao sẽ cùng tổ chức sự kiện văn hóa. Tại sự kiện này, người ta sẽ thuyết minh về âm nhạc và cư dân địa phương sẽ hát theo. Vì vậy, đáp án đúng là ①.

- 벽화 Bích họa
- 유명하다 Nổi tiếng
- 마을 Làng
- 이장님 Trưởng thôn
- 재개발 Quy hoạch
- 위기에 놓이다 Đối diện với nguy cơ
- 안타깝다 Đáng tiếc
- 근처 Gần
- 무료 Miễn phí
- 덕분 Nhờ
- 사건 사고 Sự cố
- 발길이 끊이지 않다
  Không có nhiều người lui tới
- 인기를 얻다 Được yêu thích

16

벽화마을은 5년 전 재개발 지역으로 선정되었고, 학생들이 무료로 그림을 그려 주어 지금의 벽화마을이 탄생되었다고 했습니다. 따라서 정답은 ④입니다.

Người đàn ông nói rằng Làng bích họa đã được chọn làm khu vực quy hoạch cách đây 5 năm, và các sinh viên đã vẽ tranh miễn phí; bởi đó, Làng bích họa hiện tại đã ra đời. Vì vậy, đáp án đúng là ④.

연습문제

※[13~16] 다음을 듣고 내용과 일치하는 것을 고르십시오. 각 2점 track 12

13 ① 남자는 부산 여행을 가 본 적이 없다.
    ② 각 지역마다 다른 교통카드를 사용한다.
    ③ 여자는 서울 교통카드를 가지고 있지 않다.
    ④ 서울에서 쓰던 교통카드는 부산에서 사용할 수 있다.

14 ① 주말부터 지하철 노선이 확장된다.
    ② 지하철 공사로 주말에 운행이 중단된다.
    ③ 이번 주말에만 지하철 노선이 바뀔 것이다.
    ④ 1, 2호선은 축제 때문에 평소보다 늦게까지 운행한다.

15 ① 공사 현장에서는 안전모를 반드시 써야 한다.
    ② 사고를 당한 사람들은 안전모를 쓰고 있었다.
    ③ 올해 들어 공사 현장의 사건 사고가 줄고 있다.
    ④ 대부분의 사람들이 공사 현장에서 안전모를 쓰지 않는다.

16 ① 이곳은 1989년부터 기차마을이었다.
    ② 열차 이용객은 주민들이 대부분이다.
    ③ 예전에 이용하던 기차를 그대로 운행하고 있다.
    ④ 이 기차를 타고 섬진강 근처 풍경을 즐길 수 있다.

교통카드 Thẻ giao thông | 전국 Toàn quốc | 잠시 Tạm thời | 안내 방송 Phát thanh hướng dẫn | 등 축제 Lễ hội đèn | 관계 Mối quan hệ | 운행 Vận hành/điều hành | 노선 Loo trình | 승객 Hành khách | 확장되다 Được mở rộng | 중단되다 Gián đoạn | 평소 Bình thường | 공사 현장 Công trình xây dựng | 끊이다 Ngừng | 안전모 Mũ bảo hộ lao động | 떨어지다 Rơi | 벽돌 Gạch | 맞다 Bị đánh | 주의하다 Chú ý | 수칙 Nguyên tắc | 기차마을 Làng xe lửa | 관계자 Người liên quan | 증기기관차 Xe lửa hơi nước | 그대로 y nguyên | 복원하다 Phục hồi | 흐르다 Chảy | 예전 Trước đây | 철로 Đường sắt | 달리다 Chạy | 승마 Đua ngựa | 하이킹 Leo núi | 체험 Trải nghiệm | 이어지다 Tiếp nối | 도로 Đường | 풍경 Phong cảnh

17-20

✏️ 오늘의 어휘

기술	Kỹ thuật	Danh	과학 기술은 나날이 발전하고 있다.
나중	Sau này	Danh	나중을 위해서 돈을 아껴 두는 것도 좋다.
업무	Nghiệp vụ	Danh	회사 업무가 많아 야근을 자주 한다.
칭찬	Khen ngợi	Danh	오늘 수업 시간에 한국어 발음이 좋다고 칭찬을 받았다.
충분히	Đầy đủ	Trạng	학생들에게 생각할 시간을 충분히 주어야 한다.
강조하다	Nhấn mạnh	Động	아이들에게 저축의 필요성을 강조했다.
거절하다	Từ chối	Động	민수는 나의 부탁을 거절했다.
구하다	Tìm	Động	경기가 어려워서 그런지 일자리를 구하기가 쉽지 않네요.
따라가다	Theo kịp	Động	식당 음식이 아무리 맛있어도 어머니 손맛은 따라갈 수 없다.
무리하다	Quá sức	Động	너무 무리하지 말고 좀 쉬세요.
반복하다	Lặp đi lặp lại	Động	너는 왜 같은 말을 반복하니?
빠지다	Vắng	Động	수업에 빠지지 말고 학교에 오세요.
참석하다	Tham dự	Động	이번 회의는 회장님도 참석하시는 중요한 회의입니다.

🌱 오늘의 문법

A-다면서 V-ㄴ/는다면서	다른 사람으로부터 들은 내용을 다시 한 번 물어보며 확인할 때 사용한다. Sử dụng khi hỏi lại một lần nữa để xác nhận nội dung đã nghe từ người khác. 예 이번에 입사한 신입 사원들이 그렇게 예쁘다면서?
A/V-(으)ㄹ 텐데	말하는 사람이 어떤 사실이나 상황에 대해서 짐작하거나 추측함을 나타낸다. Diễn đạt sự suy đoán của người nói về một sự thật hoặc tình huống nào đó. 예 내일은 주말이라서 영화관에 사람이 많을 텐데.
A/V-잖아요	상대방이 기억하지 못하거나, 이미 알고 있는 것을 확인시켜 줄 때 사용한다. Sử dụng để xác nhận điều gì đó mà người nghe không nhớ hoặc đã biết. 예 미진이가 어렸을 때부터 머리가 좀 좋았잖아요.
A-대 V-ㄴ/는대	상대방이 알고 있는 사실이나 새롭게 들은 정보를 전달할 때 사용된다. '-는다고 해'를 짧게 표현한 형태이다. Diễn đạt sự thật mà người nghe đã biết hoặc thông tin mà người nói vừa mới nghe được. Đây là hình thức diễn đạt ngắn gọn của '-는다고 해'. 예 철수가 요즘 철이 들었는지 공부를 그렇게 열심히 한대.

17-20

남자의 중심 생각을 고르는 문제입니다. **남자와 여자의 의견이 달라서 대립되는 상황이나 남자가 자신의 주장을 여자에게 설득하려는 내용이 나옵니다.**

Đây là dạng đề chọn ý chính của người đàn ông. Có những tình huống ý kiến của người đàn ông và người phụ nữ trái ngược nhau hoặc người đàn ông thuyết phục người phụ nữ.

17~19 남자의 중심 생각 고르기

남자의 대화로 시작하여 여자가 그것에 대한 의문점이나 다른 의견을 묻습니다. 이에 **남자는 자신의 의견과 주장을 이야기하기 때문에 남자의 두 번째 말에 집중해서 들으면 됩니다.**

Đoạn hội thoại được bắt đầu bởi câu nói của người đàn ông, và người phụ nữ đã đặt ra điểm nghi vấn hoặc hỏi ý kiến về câu nói của người đàn ông. Vì vậy, người đàn ông nêu ý kiến và quan điểm của mình, cho nên bạn cần lắng nghe câu nói thứ hai của người đàn ông.

20 남자의 중심 생각 고르기

여자의 인터뷰 질문에 대한 남자의 대답을 집중해서 들어야 합니다. 남자의 말을 주의 깊게 들으면서 선택지의 내용과 맞추면 답을 고를 수 있습니다.

Bạn phải tập trung lắng nghe câu trả lời của người đàn ông cho câu hỏi phỏng vấn của người phụ nữ. Nếu lắng nghe lời nói của người đàn ông nội và so với nội dung của các đáp án, bạn có thể chọn được đáp án đúng.

17-20

[QR code] MP3

🔍 **문제분석**

기출문제

※[17~20] 다음을 듣고 남자의 중심 생각을 고르십시오. 각 2점

[track icon] track 13

17~19

> 남자: 수미야, 좀 전에 동아리 후배한테 무슨 칭찬을 그렇게 많이 해?
>
> 여자: 왜? 그 후배는 동아리 일도 다 맡아서 하고 다른 사람이 도움이 필요하다고 할 때 한 번도 거절한 적이 없어. 칭찬할 만하지.
>
> 남자: 그래? 근데 후배가 그런 칭찬을 들으면 나중에 거절하고 싶어도 못 하겠어. 그 칭찬에 신경을 써서 그 말대로 꼭 해야 한다고 생각하게 되거든.

① 칭찬을 받으면 일할 의욕이 높아진다.
② 칭찬을 받으려면 거절하지 말아야 한다.
③ 칭찬을 받으면 그 말을 의식해서 행동하게 된다.
④ 칭찬을 받으면 다른 사람도 칭찬해 줘야 한다.

※듣기 전에 반복되는 내용 통해 듣기 내용 미리 추측

20

> 여자: 최 교수님, 이번에 '화해의 기술'이라는 책을 내셨는데요. 그 책에서 가장 강조하시는 부분은 무엇입니까?
>
> 남자: 화해를 원한다면 나에 대한 이야기를 하라는 겁니다. 많은 경우에 사람들은 화해하려고 할 때 상대방의 말과 행동만을 반복해서 말합니다. 이건 관계 회복에 전혀 도움이 되지 않아요. 오히려 악영향을 줍니다. 내 말과 행동에 대해 먼저 살피고 말해 보세요. 상대방의 환한 미소를 볼 수 있을 겁니다.

① 웃음으로 서로의 관계를 회복해야 한다.
② 화해하고 싶으면 먼저 나를 되돌아봐야 한다.
③ 상대방의 웃음을 보면 화해를 먼저 해야 한다.
④ 화해하려면 상대방의 행동을 미리 살펴야 한다.

※비슷한 어휘와 표현
　내 말과 행동에 대해 먼저 살피다
　⇒ 먼저 나를 되돌아보다

〈TOPIK 36회 듣기 [18]〉
- 동아리 Câu lạc bộ
- 후배 Hậu bối/đàn em khóa sau
- 칭찬 Khen ngợi
- 신경을 쓰다 Quan tâm/bận tâm
- 의욕 Ý muốn/tham vọng
- 의식하다 Ý thức

17~19

남자는 여자의 의견과 반대로 지나치게 칭찬을 많이 들을 경우 거절을 못 하게 되거나, 그 말에 신경 쓰게 돼 버린다는 점을 염려하고 있습니다. 따라서 정답은 ③입니다.

Người đàn ông lo ngại rằng nếu khen ngợi thái quá ngược với ý kiến của người phụ nữ, hậu bối sẽ không thể từ chối hoặc bận tâm tới lời khen đó. Do đó, đáp án đúng là ③.

〈TOPIK 36회 듣기 [20]〉
- 화해(하다) Hòa giải
- 책을 내다 Xuất bản sách
- 회복 Hồi phục
- 악영향 Ảnh hưởng xấu
- 살피다 Xem/theo dõi
- 환하다 Sáng
- 미소 Nụ cười
- 웃음 Nụ cười
- 되돌아보다 Nhìn lại

20

인터뷰에서는 자신의 주장을 바로 이야기하거나 마지막에 이야기하는 경우도 있습니다. 여기서는 첫 부분인 '나에 대한 이야기를 하라'는 말과 마지막 부분인 '내 말과 행동에 대해 먼저 살피고 말하라'는 말을 통해 답을 유추할 수 있습니다. 따라서 정답은 ②입니다.

Thông thường, trong cuộc phỏng vấn, người được phỏng vấn trình bày ngay quan điểm của mình hoặc trình bày trong câu cuối cùng. Ở đây, dựa vào câu 'nói về câu chuyện của bản thân' ở phần đầu, và 'nhìn lại lời nói và hành động của bản thân trước' ở phần cuối, chúng ta có thể được suy ra đáp án; do đó, đáp án đúng là ②.

샘플문제

※[17~20] 다음을 듣고 <u>남자의 중심 생각을</u> 고르십시오. 각 2점

17~19

 track 14

> 남자: 수미 씨, 회사를 그만두고 해외 봉사활동을 간다면서요?
>
> 여자: 네, 맞아요. 지금이 아니면 기회가 없을 것 같아서요. 해외에 갔다와서 다시 직장을 구하는 게 힘들긴 하지만 일찍 해외에 나갔다 오는 게 좋을 것 같아서요.
>
> 남자: 그런데 회사를 그만두고 <u>해외에 나가서까지 봉사활동을 한다는 게 좀 이해가 안 되네요. 봉사활동이라면 국내에서도 충분히 할 수 있을 텐데요.</u>

① 어릴 때 해외 봉사활동을 가야 한다.
② 봉사활동을 반드시 해외에서 할 필요는 없다.
③ 해외 봉사활동을 다녀오면 국내에 들어오기 힘들다.
④ 해외 봉사활동을 가기 전에 계획과 준비가 필요하다.

20

> 여자: 이복현 선생님은 전통 그대로의 방식으로 전통 악기를 만드시는 걸로 유명한데요. 혹시 특별한 이유라도 있으십니까?
>
> 남자: 저는 전통 악기의 대중화보다는 우리 고유의 전통성을 지키는 것이 더 중요하다고 생각합니다. 공장에서 만들어 낸 악기들은 전통 악기를 대중화하는 데 기여했습니다. 하지만 <u>기계로 만들어 낸 악기가 전통 그대로의 방식으로 만들어낸 악기의 소리를 따라가지 못합니다.</u> 고유의 소리를 담아 내지 못한다면 진정한 전통이라고 할 수 없죠.

① 전통 악기의 대중화는 중요하지 않다.
② 전통 방식으로 만든 악기는 대중화하기 어렵다.
③ 전통 악기의 대중화를 위해 공장에서 대량 생산해야 한다.
④ 공장에서 만든 악기는 전통 악기만큼의 소리를 내지 못한다.

- 그만두다 Ngừng
- 해외 Hải ngoại/nước ngoài
- 봉사활동 Hoạt động tình nguyện
- 기회 Cơ hội
- 국내 Trong nước
- 반드시 Nhất định

17~19

남자는 회사를 그만두고 <u>해외 봉사활동을 가기로 한 여자의 결정에 대해 이해가 가지 않는다</u>고 말합니다. 남자는 국내에서도 충분히 봉사활동을 할 수 있다고 말합니다. 따라서 정답은 ②입니다.

Người đàn ông nói rằng anh ta thế không hiểu nổi quyết định bỏ việc ở công ty và đi hoạt động tình nguyện ở nước ngoài của người phụ nữ. Người đàn ông nói rằng cô có thể làm hoạt động tình nguyện ở trong nước. Vì vậy, đáp án đúng là ②.

- 방식 Phương thức/cách thức
- 악기 Nhạc cụ
- 대중화 Đại chúng hóa
- 고유 Vốn có
- 전통성 Tính truyền thống
- 기여하다 Đóng góp
- 기계 Máy móc
- 담아내다 Chứa đựng
- 진정하다 Trấn tĩnh
- 대량 Số lượng lớn
- 생산하다 Sản xuất

20

전통 악기 만드는 장인을 만나 인터뷰하는 내용입니다. 장인은 공장에서 만들어 낸 악기가 전통 방식으로 만들어 낸 악기보다 소리가 좋지 않음을 지적하고 있습니다. 따라서 정답은 ④입니다.

Đây là nội dung cuộc phỏng vấn với một nghệ nhân chuyên làm nhạc cụ truyền thống. Người nghệ nhân cho rằng nhạc cụ sản xuất tại nhà máy không tạo ra âm thanh hay bằng nhạc cụ làm bằng phương pháp truyền thống. Do đó, đáp án đúng là ④.

연습문제

※[17~20] 다음을 듣고 남자의 중심 생각을 고르십시오. 각 2점 track 15

17　① 취미 생활로 자격증을 따는 것은 좋지 않다.
　　② 자격증을 따기 위해서는 많은 준비가 필요하다.
　　③ 자격증을 따 두는 것은 미래를 위한 대비가 된다.
　　④ 자격증을 따다 보면 업무에 집중하지 못할 때가 있다.

18　① 매일 요리 수업을 들어야 한다.
　　② 무리해서라도 요리 수업에 가야 한다.
　　③ 시간이 날 때만 수업에 참석하면 된다.
　　④ 수업에 빠지면 다음날 수업 내용을 이해할 수 없다.

19　① 간접 광고는 많은 부작용이 있다.
　　② 간접 광고는 소비자의 부담을 덜어 준다.
　　③ 간접 광고는 소비자의 선택권을 빼앗는다.
　　④ 간접 광고는 프로그램에 방해가 되지 않는다.

20　① 폐품으로 미술 도구를 만들 수 있다.
　　② 재활용품은 작품의 훌륭한 재료가 된다.
　　③ 작품에 사용한 미술 도구를 재활용해야 한다.
　　④ 재활용품을 활용한 작품에 이야기를 담아야 한다.

자격증을 따다 Lấy bằng lái | **푹 빠지다** Chìm đắm | **대비** Chuẩn bị | **집중하다** Tập trung | **전혀** Không hề | **예능** Chương trình giải trí | **간접광고** Quảng cáo gián tiếp | **방해** Cản trở/phương hại | **상품** Sản phẩm | **튀다** Văng | **자연스럽다** Tư nhiên | **등장하다** Xuất hiện | **억지로** Miễn cưỡng | **가리다** Che | **답답하다** Khó chịu | **부작용** Tác dụng phụ | **선택권** Quyền lựa họn | **부담을 덜다** Giảm bớt gánh nặng | **빼앗다** Giật | **우유팩** Hộp sữa | **폐품** Phế phẩm | **작품** Tác phẩm | **재활용품** Đồ vật tái sử dụng | **재료** Nguyên liệu | **특성** Đặc tính | **불과하다** Bất quá | **도구** Dụng cụ | **흥미롭다** Hứng thú

21-22

✏️ 오늘의 어휘

여유	Dư dả	Danh	시간 여유가 있으면 나 좀 도와 줘.
자기 개발	Phát triển bản thân	Danh	평소에 자기 개발을 게을리하면 안 된다.
쓸데없이	Vô dụng	Trạng	쓸데없이 돈을 낭비하지 마세요.
가입하다	Gia nhập/đăng ký	Động	물건을 사려면 홈페이지에 가입해야 한다.
구비되다	Được chuẩn bị	Động	백화점에 다양한 전자 제품이 구비되어 있다.
권하다	Khuyên/mời	Động	억지로 술을 권하는 것은 좋지 않다.
막다	Ngăn cản	Động	에너지 손실을 막기 위한 시설을 만들었다.
숨기다	Giấu	Động	민수는 나에게 그 사실을 숨겼다.
유출되다	Bị lọt	Động	시험 정보가 유출되지 않게 관리를 잘 해야 한다.
후회하다	Hối hận	Động	수미는 이번 시험에 열심히 공부하지 않은 것을 후회했다.
부담스럽다	Cảm thấy ngại	Tính	민수는 부담스러울 정도로 나에게 잘해 준다.
철저하다	Thấu đáo/triệt để	Tính	이 병원은 고객 관리를 철저하게 하기로 유명하다.

🍵 오늘의 문법

A/V-(으)ㄹ걸	말하는 사람의 지난 일에 대한 후회나 아쉬움을 나타낸다. Diễn đạt sự hối hận hoặc sự tiếc nuối của người nói về một sự việc nào đó trong quá khứ. 예 부모님이 살아계실 때 자주 찾아뵐걸.
A/V-아/어도	가정, 양보의 표현으로 부정적이거나 극단적인 상황, 어려운 상황 등에서도 뒤 문장에 영향을 주지 않음을 나타낸다. Là ngữ pháp giả định, nhượng bộ diễn đạt tình huống tiêu cực hoặc cực đoan, khó khăn trong vế trước của câu không ảnh hưởng đến nội dung vế sau của câu. 예 비록 이번 시험에 실패해도 절대 포기하지 않을 거예요.
A/V-더라고요	말하는 사람이 과거에 직접 경험으로 알게 된 사실을 상대방에게 전달할 때 사용한다. 반말로 '-더라'로도 사용된다. Sử dụng khi người nói truyền đạt cho người nghe điều mà mình biết được thông qua kinh nghiệm trực tiếp trong quá khứ. Nó cũng có thể sử dụng ở dạng '-더라' trong ngôn ngữ thân mật. 예 그 이탈리아 식당 음식이 맛있더라고요.

21-22

두 사람이 사회적 이슈와 연관된 주제로 가볍게 대화를 합니다. 일상생활 속에서 접할 수 있는 사회적 문제와 관련된 내용이 출제될 확률이 높으므로 이와 관련된 표현을 알아 두는 것이 좋겠습니다.

Hai người đang trò chuyện nhẹ nhàng về chủ đề liên quan đến các vấn đề xã hội. Vì khả năng cao nội dung của dạng đề này liên quan đến các vấn đề xã hội có thể gặp trong cuộc sống hàng ngày; vì vậy, bạn nên nắm vững diễn đạt liên quan đến những vấn đề này.

21 남자의 중심 생각으로 맞는 것 고르기

이 문제는 A1-B1-A2-B2형식의 대화로 남자의 중심 생각을 고르는 문제입니다. 따라서 **처음 A1이 대화의 주제와 함께 자신의 의견을 제시하면 뒤이어 나오는 B1은 A1의 의견에 호응하면서 정보를 제공합니다.** 이것을 예상하고 중심 생각이 무엇인지 잘 들어야 합니다. **보통 B2에 중심 생각이 있습니다.**

Đây là dạng đề chọn chính của người đàn ông trong đoạn hội thoại dạng A1-B1-A2-B2. Vì vậy, ban đầu, khi A1 trình bày ý kiến của mình cùng với chủ đề của cuộc đàm thoại, tiếp theo, B1 sẽ đáp ứng ý kiến của A1 và cung cấp thông tin. Bạn phải dự đoán được điều này, lắng nghe để nắm rõ ý chính. Ý chính thường được trình bày trong B2.

22 들은 내용으로 알맞은 것 고르기

전체적인 내용을 잘 듣고 분석해야 합니다. 들은 내용의 상황과 맥락에 어울리지 않거나 언급하지 않은 선택지는 지워 가며 답을 찾는 것이 좋습니다. 그리고 선택지에 사용되는 표현들은 들은 내용에 나온 표현을 그대로 사용하지 않기 때문에 비슷한 어휘와 표현을 알고 있어야 답을 찾아낼 수 있습니다.

Bạn cần lắng nghe và phân tích nội dung tổng thể. Hãy tìm đáp án đúng bằng cách xóa các đáp án không phù hợp với tình huống và ngữ cảnh của nội dung đã nghe hoặc không được đề cập đến! Ngoài ra, đoạn văn đã nghe và các đáp án có thể không sử dụng cùng từ vựng và ngữ pháp; vì vậy, để tìm được đáp án đúng, bạn phải biết các từ vựng gần nghĩa và các cấu trúc ngữ pháp tương tự.

21-22

🔍 문제분석

기출문제

※[21~22] 다음을 듣고 물음에 답하십시오. 각 2점 🎧 track 16

A₁ 여자: 예전에 가입해 놓은 쇼핑몰에서 개인 정보가 유출 됐다고 연락이 왔는데 뭘 어떻게 해야 되는 거야?

B₁ 남자: 개인 정보 유출? 홈페이지에 들어가서 비밀번호부 터 바꿔야지.

A₂ 여자: 자주 이용하지도 않는데 가입하지 말 걸 그랬어. 그런데 쇼핑몰에서 개인 정보를 더 철저하게 관리 해야 하는 거 아냐? 요즘 사고가 얼마나 많은데….

B₂ 남자: 개인 정보 관리를 쇼핑몰에 다 맡길 수는 없지. 네 가 비밀번호라도 자주 바꿨으면 이런 일이 없었을 거야.

〈TOPIK 37회 듣기 [21~22]〉
• 쇼핑몰 Trung tâm thương mại
• 개인 정보 Thông tin cá nhân
• 홈페이지 Homepage
• 비밀번호 Mật khẩu
• 본인 Bản thân

---

21 남자의 중심 생각으로 맞는 것을 고르십시오.
① 쇼핑몰은 개인 정보를 잘 관리해야 한다.
② 쇼핑몰에 가입하면 쉽게 개인 정보가 유출된다.
③ 개인 정보 유출을 막으려면 본인이 신경 써야 한다.
④ 잘 이용하지 않는 쇼핑몰에는 가입하지 말아야 한다.

※B2를 집중해서 듣기

21
남자는 개인 정보가 유출된 여자에게 비밀 번호를 자주 바꾸지 않은 것은 여자 본인의 잘못이라고 말하고 있습니다. 따라서 정답 은 ③입니다.

Người đàn ông giải thích với người phụ nữ bị lộ thông tin cá nhân rằng đó là lỗi của người phụ nữ vì đã không thường xuyên thay đổi mật khẩu của mình. Do đó, đáp án đúng là ③.

---

22 들은 내용으로 알맞은 것을 고르십시오.
① 여자는 쇼핑몰 가입을 후회하고 있다.
② 여자는 쇼핑몰의 비밀번호를 자주 바꿨다. ✗
③ 이 쇼핑몰은 개인 정보 유출 사실을 숨겼다. ✗
④ 이 쇼핑몰은 개인 정보 없이 가입할 수 있다. ✗

※들은 내용과 관계없는 것은 '✗'
  ②비밀번호 자주 바꾸지 않음
  ③쇼핑몰에서 연락이 옴
  ④관련 정보 없음

22
여자는 쇼핑몰에서 개인 정보가 유출되었 고, 자주 이용하지 않는 곳이라 가입하지 말았어야 한다고 후회하고 있습니다. 따라 서 정답은 ①입니다.

Người phụ nữ đang hối hận về việc thông tin cá nhân bị lộ ở trung tâm thương mại, và nghĩ rằng lẽ ra không nên đăng ký vì đó là nơi mình không thường xuyên sử dụng. Do đó, đáp án đúng là ①.

※[21~22] 다음을 듣고 물음에 답하십시오. 각 2점 🎵 track 17

> 여자: 김 대리, 요즘 점심시간에 밥은 안 먹고 어디 가는 거야?
>
> 남자: 회사 앞 헬스장에 가서 운동을 하고 있어. 운동을 하고 싶어도 시간을 내기가 어렵더라고.
>
> 여자: 점심시간이 이렇게 짧은데 운동까지 하는 게 부담스럽지 않아? 식사 후 공원을 산책하는 게 더 좋을 것 같은데.
>
> 남자: 요즘 바쁜 직장인들이 <u>점심시간을 활용한 자기 개발</u>이 유행이래. 저녁에는 약속도 있고 업무가 많아서 시간이 없잖아. 그래서 <u>점심시간에 개인 시간도 갖고 운동도 할 수 있어서 좋은 것 같아.</u>

- 헬스장 Trung tâm thể dục
- 충분하다 Đầy đủ
- 휴식 Nghỉ ngơi
- 영향을 미치다 Ảnh hưởng
- 스트레스 Sự căng thẳng
- 찬성하다 Đồng ý

21 남자의 중심 생각으로 맞는 것을 고르십시오.
① 바쁜 현대인들은 충분한 휴식이 필요하다.
② 직장인들에게 자기 개발의 시간이 필요하다.
③ 식사 후 산책은 건강에 좋은 영향을 미친다.
④ 회사원들은 업무가 많아서 여유 시간이 없다.

21
남자는 점심시간을 활용해 운동을 하고 싶어 합니다. 점심시간 한 시간을 활용하는 것도 자기 개발이라고 생각합니다. 따라서 정답은 ②입니다.

Người đàn ông muốn tận dụng giờ nghỉ trưa của họ để tập thể dục. Anh cho rằng tận dụng 1 giờ đồng hồ nghỉ trưa để tập thể dục cũng là phát triển bản thân. Vì vậy, đáp án đúng là ②.

22 들은 내용으로 알맞은 것을 고르십시오.
① 회사에서 운동을 하라고 권한다.
② 여자는 운동하는 것에 스트레스를 받고 있다.
③ 여자는 점심시간에 자기 개발을 하는 것에 찬성한다.
④ 남자는 점심시간을 활용할 수 있어서 좋다고 생각한다.

22
남자는 점심시간을 활용한 자기 개발이 유행이라고 말합니다. 점심시간에 개인 시간도 갖고 운동을 할 수 있어서 좋다는 의견을 제시하고 있습니다. 따라서 정답은 ④입니다.

Người đàn ông nói rằng tận dụng giờ nghỉ trưa để phát triển bản thân là xu hướng hiện nay. Anh bày tỏ ý kiến rằng nên dành thời gian cá nhân trong giờ nghỉ trưa để tập thể dục. Do đó, đáp án đúng là ④.

🖱 연습문제

※[21~22] 다음을 듣고 물음에 답하십시오. 각 2점 🔊 track 18

21 남자의 중심 생각으로 맞는 것을 고르십시오

① 풀옵션 임대는 쓸데없이 비싸다.
② 풀옵션 임대는 가격이 싸다는 장점이 있다.
③ 풀옵션 임대는 가전제품을 새로 사는 것이 좋다.
④ 풀옵션 임대는 생활에 필요한 물건들이 모두 있어 편리하다.

22 들은 내용으로 알맞은 것을 고르십시오.

① 회사 근처에 사는 사람들이 줄고 있다.
② 풀옵션 임대는 임대료가 비싸서 인기가 없다.
③ 여자는 지금 회사 근처로 이사를 가고 싶어 한다.
④ 풀옵션 임대는 모든 물품을 구입하지는 않아도 된다.

이사 Chuyển nhà | **오피스텔** Căn hộ văn phòng kết hợp khách sạn | **임대 (하다)** Cho thuê | **꽤** Khá | **풀옵션** Trọn gói |
임대료 Tiền thuê | **가전제품** Sản phẩm điện gia dụng | **물론** Dĩ nhiên | **장점** Ưu điểm | **물품** Vật phẩm | **구입하다** Mua

23-24

✏️ 오늘의 어휘

긍정적	Tích cực	Danh	항상 긍정적인 생각을 하며 산다.
노년층	Lớp người cao tuổi	Danh	한국의 노년층 인구가 계속 증가하고 있다.
반응	Phản ứng	Danh	이번에 음반을 출시했는데 반응이 아주 좋다.
적성	Sở trường	Danh	적성에 맞는 전공을 찾아서 공부해야 한다.
허락	Cho phép	Danh	청소년들은 부모님의 허락을 받고 여행을 가야 한다.
괜히	Không lý do	Trạng	괜히 쓸데없는 곳에 돈 쓰지 말고 나중을 위해 저축해.
권장하다	Khuyến khích	Động	학교에서는 학생들에게 독서를 권장한다.
신청하다	Xin	Động	방문 서비스를 신청하실 분들은 내일까지 연락을 주십시오.
옮기다	Chuyển	Động	이 책상을 옆 교실로 옮겨 주세요.
제안하다	Đề nghị	Động	이번 모임에서 동창들에게 해외여행을 가자고 제안했다.
처리하다	Xử lý	Động	저에게 그 일을 맡겨 주시면 신속하게 처리하겠습니다.
홍보하다	Quảng bá	Động	회사를 홍보하기 위해 열심히 노력하고 있다.
간단하다	Đơn giản	Tính	이 컴퓨터 프로그램의 이용 방법은 아주 간단해요.

🌱 오늘의 문법

A-(으)ㄴ 편이다	말하는 사람의 기준으로 무엇이 어떤 쪽에 가까움을 나타낸다. Diễn đạt một điều gì đó gần với một phía nào đó theo tiêu chuẩn của người nói. 예 수미는 성격이 급한 편이다.
N 덕분에	어떤 사물이나 사람에게 은혜나 도움을 받아 긍정적인 결과를 얻었을 때 사용한다. Sử dụng khi nhận được ân huệ, sự giúp đỡ từ một sự vật hoặc người nào đó nên thu được kết quả tích cực. 예 교수님 덕분에 대학 생활을 잘 할 수 있었습니다.

23-24

사회적 활동에서 경험할 수 있는 공공시설(공원, 은행, 도서관, 구청), 편의시설(편의점, 식당, 커피숍), 온라인 서비스(구인구직 카페, 온라인 쇼핑) 등과 같은 상황 속에서 생기는 문제를 해결해 가는 과정의 대화입니다.

Đây là đoạn hội thoại về quá trình giải quyết các vấn đề nảy sinh trong các tình huống mà chúng ta kinh nghiệm trong các hoạt động xã hội như các cơ sở công cộng(công viên, ngân hàng, thư viện, UBND quận), các cơ sở tiện ích (cửa hàng tiện lợi, nhà hàng, quán cà phê), và các dịch vụ trực tuyến (quán cà phê tìm việc làm, mua sắm trực tuyến).

23 남자가 하고 있는 일 고르기

A1-B1-A2-B2형식의 대화로 남자가 하고 있는 것이 무엇인지를 묻는 문제입니다. 여기에서는 **남자의 첫 번째 말을 중점적으로 들어야 합니다.** 일반적으로 A가 어떤 고민이나 문의, 제안을 하면 B는 이에 대해 조언이나 소개 또는 해결 방법을 말해 줍니다. 이때 **남자가 고민을 말하는 사람인지 조언을 해 주는 사람인지를 구별하는 것이 중요합니다.** 아래와 같은 **선택지에서 자주 사용되는 표현을 알아 두면 좋습니다.**

※ 사용 표현: 제안하다, 설명하다, 소개하다, 문의하다,
　　　　　강조하다, 보고하다, 요구하다

Đây là dạng đề hội thoại A1-B1-A2-B2, người phụ nữ hỏi người đàn ông đang làm gì. Ở đây, bạn phải tập trung vào câu nói đầu tiên của người đàn ông. Thông thường, nếu A đưa ra bất kỳ băn khoăn, thắc mắc hoặc đề xuất nghỉ nào đó, B sẽ đưa ra lời khuyên hoặc giải pháp. Lúc này, điều quan trọng là chúng ta phải phân biệt người đàn ông là người đang nói về những băn khoăn hay là người đưa ra lời khuyên. Bạn nên nắm vững các từ vựng thường xuất hiện trong các đáp án mà chúng tôi liệt kê dưới đây.

24 들은 내용과 같은 것 고르기

전체적인 내용을 잘 듣고 분석해야 합니다. 들은 내용의 상황과 맥락에 **어울리지 않거나 언급하지 않은 선택지는 지워 가며 답을 찾는 것이 좋습니다.** 그리고 선택지에 사용되는 표현들은 들은 내용에 나온 표현을 그대로 사용하지 않기 때문에 **비슷한 어휘와 표현을 알고 있어야 답을 찾아낼 수 있습니다.**

Bạn cần lắng nghe và phân tích nội dung tổng thể. Hãy tìm đáp án đúng bằng cách xóa các đáp án không phù hợp với tình huống và ngữ cảnh của nội dung đã nghe hoặc không được đề cập đến! Ngoài ra, văn bản đã nghe và các đáp án có thể không sử dụng cùng từ vựng và ngữ pháp; vì vậy, để tìm được đáp án đúng, bạn phải biết các từ gần nghĩa và các cấu trúc ngữ pháp tương tự.

🔍 문제분석

문제분석

기출문제

※[23~24] 다음을 듣고 물음에 답하십시오. 각 2점 🎧 track 19

> 여자: 영우 씨는 회사 생활 어때? 나는 일이 적성에 안 맞아서 좀 힘들어.
>
> 남자: 그래? 그럼 부서를 좀 바꿔 보면 어때? '잡 마켓' 있잖아. 부서 이동을 원하는 직원들이 직접 희망 부서에 자기를 홍보하는 것 말이야.
>
> 여자: 나도 그런 게 있다는 이야기는 들었는데 이용하기가 좀 부담스럽네. 괜히 부장님 눈치도 보이고.
>
> 남자: 그렇게 생각하지 마. 회사에서도 이용을 권장하는 편이고, 이용해 본 사원들도 만족스러워 하던데.

23 남자는 무엇을 하고 있는지 고르십시오.

① 잡 마켓 이용을 제안하고 있다.
② 직장 내의 각 부서를 설명하고 있다.
③ 잡 마켓 이용 경험을 소개하고 있다.
④ 상사의 문제점에 대해 이야기하고 있다.

※ 여자의 고민(일이 적성에 안 맞음)에 남자가 조언(잡 마켓 이용 제안)을 하고 있음

24 들은 내용으로 맞는 것을 고르십시오.

① 여자는 일하고 있는 부서에 만족해 한다. X
② 잡 마켓은 회사를 홍보하기 위해 만들었다. X
③ 잡 마켓은 상사의 허락이 있어야 이용한다. X
④ 직원들은 적성에 맞는 부서로 옮길 기회가 있다.

〈TOPIK 36회 듣기 [23~24]〉

• 부서 Bộ phận
• 잡 마켓(job market) Chợ việc làm
• 이동 Di chuyển
• 희망 Hy vọng
• 부담스럽다 Ngại
• 만족스럽다 Thỏa mãn
• 경험 Kinh nghiệm
• 문제점 Vấn đề
• 상사 Cấp trên

23

여자가 일이 적성에 안 맞아서 좀 힘들다는 말에 남자는 부서를 좀 바꿔 보라고 하면서 잡 마켓 이용을 제안하고 있습니다. 여기에서 '-는 게 어때?'라는 표현은 제안을 할 때 많이 사용하는 표현입니다. 따라서 정답은 ①입니다.

Khi người phụ nữ nói rằng công việc có chút khó khăn vì nó không phù hợp với sở trường của cô ấy, người đàn ông khuyên cô thay đổi bộ phận và sử dụng 'chợ việc làm'. Ở đây, '-는 게 어때?' là dạng ngữ pháp thường được sử dụng khi đưa ra một đề nghị. Vì vậy, đáp án đúng là ①.

24

남자는 부서 이동을 원하는 직원들이 희망 부서에 자기를 홍보하는 잡 마켓의 특징에 대해 설명을 하고 있습니다. 여기에서 '이동'이라는 단어는 '옮기다'로 대체할 수 있고, '희망 부서'는 자신이 원하는 부서이기 때문에 적성에 맞는 부서라고 볼 수 있습니다. 따라서 정답은 ④입니다.

Người đàn ông đang giải thích các đặc điểm của 'chợ việc làm'- nơi những nhân viên muốn thay đổi bộ phận(việc làm) quảng bá bản thân cho bộ phận mình mong muốn. Ở đây, từ 'di động' có thể được thay thế bằng 'di chuyển', và 'bộ phận mình mong muốn' là bộ phận mình mong muốn, vì vậy, chúng ta thể thấy đó là bộ phận phù hợp với sở trường của cô. Vì vậy, đáp án đúng là ④.

※[23~24] 다음을 듣고 물음에 답하십시오. 각 2점 🔴 track 20

> 여자: 김 대리, 노년층을 대상으로 한 '그림 안내장' 서비스
> 의 반응이 어떤가요?
> 남자: 지금까지는 아주 좋은 것 같습니다. 그림으로 정리된
> 안내장을 보며 인터넷 뱅킹을 이용할 수 있도록 한 것
> 이 반응이 아주 좋습니다.
> 여자: 또 다른 반응은요? 그리고 부정적인 의견은 없었나
> 요?
> 남자: 네. '그림 안내장' 덕분에 간단한 계좌 조회나 이체를
> 할 수 있는 노년층 고객이 크게 늘었고 다들 만족스러
> 워하던데요.

23 남자는 무엇을 하고 있는지 고르십시오.
① '그림 안내장' 서비스를 제안하고 있다.
② '그림 안내장' 서비스의 개선을 요구하고 있다.
③ '그림 안내장' 서비스의 불필요성을 강조하고 있다.
④ '그림 안내장' 서비스에 대한 반응을 보고하고 있다.

24 들은 내용으로 맞는 것을 고르십시오.
① 은행에서 처리하는 업무가 더 늘었다.
② 이 서비스는 은행을 홍보하기 위해 만들었다.
③ 이 서비스에 대한 고객들의 반응이 긍정적이다.
④ 노년층의 인터넷 뱅킹 이용이 점점 줄어들고 있다.

- 안내장 Bảng hướng dẫn
- 서비스 Dịch vụ
- 인터넷 뱅킹 Internet banking
- 부정적 Tiêu cực
- 계좌 조회 Kiểm tra tài khoản
- 이체 Chuyển khoản
- 개선 Cải thiện
- 요구하다 Yêu cầu
- 불필요성 Sự không cần thiết

23

회사에서 상사(여자)와 부하 직원(남자)의 대화입니다. 여자가 노년층을 대상으로 한 '그림 안내장' 서비스의 반응을 남자에게 묻자 아주 좋다고 말하고 있습니다. 회사에서 업무를 보고하는 대화입니다. 따라서 정답은 ④입니다.

Đây là cuộc trò chuyện giữa cấp trên(người phụ nữ) và cấp dưới (người đàn ông) trong công ty. Khi người phụ nữ hỏi người đàn ông về phản hồi của dịch vụ 'hướng dẫn bằng hình ảnh' dành cho người cao tuổi, anh ta nói rằng phản hồi rất tốt. Đây là đoạn hội thoại báo cáo nghiệp vụ trong công ty. Do đó, đáp án đúng là ④.

24

남자가 '그림 안내장' 덕분에 간단한 계좌 조회나 이체를 할 수 있는 노년층 고객이 크게 늘었고 만족스러워한다고 했기 때문에 이 서비스에 대한 고객들의 반응이 긍정적이라고 볼 수 있습니다. 따라서 정답은 ③입니다.

Vì người đàn ông cho biết số lượng khách hàng khách hàng cao tuổi có thể kiểm tra tài khoản hoặc chuyển khoản đơn giản tăng lên nhiều và họ hài lòng nên có thể thấy khách hàng đáp ứng tích cực đối với dịch vụ này. Vì vậy, đáp án đúng là ③.

연습문제

※[23~24] 다음을 듣고 물음에 답하십시오. 각 2점 track 21

23 남자는 무엇을 하고 있는지 고르십시오.
① 세미나 접수를 하고 있다.
② 세미나에 대해 설명하고 있다.
③ 세미나 신청 절차에 대해 문의하고 있다.
④ 세미나를 열기 위해 장소를 알아보고 있다.

24 들은 내용으로 알맞은 것을 고르십시오.
① 콘서트는 세미나 마지막에 즐길 수 있다.
② 은행 방문으로도 이 세미나를 신청할 수 있다.
③ 세금 문제에 힘들어 하는 고객들을 위한 세미나이다.
④ 인터넷으로 신청하고 문자를 받은 고객만 참여할 수 있다.

우수 Xuất sắc | 초청 Mời | 세미나 Seminar | 당첨 Trúng(giải thưởng)/ được chọn | 당일 Cùng ngày | 세금 Thuế |
강의 Bài giảng | 절차 Thủ tục | 문의하다 Hỏi

25-26

✏️ 오늘의 어휘

기부	Đóng góp	Danh	어려운 사람들을 위한 기부가 나날이 증가하고 있다.
나눔	Chia sẻ	Danh	나눔의 실천은 행복의 지름길입니다.
만족	Hài lòng	Danh	그 사람은 몸이 불편한데도 삶에 만족을 한다.
재능	Tài năng	Danh	요즘 재능을 기부하는 사람들이 많아졌다.
함부로	Tự tiện	Trạng	남의 물건을 함부로 쓰면 안 된다.
도전하다	Thử thách/thử sức	Động	그녀는 늘 새로운 일에 도전하고 연구하는 것을 좋아한다.
안심하다	An tâm	Động	요즘은 안심하고 먹을 수 있는 음식이 별로 없다.
차별화(되다)	Được phân biệt	Động	독특하고 차별화된 제품은 젊은이들 사이에서 인기가 많다.
참여하다	Tham dự	Động	홍보 부족으로 사람들이 많이 참여하지 못했다.
평가하다	Đánh giá	Động	너무 쉽게 그 사람을 평가하지 마세요.
포기하다	Từ bỏ/bỏ cuộc	Động	나이가 어리기 때문에 공부를 포기하면 안 된다.
효과를 거두다	Đạt hiệu quả		음악을 활용한 치료 방법이 스트레스를 줄이는 데 많은 효과를 거두었다.

🍵 오늘의 문법

A-(으)ㄴ데요 V-는데요	말을 한 후 상대방의 반응을 기다리거나, 감탄의 의미를 나타낸다. Diễn đạt sự chờ đợi đáp ứng của người nghe sau khi nói hoặc sự cảm thán. 예 오늘 회의에 늦은 이유가 있을 것 같은데요.
A-게나마	최선의 선택은 아니지만 그래도 다행임을 나타낸다. Diễn đạt điều không phải là lựa chọn tốt nhất, nhưng vẫn là sự may mắn. 예 늦게나마 행사에 참여할 수 있어서 다행입니다.

25-26

사회적으로 이슈가 되고 있는 사람들을 초대하여 인터뷰를 합니다. 사회자는 초대된 사람에게 이 일을 하게 된 '동기, 배경, 상황' 등을 물으면서 인터뷰를 시작합니다. 그러므로 **사회자의 질문에서 초대된 사람의 '직업 또는 한 일' 등의 정보를 얻을 수 있습니다. 또한 초대된 사람은 자신이 한 일의 '배경, 의도, 과정, 결과' 등을 말합니다.**

Người dẫn chương trình mời những người đang được xã hội quan tâm tham gia một cuộc phỏng vấn. Người dẫn chương trình bắt đầu cuộc phỏng vấn bằng cách hỏi khách được mời 'động cơ, bối cảnh, tình huống' họ làm công việc này. Vì vậy, chúng ta có thể thu nhận được thông tin như 'công việc hoặc nghề nghiệp' của khách mời. Ngoài ra, khách mời đề cập đến 'bối cảnh, ý định, quá trình và kết quả' của công việc bản thân đã làm.

25 남자의 중심 생각 고르기

남자는 주로 대답을 시작하면서부터 일을 하게 된 동기를 밝힙니다. 일을 하게 된 동기가 주로 중심 생각입니다. 마지막 부분에서도 내용을 정리하면서 중심 생각이 나오기도 합니다.

Thông thường, người đàn ông tiết lộ động cơ thực hiện công việc ở phần đầu của câu trả lời. Động cơ làm việc chủ yếu là ý chính. Trong phần cuối, khi tóm tắt nội dung, anh ta cũng nhắc lại ý chính.

26 들은 내용과 같은 것 고르기

전체적인 내용을 잘 듣고 분석해야 합니다. 들은 내용의 상황과 맥락에 **어울리지 않거나 언급하지 않은 선택지는 지워 가며 답을 찾는 것이 좋습니다.** 그리고 선택지에 사용되는 표현들은 들은 내용에 나온 표현을 그대로 사용하지 않기 때문에 **비슷한 어휘와 표현을 알고 있어야 답을 찾아낼 수 있습니다.**

Bạn cần lắng nghe và phân tích nội dung tổng thể. Hãy tìm đáp án đúng bằng cách xóa các đáp án không phù hợp với tình huống và ngữ cảnh của nội dung đã nghe hoặc không được đề cập đến. Ngoài ra, văn bản đã nghe và các đáp án có thể không sử dụng cùng từ vựng và ngữ pháp; vì vậy, để tìm được đáp án đúng, bạn phải biết các từ vựng gần nghĩa và cấu trúc ngữ pháp tương tự.

25-26 MP3

🔍 문제분석

기출문제

※[25~26] 다음을 듣고 물음에 답하십시오. 각 2점 track 22

> 여자: 선생님, 이 학교에는 자기 계발을 스스로 할 수 있는 프로그램이 있다고 들었는데요. 간단히 소개해 주시겠습니까?
>
> 남자: 네, ☆자기 계발 프로그램은 자기주도적으로 이루어지는 게 중요한데 우리 학교의 프로그램이 그렇습니다. 학생들은 학기 초에 하고 싶은 일을 정하고 그 중 하나를 골라 계획서를 제출합니다. 학교에선 중간에 진도만 확인해 주는데요. 학생들은 보고서를 쓰거나 관련 분야의 전문가를 만나 인터뷰를 하기도 합니다. 평가도 학기가 끝날 때쯤 스스로 하는데 결과에 만족 못 했을 땐 다음 학기에 다시 도전할 수 있습니다.

〈TOPIK 37회 듣기 [25~26]〉
- 자기 계발 Phát triển bản thân
- 스스로 Tự mình
- 자기주도적 Tự chỉ đạo
- 이루어지다 Hoàn thành
- 학기 Học kỳ
- 계획서 Bản kế hoạch
- 제출하다 Nộp
- 진도 Tiến độ
- 관련 Liên quan
- 분야 Lĩnh vực
- 만족도 Mức độ thỏa mãn

25 남자의 중심 생각으로 맞는 것을 고르십시오.
① 자기 계발은 계획서 작성이 필요하다.
② 진정한 자기 계발은 스스로 하는 것이다.
③ 자기 평가가 안 좋으면 다시 도전할 수 있다.
④ 자기 계발의 결과에 대한 만족도가 중요하다.

※ 주로 앞부분이나 마지막 부분에 중심 생각 제시

25
남자는 자기 계발 프로그램은 자기주도적(자기 스스로 하는 것)으로 이루어지는 게 중요하다고 했습니다. 따라서 정답은 ②입니다.

Người đàn ông nói rằng điều quan trọng là chương trình phát triển bản thân được thực hiện bởi sự chủ động(tự mình thực hiện). Do đó, đáp án đúng là ②.

26 들은 내용으로 맞는 것을 고르십시오.
① 학생들은 스스로 계획서를 작성한다.
② 보고서를 쓰려면 전문가를 만나야 한다. X
③ 학교가 학생들의 자기 계발 결과를 평가한다. X
④ 학생들은 학기 말에 자기 계발 계획서를 낸다. X

※ 들은 내용과 관계없는 것은 'X'
② 보고서를 쓰거나 관련 분야의 전문가를 만남
③ 학생 스스로 평가
④ 학기 초에 계획서 제출

26
남자는 학생들이 학기 초에 하고 싶은 일을 정하고 그 중 하나를 골라 계획서를 제출한다고 했습니다. 따라서 정답은 ①입니다.

Người đàn ông nói rằng vào đầu học kỳ, các học sinh quyết định làm những việc mà họ mong muốn, và chọn một trong số đó để nộp kế hoạch. Vì vậy, đáp án đúng là ①.

※ [25~26] 다음을 듣고 물음에 답하십시오. 각 2점 🔴 track 23

여자: 얼마 전에 아름다운가게 홍보대사로 위촉되셨다고 들었습니다. 이런 활동을 하시는 데에는 이유가 있을 것 같은데요. 남자: 저는 평소 나눔과 재능 기부에 대한 생각을 많이 해 왔고, 작게나마 실천해 왔습니다. 이번 기회에 더욱 더 진심을 다해 적극적으로 참여해 보려고 합니다. 사실 <u>많은 분들</u>이 나눔과 재능 기부에 대해 생각해 보셨겠지만 실천하기는 힘드셨을 것 같습니다. 이런 분들에게 받는 기쁨보다 <u>나눠 주는 행복이 더 크다는 것</u>을 알려 드리고 싶습니다.

- 아름다운가게 Cửa Hàng Đẹp (Một thương hiệu cửa hàng tiết kiệm của Hàn Quốc)
- 홍보대사 Đại sứ quảng cáo
- 위촉되다 Được bổ nhiệm
- 활동 Hoạt động
- 실천하다 Thực hành
- 진심을 다하다 Hết lòng
- 적극적 Tích cực
- 사실 Sự thật
- 기쁨 Niềm vui
- 행복 Hạnh phúc
- 낭비하다 Lãng phí
- 유도하다 Dẫn đắt

25 남자의 중심 생각으로 맞는 것을 고르십시오.

① 나눔과 재능 기부는 실천하기 어렵다.
② 재능을 함부로 낭비하는 것은 좋지 않다.
③ 많은 사람들이 나눔의 즐거움을 알았으면 좋겠다.
④ 평소에도 재능 기부에 대한 생각을 많이 해야 한다.

25
남자는 <u>많은 사람들</u>이 나눔과 재능 기부에 참여하여 <u>나눠 주는 행복이 더 크다는 것</u>을 알리고 싶어 합니다. 따라서 정답은 ③입니다.

Người đàn ông muốn cho nhiều người biết rằng niềm vui của sự ban cho lớn hơn bằng cách tham gia chia sẻ và quyên góp tài năng. Do đó, đáp án đúng là ③.

26 들은 내용으로 맞는 것을 고르십시오.

① 남자는 지금까지 나눔에 관심이 없었다.
② 남자는 다른 사람의 참여를 유도하고 있다.
③ 남자는 적극적으로 재능 기부에 참여해 왔다.
④ 남자는 활동이 어려워서 포기하고 싶어 한다.

26
남자는 나눔과 재능 기부를 실천하기 힘들었던 사람들이 받는 기쁨보다 나눠 주는 행복이 더 크다는 것을 알기를 바라고 있습니다. 즉 <u>남자는 다른 사람의 참여를 유도</u>하고 있습니다. 따라서 정답은 ②입니다.

Người đàn ông mong muốn những người đã vất vả thực hành quyên góp tài năng biết rằng niềm vui khi ban cho lớn hơn niềm vui khi được đón nhận. Nói cách khác, người đàn ông đang dẫn dắt người khác tham dự. Vì vậy, đáp án đúng là ②.

🖱 연습문제

※[25~26] 다음을 듣고 물음에 답하십시오. 각 2점 🎧 track 24

25 남자의 중심 생각으로 맞는 것을 고르십시오.
① 심야시간에 여성들이 다니는 것은 바람직하지 않다.
② 안심 귀가 서비스는 경찰의 적극적인 협력이 필요하다.
③ 온주시도 적극적으로 안심 귀가 서비스를 시행해야 한다.
④ 온주시에서 시행 중인 안심 귀가 서비스가 확대되어야 한다.

26 들은 내용으로 맞는 것을 고르십시오.
① 안심 귀가 서비스는 온주시에서만 시행 중이다.
② 안심 귀가 서비스를 이용하려는 여성들이 많지 않다.
③ 온주시의 경찰과 민간단체는 적극적으로 협력하고 있다.
④ 온주시는 다른 지역과 안심 귀가 서비스를 공유하고 있다.

밤길 Con đường ban đêm | **안심 귀가** Về nhà an toàn | **심야시간** Ban đêm | **귀가하다** Về nhà | **안전** An toàn | **시행** Thi hành | **인력** Nhân lực | **실질적** Thực tế| | **민간단체** Tổ chức dân sự | **의기투합하다** Hiểu biết lẫn nhau | **조직적** Có tính tổ chức | **호응을 얻다** Nhận được sự đáp ứng tích cực | **확대하다** Mở rộng | **바람직하다** Đúng đắn | **협력(하다)** Hợp tác | **공유하다** Chia sẻ

27-28

✏️ 오늘의 어휘

규정	Quy định	Danh	대회의 규정에 따라 선수들은 금지된 약을 복용하면 안 된다.
반칙	Vi phạm quy định	Danh	우리 편 선수가 반칙을 할 때마다 감독은 괴로운 표정을 지었다.
온통	Tất cả	Danh	눈이 많이 와서 세상이 온통 하얗다.
처벌	Phân biệt	Danh	잘못을 했으면 당연히 처벌을 받아야 한다.
검토하다	Xem xét/kiểm tra	Động	시험이 끝나기 전에 시험지를 다시 한 번 검토해야 한다.
대신하다	Thay thế	Động	나는 아침마다 빵으로 아침을 대신한다.
비판하다	Phên phán	Động	경제가 안 좋을수록 사회의 모순을 비판하는 책이 많이 나온다.
지적하다	Chỉ ra	Động	선생님은 내 태도에 문제가 있다고 지적하셨다.
유도하다	Dẫn dắt	Động	금연을 유도하기 위해 금연 광고를 하고 있다.
마땅하다	Phù hợp	Tính	나쁜 일을 해서 죄를 지은 사람은 감옥에 가는 것이 마땅하다.
안타깝다	Đáng tiếc	Tính	이번 대회에서 일등을 하지 못한 것이 안타깝다.
반감을 사다	Bị phản cảm		그 남자는 교수님 앞에서 예의 없는 모습을 보이는 바람에 친구들의 반감을 샀다.
일리가 있다	Có lý		신경을 많이 쓰면 머리카락이 하얘진다는 말은 일리가 있다.

🥤 오늘의 문법

A/V-기는	상대방이 한 말에 가볍게 부정할 때 사용한다. 말할 때는 '-긴'으로 많이 사용된다. Sử dụng khi phủ nhận lời nói của đối phương một cách nhẹ nhàng. Trong khẩu ngữ, '기는' thường được rút gọn thành '-긴'. 예 가: 저 사람 멋있지 않니? 　　나: 멋있기는 뭐가 멋있어?
V-(으)ㄹ 뻔하다	어떤 일이 일어나지는 않았지만 거의 그런 상황까지 되었을 때 사용한다. Sử dụng khi một sự việc nào đó chưa xảy ra nhưng gần như đã diễn ra. 예 길이 막혀서 약속 시간에 늦을 뻔했어요.
A/V-더라	과거에 직접 보거나 경험으로 알게 된 사실을 다른 사람에게 전달할 때 사용한다. Sử dụng để truyền đạt cho người khác sự thật mà mình đã trực tiếp chứng kiến hoặc biết được thông qua kinh nghiệm trong quá khứ. 예 이번 오디션에서 철수가 노래를 잘 부르더라.
A/V-도록	뒤의 행위에 대한 목적, 정도, 기준 등을 나타낸다. '-게'와 바꿔 쓸 수 있다. Diễn đạt mục đích, mức độ và tiêu chuẩn đối với hành động sau đó. Cấu trúc này có thể được sử dụng thay thế bằng '-게'. 예 사람들이 지나가도록 좀 비켜 주시겠어요?

27-28

개인의 일상생활 또는 사회적 이슈에 대한 대화입니다. A가 사회적 이슈나 개인적인 고민, 걱정을 말하면 B는 그 문제에 대한 적절한 대답이나 조언을 합니다. 또한 A1에서 대화 주제를 제시하면 B1에서는 동의를 해 주지만 B2에서는 부정적인 반응을 보입니다. 이때 A는 B를 배려하여 '-(으)ㄴ/는 것 같다, -(으)면 좋겠다'와 같은 부드러운 표현을 사용하는 경우가 많습니다.

Một cuộc trò chuyện về cuộc sống hàng ngày của một cá nhân hoặc vấn đề xã hội. Khi A nói về các vấn đề xã hội, mối băn khoăn hoặc lo lắng cá nhân, B sẽ đưa ra câu trả lời hoặc lời khuyên thích hợp cho những vấn đề đó. Nếu A1 trình bày một chủ đề hội thoại, B1 sẽ đồng ý, nhưng B2 lại phản ứng tiêu cực. Tại thời điểm này, để bày tỏ sự tôn trọng B, A thường sử dụng các cách diễn đạt nhẹ nhàng như '-(으)ㄴ/는 것 같다, -(으)면 좋겠다'.

27 여자가 남자에게 말하는 의도 고르기

A1-B1-A2-B2-A3 형식의 대화로 A의 의도를 고르는 문제입니다. **A의 의도는 A1과 A3에 주로 나옵니다. 보통 A1에서는 고민, 걱정을 말하고 A3에서는 해결 방법이나 자신의 의견을 정확하게 밝힙니다. 그리고 의견의 종류에 따라 아래의 표현**을 사용합니다.

1) 문제 제기: V-아/어 봤지?, A-다면서?, V-ㄴ/는다면서?, A-다던데, V-ㄴ/는다던데

2) 상대방의 동조 유도: A/V-아/어야 하는 거 아냐?, A/V-(으)ㄹ 수 있지, A/V-더라, A/V-았/었잖아, A/V-(으)ㄴ/는 건 아닌데

3) 부드러운 의견 제시: A/V-(으)ㄴ/는 것 같다, A/V-(으)ㄹ 것 같은데?, A/V-(으)면 좋겠어, A/V-(으)ㄹ 걸

Đây là dạng đề chọn ý định của A trong đoạn hội thoại được trình bày theo hình thức A1-B1-A2-B2-A3. Ý định của A chủ yếu được thể hiện ở A1 và A3. Thông thường, trong câu A1, người nói bày tỏ mối băn khoăn, lo lắng còn trong câu A3, người nói trình bày một cách cụ thể giải pháp hoặc ý kiến của mình. Và người nói thường sử dụng các cấu trúc ngữ pháp dưới đây theo từng dạng ý kiến.

28 들은 내용으로 맞는 것 고르기

전체적인 내용을 잘 듣고 분석해야 합니다. 들은 내용의 상황과 맥락에 **어울리지 않거나 언급하지 않은 선택지는 지워 가며 답을 찾는 것이 좋습니다.** 그리고 선택지에 사용되는 표현들은 들은 내용에 나온 표현을 그대로 사용하지 않기 때문에 **비슷한 어휘와 표현을 알고 있어야 답을 찾아낼 수 있습니다.**

Bạn cần lắng nghe và phân tích nội dung tổng thể. Hãy tìm đáp án đúng bằng cách xóa các đáp án không phù hợp với tình huống và ngữ cảnh của nội dung đã nghe hoặc không được đề cập đến! Ngoài ra, đoạn văn đã nghe và các đáp án có thể không sử dụng cùng từ vựng và ngữ pháp; vì vậy, để tìm được đáp án đúng, bạn phải biết các từ gần nghĩa và các cấu trúc ngữ pháp tương tự.

60 | TOPIK Ⅱ 한 권이면 OK

27-28

 MP3

기출문제

※[27~28] 다음을 듣고 물음에 답하십시오. 각 2점 🔘 track 25

> A₁ 여자: 또 선거 운동이야? 선거 운동을 하는 건 좋은데 꼭 저렇게 시끄럽게 해야 돼? 요즘에는 조용한 선거 유세가 늘고 있다던데.
>
> B₁ 남자: 그러게. 조용히 악수를 청하는 후보자도 있고 손을 흔들며 인사하는 후보자도 있다는데 말이야.
>
> A₂ 여자: 소리가 크다고 홍보가 잘되는 건 아닌데.
>
> B₂ 남자: 그건 모르지. <u>후보들이 각자 자기를 잘 알릴 수 있는 방법을 선택하는 거니까.</u> 뭐가 좋고 뭐가 나쁘다고는 말할 수는 없는 것 같아.
>
> A₃☆ 여자: 네 말이 맞긴 한데, <u>저런 식의 선거 유세는 오히려 사람들한테 반감만 살 걸.</u>

27 여자가 남자에게 말하는 의도를 고르십시오.
   ① 후보자 지지를 부탁하기 위해
   ② 선거 유세 방법을 비판하기 위해
   ③ 선거 유세 효과를 강조하기 위해
   ④ 다양한 홍보 방법을 확인하기 위해

   ※ A3에 자신의 의견이 자주 나타남
   '시끄러운 선거 유세는 오히려 사람들한테 반감만 살 걸'
   ⟹ 비판

28 들은 내용으로 맞는 것을 고르십시오.
   ① 선거를 할 때 <u>유세 방법을 살펴야 한다.</u> X
   ② 큰 소리로 선거 운동하는 것은 <u>효과가 좋다.</u> X
   ③ 사람들에게 <u>악수를 건네는 선거 운동은 불쾌감을 준다.</u> X
   ④ 후보자는 자신이 원하는 선거 유세 방법을 선택한다.

<TOPIK 37회 듣기 [27~28]>
• 선거 운동 Vận động bầu cử
• 유세 Chiến dịch tranh cử
• 악수를 청하다 Yêu cầu bắt tay
• 후보자 Ứng cử viên
• 흔들다 Vẫy(tay)/lắc
• 각자 Lẫn nhau
• 지지 Hỗ trợ
• 홍보 Quảng bá
• 살피다 Nhìn/xem kỹ
• 건네다 Đưa/chuyển
• 불쾌감 Cảm giác khó chịu

27
여자는 남자에게 선거 운동 방법에 대해 부정적으로 말하고 있습니다. 이는 선거 운동의 방법을 비판하고 있다고 볼 수 있습니다. 따라서 정답은 ②입니다.

Người phụ nữ đang nói chuyện với người đàn ông một cách tiêu cực về phương thức vận động bầu cử. Có thể thấy người phụ nữ đang chỉ trích cách vận động bầu cử. Vì vậy, đáp án đúng là ②.

28
남자는 '조용히 악수를 청하는, 손을 흔들며 인사하는' 등의 표현을 통해 선거 운동 후보자들이 각자 자기를 알릴 수 있는 방법으로 자신들을 표현한다고 말하고 있습니다. 따라서 정답은 ④입니다.

Thông qua các cụm từ '조용히 악수를 청하는', '손을 흔들며 인사하는', người đàn ông nói rằng mỗi ứng cử viên vận động tranh cử đã thể hiện bản thân theo cách riêng của mình. Do đó, đáp án đúng là ④.

※[27~28] 다음을 듣고 물음에 답하십시오. 각 2점 🔘 track 26

여자: 어제 그 축구 경기 봤어? 어떻게 상대편 선수의 팔을 물 수가 있어?

남자: 어, 나도 봤는데 정말 어이가 없더라. 심판이 그 광경을 봐서 다행이야. 안 그랬으면 어쩔 뻔했어. <u>인터넷에 온통 그 선수 얘기뿐이야.</u>

여자: 그런 선수들은 중징계를 줘야 마땅해. 상대 선수는 얼마나 황당하고 아팠을까?

남자: 근데 경기를 하다 보면 가벼운 몸싸움은 할 수 있는 거 아냐? 가벼운 징계를 줘도 괜찮을 거 같은데.

여자: 네 말이 일리가 있긴 한데. 매번 경기에서 반칙을 하면 가볍게 처벌을 주니깐 이런 일이 계속해서 발생하는 것 같아. <u>이번 기회에 반칙을 하면 어떻게 되는지 확실하게 보여 줬으면 좋겠어.</u>

---

27 여자가 남자에게 말하는 의도를 고르십시오.

① 경기의 규정을 알기 위해
② 경기 결과를 보고하기 위해
③ 징계에 대한 책임을 묻기 위해
④ 처벌의 필요성을 강조하기 위해

28 들은 내용으로 맞는 것을 고르십시오.

① 선수는 심판에게 중징계를 받았다.
② 반칙을 한 축구 선수가 화제가 되고 있다.
③ 어제 축구 경기에서 선수가 심판을 물었다.
④ 어제 경기에서 선수들이 반칙을 많이 했다.

- 상대편 Đối phương
- 물다 Cắn
- 어이가 없다 Chết lặng
- 심판 Xử án/xét xử
- 광경 Quang cảnh
- 중징계 Hình phạt nặng
- 황당하다 Lố bịch
- 몸싸움 Ẩu đả
- 징계 Hình phạt
- 확실하다 Chắc chắn
- 책임을 묻다 Đòi hỏi trách nhiệm
- 화제 Chủ đề

27

여자는 반칙을 한 선수에게 중징계를 줘야 하고, 이번 기회에 반칙을 하면 어떻게 되는지 확실하게 보여 줬으면 좋겠다는 <u>처벌의 필요성</u>을 강조하고 있습니다. 따라서 정답은 ④입니다.

Người phụ nữ nói rằng phải đưa ra hình phạt nặng đối với cầu thủ phạm lỗi và nhấn mạnh tầm quan trọng của sự xử phạt - nếu họ phạm lỗi lần này thì nên đưa ra hình phạt nào một cách cụ thể. Do đó, đáp án đúng là ④.

28

<u>인터넷에서 반칙을 한 선수에 대한 이야기뿐</u>이라고 했으므로 현재 축구 선수에 대한 이야기가 <u>화제가 되고 있음</u>을 알 수 있습니다. 따라서 정답은 ②입니다.

Vì trên internet chỉ nói về cầu thủ phạm lỗi nên bạn có thể biết rằng chủ đề nóng hiện nay là câu chuyện về các cầu thủ bóng đá. Vì vậy, đáp án đúng là ②.

27-28

 MP3

🖱 **연습문제**

※[27~28] 다음을 듣고 물음에 답하십시오. <u>각 2점</u> 🔊 track 27

27 여자가 남자에게 말하는 의도를 고르십시오.
① 봉사활동의 취지를 전달하기 위해
② 봉사활동의 참여를 유도하기 위해
③ 봉사활동을 헌혈로 대신하도록 하기 위해
④ 봉사활동의 제도적 문제점을 지적하기 위해

28 들은 내용으로 맞는 것을 고르십시오.
① 봉사활동 제도는 원래의 취지와 달라졌다.
② 봉사활동은 대학 입시 점수와 상관이 없다.
③ 고등학생들이 적극적으로 봉사활동을 하고 있다.
④ 고등학생들은 헌혈을 통해 봉사정신을 깨닫고 있다.

헌혈 Hiến máu | 취지 Mục đích | 점수 Điểm số | 대학 입시 Thi tuyển sinh đại học | 편법 Thủ đoạn | 자체 Tự thân |
전달하다 Truyền đạt | 제도적 Mang tính chế độ

29-30

🖉 오늘의 어휘

가치관	Giá trị quan	Danh	교육은 올바른 가치관을 형성하는 데 도움을 준다.
교육적	Mang tính giáo dục	Danh	이 영화는 폭력적인 장면이 많아서 교육적으로 좋지 않다.
금지	Cấm chỉ	Danh	출입 금지 구역에는 들어가면 안 된다.
사고방식	Lối tư duy	Danh	사고방식의 차이로 오해가 생기기도 한다.
성장	Tăng trưởng/ trưởng thành	Danh	어렸을 때의 가정환경은 아이들의 성장에 영향을 준다.
정서적	Cảm xúc	Danh	게임은 정서적인 면에서 아이들에게 좋지 않다.
초점	Tiêu điểm	Danh	글을 쓸 때는 주제에 초점을 맞춰야 한다.
개방시키다	Giải phóng	Động	문화를 개방시키면 다양한 문화에 대한 이해도가 높아진다.
관리하다	Quản lý	Động	어릴 때부터 돈을 관리하는 방법을 배워야 한다.
교체하다	Thay đổi	Động	오래된 컴퓨터를 새 컴퓨터로 교체했다.
손상되다	Hư hỏng	Động	파마를 많이 해서 머리가 많이 손상되었다.
수용하다	Tiếp nhận	Động	다른 사람의 의견을 수용하지 못하고 자신의 주장만 내세운다.
훼손하다	Phá hủy	Động	등산을 하는 것은 좋지만 자연은 훼손하지 말아야 한다.
귀중하다	Quý giá	Tính	부모님께 받은 귀중한 반지를 잃어버려서 속상했다.

🍯 오늘의 문법

A/V-아/어서는 안 되다	어떤 행위나 상태를 허락하지 않거나 금지함을 나타낸다. '-으면 안 되다'와 바꿔 쓸 수 있다. Diễn đạt một hành động hoặc điều kiện không được phép hoặc bị cấm. Thay vì cấu trúc này, chúng ta có thể sử dụng '-으면 안 되다'. 예 시험 볼 때 다른 사람의 답안지를 봐서는 안 됩니다.
A/V-게 마련이다	어떤 일이 일어나는 것이 당연함을 나타낸다. '-기 마련이다'로 바꿔 쓸 수 있다. Diễn đạt một việc nào đó diễn ra là lẽ đương nhiên. Chúng ta có thể thay thế cấu trúc này bằng '-기 마련이다'. 예 사람들은 누구나 늙게 마련이다.
N(이)라면	강조하거나 제시하고자 하는 대상임을 나타낸다. Diễn đạt đối tượng mà người nói muốn nhấn mạnh hoặc trình bày. 예 한국 사람이라면 누구나 김치를 좋아하지요.
A/V-(으)며	두 가지 이상의 상태나 행위를 나열할 때 사용한다. Sử dụng để liệt kê hai hoặc nhiều trạng thái hoặc hành động. 예 김치박물관에서는 김치의 역사를 배울 수 있으며 직접 만들어 볼 수도 있다.

64 | TOPIK Ⅱ 한 권이면 OK

29-30

전문가와의 인터뷰를 듣고 푸는 문제입니다. **진행자 A가 질문을 하면 B는 전문 지식이나 개인적인 견해를 들어 이야기하는 형태**입니다. 일반적으로 전문가의 견해는 B의 시작 부분이나 끝부분에 나타나는 경향이 있습니다. 문화나 예술, 전통과 역사, 교육, 의학 등과 같은 영역에서 문제가 출제될 확률이 높으므로 이 영역에 관련된 표현을 알아 두는 것이 좋습니다.

Đây là dạng bài nghe cuộc phỏng vấn với chuyên gia và giải quyết vấn đề. Khi người dẫn chương trình A đặt câu hỏi, B trình bày kiến thức chuyên môn hoặc nêu ý kiến cá nhân. Nhìn chung, các ý kiến chuyên gia có xu hướng xuất hiện ở đầu hoặc cuối B. Có khả năng cao, các lĩnh vực xuất hiện trong dạng đề này là văn hóa, nghệ thuật, truyền thống và lịch sử, giáo dục, y học, vv; vì vậy, bạn nên biết các từ ngữ liên quan đến những lĩnh vực này.

29 남자가 누구인지 고르기

남자의 직업이나 종사하고 있는 분야를 묻는 문제입니다. **인터뷰 앞부분에 나오는 A의 질문을 잘 들으면 B가 어떤 분야에 종사하는 사람인지 알 수 있습니다.** 그리고 B의 대답에서 구체적으로 무슨 일을 하는 사람인지 찾으면 됩니다.

Đây là dạng đề hỏi nghề nghiệp hoặc lĩnh vực công việc của người đàn ông. Nếu nghe kỹ câu hỏi của A trong phần đầu của cuộc phỏng vấn, bạn sẽ biết được B là người làm việc trong lĩnh vực nào. Và bạn có thể biết một cách cụ thể B là người làm công việc gì trong câu trả lời của B.

30 들은 내용으로 맞는 것 고르기

전체적인 내용을 잘 듣고 분석해야 합니다. 들은 내용의 상황과 맥락에 **어울리지 않거나 언급하지 않은 선택지는 지워 가며 답을 찾는 것이 좋습니다.** 그리고 선택지에 사용되는 표현들은 들은 내용에 나온 표현을 그대로 사용하지 않기 때문에 **비슷한 어휘와 표현을 알고 있어야 답을 찾아낼 수 있습니다.**

Bạn cần lắng nghe và phân tích nội dung tổng thể. Hãy tìm đáp án đúng bằng cách xóa các đáp án không phù hợp với tình huống và ngữ cảnh của nội dung đã nghe hoặc không được đề cập đến. Ngoài ra, văn bản đã nghe và các đáp án có thể không sử dụng cùng từ vựng và ngữ pháp; vì vậy, để tìm được đáp án đúng, bạn phải biết các từ gần nghĩa và các cấu trúc ngữ pháp tương tự.

29-30 MP3

🔍 문제분석

기출문제

※[29~30] 다음을 듣고 물음에 답하십시오. 각 2점 🎧 track 28

> 여자: 문화재도 손상되면 수리가 필요할 텐데요. ☆어떤 부분에 초점을 두고 수리해야 할까요?
>
> 남자: 문화재를 수리한다고 하면 보통 뭔가 새로운 것으로 교체해야 한다고 생각합니다. 그런데 문화재 수리는 손상된 부분을 단순히 교체하는 것이 아니라 원형을 훼손시키지 않는 범위에서 재창조하는 것을 의미합니다. 이때 중요한 것은 문화재에 담긴 고유한 표현 의도를 벗어나서는 안 된다는 것이죠. 그래서 저는 그러한 의도가 제대로 드러날 때까지 반복 작업을 수없이 되풀이하곤 합니다. 그런데 무엇보다 중요한 건 귀중한 문화재가 손상되지 않게 잘 관리하고 보존하는 것입니다.

〈TOPIK 37회 듣기 [29~30]〉
- 문화재 Tài sản văn hóa
- 원형 Hình dạng vốn có
- 범위 Phạm vi
- 재창조하다 Tái tạo
- 담기다 Chứa
- 고유하다 Vốn có
- 의도 Ý định
- 벗어나다 Thoát khỏi/vượt ra khỏi
- 드러나다 Được biểu lộ/được thể hiện
- 수없이 Vô số
- 되풀이하다 Lặp đi lặp lại
- 보존하다 Bảo tồn
- 복원하다 Phục hồi
- 발굴하다 Khai quật

---

29 남자는 누구인지 고르십시오.
① 문화재를 복원하는 사람
② 문화재를 관리하는 사람
③ 문화재를 해설하는 사람
④ 문화재를 발굴하는 사람

※ 듣기 전에 반복되는 표현(문화재)을 통해
  듣기 내용 미리 추측
※ 비슷한 어휘와 표현
  수리, 교체, 재창조 ⟹ 복원

29

여자의 질문을 통해 남자의 직업이 문화재와 관련된 직종임을 알 수 있습니다. 또한 남자의 대답에서 나온 '수리, 교체, 재창조, 반복 작업'과 같은 말을 통해 남자의 직업은 문화재를 복원하는 사람임을 알 수 있습니다. 따라서 정답은 ①입니다.

Dựa vào câu hỏi của người phụ nữ, chúng ta biết được nghề nghiệp của người đàn ông có liên quan đến tài sản văn hóa. Ngoài ra, các từ ngữ trong câu trả lời của người đàn ông, chẳng hạn như '수리, 교체, 재창조, 반복 작업', bạn có thể biết công việc của người đàn ông là khôi phục các tài sản văn hóa. Vì vậy, đáp án đúng là ①.

30 들은 내용으로 맞는 것을 고르십시오.
① 문화재 수리는 작가에게 책임이 있다.
② 문화재 수리는 반복되는 교체 작업이다.
③ 문화재 수리는 원형을 훼손하지 않아야 한다.
④ 문화재 수리는 손상되지 않게 관리하는 것이다.

30

문화재 수리는 교체하는 것이 아니라 원형을 훼손시키지 않는 범위에서 재창조하는 것이라고 했으므로 정답은 ③입니다.

Vì người đàn ông nói rằng sửa chữa tài sản văn hóa không phải là thay thế chúng, mà là tái tạo chúng trong phạm vi không làm hỏng hình dạng vốn có của chúng, cho nên, đáp án đúng là ③.

※[29~30] 다음을 듣고 물음에 답하십시오. 각 2점 🎧 track 29

> 여자: 요즘 중, 고등학교에서 시행되고 있는 체벌 금지 제도에 대한 찬반 논란이 뜨거운데요. 이에 대해 어떻게 생각하십니까?
>
> 남자: 체벌은 아이들의 교육과 성장에 영향을 주게 마련입니다. 체벌이 아이에게 정서적, 교육적으로 부정적인 영향을 준다는 의견에 저도 동의합니다. 하지만 현실적으로 가치관이 형성되지 않아 판단 능력이 부족한 아이들에게 책임감을 가르치는 데에 다른 대안이 없는 것도 사실입니다. 체벌이 아이들에게 교육면에서 긍정적인 효과가 있다는 조사 결과도 있습니다. 따라서 저는 부모나 교사가 믿음과 애정을 가지고 최소한의 체벌을 하는 것은 교육적으로도 필요하다고 생각합니다.

- 체벌 금지 제도 Chế độ cấm phạt
- 찬반 Tán thành và phản đối
- 논란이 뜨겁다 Tranh cãi nảy lửa
- 동의하다 Đồng ý
- 현실적 Mang tính hiện thực
- 형성되다 Hình thành
- 판단 Phán đoán
- 책임감 Tinh thần trách nhiệm
- 대안 Thay thế
- 믿음 Niềm tin/đức tin
- 애정 Tình cảm
- 최소한 Ít nhất/tối thiểu
- 진로 Đường hướng tương lai
- 상담가 Chuyên gia tư vấn
- 바탕 Nền tảng
- 허용하다 Cho phép/chấp nhận

29 남자는 누구인지 고르십시오.

① 진로 상담가   ② 교육 전문가
③ 정부 관계자   ④ 학부모 대표

29

체벌이 교육적, 정서적으로 어떤 효과를 미치는지 조사 결과를 예로 들면서 전문적으로 이야기하고 있습니다. 따라서 정답은 ② 입니다.

Người đàn ông đang nói chuyện mang tính chuyên ngành bằng cách đề cập tới kết quả điều tra phạt đạt những hiệu quả nào về khía cạnh giáo dục và cảm xúc. Vì vậy, đáp án đúng là ②.

30 들은 내용으로 맞는 것을 고르십시오.

① 부모와 교사는 체벌 금지 제도를 찬성한다.
② 애정이 바탕이 된 체벌도 허용해서는 안 된다.
③ 효과적인 교육을 위해 때로는 체벌도 필요하다.
④ 체벌은 아이들의 가치관 형성에 도움이 되지 않는다.

30

남자는 부모나 교사가 믿음과 애정이 바탕이 된다면 체벌도 교육적으로 긍정적인 효과를 기대할 수 있다고 보고 있습니다. 따라서 정답은 ③입니다.

Người đàn ông tin rằng phạt có thể có hiệu quả giáo dục tích cực nếu cha mẹ hoặc giáo viên có thể kỳ vọng hiệu quả tích cực của nó. Do đó, câu trả lời đúng là ③.

연습문제

※[29~30] 다음을 듣고 물음에 답하십시오. 각 2점 🎵 track 30

29 남자는 누구인지 고르십시오.
① 대중문화 창작가　　　　　② 문화 정책 연구가
③ 청소년 상담 전문가　　　　④ 문화체육관광부 장관

30 들은 내용으로 맞는 것을 고르십시오.
① 사회 혼란을 일으키는 문화 개방을 중지해야 한다.
② 우리에게 어울리는 문화를 스스로 개발하도록 해야 한다.
③ 문화의 개방은 청소년들에게 긍정적인 영향을 주기도 한다.
④ 전통적 사고방식은 청소년들의 성장에 도움이 되지 않는다.

무분별하다 Không phân biệt | **문화 개방** Khai phóng văn hóa | **유지하다** Duy trì | **혼란** Hỗn loạn | **야기하다** Gây nên | **당장** Ngay lập tức | **중지하다** Dừng | **무조건** Vô điều kiện | **견해** Quan điểm | **폭넓다** Rộng | **시각** Cái nhìn | **글로벌 시대** Thời đại toàn cầu hóa | **정체되다** Bị đình trệ | **정서** Cảm xúc | **선별하다** Tuyển chọn | **창작가** Người sáng tác | **정책** Chính sách | **장관** Bộ trưởng

31-32

✏️ 오늘의 어휘

고충	Khó khăn	Danh	고충 센터는 사람들의 고민을 들어 주는 곳이다.
근본적	Căn bản	Danh	근본적인 문제를 해결하지 않으면 문제는 또 발생할 것이다.
기존	Vốn có	Danh	이사하면서 기존에 사용하던 전자제품을 모두 버렸다.
대안	Thay thế	Danh	이 문제를 해결할 다른 대안이 없다.
편의 시설	Cơ sở tiện ích	Danh	집 주변에는 도서관, 은행, 병원 등의 편의 시설이 많다.
혜택	Chế độ phúc lợi	Danh	아이를 많이 낳을수록 정부에서 주는 해택도 커진다.
효율	Năng suất	Danh	사무실의 환경을 변화시켜 일의 효율을 높이기 위해 노력하고 있다.
동의하다	Đồng ý	Động	저도 사장님의 의견과 같으므로 동의합니다.
분석하다	Phân tích	Động	교통사고의 원인을 분석한 자료가 있다.
설득시키다	Thuyết phục	Động	유학을 반대하는 부모님을 어렵게 설득시켜서 유학을 오게 되었다.
유지하다	Duy trì	Động	몸무게를 일정하게 유지하기 위해서 항상 운동을 한다.
존중하다	Tôn trọng	Động	다른 사람의 의견을 존중해야 좋은 리더가 될 수 있다.
지지하다	Ủng hộ	Động	정부의 정책에 반대하는 사람이 있는 반면 지지하는 사람도 많다.

🍹 오늘의 문법

A/V-(으)ㄹ 게 뻔하다	어떤 상황이 당연히 발생할 것임을 추측할 때 사용한다. Sử dụng khi suy đoán một tình huống nào đó đương nhiên sẽ diễn ra. 예 공부를 안 했으니 대학에 떨어질 게 뻔하다.
N마저	현재의 상태에 무엇이 더해지거나 포함되는 것을 나타낸다. '까지'와 바꿔 쓸 수 있다. This Diễn đạt một điều gì đó được thêm vào hoặc bao gồm trong trạng thái hiện tại. Có thể thay thế bằng '까지'. 예 겨울이라서 날씨도 추운데 바람마저 불어 더 춥다.
N(으)로 인해	어떤 상황의 이유나 원인을 나타낸다. Diễn đạt lý do hoặc nguyên nhân của một tình huống nào đó. 예 지진으로 인해 많은 인명 피해가 발생했다.

31-32

유형분석

사회적으로 문제가 되고 있는 이슈나 일상생활에서 나타날 수 있는 사소한 문제에 대한 대담이나 찬반 토론을 듣고 푸는 문제입니다. 한 사람의 의견을 듣기도 하고, 서로 상반된 의견을 가진 두 사람이 의견을 나누기도 합니다.

Đây là dạng bài giải quyết vấn đề sau khi nghe đoạn hội thoại hoặc cuộc thảo luận tán thành và phản đối về các vấn đề xã hội hoặc những vấn đề nhỏ nhặt có thể xuất hiện trong cuộc sống hàng ngày. Bạn có có thể nghe ý kiến của một người, cũng có thể nghe hai người nêu hai ý kiến trái ngược nhau.

31 남자의 생각으로 맞는 것 고르기

A1-B1-A2-B2의 대화 형식으로 B(남자)의 중심 생각을 묻는 문제입니다. A1은 토론의 주제나 자신의 의견을 제시합니다. 이어 B1은 A1과 반대되는 의견이나 자신의 생각을 이야기합니다. **일반적으로 B2에 남자의 의견이 강하게 나타나므로 B2를 주의 깊게 들어야 합니다.**

Đây là dạng đề hỏi ý chính của B (người đàn ông), đề bài được trình bày dưới dạng hội thoại A1-B1-A2-B2. A1 trình bày chủ đề để thảo luận hoặc ý kiến của mình. Tiếp theo, B1 trình bày ý kiến tương phản với A1 hoặc trình bày suy nghĩ của bản thân. Nói chung, ý kiến của B được thể hiện rất rõ ràng trong B2; vì vậy, hãy lắng nghe kỹ B2!

32 남자의 태도로 맞는 것 고르기

B(남자)가 말하는 태도를 묻는 문제입니다. B(남자)의 말투가 태도를 나타내고 있습니다. **의견을 제시할 때 사용하는 '음…, -(으)ㄴ/는데요, -다고 봅니다, -지 않을까요?'와 같은 표현이나 말투를 주의 깊게 들어야 합니다.** 선택지에 아래와 같은 표현이 자주 사용됩니다.

1) 어떻게: 객관적인 자료를 통해, 구체적인 사례를 들어, 근거를 들어, 비교를 통해, 상대방의 의견을 존중하며
2) 무엇을 하다: 동조를 구하다, 의견을 수용하다, 의견을 지지하다, 주장을 반박하다, 주제를 설명하다, 일어날 일을 전망하다, 차이점을 드러내다, 책임을 묻다, 타협점을 찾다, 해결책을 제시하다

Đây là dạng đề hỏi về thái độ của B(người đàn ông). Giọng nói của B (người đàn ông) thể hiện thái độ của anh ta. Bạn nên lắng nghe những cấu trúc ngữ pháp hoặc giọng điệu chẳng hạn như '음…, -(으)ㄴ/는데요, -다고 봅니다, -지 않을까요?' Các đáp án thường sử dụng các cụm từ sau đây:

31-32 MP3

🔍 문제분석

※[31~32] 다음을 듣고 물음에 답하십시오. 각 2점 🎵 track 31

> A₁ 여자: 실업 문제에 대한 여러 가지 대안들을 말씀해 주셨는데요. 시간제 일자리를 늘리는 게 지금으로서는 최선이라고 생각합니다.
>
> B₁ 남자: (부드러운 반박 톤으로)☆ 네, 물론 시간제 일자리를 늘리는 게 당장은 효과가 있겠지만 근본적인 문제를 해결하기는 어렵<u>다고 봅니다</u>. 오히려 더 큰 문제를 가져올 수도 있고요.
>
> A₂ 여자: 어떤 문제가 생길 수 있는지 구체적으로 말씀해 주시겠습니까?
>
> B₂ 남자: <u>시간제 일자리를 늘리면</u> 그만큼 신규 채용의 폭은 줄어들 수밖에 없습니다. 그렇게 되면 <u>정규직을 원하는 사람들에겐 오히려 취업문이 좁아져</u> 실업 문제가 더 심각해질 수도 있습니다.

31 남자의 생각으로 맞는 것을 고르십시오.

① 정규직을 늘리면 실업 문제를 해결하기 어렵다.

② 신규 채용의 폭을 줄여 실업 문제를 해결할 수 있다.

③ 시간제 일자리는 실업 문제를 해결하는 최선의 방안이다.

④ 시간제 일자리 확대는 정규직 취업 기회를 감소시킬 수 있다.

※ B2에 자신의 의견이 자주 나타남

32 남자의 태도로 맞는 것을 고르십시오.

① 구체적인 사례를 들어 주제를 설명하고 있다.

② 객관적인 자료를 통해 자신의 의견을 주장하고 있다.

③ 근거를 들어 상대방의 주장을 부드럽게 반박하고 있다.

④ 상황을 객관적으로 분석하며 상대방 의견을 지지하고 있다.

⟨TOPIK 37회 듣기 [31~32]⟩

• 실업 Thất nghiệp
• 시간제 일자리 Việc làm theo giờ
• 최선 Cố gắng
• 신규 채용 Tuyển dụng đợt mới
• 폭 Chiều rộng
• 정규직 Việc làm chính thức
• 취업문이 좁아지다 Khó xin việc làm
• 방안 Phương án
• 확대 Mở rộng
• 사례 Ví dụ
• 주장하다 Khẳng định/cho rằng
• 반박하다 Phản bác
• 심각해지다 Trở nên nghiêm trọng

31

남자는 시간제 일자리 증가는 신규 채용의 폭이 줄어들고 정규직을 원하는 사람들이 취업을 할 수 있는 기회가 줄어들게 되어 실업 문제가 더 심각해질 수 있다는 의견입니다. 따라서 정답은 ④입니다.

Người đàn ông nêu ý kiến rằng việc gia tăng việc làm trả lương theo giờ có thể khiến vấn đề thất nghiệp trở nên trầm trọng hơn vì giảm quy mô tuyển nhân viên mới và giảm cơ hội kiếm được việc làm dành cho những người muốn có việc làm lâu dài. Do đó, đáp án đúng là ④.

32

남자는 '-다고 봅니다'라는 표현과 말투를 통해 부드러운 태도를 취하고 있습니다. 하지만 시간제 일자리가 오히려 취업문을 좁게 만든다는 근거를 들어 여자의 말을 반박하고 있습니다. 따라서 정답은 ③입니다.

Người đàn ông đang tỏ thái độ nhẹ nhàng qua cách diễn đạt '-다고 봅니다' và giọng điệu. Tuy nhiên, anh ta nêu căn cứ cho rằng công việc tính lương theo giờ ngược lại thu hẹp cơ hội việc làm để phản bác ý kiến của người phụ nữ. Do đó, đáp án đúng là ③.

※[31~32] 다음을 듣고 물음에 답하십시오. 각 2점 track 32

> 여자: 회사 안에 흡연자들을 위한 공간을 따로 만들자는 의견에 찬성할 수 없습니다. 더구나 기존의 휴게실을 없애고 거기에 흡연실을 만들자는 의견은 정말 이해가 안 됩니다.
>
> 남자: (부드러운 반박 톤으로) 저는 회사 안에 흡연실을 만들자는 의견에는 찬성합니다만, 휴게실을 없애자는 의견에는 동의하기가 어렵습니다. 그렇다면 휴게실을 나누어 흡연실을 만드는 건 어떨까요?
>
> 여자: 휴식을 위한 공간을 나눠서 흡연실을 만들자고요? 그렇게 된다면 담배 연기 때문에 비흡연자들은 마음 놓고 쉬지 못할 게 뻔합니다.
>
> 남자: 휴게실이나 흡연실 모두 사원들을 위한 공간이고 이를 통해 업무 효율을 높이는 것이 목표입니다. 흡연실에 환기 시설을 잘 만든다면 그런 상황은 생기지 않을 겁니다. 흡연자들의 고충을 생각해서 다시 한 번 생각해 주실 수는 없으신지요?

31 남자의 생각으로 맞는 것을 고르십시오.

① 흡연자들의 권리를 위한 흡연 공간도 필요하다.
② 비흡연자들을 위한 공간을 따로 만들어야 한다.
③ 업무 효율을 높이기 위해 휴게실을 늘려야 한다.
④ 흡연자들을 위해 기존의 휴게실을 그대로 유지해야 한다.

32 남자의 태도로 맞는 것을 고르십시오.

① 구체적인 사례를 들어 필요성을 강조하고 있다.
② 근거를 통해 자기의 의견을 강하게 주장하고 있다.
③ 객관적인 자료를 통해 앞으로의 일을 전망하고 있다.
④ 상대방의 의견에 존중하면서 타협안을 제시하고 있다.

- 흡연자 Người hút thuốc lá
- 공간 Không gian
- 따로 Riêng
- 더구나 Hơn nữa
- 흡연실 Phòng hút thuốc lá
- 나누다 Chia sẻ/phân chia
- 연기 Khói
- 비흡연자 Người không hút thuốc lá
- 마음(을) 놓다 Yên tâm
- 목표 Mục tiêu
- 환기 시설 Quạt thông gió
- 권리 Quyền lợi
- 늘리다 Tăng, làm giãn
- 전망하다 Triển vọng
- 타협안 Bản thỏa hiệp
- 제시하다 Đưa ra/trình bày/xuất trình

31

남자는 흡연자들도 똑같은 사원이므로 그들의 권리를 위해 흡연실이 필요하다고 생각합니다. 따라서 정답은 ①입니다.

Người đàn ông cho rằng vì những người hút thuốc đều là những nhân viên nên cần có một phòng hút thuốc vì quyền lợi của họ. Vì vậy, đáp án đúng là ①.

32

남자는 흡연실을 만들자는 의견이지만, 휴게실을 유지하자는 여자의 의견에는 동의하면서 환기 시설을 갖춘 흡연실을 만들자는 타협안을 제안하고 있습니다. 따라서 정답은 ④입니다.

Người đàn ông nêu ý kiến làm một phòng hút thuốc, nhưng cũng đồng ý với ý kiến của người phụ nữ là nên duy trì phòng chờ nhân viên, đồng thời thỏa hiệp bằng lời đề nghị làm một phòng hút thuốc có hệ thống thông gió. Do đó, đáp án đúng là ④.

🖱 **연습문제**

※[31~32] 다음을 듣고 물음에 답하십시오. 각 2점 🔴 track 33

31 남자의 생각으로 맞는 것을 고르십시오.
　① 쓰레기장 설치가 집값에 영향을 미칠 것이다.
　② 쓰레기장 설치를 위해 이 지역이 희생해야 한다.
　③ 쓰레기장 설치는 지역 주민들에게 혜택이 될 것이다.
　④ 쓰레기장 설치로 인해 각종 공해와 오염이 발생될 것이다.

32 남자의 태도로 맞는 것을 고르십시오.
　① 객관적인 자료를 근거로 제시하면서 반박하고 있다.
　② 문제점을 분석하면서 상대방의 의견에 책임을 묻고 있다.
　③ 상대방의 의견을 반박하면서 자신의 주장을 강조하고 있다.
　④ 조심스럽게 문제의 대안을 제시하면서 상대방을 설득시키고 있다.

쓰레기장 Bãi rác | **설치하다** Lắp đặt | **주거 지역** Khu vực cư trú | **개선시키다** Cài thiện | **각종** Các loại | **세워지다** Được xây dựng | **악취** Mùi hôi | **공해** Ô nhiễm không khí | **해결책** Cách giải quyết | **완벽히** Hoàn hảo | **마련하다** Chuẩn bị | **확충** Mở rộng | **세금 감면** Miễn giảm thuế | **예산** Ngân sách | **확보하다** Đảm bảo | **희생하다** Hy sinh | **조심스럽다** Thận trọng

33-34

✏️ 오늘의 어휘

가능성	Khả năng	Danh	이번 일은 실현 가능성이 적다.
성공	Thành công	Danh	성공만을 추구하다가는 작은 행복을 놓칠 수 있다.
시기	Thời kỳ	Danh	지금은 그런 말을 할 시기가 아니다.
실패	Thất bại	Danh	누구나 한 번쯤은 실패를 한다.
인맥	Mạng lưới quan hệ	Danh	인맥 없이 능력만으로 사장이 되었다.
한계	Giới hạn	Danh	그는 자기 능력의 한계를 넘어 한 단계 더 성장했다.
공유하다	Chia sẻ	Động	우리 팀원들은 서로 정보를 공유하고 있다.
교류하다	Giao lưu	Động	동양과 서양은 서로 교류하면서 발전했다.
발휘하다	Phát huy	Động	자기가 가지고 있는 실력을 최대한 발휘해야 한다.
보살피다	Chăm sóc	Động	그 아이는 어린 나이에도 불구하고 동생들을 잘 보살핀다.
소외되다	Bị cô lập/xa lánh	Động	국가에서는 소외된 계층에 생활비를 지원해 주고 있다.
형성하다	Hình thành	Động	청소년기는 인격을 형성하는 데 중요한 시기이다.
사소하다	Nhỏ nhặt	Tính	친구하고 사소한 일로 다투고 나니 기분이 안 좋다.

🍵 오늘의 문법

A-(으)ㄴ가 하면 V-는가 하면	앞과 뒤의 내용이 주로 상반되는 상황임을 나타난다. Diễn đạt nội dung trước và sau là hai tình huống tương phản với nhau. 예 어떤 학생은 열심히 공부하는가 하면 어떤 학생은 매일 잠만 잔다.
A/V-(으)면 몰라도	앞의 상황을 가정하여 그것이 충족되면 가능하지만 그렇지 않은 경우에는 뒤와 같은 결과가 나옴을 나타낸다. Sử dụng khi giả định tình huống trước, nếu điều kiện được thỏa mãn thì tình huống đó có thể diễn ra, nếu không, thì kết quả sẽ diễn ra như nội dung của vế sau. 예 부모님이 도와주시면 몰라도 저 혼자 일해서 집 사기는 어려울 거예요.
N만 못하다	'앞에 내용보다 못하다'라는 뜻을 나타낸다. '만'은 비교의 기준이 되는 '보다'로 바꾸어 쓸 수 있다. Diễn đạt ý nghĩa 'không tốt bằng nội dung trước'. '만' có thể được thay thế bằng '보다' - tiêu chuẩn so sánh. 예 지금 생활이 예전만 못하다.
A-(은)ㄴ 반면에 V-는 반면에	앞의 내용이 뒤의 내용과 반대됨을 나타낸다. Diễn đạt sự tương phản giữa nội dung trước và nội dung sau. 예 그는 운동은 잘하는 반면에 공부에는 흥미가 없다.

33-34

일반적인 상식이나 현상을 다른 관점으로 설명하거나 비유를 통해 교훈을 전달하고 있습니다. 인문 사회, 과학, 사상과 심리 등과 관련된 표현을 알아 두는 것이 좋겠습니다.

Thông thường, dạng đề này giải thích các kiến thức hoặc hiện tượng thông thường theo một quan điểm khác, hoặc chuyển tải một bài học nào đó thông qua biện pháp ẩn dụ. Bạn nên nắm vững các từ vựng hoặc cấu trúc ngữ pháp diễn đạt liên liên quan đến xã hội và nhân văn, khoa học, tư tưởng và tâm lý học, vv.

33 무엇에 대한 내용인지 맞는 것 고르기

보통 화자는 앞부분에서 주제와 관련된 배경을 소개합니다. 이후 **중간 부분에 주제와 관련된 직접적인 질문을 합니다. 이 질문을 통해 핵심 내용을 파악할 수 있습니다.** 마지막 부분에서는 자신이 말하고자 하는 중심 내용을 다시 정리합니다. 선택지에 자주 나타나는 '**과정, 대책, 방안, 시기, 영향, 예방법, 원인, 유형, 중요성, 해결책, 한계, 해소**' 등과 같은 단어를 알아 두면 좋습니다.

Thông thường, người nói giới thiệu bối cảnh liên quan đến chủ đề ở phần đầu và đặt câu hỏi trực tiếp liên quan đến chủ đề ở phần giữa trở đi. Ở phần cuối cùng, người nói đúc kết nội dung chính mà mình muốn trình bày. Bạn nên nắm vững các từ vựng thường xuyên xuất hiện trong các đáp án, ví dụ như '과정, 대책, 방안, 시기, 영향, 예방법, 원인, 유형, 중요성, 해결책, 한계, 해소', vv.

34 들은 내용으로 맞는 것 고르기

전체적인 내용을 잘 듣고 분석해야 합니다. 들은 내용의 상황과 맥락에 **어울리지 않거나 언급하지 않은 선택지는 지워 나가며 답을 찾는 것이 좋습니다.** 그리고 선택지에 사용되는 표현들은 듣기 내용에 나온 표현을 그대로 사용하지 않기 때문에 **비슷한 어휘와 표현을 알고 있어야 답을 찾아 낼 수 있습니다.**

Bạn cần lắng nghe và phân tích nội dung tổng thể. Hãy tìm đáp án đúng bằng cách xóa các đáp án không phù hợp với tình huống và ngữ cảnh của nội dung đã nghe hoặc không được đề cập đến! Ngoài ra, đoạn văn đã nghe và các đáp án có thể không sử dụng cùng từ vựng và ngữ pháp; vì vậy, để tìm được đáp án đúng, bạn phải biết các từ gần nghĩa và các cấu trúc ngữ pháp tương tự.

🔍 문제분석

기출문제

※[33~34] 다음을 듣고 물음에 답하십시오. 각 2점 🎧 track 34

> 여자: 여러분, 물이 끓는 과정을 한번 생각해 볼까요? 물은 끓기 전까지는 변화가 없죠. 99도까지는 에너지를 품고 있다가 99도에서 100도가 되는 순간에 에너지를 내며 끓기 시작합니다. 바로 그 순간이 없다면 변화는 기대하기 힘들게 되는 거죠. <u>우리의 인생도 마찬가지 아닐까요?</u> 저와 여러분의 인생은 ☆성공과 실패의 가능성을 모두 가지고 있습니다. 하지만 <u>변화가 일어날 수 있는 마지막 그 순간에 결정적인 힘을 발휘하는 사람은 성공을, 그렇지 못한 사람은 실패를 맛보게 되는 거죠.</u> 여러분, 1%의 힘을 발휘하는 연습을 해 보십시오. 성공은 여러분의 것입니다.

33 무엇에 대한 내용인지 맞는 것을 고르십시오.
① 성공과 실패가 결정되는 시기
② 인생을 배우며 성장하는 과정
③ 결과보다 과정이 중요한 이유
④ 실패가 가져오는 긍정적 변화

※ 앞부분에서는 주제와 관련된 배경 제시 (물이 끓는 과정)
중간 부분에서 중심 주제 제시 (인생의 성공과 실패)

34 들은 내용으로 맞는 것을 고르십시오.
① 물은 끓는 순간에도 에너지를 품고 있다.
② 성공과 실패는 변화의 정도에 달려 있다.
③ 시작 단계에서부터 성공을 준비해야 한다.
④ 결정적인 순간에 힘을 발휘하면 성공한다.

<TOPIK 37회 듣기 [33~34]>
• 끓다 Sôi
• 변화 Sự thay đổi
• 에너지 Năng lượng
• 품다 Ôm ấp/chứa
• 순간 Khoảnh khắc
• 기대하다 Kỳ vọng
• 마찬가지 Giống
• 결정적 Mang tính quyết định
• 맛보다 Nếm
• 성장하다 Tăng trưởng, trưởng thành
• 단계 Giai đoạn/bước

33
여자는 물이 끓는 과정을 인생의 성공과 실패와 비교하고 있습니다. 99도에서 100도가 되는 순간처럼 마지막 순간에 힘을 발휘해야 성공할 수 있다고 말하고 있습니다. 즉 성공과 실패의 시기에 대해 이야기 하고 있는 것입니다. 따라서 정답은 ①입니다.

Người phụ nữ đang so sánh quá trình nước sôi với sự thành công và thất bại trong cuộc đời. Người phụ nữ nói rằng người ta phải phát huy sức mạnh vào giây phút cuối cùng thì mới có thể thành công giống như thời điểm nước tăng từ 99 độ lên 100 độ. Nói cách khác, người phụ nữ đang nói về một giai đoạn thành công và thất bại. Vì vậy, câu trả lời là ①.

34
성공과 실패는 1%의 결정적인 마지막 순간에 결정되고 힘을 발휘하는 연습을 하면 성공한다고 말하고 있습니다. 따라서 정답은 ④입니다.

Người phụ nữ nói rằng thành bại được quyết định ở phút cuối cùng mang tính quyết định 1%; và nếu luyện tập để phát huy sức mạnh của mình, bạn sẽ thành công. Do đó, đáp án đúng là ④.

※[33~34] 다음을 듣고 물음에 답하십시오. 각 2점 🎧 track 35

> 여자: 요즘은 옛날과 달리 전화나 이메일 대신에 SNS에서 서로의 안부를 묻기도 하고 정보를 공유하기도 합니다. 그렇다면 SNS로 인해 사람들의 관계가 더 좋아졌을까요? 물론, 사람들은 편리해진 인터넷 환경 덕분에 시간과 공간에 제약받지 않고 SNS로 많은 사람들과 다양한 인맥을 형성할 수 있습니다. 이처럼 SNS는 인간관계 유지에 많은 도움을 주고 있는 건 사실입니다. 그러나 SNS가 사람들의 관계에 긍정적인 영향을 주는가 하면 오히려 사회로부터 소외시키기도 합니다. 또한, 사소한 오해로 인해 미움을 받거나 무시를 당할 수도 있습니다. 따라서 SNS를 효과적으로 이용하면 몰라도 그렇지 않다면 차라리 하지 않는 것만 못하다는 생각이 듭니다.

33 무엇에 대한 내용인지 맞는 것을 고르십시오.
① SNS의 대중화로 인한 문제점
② SNS가 인간관계에 미치는 영향
③ SNS가 가지고 있는 기술력의 한계
④ SNS가 사회로부터 소외받지 않는 방법

34 들은 내용으로 맞는 것을 고르십시오.
① 많은 사람들이 SNS를 효과적으로 이용하고 있다.
② SNS는 사람들에게 부정적인 영향을 끼치지 않는다.
③ 사람들은 SNS를 통해서 다양한 인맥을 유지할 수 있다.
④ SNS는 일정한 시간과 장소에서 사람들과 교류하는 것이다.

- SNS Dịch vụ mạng xã hội
- 안부를 묻다 Hỏi thăm
- 제약받다 Bị hạn chế/bị giới hạn
- 인간관계 Mối quan hệ với con người
- 오해 Hiểu lầm
- 미움 Sự ghét bỏ
- 무시를 당하다 Bị coi thường
- 효과적 Hiệu quả
- 차라리 Thà
- 대중화 Đại chúng hóa
- 기술력 Năng lực kỹ thuật/công nghệ
- 일정하다 Nhất định

33
여자는 'SNS로 인해 사람들의 관계가 더 좋아졌을까요?'라는 질문을 한 이후 SNS가 인간관계에 미치는 긍정적인 영향과 부정적인 영향을 설명하고 있습니다. 따라서 정답은 ②입니다.

Sau khi đặt câu hỏi 'SNS로 인해 사람들의 관계가 더 좋아졌을까요?', người phụ nữ giải thích những ảnh hưởng tích cực và tiêu cực của dịch vụ mạng xã hội đối với các mối quan hệ của con người. Vì vậy, đáp án đúng là ②.

34
SNS는 긍정적인 면과 부정적인 면을 모두 가지고 있는데 긍정적인 면이 바로 인간관계를 유지하도록 도와준다는 것입니다. 따라서 정답은 ③입니다.

Dịch vụ mạng xã hội có cả khía cạnh tích cực và tiêu cực; khía cạnh tích cực là giúp duy trì các mối quan hệ của con người. Do đó, đáp án đúng là ③.

🖱 **연습문제**

※[33~34] 다음을 듣고 물음에 답하십시오. 각 2점 🔘 track 36

33 무엇에 대한 내용인지 맞는 것을 고르십시오.
① 아내와 남편의 역할 변화로 인한 결과
② 현대 사회의 남녀 지위와 역할의 한계
③ 현대 사회의 남녀 차별의 현실과 문제점
④ 남성과 여성의 지위와 역할에 대한 인식의 변화

34 들은 내용으로 맞는 것을 고르십시오.
① 예나 지금이나 아버지는 가장으로 권위가 없다.
② 사회가 변해도 사람들의 인식은 쉽게 바뀌지 않는다.
③ 과거의 아버지들은 경제적, 정신적으로 가정을 보살폈다.
④ 문화가 개방됨에 따라 지위에 상관없이 이에 대한 책임도 커졌다.

무능력하다 Không có năng lực/bất tài | **인식** Nhận thức | **전통적** Mang tính truyền thống | **남편상** Hình ảnh về người chồng | **가장** Người làm chủ gia đình | **경제적** Mang tính kinh tế | **정신적** Về mặt tinh thần | **이끌다** Lãnh đạo/dẫn dắt | **가부장적** Mang tính gia trưởng | **권위의식** Ý thức về thẩm quyền | **사라지다** Biến mất | **동등하다** Đồng đẳng | **경쟁하다** Cạnh tranh | **흔히** Thường/phổ biến | **남녀노소** Nam phụ lão ấu | **지위** Địa vị | **역할** Vai trò | **차별** Phân biệt

35-36

✏️ 오늘의 어휘

개발	Phát triển	Danh	우리 회사는 새로운 제품을 개발 중이다.
신념	Niềm tin	Danh	신념이 강한 사람은 어떤 유혹에도 흔들리지 않는다.
제작	Chế tác/sản xuất	Danh	휴대 전화를 이용한 영화 제작이 유행이다.
거듭나다	Tái thiết/tái tạo	Động	부산은 국제 영화제를 통해 국제적인 도시로 거듭나고 있다.
나아가다	Tiến lên	Động	앞으로 더 나아가기 위해서는 우선 이 문제를 해결해야 한다.
되돌아보다	Nhìn lại	Động	지난 과거를 되돌아보니 많은 아쉬움이 남는다.
시달리다	Khốn khổ	Động	밤새도록 불면증에 시달렸더니 오늘 하루가 너무 힘들다.
전시하다	Triển lãm	Động	이곳에서는 유명한 화가의 작품을 전시하고 있다.
중시하다	Coi trọng	Động	자신의 건강을 중시하는 현대인들은 건강식품에 관심이 많다.
판단하다	Phán đoán	Động	위기 상황에서는 정확하게 판단할 수 있어야 한다.
향하다	Hướng tới	Động	우리 모두 미래를 향해서 앞으로 나아갑시다.
후원하다	Hỗ trợ/tài trợ	Động	이 사진 전시회는 각 방송사에서 후원한다.
눈부시다	Chói mắt/chói lọi	Tính	한국은 50년 만에 눈부신 경제 성장을 이루었다.
최선을 다하다	Cố gắng hết sức		우리는 이번 경기에서 최선을 다해 반드시 이기겠습니다.

☕ 오늘의 문법

V-다시피	듣는 사람이 느끼는 것(보다, 듣다, 알다, 느끼다)과 같을 때 사용한다. Sử dụng khi người nghe cảm nhận(thấy, nghe, biết, cảm nhận) giống như người nói. 예 모두 아시다시피 내일은 휴일이라서 수업이 없습니다.
A/V-(으)나	앞의 상황과 상반되는 상황이 될 때 사용한다. '-지만'과 바꿔 쓸 수 있다. Sử dụng khi tình huống sau tương phản với tình huống trước đó. Chúng ta có thể thay thế bằng '-지만'. 예 운동은 건강에 좋으나 많은 시간을 필요로 한다.
V-고자	어떤 행동을 하려는 의도나 목적을 나타낸다. Diễn đạt ý định hoặc mục đích của một hành động nào đó. 예 사건의 진실을 밝히고자 이 자리에 섰습니다.

35-36

📖 유형분석

관계자가 도서관이나 박물관, 올림픽이나 축제 등에서 시작하기 전에 하는 **인사말, 축사, 개회사, 기념사** 등을 통해 행사의 취지나 **프로그램의 목적, 의의** 등을 밝히고 설명합니다.

Người liên quan đang trình bày, giải thích về mục đích, ý nghĩa của sự kiện thông qua lời chào, lời chúc mừng, phát biểu khai mạc, phát biểu kỷ niệm - bài phát biểu trước khi bắt đầu Thế vận hội hoặc lễ hội, vv tại thư viện, bảo tàng.

---

35 남자가 무엇을 하고 있는지 고르기

지금 말하고 있는 것이 무엇에 대한 것인지를 묻는 문제입니다. 예를 들어, '졸업식 축사'라면 화자는 지금 '누구를 축하하고 있는 것'이며, '개관식 축사'라면 '그곳의 설립 취지를 소개하고 있는 것'일 것입니다. 따라서 아래와 같은 표현을 알아 두면 좋습니다.

※ 사용 표현: 결과를 보고하다, 목표를 밝히다, 사업 내용을 분석하다, 의견을 조사하다, 의의를 밝히다, 중요성을 알리다, 축하하다, 취지를 설명하다, 필요성을 강조하다, 현황을 파악하다

Đây là dạng đề hỏi người nói đang nói gì. Ví dụ, nếu đó là 'lời chúc mừng lễ tốt nghiệp', người nói 'đang chúc mừng ai đó', và nếu là 'lời chúc mừng lễ khai giảng', người nói 'đang giới thiệu về mục đích thành lập trường'. Vì vậy, bạn nên biết các từ vựng dưới đây.

---

36 들은 내용으로 맞는 것 고르기

전체적인 내용을 잘 듣고 분석해야 합니다. 들은 내용의 상황과 맥락에 어울리지 않거나 언급하지 않은 선택지는 지워 가며 답을 찾는 것이 좋습니다. 그리고 선택지에 사용되는 표현들은 들은 내용에 나온 표현을 그대로 사용하지 않기 때문에 비슷한 어휘와 표현을 알고 있어야 답을 찾아낼 수 있습니다.

Bạn cần lắng nghe và phân tích nội dung tổng thể. Hãy tìm đáp án đúng bằng cách xóa các đáp án không phù hợp với tình huống và ngữ cảnh của nội dung đã nghe hoặc không được đề cập đến! Ngoài ra, đoạn văn đã nghe và các đáp án có thể không sử dụng cùng từ vựng và ngữ pháp; vì vậy, để tìm được đáp án đúng, bạn phải biết các từ gần nghĩa và các cấu trúc ngữ pháp tương tự.

35-36 MP3

🔍 문제분석

※[35~36] 다음을 듣고 물음에 답하십시오. 각 2점 🎧 track 37

> 남자: 우리 기업과 이 방송 프로그램이 인연을 맺은 지 벌써 40년이 되었군요. 40년 전, 이 방송 프로그램의 제작 비용을 전액 후원하게 된 것은 인재 양성이라는 기업의 신념을 실천하기 위해서였습니다. 광고를 통한 기업의 홍보 효과보다 인재를 후원하는 것이 더 필요하다고 판단했기 때문입니다. 특히 이 후원 활동은 우리 기업의 첫 사회 공헌 활동이었다는 점에서도 의미가 깊다고 생각합니다. 앞으로도 지원을 아끼지 않겠습니다.

35 남자는 무엇을 하고 있는지 고르십시오.
① 방송 후원에 담긴 신념을 설명하고 있다.
② 방송 후원에 대한 의견을 조사하고 있다.
③ 방송 후원에 관련된 자료를 분석하고 있다.
④ 방송 후원에 필요한 비용을 파악하고 있다.

※ 듣기 전에 반복되는 표현(방송 후원)을 통해 내용 미리 추측

36 들은 내용으로 맞는 것을 고르십시오.
① 이 기업은 방송을 통한 홍보를 중시한다.
② 이 방송은 사회 공헌에 관한 내용을 다룬다.
③ 이 기업은 프로그램 제작 비용을 부담한다.
④ 이 방송은 후원 기업을 위한 광고를 만들었다.

※ 비슷한 어휘와 표현
제작 비용을 전액 후원, 지원 ⟹ 제작 비용을 부담

‹TOPIK 37회 듣기 [35~36]›

- 인연을 맺다
  Kết duyên/thiết lập mối quan hệ
- 전액 Toàn bộ số tiền
- 인재 Nhân tài
- 양성 Huấn luyện/bồi dưỡng
- 신념 Niềm tin
- 홍보 효과 Hiệu quả quảng bá
- 공헌 Cống hiến
- 의미가 깊다 Ý nghĩa sâu sắc
- 지원 Hỗ trợ
- 파악하다 Nắm bắt/hiểu
- 다루다 Xử lý/quản lý
- 부담하다 Chịu(chi phí)

35
남자는 40년 동안 이 프로그램을 후원하게 된 이유로 인재 양성이라는 기업의 신념을 실천하기 위해서라고 설명하고 있습니다. 그러므로 정답은 ①입니다.

Người đàn ông giải thích rằng lý do ông ủng hộ chương trình này trong suốt 40 năm qua là nhằm thực hiện niềm tin của công ty là nuôi dưỡng nhân tài. Do đó, đáp án đúng là ①.

36
남자는 이 기업이 40년 동안 방송 프로그램의 제작 비용을 전액 후원하였다고 했습니다. 마지막 부분에 앞으로도 지원을 아끼지 않겠다고 했으므로 지속적으로 프로그램 제작 비용을 부담할 것임을 알 수 있습니다. 따라서 정답은 ③입니다.

Người đàn ông nói rằng doanh nghiệp đã tài trợ toàn bộ chi phí sản xuất chương trình truyền hình trong suốt 40 năm. Trong phần cuối, người này nói rằng trong tương lai cũng sẽ không tiếc tiền hỗ trợ; vì vậy, bạn có thể biết doanh nghiệp sẽ tiếp tục chịu chi phí sản xuất chương trình. Do đó, đáp án đúng là ③.

※[35~36] 다음을 듣고 물음에 답하십시오. 각 2점 🔴 track 38

남자: 이렇게 뜻깊은 자리에 많은 분들을 모시고 '서울의 어제와 오늘' 전시실 개관을 알리게 되어 영광입니다. 여러분도 아시다시피 서울은 눈부신 성장을 해 왔습니다. 이렇게 빠른 성장을 이루게 된 원동력은 무엇인지 과거의 모습을 되돌아보면서 찾아보는 것도 큰 재미가 될 것 같습니다. 현재 서울은 인구 천만이 넘는 국제적인 도시로 거듭나고 있습니다. 한국의 정치, 경제, 문화의 중심지인 서울의 발전된 모습을 한눈에 볼 수 있습니다. 또한, 시대별로 변화된 모습을 사진이나 동영상과 함께 전시해 놓았습니다. 앞으로 시민들과 청소년들의 많은 이용 바랍니다.

---

35 남자는 무엇을 하고 있는지 고르십시오.

① 서울의 역사에 대한 전시의 의의를 밝히고 있다.
② 발전된 서울의 역사를 구체적으로 설명하고 있다.
③ 서울 곳곳에 전시실이 개관되는 것을 알리고 있다.
④ 변화된 서울의 모습에 대해서 문제점을 제시하고 있다.

36 들은 내용으로 맞는 것을 고르십시오.

① 어린이나 청소년들은 전시실에 무료로 입장할 수 있다.
② 이 전시실에서 서울의 과거와 현재의 모습을 볼 수 있다.
③ 이 전시실에서 서울의 미래 모습을 동영상으로 볼 수 있다.
④ 한국이 빠른 성장을 할 수 있었던 것은 모두 청소년 때문이다.

- 뜻깊다 Ý nghĩa sâu sắc
- 개관(되다) Khai trương
- 영광 Vinh quang/vinh dự
- 원동력 Động lực
- 중심지 Trung tâm
- 한눈에 보다 Nhìn lướt qua
- 시대별 Theo từng thời kỳ
- 의의 Ý nghĩa
- 밝히다 Phát biểu/làm rõ
- 구체적 Cụ thể
- 곳곳 Khắp nơi
- 입장하다 Đi vào

35

박물관에 '서울의 어제와 오늘'이라는 주제로 전시실을 열었고, 남자는 전시실 개관식의 축사를 하고 있습니다. 여기서 남자는 서울의 어제와 오늘에 대해 전시하는 의의를 이야기하고 있습니다. 따라서 정답은 ① 입니다.

Phòng triển lãm với chủ đề 'Seoul - hôm qua và hôm nay' được mở tại viện bảo tàng, và người đàn ông đang phát biểu chúc mừng tại lễ khai trương phòng triển lãm đó. Ở đây, người đàn ông đang nói về tầm quan trọng của triển lãm 'Seoul - xưa và nay'. Vì vậy, đáp án đúng là ①.

36

이 전시실에서는 서울이 과거부터 현재까지 어떻게 발전되어 왔는지를 시대별로 전시해 놓았다고 했기 때문에 서울의 과거와 현재 모습을 볼 수 있습니다. 따라서 정답은 ②입니다.

Người đàn ông nói rằng phòng triển lãm này đã trưng bày theo từng thời kỳ để khách tham quan thể có thể thấy Seoul đã phát triển như thế nào từ xưa đến nay. Do đó, đáp án đúng là ②.

35-36

 MP3

🖱 연습문제

※ [35~36] 다음을 듣고 물음에 답하십시오. 각 2점 🔊 track 39

35 남자는 무엇을 하고 있는지 고르십시오.
   ① 요즘 청소년들의 문제점을 지적하고 있다.
   ② 세미나에 참석한 청소년들을 격려하고 있다.
   ③ 불우한 청소년들을 위한 후원자를 모집하고 있다.
   ④ 청소년들을 위한 복지 프로그램 개발을 부탁하고 있다.

36 들은 내용으로 맞는 것을 고르십시오.
   ① 지금은 청소년을 위한 기념식을 하고 있다.
   ② 이곳에는 청소년 관련 전문가들이 모여 있다.
   ③ 문제가 있는 청소년들에게만 혜택을 줄 것이다.
   ④ 청소년들의 학교 폭력은 갈수록 심해지고 있다.

세미나 Xê-mi-na/hội thảo | 복지 Phúc lợi | 여전히 Vẫn | 폭력 Bạo lực | 불우하다 Không may mắn(khó khăn) | 가정환경 Hoàn cảnh gia đình | 주어지다 Được cho | 체계적 Mang tính hệ thống | 꿈을 키우다 Nuôi dưỡng giấc mơ | 격려하다 Khích lệ | 기념식 Lễ kỷ niệm

37-38

✏️ 오늘의 어휘

가치	Giá trị	Danh	인생은 한 번뿐이니 가치 있는 삶을 살아야 한다.
승부	Chiến thắng	Danh	두 팀의 실력이 비슷해서 승부가 쉽게 나지 않을 것 같다.
요령	Cách/mẹo	Danh	자전거는 타는 요령만 알면 어렵지 않다.
질병	Bệnh tật	Danh	나는 커서 질병을 치료하는 의사가 되고 싶다.
체내	Bên trong cơ thể	Danh	짠 음식은 체내에 나쁜 영향을 준다.
체중	Thể trọng	Danh	운동은 체중을 조절하고 건강을 유지하는 데 좋은 방법이다.
화제	Chủ đề	Danh	전통술인 막걸리가 해외에서도 화제가 되고 있다.
감량하다	Giảm cân	Động	단기간에 체중을 감량하기란 매우 어려운 일이다.
갖추다	Chuẩn bị	Động	그 응모전에 모든 서류를 갖춰서 지원했다.
거치다	Trải qua/thông qua	Động	공정한 심사를 거쳐 이번 대회의 합격자를 뽑았다.
대처하다	Ứng phó	Động	동물마다 추위에 대처하는 방법이 다르다.
저장하다	Lưu trữ/bảo quản	Động	옛날에 장독대는 음식을 저장하는 공간이었다.
회피하다	Tránh né	Động	어려운 일은 회피하기보다는 해결하려고 노력해야 한다.
흔들리다	Lắc/rung	Động	대지진으로 건물이 흔들렸다.

🍹 오늘의 문법

A-다면 V-ㄴ/는다면	어떤 상황이나 상태를 조건으로 가정할 때 사용한다. Sử dụng khi giả định một tình huống hoặc trạng thái nào đó như một điều kiện. 예 교수님이 가신다면 저도 함께 가겠습니다.
V-느니 (차라리)	앞과 뒤의 상황이 둘 다 만족스럽지 않지만 그래도 뒤의 상황이 좀 더 나음을 나타낸다. '-을 바에야'과 바꿔 쓸 수 있다. Sử dụng khi cả hai tình huống trước và sau đều không được thỏa mãn, nhưng tình huống sau vẫn tốt hơn một chút. Cấu trúc này có thể được thay thế bằng '-을 바에야'. 예 시간을 허비하느니 차라리 학교 근처로 이사하는 게 낫다.
A/V-(으)니	뒤 내용에 대해 어떤 근거나 이유를 나타낸다. '-(으)니까'의 형태로도 사용된다. Diễn đạt một căn cứ hoặc lý do nào đó về nội dung được đề cập trong phần sau. Nó cũng được sử dụng dưới dạng '-(으)니까'. 예 식당에 전화해서 7시로 예약했으니 늦지 않도록 하여라.

37-38

진행자가 전문가와 인터뷰를 하면서 주제에 어울리는 전문 지식을 설명하는 교양 프로그램입니다. 경영과 경제, 문학, 건강, 과학 등과 같은 영역의 관련 표현을 알아 두면 좋습니다.

Đây là chương trình văn hóa trong đó người dẫn chương trình vừa phỏng vấn chuyên gia vừa giải thích những kiến thức chuyên ngành phù hợp với chủ đề. Bạn nên biết các từ vựng liên quan đến các lĩnh vực như kinh doanh và kinh tế, văn học, sức khỏe và khoa học.

37 여자(남자)의 중심 생각으로 맞는 것 고르기

대화에서 전문가의 중심 생각을 고르는 문제입니다. 대화는 A1-B1의 형식으로 보통 A1이 B1에게 질문을 하고 B1이 대답하는 형식입니다. B1의 대답에는 자신의 중심 생각이 담겨있기 때문에 A1의 말보다는 B1의 말에 집중하여 들어야 합니다. 보통 **시작 부분이나 끝부분에 전문가의 의도나 중심 생각이 잘 나타납니다.** '**따라서, 그러므로, 결국, 결과적으로**' 등과 같은 결말을 알려 주는 접속 표현을 알아 두면 중심 생각을 파악하는 데 도움이 됩니다.

Đây là dạng đề chọn ý chính của chuyên gia trong đoạn hội thoại. Đoạn hội thoại được trình bày dưới dạng A1-B1, thông thường, A1 đặt câu hỏi và B1 trả lời. Vì câu trả lời của B1 chuyển tải ý chính của B1 nên bạn phải tập trung vào câu nói của B1 thay vì câu nói của A1. Thông thường, ý định hoặc ý chính của chuyên gia được thể hiện ở phần đầu hoặc phần cuối. Nếu biết các trạng từ thường dùng trong phần kết luận như '따라서, 그러므로, 결국, 결과적으로', bạn sẽ dễ dàng nắm được ý chính.

38 들은 내용과 일치하는 것 고르기

전체적인 내용을 잘 듣고 분석해야 합니다. 들은 내용의 상황과 맥락에 **어울리지 않거나 언급하지 않은 선택지는 지워 가며 답을 찾는 것이 좋습니다.** 그리고 선택지에 사용되는 표현들은 들은 내용에 나온 표현을 그대로 사용하지 않기 때문에 **비슷한 어휘와 표현을 알고 있어야 답을 찾아낼 수 있습니다.**

Bạn cần lắng nghe và phân tích nội dung tổng thể. Hãy tìm đáp án đúng bằng cách xóa các đáp án không phù hợp với tình huống và ngữ cảnh của nội dung đã nghe hoặc không được đề cập đến! Ngoài ra, đoạn văn đã nghe và các đáp án có thể không sử dụng cùng từ vựng và ngữ pháp; vì vậy, để tìm được đáp án đúng, bạn phải biết các từ gần nghĩa và các cấu trúc ngữ pháp tương tự.

37-38

  MP3

🔍 문제분석

기출문제

※[37~38] 다음은 교양 프로그램입니다. 잘 듣고 물음에 답하십시오.

각 2점 🎵 track 40

> A│ 남자: 오늘은 한영수 박사님을 모시고 '빗물연구소'에서 어떤 일을 하는지 이야기를 들어 보겠습니다. 박사님, 시작해 주시죠.
>
> B│ 여자: 저희 '빗물연구소'가 뭘 하는 곳인지 모르는 분들이 많은데요. '빗물연구소'에서는 아주 간단하면서도 친환경적인 일을 합니다. 바로 빗물을 깨끗한 물로 만드는 일이죠. 빗물은 저장할 공간과 정화시설만 갖추면 소중한 자원이 됩니다. 정화된 빗물은 식수나 생활용수로 다양하게 사용되고 있습니다. 의미 없이 버려졌던 ☆빗물이 우리 생활에서 없어서는 안 될 중요한 존재가 된 거죠.

37 여자의 중심 생각으로 맞는 것을 고르십시오.
① '빗물연구소'는 빗물을 가치 있게 만든다.
② '빗물연구소'에 대해 모르는 사람들이 많다.
③ 빗물을 자원으로 만드는 과정은 간단하다.
④ 빗물을 자원으로 만들려면 시설이 필요하다.

※B│의 끝 부분에 중심 생각 제시
(빗물은 중요한 존재 ⟹ 가치가 있다)

38 들은 내용과 일치하는 것을 고르십시오.
① 빗물이 깨끗하다면 정화 과정을 생략해도 된다. X
② '빗물연구소'의 활동은 환경 보전과도 관련이 있다.
③ 빗물은 정화 과정을 거쳐도 식수로 사용할 수 없다. X
④ 아직 정화된 빗물의 사용은 다양하지 않은 수준이다. X

※들은 내용과 관계 없는 것은 'X'
①관련 정보 없음 ③식수로 사용 ④다양하게 사용

<TOPIK 37회 듣기 [37~38]>
• 빗물 Nước mưa
• 친환경적 Thân thiện với môi trường
• 정화시설 Thiết bị lọc nước
• 소중하다 Quý báu
• 자원 Tài nguyên
• 정화되다 Được lọc
• 식수 Nước để ăn/uống
• 생활용수 Nước sinh hoạt
• 존재 Tồn tại
• 생략하다 Tỉnh lược
• 보전 Bảo tồn/bảo quản
• 수준 Mức độ/trình độ/tiêu chuẩn

37
여자는 의미 없이 버려졌던 빗물이 우리 생활에서 없어서는 안 될 중요한 존재가 되었다고 말하고 있습니다. 여기에서 '중요한 존재가 되었다'라는 표현은 '가치가 있게 되었다'로 풀이할 수 있습니다. 따라서 정답은 ① 입니다.

Người phụ nữ nói rằng nước mưa vốn bị vứt bỏ một cách vô nghĩa nay trở thành yếu tố quan trọng không thể thiếu trong cuộc sống của chúng ta. Ở đây, cụm từ '중요한 존재가 되었다' có thể được hiểu là '가치가 있게 되었다'. Vì vậy, đáp án đúng là ①.

38
여자는 '빗물연구소'에서 빗물을 깨끗한 물로 만드는 아주 간단하면서도 친환경적인 일을 한다고 했습니다. 빗물연구소에서 하는 활동은 환경을 보전하는 일이라고 할 수 있습니다. 따라서 정답은 ②입니다.

Người phụ nữ nói rằng việc Viện Nghiên cứu Nước mưa lọc nước mưa thành nước sạch - một công việc rất đơn giản nhưng thân thiện với môi trường. Hoạt động của Viện Nghiên cứu Nước mưa là bảo tồn môi trường. Vì vậy, đáp án đúng là ②.

※ [37~38] 다음은 교양 프로그램입니다. 잘 듣고 물음에 답하십시오.

`각 2점` 🎧 track 41

> 여자: 박사님께서 저술하신 「한 번은 독해져라」가 화제를 모으고 있는데요. 어떤 책인지 소개 좀 해 주시겠습니까?
>
> 남자: 「한 번은 독해져라」는 일과 인생 사이에서 흔들리는 사람들을 위한 자기단련서라고 할 수 있는데요. 도망가고 싶을 때, 스트레스가 너무 심할 때, 슬럼프에 빠졌을 때처럼 괴로운 상황들을 슬기롭게 대처할 수 있는 요령을 담은 책입니다. 사실 살아가면서 불안과 스트레스에 자유로운 사람은 없는데요. 그것은 수시로 타인과 비교당하면서 그 속에서 때때로 흔들리기 때문입니다. 그러나 인생은 결국 작은 괴로움들의 연속이므로 도망치거나 회피하느니 차라리 정면 승부를 하는 것이 낫습니다.

37 남자의 중심 생각으로 맞는 것을 고르십시오.

① 삶이 흔들릴 때는 회피하는 것이 좋다.
② 삶은 작은 괴로움들과의 무한한 싸움이다.
③ 자기단련서는 흔들리는 사람들을 위한 책이다.
④ 삶이 흔들릴 때 회피하기 보다는 정면 승부가 필요하다

37 들은 내용과 일치하는 것을 고르십시오.

① 자기단련서는 삶의 대처 요령을 담고 있다.
② 스트레스는 누구나 있으니 참고 감수해야 한다.
③ 다른 사람과 비교하면서 살아야 강해질 수 있다.
④ 스트레스가 쌓일 때는 자기단련서를 반드시 읽어야 한다.

- 저술하다 Viết(sách)
- 독하다 Tự học
- 자기단련서 Sách tự rèn luyện
- 슬럼프 Sự suy giảm/sự suy sụp
- 빠지다 Say sưa/say mê
- 슬기롭다 Khôn ngoan
- 불안 Bất an
- 자유롭다 Tự do
- 수시로 Thường xuyên
- 타인 Người khác
- 비교당하다 Bị so sánh
- 연속 Liên tục/liên tiếp
- 도망치다 Chạy trốn
- 정면 Chính diện
- 삶 Đời sống/cuộc sống
- 무한하다 Vô hạn
- 감수하다 Chấp nhận/chịu đựng

37
남자는 이 책이 인생에서 일어날 수 있는 안 좋은 상황을 슬기롭게 대처할 수 있는 요령을 담은 책이라고 소개하고 있습니다. 또한, 마지막 부분에 아무리 힘들고 괴로워도 회피하지 말고 정면으로 부딪혀 이겨내는 게 낫다고 말하고 있습니다. 따라서 정답은 ④입니다.

Người đàn ông đang giới thiệu cuốn sách nói về cách có thể ứng phó một cách khôn ngoan với những tình huống không tốt có thể diễn ra trong cuộc đời. Đồng thời, trong phần cuối cùng, người này khuyên độc giả dù khó khăn hay đau đớn đến đâu đi nữa cũng đừng né tránh nhưng hãy đối mặt với vấn đề để vượt qua nó, Do đó, đáp án đúng là ④.

38
남자는 이 책을 인생의 괴로운 상황들을 슬기롭게 대처할 수 있는 요령을 담은 책이라고 소개했습니다. 따라서 정답은 ①입니다.

Người đàn ông giới thiệu đây là cuốn sách nói về cách ứng phó một cách khôn ngoan với những tình huống khó khăn trong cuộc sống. Vì vậy, đáp án đúng là ①.

연습문제

※[37~38] 다음은 교양 프로그램입니다. 잘 듣고 물음에 답하십시오. 각 2점 track 42

37 남자의 중심 생각으로 맞는 것을 고르십시오.
  ① 간헐적 단식의 습관화는 인체에 해롭다.
  ② 질병이 있는 사람들은 간헐적 단식을 피해야 된다.
  ③ 공복 상태가 지속되면 에너지원이 체내의 지방이 된다.
  ④ 간헐적 단식은 음식 섭취 면에서 다른 다이어트와 차별성이 있다.

38 들은 내용과 일치하는 것을 고르십시오.
  ① 간헐적 단식은 일주일씩 금식하는 방법이다.
  ② 간헐적 단식에 성공하려면 이틀 이상 굶어야 한다.
  ③ 간헐적 단식이 습관화되면 안 먹어도 포만감을 느끼게 된다.
  ④ 간헐적 단식은 일정 시간 공복 상태를 유지해 주는 방법이다.

간헐적 단식 Nhịn ăn gián đoạn | **이야기를 나누다** Trò chuyện | **공복 상태** Trạng thái đói bụng | **포도당** Đường glucoza |
소진되다 Hết/cạn kiệt | **지방** Chất béo/mỡ | **에너지원** Nguồn năng lượng | **차이점** Điể khác biệt | **게다가** Bên cạnh đó |
습관화되다 Hình thành thói quen | **포만감** Cảm giác no/chán ngán | **소식하다** Ăn ít | **임산부** Phụ nữ mang thai |
인체 Cơ thể con người | **해롭다** Có hại | **차별성** Tính khác biệt | **금식하다** Kiêng ăn | **굶다** Nhịn ăn

39-40

🖊 오늘의 어휘

공급	Cung cấp	Danh	전기료를 안 냈더니 전기 공급을 해 주지 않는다.
균형	Sự cân đối	Danh	토론할 때 사회자는 균형을 잘 잡아야 한다.
양육	Nhuôi dưỡng	Danh	자녀 양육을 위해 직장을 그만두어야 하는 여성들이 많다.
요인	Nhân tố/yếu tố	Danh	지구가 따뜻해지는 요인은 무엇인가?
우울증	Trầm cảm	Danh	우울증에는 가족과 친구들의 사랑이 약이 된다.
측면	Khía cạnh	Danh	교육적 측면에서 체벌은 좋은 지도 방법이 아니다.
희생	Hy sinh	Danh	부모는 자식을 위해서라면 어떤 희생도 감수한다.
극복하다	Khắc phục	Động	암을 극복하고 새 삶을 살고 있다.
분포되다	Được phân bố	Động	이 지역은 다양한 연령대가 분포되어 있다.
분해하다	Phân giải	Động	고장이 난 휴대 전화를 하나씩 분해했다.
섭취하다	Hấp thụ	Động	인간은 음식을 섭취해야 살아갈 수 있다.
소비되다	Tiêu dùng /tiêu hao/tốn	Động	이 일을 진행하려면 많은 돈과 시간이 소비된다.
지원하다	Hỗ trợ	Động	지진으로 피해를 입은 지역에 의료 장비를 지원했다.
투자하다	Đầu tư	Động	최근 직장인들 사이에 자기 개발을 위해 시간과 돈을 투자하는 사람이 늘고 있다.

🪴 오늘의 문법

| A/V-다니 | 앞 내용이 놀랍거나 믿을 수 없는 상황임을 나타낸다.
Sử dụng khi nội dung trước đó là tình huống đáng ngạc nhiên hoặc khó tin.
예 영수 씨가 그렇게 많은 담배를 피우다니 정말 몰랐네요. |
| A-(으)ㄴ가요?
V-나요?
N(이)ㄴ가요? | 윗사람에게 부드럽게 물어볼 때 사용한다.
Sử dụng khi hỏi người bề trên một cách nhẹ nhàng.
예 저희 백화점에서 언제 물건을 구입하셨나요? |

📖 유형분석

대담을 듣고 푸는 문제입니다. 대담은 사회자와 전문가가 마주한 상태에서 서로 이야기를 주고받는 형식입니다. 여기서 제시되는 대담은 처음과 끝부분이 아닌 중간 부분입니다. 그리고 **사회자의 말을 잘 들으면 지금까지 어떤 이야기를 주고받았는지 예측할 수 있습니다.** 또한 사회자는 전문가의 정보를 듣고 놀람과 같은 감정을 표현한 후 좀 더 깊이 있는 질문을 합니다.

주로 화제 또는 문제에 대한 '원인, 기능, 동기, 이유'와 같은 것을 묻습니다. 이후 전문가는 질문에 대해 자세한 이유나 원인을 밝힙니다. 대담의 형태로는 '인터뷰, 면접, 회견' 등이 있으니 알아 두시면 좋습니다.

Đây là dạng bài nghe và giải quyết vấn đề. Đoạn hội thoại này diễn ra giữa người dẫn chương trình và chuyên gia trong trạng thái mặt đối mặt. Đoạn hội thoại bắt đầu ở đây là phần giữa chứ không phải phần đầu hay phần cuối. Nếu nghe kỹ lời thoại của người dẫn chương trình, bạn có thể suy đoán được hai người đã trao đổi những gì từ đầu đến giờ? Ngoài ra, sau khi nghe thông tin của chuyên gia, người dẫn chương trình thể hiện sự ngạc nhiên và đặt một câu hỏi có chiều sâu hơn.

Thông thường, người dẫn chương trình đặt câu hỏi về 'nguyên nhân, chức năng, động cơ, lý do' về chủ đề hoặc vấn đề. Sau đó, để trả lời cho câu hỏi, chuyên gia sẽ giải thích chi tiết lý do hoặc nguyên nhân. Bạn nên ghi nhớ hình thức của đoạn hội thoại thường là 'cuộc phỏng vấn, hội kiến' vv.

39 담화 앞의 내용으로 알맞은 것 고르기

사회자가 시작하는 말에 답이 있습니다. 그리고 '그렇게, -다니' 등을 사용해 앞 내용이 놀랍거나 믿을 수 없다는 표현을 사용하기도 합니다. 그러므로 사회자의 말만 잘 들어도 정답을 찾을 수 있습니다.

Câu trả lời nằm trong câu nói đầu tiên của người dẫn chương trình. Người dẫn chương trình cũng sử dụng những từ như '그렇게', '-다니' để bày tỏ sự ngạc nhiên hoặc không tin nội dung trước đó. Vì vậy, chỉ cần nghe rõ lời nói của người dẫn chương trình, bạn cũng có thể tìm được đáp án.

40 들은 내용과 일치하는 것 고르기

전체적인 내용을 분석해야 합니다. 선택지는 사회자와 전문가가 말한 내용에서 제시되기 때문에 두 사람 모두의 내용을 주의 깊게 들어야 합니다. **글의 중심 생각을 파악한 후 들은 내용과 다른 것을 먼저 찾아내는 것이 필요합니다. 내용에 언급하지 않은 것과 내용과 반대되는 것들을 오답으로 많이 제시합니다.** 듣기 내용의 순서에 따라 선택지가 나오는 것이 아니기 때문에 선택지의 내용을 미리 파악하는 것이 필요합니다.

Bạn cần phải phân tích nội dung tổng thể. Vì các đáp án được trình bày trong nội dung đoạn hội thoại giữa người dẫn chương trình và chuyên gia nên bạn phải lắng nghe kỹ lời thoại của cả hai. Bạn cần nắm ý chính của đoạn hội thoại trước khi tìm điểm khác biệt giữa đoạn hội thoại và các đáp án. Những nội dung không được đề cập hoặc trái ngược với đoạn hội thoại là đáp án sai. Bởi vì các đáp án không được liệt kê theo trật tự của đoạn hội thoại nên bạn cần nắm nội dung của các đáp án trước khi nghe.

🔍 문제분석

기출문제

※[39~40] 다음은 대담입니다. 잘 듣고 물음에 답하십시오. 각 2점

🔊 track 43

> 남자: ☆농촌이 환경 보호의 기능을 하고 있다니 생각하지 못했던 점이에요. 우린 농촌 하면 흔히 식량 공급의 기능만 떠올리잖아요? 그럼 박사님, 농촌이 가지고 있는 또 다른 기능에는 뭐가 있을까요?
>
> 여자: 말씀드린 환경 보호 기능 외에 공익적 측면의 기능도 있습니다. 전통 문화를 보존시키고 국토를 균형 있게 발전시킨다는 거죠. 농촌의 이런 기능을 중요하게 생각해서 다른 나라의 경우엔, 농가에 정부 보조금을 지원하는 등 막대한 예산을 들이고 있는데요. 이건 농업에 투자하는 비용보다 사회에 돌아오는 혜택이 더 많기 때문입니다. 그야말로 농업이 경제 지표 이상의 가치를 지니고 있다고 할 수 있는 거지요.

39 이 담화 앞의 내용으로 알맞은 것을 고르십시오.
① 농촌의 논밭과 산은 대기를 정화시킨다.
② 농촌과 도시의 비율이 균형을 이루었다.
③ 농가에 대한 정부의 지원이 확대되고 있다.
④ 농촌의 발달은 국가에 이익을 가져다 준다.

※ 환경 보호의 기능 ⟹ 대기를 정화시킨다

40 들은 내용과 일치하는 것을 고르십시오.
① 농촌의 기능은 공익적 측면에 집중되어 있다.
② 농업이 경제 지표로서 가치를 가지기는 힘들다.
③ 농업에 투자하면 사회에 더 큰 혜택으로 돌아온다.
④ 농가의 정부 보조금은 국가 예산에 부담을 준다.

⟨TOPIK 36회 듣기 [39~40]⟩

- 기능 Kỹ năng
- 식량 Lương thực
- 떠올리다 Liên tưởng đến/nhớ đến
- 공익적 Mang tính công ích
- 보존시키다 Bảo tồn/bảo quản
- 국토 Lãnh thổ
- 발전시키다 Phát triển
- 농가 Nhà nông
- 정부 보조금
   Tiền trợ cấp của Chính phủ
- 막대하다 Lớn
- 예산을 들이다 Sử dụng ngân sách
- 농업 Nông nghiệp
- 지표 Chỉ số
- 가치를 지니다 Mang giá trị
- 논밭 Ruộng vườn
- 대기 Khí quyển/không khí
- 정화시키다 Lọc/thanh lọc

39
①에서 '농촌의 논밭과 산은 대기를 정화시킨다'의 뜻은 농촌이 환경 보호의 기능을 하고 있다는 뜻이므로 정답은 ①입니다.

① nói rằng '농촌의 논밭과 산은 대기를 정화시킨다', nghĩa là nông thôn đang đóng vai trò bảo vệ môi trường; vì vậy, đáp án đúng là ①.

40
'농업에 투자하는 비용보다 사회에 돌아오는 혜택이 더 많다'라고 했으므로 농업에 투자하면 사회에 더 큰 혜택으로 돌아온다는 뜻입니다. 따라서 정답은 ③입니다.

Người phụ nữ nói rằng '농업에 투자하는 비용보다 사회에 돌아오는 혜택이 더 많다', nghĩa là đầu tư vào nông nghiệp sẽ mang lại lợi ích lớn hơn cho xã hội. Vì vậy, đáp án đúng là ③.

※[39~40] 다음은 대담입니다. 잘 듣고 물음에 답하십시오. 각 2점

🎵 track 44

> 여자: 소의 사료로 사용되는 옥수수의 양이 그렇게 많다니 정말 놀라울 따름입니다. 그럼 풀을 먹고 자란 소와 옥수수 사료를 먹고 자란 소는 어떤 점이 다른가요?
>
> 남자: 고기의 성분 중에서 오메가 성분이란 게 있는데요. 그 중 '오메가-3'는 지방을 분해하는 기능을 하고, '오메가-6'는 지방을 축적하는 기능을 합니다. 그런데 풀이나 볏짚을 먹고 자란 소는 두 성분이 알맞게 분포되어 있는 반면 옥수수 사료를 먹고 자란 소는 '오메가-6'가 월등히 많습니다. 물론 사료로 양육된 소들은 성장 속도가 빨라서 경제적 가치가 높을 뿐만 아니라, 지방 함량이 높아 육질을 결정하는 마블링도 좋습니다. 그러나 '오메가-6'가 많이 들어 있는 고기를 인간이 섭취하게 되면 체내 지방 세포를 증식시키고 염증 반응을 일으켜 다양한 질환의 원인이 된다는 것이죠.

39 이 담화 앞의 내용으로 알맞은 것을 고르십시오.

① 옥수수 사료는 토양을 정화시킨다.
② 옥수수 생산량이 지역마다 큰 차이가 있다.
③ 적지 않은 옥수수가 소의 먹이로 소비된다.
④ 옥수수 사료를 소의 먹이로 사용하면 문제가 된다.

40 들은 내용과 일치하는 것을 고르십시오.

① 소의 육질은 양육 방식과는 아무런 상관이 없다.
② 옥수수 사료로 양육된 소는 '오메가-6'가 부족하다.
③ 옥수수 사료로 양육된 소는 건강에 좋은 영양소가 많다.
④ 옥수수 사료로 양육되는 소는 빨리 자라고 지방도 많다.

- 사료 Thức ăn(dành cho động vật)
- 옥수수 Ngô
- 놀랍다 Ngạc nhiên
- 풀 Cỏ
- 성분 Thành phần
- 오메가 Omega
- 지방 Chất béo/mỡ
- 축적하다 Tích lũy
- 볏짚 Rơm
- 월등히 Vượt trội
- 양육(되다) Nuôi dưỡng
- 함량 Hàm lượng
- 육질 Chất lượng thịt
- 마블링 Thủy ấn họa
- 세포 Tế bào
- 증식시키다
  Nhân/Làm gia tăng theo cấp số nhân
- 염증 반응 Phản ứng viêm
- 질환 Bệnh tật
- 토양 Đất
- 먹이 Thức ăn

39

여자가 '소의 사료로 사용되는 옥수수의 양이 그렇게 많다니'라며 놀라고 있으므로 적지 않은 옥수수가 소의 먹이로 소비된다는 것을 알 수 있습니다. 따라서 정답은 ③입니다.

Vì người phụ nữ ngạc nhiên nói rằng '소의 사료로 사용되는 옥수수의 양이 그렇게 많다', nên chúng ta có thể biết một lượng lớn ngô được tiêu thụ làm thức ăn cho gia súc. Do đó, đáp án đúng là ③.

40

남자는 '사료로 양육된 소들은 성장 속도가 빠르고, 지방 함량이 높아 육질을 결정하는 마블링도 좋습니다'라고 했으므로 '옥수수 사료로 양육되는 소는 빨리 자라고 지방도 많다'는 의미입니다. 따라서 정답은 ④입니다.

Người đàn ông nói '사료로 양육된 소들을 성장 속도가 빠르고, 지방 함량이 높아 육질을 결정하는 마블링도 좋습니다', nên chúng ta biết được bò được nuôi bằng cám ngô thì lớn nhanh hơn và nhiều mỡ hơn. Vì vậy, đáp án đúng là ④.

39-40 **MP3**

🖱 연습문제

※[39~40] 다음은 대담입니다. 잘 듣고 물음에 답하십시오. 각 2점 🎵 track 45

39 이 담화 앞의 내용으로 알맞은 것을 고르십시오.
  ① 결혼으로 인한 주부 우울증은 감수해야 할 부분이다.
  ② 휴직이나 퇴직은 주부 우울증을 극복하는 데 효과가 있다.
  ③ 다양한 요인으로 우울증을 겪고 있는 주부들이 상당히 많다.
  ④ 임신과 출산은 주부 우울증에서 벗어날 수 있는 기회가 된다.

40 들은 내용과 일치하는 것을 고르십시오.
  ① 주부 우울증을 겪고 있는 여성들은 불면증에 시달린다.
  ② 잠을 자지 않고 울어 대는 아이들은 부모의 관심이 필요하다.
  ③ 주부 우울증은 출산을 앞둔 여성들이 참고 감수해야 할 부분이다.
  ④ 양육 기관 또는 지인의 도움이 양육 스트레스 해소에 도움이 된다.

출산 Sinh con | **앞두다** Trước | **휴직** Nghỉ việc | **퇴직** Nghỉ việc | **임신** Mang thai | **환경적** Về mặt môi trường | **순하다** Hiền lành | **울어 대다** Gào khóc | **아기 돌봄 서비스** Dịch vụ chăm sóc trẻ em | **일방적** Một chiều | **해소하다** Giải tỏa | **위기** Khủng hoảng/nguy cơ | **상당히** Tương đối | **불면증** Chứng mất ngủ | **지인** Người quen

41-42

✏️ 오늘의 어휘

괴로움	Sự đau khổ	Danh	실연으로 인한 괴로움을 잊기 위해 술을 마셨다.
두려움	Sự sợ hãi	Danh	어두운 방안에 혼자 남자 두려움이 생겼다.
사망자	Người tử vong	Danh	매년 암으로 인한 사망자가 늘고 있다.
생태계	Hệ sinh thái	Danh	바닷물의 온도가 따뜻해지면서 바다 생태계도 바뀌고 있다.
수명	Tuổi thọ	Danh	의학 기술의 발달로 현대인들의 수명이 길어지고 있다.
조화	Sự hài hòa	Danh	직장 생활을 잘하기 위해서는 동료와의 조화가 중요하다.
차이	Sự khác biệt	Danh	우리는 문화적 차이를 극복하고 결혼을 했다.
파괴	Sự phá hủy	Danh	산림 파괴로 지구의 사막화가 빠르게 진행되고 있다.
평균	Bình quân	Danh	직장인의 평균 근무 시간은 8시간이다.
공존하다	Cùng tồn tại	Động	이 건축물은 고전과 현대가 절묘하게 공존한다.
시급하다	Cấp bách	Động	보육 시설 부족에 대한 정부의 대책 마련이 시급하다.
치료하다	Điều trị	Động	비만을 치료하기 위해서 하루에 세 시간씩 걸었다.
무분별하다	Không phân biệt	Tính	무분별한 개발로 동물들의 살 곳이 사라지고 있다.
완벽하다	Hoàn hảo	Tính	평소에 완벽하고 철저한 그녀가 실수를 했다.

🌱 오늘의 문법

N에도 불구하고	앞의 사실이나 상황에서 기대할 수 있는 것과는 다르거나 반대의 결과가 뒤에 이어질 때 사용한다. Diễn đạt kết quả khác hoặc tương phản với những gì mong đợi từ sự thật hoặc tình huống trước đó. 예 명품 핸드백이 고가임에도 불구하고 구매하는 사람들이 늘고 있다.
V-(으)ㄹ 따름이다	현재 상황 이외에는 다른 선택의 여지나 가능성이 없음을 나타낸다. Sử dụng khi không có lựa chọn hoặc khả năng nào khác ngoài tình huống hiện tại. 예 대학에 가기 위해 열심히 공부할 따름이다.

41-42

📖 유형분석

강연을 듣고 푸는 문제입니다. 강연자가 청중 앞에서 주제를 제시한 후 주제에 대해 간단하게 설명합니다. 이후 개인적인 의견을 과학적인 증거와 객관적인 자료를 통해 더 자세하게 설명합니다. 마지막으로 주제에 대한 정리를 하면서 강연을 마무리합니다. 강연이 출제될 만한 분야로는 과학, 문화, 예술, 경제 등이 있으니 관련 어휘들을 알아 두시기 바랍니다.

Đây là dạng bài nghe và giải quyết vấn đề. Diễn giả trình bày chủ đề trước khán giả và sau đó giải thích ngắn gọn chủ đề đó. Sau đó, Diễn giả giải thích ý kiến cá nhân của mình chi tiết hơn thông qua các bằng chứng khoa học và dữ liệu khách quan. Cuối cùng, bài giảng kết thúc với phần tóm tắt chủ đề. Có các lĩnh vực khoa học, văn hóa, nghệ thuật, kinh tế, v.v. trong các lĩnh vực mà bài giảng sẽ được đưa ra, vì vậy hãy làm quen với các từ vựng liên quan!

41 들은 내용과 일치하는 것 고르기

전체적인 내용을 분석해야 합니다. 강연자의 말을 주의 깊게 듣고 글의 **중심 생각을 파악한 후** 들은 내용과 다른 것을 찾아내는 것이 필요합니다. **내용에 언급하지 않은 것과 내용과 반대되는 것들을 오답으로 많이 제시합니다.** 또한 듣기 내용의 순서에 따라 선택지가 나오는 것이 아니기 때문에 선택지의 내용을 미리 파악하는 것이 좋습니다.

Bạn cần phân tích nội dung tổng thể. Hãy lắng nghe kỹ lời nói của diễn giả và nắm bắt ý chính của bài viết, sau đó tìm ra nội dung khác với nội dung đã nghe, chi tiết không được đề cập trong nội dung đã nghe! Những nội dung trái ngược với nội dung đã nghe là đáp án ai. Ngoài ra, các đáp án không được trình bày theo thứ tự nội dung đã nghe nên trước khi nghe, bạn phải nắm bắt nội dung của các đáp án.

42 남자의 중심 생각으로 맞는 것 고르기

강연자의 중심 생각을 고르는 문제입니다. 보통 앞부분이나 마지막 부분에 전문가의 의도나 중심 생각이 나타납니다. 그리고 앞부분보다는 마지막 부분에 중심 생각이 더 많이 나타납니다. **중심 생각을 암시하는 표현으로는 '따라서, 그러므로, 결국, 결과적으로, 궁극적으로, 사례를 통해서' 등이 많이 사용되니 이 부분을 주의 깊게 들으십시오.**

Đây là dạng đề chọn ý chính của diễn giả. Thông thường, ý chính hoặc ý định của chuyên gia được thể hiện ở phần đầu hoặc phần cuối của bài viết. Đặc biệt, ý chính thường xuất hiện ở phần cuối hơn phần đầu. Vì vậy, hãy chú ý tới '따라서, 그러므로, 결국, 결과적으로, 궁극적으로, 사례를 통해서' - các từ và cụm từ ám chỉ ý chính!

🔍 문제분석

※[41~42] 다음은 강연입니다. 잘 듣고 물음에 답하십시오. 각 2점

🔴 track 46

> 남자: 여러분, '모나리자 미소의 법칙'을 들어 본 적이 있나
> 요? 과학자들의 분석에 따르면 '모나리자의 미소'에
> 는 83%의 행복감에 17% 정도의 두려움과 분노도 담
> 겨 있다고 합니다. 이를 '모나리자 미소의 법칙'이라고
> 하는데요. 이 비율이 모나리자를 사랑받게 하는 이유
> 라고 합니다. 우리의 삶도 마찬가지인 것 같습니다. 기
> 쁨과 슬픔, <u>행복과 불행이 적절히 조화를 이루는 삶이</u>
> <u>결국 완전한 행복에 이를 수 있게 하는 길인 거죠.</u> 슬
> 픔과 괴로움 같은 부정적인 감정들은 좌절에 빠지게
> 하는 게 아니라, 오히려 <u>현실감을 유지하게</u> 하여 궁극
> 적으로는 행복감을 느낄 수 있게 하는 힘이 됩니다.

41 들은 내용과 <u>일치하는 것</u>을 고르십시오.

① 부정적 감정들은 좌절감에 빠지게 한다.
② 분노의 감정이 없어야만 행복감을 느낀다.
③ 모나리자의 미소는 완전한 행복을 보여 준다.
④ 슬픔은 현실감을 잃지 않게 하는 요소로 작용한다.

※ 비슷한 어휘와 표현

현실감을 유지하게 한다 ⟹ 현실감을 잃지 않게 한다

42 <u>남자의 중심 생각</u>으로 맞는 것을 고르십시오.

① 완전한 행복을 위해 슬픔을 이겨야 한다.
② 완전한 행복을 위해 조금은 불행한 것도 좋다.
③ 완벽한 행복을 위해 괴로운 일을 잊어야 한다.
④ 완벽한 행복을 위해 행복감의 유지가 필요하다.

<TOPIK 36회 듣기 [41~42]>
• 모나리자 Mona Lisa
• 법칙 Phép tắc
• 행복감 Cảm giác hạnh phúc
• 분노 Sự phẫn nộ
• 비율 Tỷ lệ
• 불행 Bất hạnh
• 적절히 Thích hợp
• 조화를 이루다 Tạo nên sự hài hòa
• 완전하다 Trọn vẹn
• 이르다 Tạo nên/hình thành
• 좌절에 빠지다 Nản chí/nản lòng
• 현실감 Cảm giác về hiện thực
• 궁극적 Cùng cực, nói cho cùng
• 요소 Yếu tố

41
남자는 '슬픔과 괴로움 같은 부정적인 감정
들은 오히려 현실감을 유지하게 하며 궁극
적으로는 행복감을 느낄 수 있게 한다'고 말
합니다. 즉 <u>현실감을 유지한다는 말은 현실
감을 잃지 않게 한다는 의미</u>이므로 정답은
④입니다.

Người đàn ông nói '슬픔과 괴로움 같은
부정적인 감정들은 오히려 현실감을 유지하
게 하여 궁극적으로는 행복감을 느낄 수 있
게 한다'. Nói cách khác, 'duy trì cảm
giác về hiện thực' có nghĩa là không
đánh mất cảm giác về hiện thực; do
đó, ④. là đáp án đúng.

42
남자는 '<u>기쁨과 슬픔, 행복과 불행이 적절히
조화를 이루는 삶이 완전한 행복에 이를 수
있는 길</u>'이라고 했으므로 완전한 행복에는
불행이 함께한다는 의미입니다. 따라서 정
답은 ②입니다.

Người đàn ông nói rằng '기쁨과 슬픔,
행복과 불행이 적절히 조화를 이루는 삶
이 완전한 행복에 이를 수 있는 길'; nghĩa
là, trong hạnh phúc trọn vẹn có bất
hạnh. Do đó, đáp án đúng là ②.

※[41~42] 다음은 강연입니다. 잘 듣고 물음에 답하십시오. 각 2점

남자: 오늘은 최근 늘어나고 있는 신종 바이러스에 대해 알아보도록 하겠습니다. 신종 바이러스는 조류, 돼지, 풍토 등으로 인해 발생하는 새로운 질병으로 전염률이 높습니다. 이 중에서도 에볼라 바이러스는 현재까지 3,000명이 넘는 사망자를 냈는데요. 이 바이러스를 치료할 수 있는 신약 개발이 시급한 실정입니다. 그럼에도 불구하고 제약회사마다 시장성이 없다는 이유로 신약 개발을 미루고 있다는 것이 안타까울 따름입니다. 그런데 신종 바이러스가 왜 이렇게 급격히 증가했을까요? 주요 원인은 무분별한 개발로 인한 지구온난화와 생태계 균형 파괴 때문이라고 봅니다. 즉, 지금 자연은 인간에게 강한 경고의 메시지를 보내고 있는 것이지요.

41 들은 내용과 일치하는 것을 고르십시오.

① 최근 신종 바이러스가 줄어드는 추세이다.
② 신종 바이러스는 전파력이 크지 않은 편이다.
③ 제약회사들은 시장성이 높은 신약에 관심이 많다.
④ 무분별한 개발은 신종 바이러스로 인해 중지되었다.

42 남자의 중심 생각으로 맞는 것을 고르십시오.
① 에볼라 바이러스의 신약 개발을 연기해야 한다.
② 신약 개발이 지구온난화와 생태계 파괴의 원인이다.
③ 인간이 생태계를 훼손하여 신종 바이러스가 증가했다.
④ 전염률이 높은 신종 바이러스 약을 빨리 개발해야 한다.

- 신종 바이러스 Vi-rút chủng mới
- 조류 Loài chim
- 풍토 Phong thổ
- 전염률 Tỷ lệ truyền nhiễm
- 에볼라 바이러스 Vi-rút Ebola
- 신약 Tân dược
- 실정 Thực trạng
- 제약회사 Công ty dược phẩm
- 시장성 Tính thị trường
- 미루다 Hoãn
- 지구온난화
  Hiện tượng trái đất nóng lên
- 경고 Cảnh cáo
- 추세 Xu thế
- 전파력
  Mức độ lan truyền/mức độ lây lan

41
에볼라 바이러스 약은 '제약회사마다 시장성이 없다는 이유로 신약 개발을 미루고 있고 이것이 안타깝다'고 했습니다. 시장성이 없어서 신약 개발을 하지 않는다는 것은 시장성이 높은 신약에만 관심이 많다는 뜻입니다. 따라서 정답은 ③입니다.

Người đàn ông nói rằng '제약회사마다 시장성이 없다는 이유로 신약 개발을 미루고 있고 이것이 안타깝다'. 'Vì không có tính thị trường nên không phát triển' nghĩa là các công ty dược phẩm chỉ quan tâm tới các tân dược có tính thị trường cao. Do đó, đáp án đúng là ③.

42
남자는 신종 바이러스가 급증하는 원인이 무분별한 개발로 인한 지구온난화와 생태계 균형 파괴 때문이라고 말했습니다. 따라서 정답은 ③입니다.

Người đàn ông nói rằng nguyên nhân dẫn đến sự gia tăng nhanh chóng của các virus chủng mới là vì hiện tượng nóng lên của trái đất và sự phá vỡ cân bằng sinh thái. Do đó, đáp án đúng là ③.

41-42

MP3

🖱 연습문제

※[41~42] 다음은 강연입니다. 잘 듣고 물음에 답하십시오. 각 2점 🔊 track 48

41 들은 내용과 일치하는 것을 고르십시오.
① 기대 수명 연장이 바로 우리가 꿈꾸는 삶이다.
② 유병장수 시대란 건강하게 오래 사는 것을 말한다.
③ 평균 수명이 늘면서 질병과 공존하는 시간이 10년 정도 된다.
④ 담배와 술을 멀리하면 기대 수명을 10년 정도 연장할 수 있다.

42 남자의 중심 생각으로 맞는 것을 고르십시오.
① 유병장수 시대에 질병과 살아가는 것은 당연하다.
② 건강 수명을 연장하려면 자기관리와 정기검진이 필요하다.
③ 건강 수명 연장은 스트레스 해소와 취미 활동으로 충분하다.
④ 유병장수는 건강검진만 잘하면 건강 수명을 연장할 수 있다.

유병장수 시대 Thời đại trường sinh vô bệnh | **기대 수명** Tuổi thọ kỳ vọng | **건강 수명** Tuổi thọ trung bình | **연장되다** Kéo dài | **꿈꾸다** Mơ ước | **꾸준하다** Đều đặn | **자기관리** Tự chăm sóc | **중독성** Tính gây nghiện | **멀리하다** Tránh xa | **규칙적** Có tính nguyên tắc/đều đặn | **정기적** Có tính định kỳ | **건강검진** Khám sức khỏe

43-44

상황	Tình hình	Danh	만일의 상황에 대비해 돈을 모아야 한다.
신뢰	Tin tưởng	Danh	한번 무너진 신뢰는 회복하기가 어렵다.
집단	Tập thể	Danh	집단 생활을 하는 기숙사에서는 담배를 피우면 안 된다.
깨닫다	Nhận ra	Động	독서를 통해 삶의 의미를 깨닫고 있다.
배출되다	Thải/cho ra	Động	공장에서 배출되는 폐수로 인해 수질 오염이 심각해졌다.
보존하다	Bảo tồn	Động	우리의 아름다운 문화유산을 잘 보존해야 한다.
상징하다	Tượng trưng	Động	한국에서 돼지는 복과 돈을 상징한다.
이동하다	Di chuyển/di động	Động	철새들은 추운 겨울이 되면 남쪽으로 이동한다.
통제되다	Được kiểm soát	Động	이 지역은 언론이 통제된 곳이다.
포함하다	Bao gồm	Động	우리 가족은 나를 포함해 모두 다섯 명이다.
회복하다	Hồi phục	Động	잘 쉬시고 빨리 회복하시기 바랍니다.
무관하다	Không liên quan	Tính	그 사건과 나는 전혀 무관하다.
쓸모없다	Vô dụng	Tính	쓸모없는 공간을 활용해서 작업실을 만들었다.
우수하다	Xuất sắc	Tính	비싼 물건이라고 해서 모두 품질이 우수한 것은 아니다.
과언이 아니다	Không quá lời		그는 세계 제일의 성악가라고 해도 과언이 아니다.

🌱 오늘의 문법

A/V-(으)므로	뒤에 오는 내용에 대한 이유나 근거를 나타낸다. Diễn đạt lý do hoặc căn cứ cho nội dung của vế sau. 예 한국어 말하기 실력이 우수하므로 이 상장을 드립니다.
A/V-았/었던 N	뒤에 오는 단어를 꾸며 주며 과거를 회상할 때 사용한다. Sử dụng để bổ nghĩa cho từ vựng đứng sau và hồi tưởng về quá khứ. 예 그렇게 예뻤던 아내가 어느덧 할머니가 되었다.
N(으)로 말미암아	어떤 일, 현상, 사물 등이 이유나 원인이 됨을 나타낸다. '(으)로 인하여'와 바꿔 쓸 수 있다. Sử dụng khi một sự việc, hiện tượng, sự vật, vv nào đó là lý do hoặc nguyên nhân của một sự việc nào đó. Chúng ta cũng sử dụng '(으)로 인하여'. thay thế cho cấu trúc này. 예 홍수로 말미암아 많은 농가 주택이 물에 잠겼다.

43-44

다큐멘터리를 듣고 푸는 문제입니다. 다큐멘터리는 실제로 있었던 사건이나 사실을 프로그램으로 제작한 것입니다. **다큐멘터리 종류로는 시사, 자연, 문화 예술, 인간, 환경, 역사 등이 있습니다.** 시사 다큐멘터리는 사회 문제를 다룬 정보 프로그램이 많으며, 자연 다큐멘터리는 동, 식물 생태계의 신비함을 다룬 프로그램이 많습니다. 문화 예술 다큐멘터리는 음악과 미술 등 예술에 대한 전반적인 내용을 다루며 인간 다큐멘터리는 인간의 삶과 진실을 담은 프로그램입니다. 환경 다큐멘터리는 환경 문제의 심각성을 알리고 지구를 보호하자는 프로그램이며 역사 다큐멘터리는 우리가 잘 모르거나 잘못 알고 있는 정보를 재조명해 보는 프로그램입니다. 그러므로 **먼저 어떤 종류의 다큐멘터리인지를 파악**하는 것이 문제를 푸는 데 중요합니다.

Đây là dạng bài nghe phim dữ liệu và và giải đề. Phim dữ liệu là một chương trình được sản xuất dựa trên sự kiện hoặc sự việc có thật. Các thể loại phim dữ liệu bao gồm thời sự, thiên nhiên, văn hóa nghệ thuật, con người, môi trường và lịch sử, vv. Phim dữ liệu thời sự có rất nhiều chương trình thông tin nói về các vấn đề xã hội, đồng thời cũng có nhiều chương trình nói về sự kỳ diệu động thực vật, hệ sinh thái. Phim dữ liệu văn hóa nghệ thuật là chương trình chủ yếu đề cập tới các nội dung về nghệ thuật như âm nhạc, mỹ thuật, phim dữ liệu về con người là chương trình nói về cuộc sống và sự thật của con người. Phim dữ liệu về môi trường là chương trình thông báo về sự nghiêm trọng của các vấn đề môi trường và kêu gọi bảo vệ trái đất. Phim dữ liệu lịch sử là chương trình giải thích lại những thông tin mà chúng ta không nắm rõ hoặc hiểu sai. Vì thế, tìm ra thể loại phim tài là yếu tố quan trọng trong quá trình giải đề.

43 이유로 맞는 것 고르기

전체적인 내용을 분석하고 어떤 '사실, 사건, 상황, 행동' 등의 이유를 고르는 문제입니다. 문제의 질문에 제시된 어휘를 단서로 해서 찾으면 쉽게 찾을 수 있습니다. 이유를 밝히는 표현으로는 '-기 위해, - 때문에, -아/어서, (이)라서, (으)로 말미암아' 등이 사용되니 기억해 두시기 바랍니다.

Đây là dạng đề phân tích nội dung tổng thể và chọn lý do cho một 'sự thật, sự kiện, tình huống, hành động' nào đó, vv. Nếu dựa vào từ vựng được trình bày trong câu hỏi của đề bài, bạn có thể dễ dàng tìm ra lý do ấy. Bạn nên nắm vững những cấu trúc ngữ pháp diễn đạt lý do như '-기 위해, - 때문에, -아/어서, (이)라서, (으)로 말미암아'.

44 이야기의 중심 내용으로 맞는 것 고르기

다큐멘터리를 통해 전달하고 싶은 내용이 바로 중심 내용이 됩니다. 보통 중심 내용은 마지막 부분에 나옵니다. 중심 내용을 암시하는 표현으로는 '따라서, 그러므로, 결국, 결과적으로, 궁극적으로, 사례를 통해서' 등이 많이 사용되니 외워 두는 것이 좋습니다.

Nội dung chính chính là điều mà người nói muốn chuyển tải qua bộ phim tài liệu. Thông thường nội dung chính xuất hiện ở cuối bài. '따라서, 그러므로, 결국, 결과적으로, 궁극적으로, 사례를 통해서' là các từ và cụm từ thường được sử dụng để ám chỉ nội dung chính; vì vậy, bạn nên học thuộc chúng thông qua các ví dụ.

43-44 MP3

🔍 문제분석

기출문제

※ [43~44] 다음은 다큐멘터리입니다. 잘 듣고 물음에 답하십시오.

각 2점 🔴 track 49

> 여자: 이곳은 남과 북이 대치하고 있는 비무장지대입니다. 한국전쟁 때 가장 치열한 전투를 벌였던 곳으로 당시엔 거의 모든 것이 초토화됐었습니다. 아무것도 남지 않았던 이곳은 오랫동안 ☆사람의 출입이 통제되면서 자연 생태계가 스스로 회복해 생명지대로 바뀌었습니다. 환경부의 조사 결과 이곳에는 멸종 위기 동식물 30종을 포함한 다양한 야생종이 서식하고 있는 것으로 확인되었습니다. 그런데 최근 이곳을 세계평화공원으로 조성하자는 제안이 나오면서 이곳이 평화를 외치는 사람들의 관심 대상이 되었습니다. 공원 조성을 통해 비무장지대가 화해와 신뢰의 장소가 되기를 기대하고 있습니다.

43 비무장지대가 생태계를 회복할 수 있었던 <u>이유</u>로 맞는 것을 고르십시오.
① 장기간 사람들의 발길이 닿지 않았기 때문에
② 동식물의 복원을 위한 환경부의 노력 때문에
③ 전 세계인들의 관심의 대상이 되었기 때문에
④ 평화를 원하는 사람들이 공원을 만들기 때문에

※ 비슷한 어휘와 표현
  출입이 통제되다 ⟹ 발길이 닿지 않다

44 이 이야기의 중심 내용으로 맞는 것을 고르십시오.
① 비무장지대를 통해 전쟁의 위험이 억제될 것이다.
② 비무장지대는 전쟁으로 인해 모든 것이 파괴되었다.
③ 비무장지대는 남한과 북한이 마주보고 있는 지역이다.
④ 비무장지대가 평화를 상징하는 곳으로 주목 받고 있다.

※ 중심 내용은 주로 마지막 부분에 있음

〈TOPIK 37회 듣기 [43~44]〉
• 대치하다 Đối đầu
• 비무장지대 DMZ (Khu vực phi quân sự)
• 치열하다 Khốc liệt
• 전투를 벌이다 Giao đấu
• 초토화되다 Thiêu rụi
• 생명지대 Vùng sống
• 멸종 위기 Nguy cơ tuyệt chủng
• 야생종 Các loài động vật hoang dã
• 서식하다 Trú ngụ
• 조성하다 Hình thành/xây dựng
• 평화 Hòa bình
• 외치다 Reo/la hét
• 장기간 Trời gian dài
• 발길이 닿다 Được thăm viếng
• 억제되다 Bị ức chế
• 마주보다 Đối mặt/đứng đối diện

43
아무것도 남지 않았던 이곳이 오랫동안 사람의 출입이 통제되면서 자연 생태계가 스스로 회복해 생명지대로 바뀌었다고 했으므로 정답은 ①입니다.

Người phụ nữ nói rằng không còn gì sót lại, nơi này đã bị hạn chế ra vào trong một thời gian dài và biến thành khu vực sống vì hệ sinh thái tự nhiên tự phục hồi. Vì vậy, đáp án đúng là ①.

44
중심 내용은 결말 부분에 있습니다. '공원 조성을 통해 비무장지대가 화해와 신뢰의 장소가 되기를 기대한다'는 부분입니다. 화해와 신뢰의 장소란 평화를 상징하므로 정답은 ④입니다.

Nội dung chính nằm ở phần cuối, đó là chi tiết '공원 조성을 통해 비무장지대가 화해와 신뢰의 장소가 되기를 기대한다'. '화해와 신뢰의 장소' tượng trưng cho hòa bình; vì vậy, đáp án đúng là ④.

※[43~44] 다음은 다큐멘터리입니다. 잘 듣고 물음에 답하십시오.

각 2점 🔴 track 50

> 여자: 지금 뒤에 보이는 것은 인주군 갯벌입니다. 갯벌은 조
> 류로 운반되는 모래나 점토들이 파도에 의해 잔잔한
> 해역에 쌓여 생기는 평탄한 지형을 말하는데요. 우리
> 는 이러한 갯벌을 <u>그저 질퍽거리고 쓸모없는 땅으로
> 여기고</u> 1980년대 후반부터 <u>국토 확장을 목적으로</u> 서
> 해안 간척사업을 시작하여 갯벌을 없앴습니다. 하지
> 만 갯벌은 우리가 생각하는 것 이상으로 보존적 가치
> 가 높은 자연 자원입니다. 갯벌에는 조개, 낙지, 게 등
> 과 같은 다양한 생물이 서식하고 있으며 특히 오염 물
> 질을 정화하는 기능이 우수한 것으로 알려져 있습니
> 다. 이렇듯 갯벌의 보존적 가치는 설명하지 않아도 충
> 분하므로 더 이상 소중한 자원을 훼손하는 일은 없어
> 야겠습니다.

43 갯벌을 없앤 이유로 맞는 것을 고르십시오.
① 쓸모 있는 땅을 좀 더 넓히기 위해
② 인주군 갯벌의 질이 떨어졌기 때문에
③ 국토개발이 언제나 최우선이기 때문에
④ 오염 물질의 정화 능력을 개선하기 위해

44 이 이야기의 중심 내용으로 맞는 것을 고르십시오.
① 간척사업으로 국토를 좀 더 넓혀야 한다.
② 갯벌 파괴를 멈추고 소중한 자원을 보존해야 한다.
③ 갯벌에 다양한 생물들이 살 공간을 만들어 줘야 한다.
④ 오염 물질이 배출될 수 있는 산업 지역을 없애야 한다.

- 갯벌 Bãi bồi
- 운반되다 Được vận chuyển
- 모래 Cát
- 점토 Đất sét
- 파도 Sóng
- 잔잔하다 Êm đềm
- 해역 Thủy vực
- 평탄하다 Bằng phẳng
- 지형 Địa hình
- 질퍽거리다 Lầy lội
- 국토 확장 Mở rộng lãnh thổ
- 간척사업 Dự án khai khẩn đất đai
- 보존적 Mang tính bảo tồn
- 생물 Sinh vật
- 최우선 Ưu tiên hàng đầu
- 멈추다 Dừng lại

43
갯벌을 쓸모없는 땅으로 여겨 국토 확장을 목적으로 서해안 간척사업을 시작했다고 했습니다. 국토 확장이란 땅을 넓힌다는 뜻입니다. 따라서 정답은 ①입니다.

Cô gái nói rằng 'chúng ta' đã bắt đầu dự án khai hoang các bãi bùn mà trước đây bị coi là vùng đất vô dụng ở bờ biển phía Tây nhằm mục đích mở rộng lãnh thổ. Mở rộng lãnh thổ có nghĩa là mở rộng đất đai. Vì vậy, đáp án đúng là ①.

44
자연 환경 다큐멘터리이므로 환경을 보호하자는 내용이 중심 내용일 확률이 높습니다. 여기서도 '갯벌의 보존적 가치는 설명하지 않아도 충분하므로 더 이상 소중한 자원을 훼손하는 일은 없어야 한다'고 말하고 있으므로 정답은 ②입니다.

Vì đây là phim tài liệu về môi trường tự nhiên nên khả năng cao nội dung chính là kêu gọi bảo vệ môi trường. Ở đây, cô gái cũng nói rằng 'giá trị bảo tồn của bãi bồi là đủ mà không cần giải thích nên không được phá hoại các tài nguyên quý giá thêm nữa'. Vì vậy, ② là đáp án đúng.

43-44 MP3

🐭 연습문제

※[43~44] 다음은 다큐멘터리입니다. 잘 듣고 물음에 답하십시오. 각 2점 🎵 track 51

43 백령도가 자연 생태계의 보고가 된 이유로 맞는 것을 고르십시오.
① 백령도의 환경과 지리적 특성 때문에
② 백령도에 '새들의 아파트'가 있기 때문에
③ 백령도는 지리적으로 바위가 많기 때문에
④ 백령도는 사람의 왕래가 빈번한 곳이기 때문에

44 이 이야기의 중심 내용으로 맞는 것을 고르십시오.
① 백령도는 남해안에 위치한 고립된 섬이다.
② 백령도는 조류들의 소중한 집단 서식지이다.
③ 자연 생태계는 따뜻한 온풍을 따라 이동한다.
④ 국경 없이 오가는 생태계의 모습이 감동적이다.

서해안 Bờ biển phía Tây | **위치하다** Nằm/tọa lạc | **백령도** Đảo Baekryeong | **지리적** Về mặt địa lý | **손길이 닿다** Được chăm sóc | **고립되다** Bị cô lập | **보고** Kho báu | **흘러들다** Chảy vào | **온풍** Gió ấm | **둥지를 틀다** Xây tổ | **알을 낳다** Đẻ trứng | **바위** Tảng đá | **집단적** Mang tính tập thể | **해상** Trên biển | **왕래** Qua lại | **국경** Biên giới | **새삼** Mới mẻ | **빈번하다** Thường xuyên | **오가다** Qua lại | **감동적** Cảm động

45-46

✏️ 오늘의 어휘

고유문화	Văn hóa vốn có	Danh	오래 전부터 이어져 온 문화를 고유문화라고 한다.
근거	Căn cứ	Danh	근거도 없는 소문을 믿으면 안 된다.
논리	Logic	Danh	이해할 수 없는 논리로 자신의 의견을 내세우고 있다.
분야	Lĩnh vực	Danh	그는 컴퓨터 분야에서만큼은 능력을 인정받고 있다.
인공적	Nhân tạo	Danh	사람들에 의해서 만들어진 것을 인공적이라고 한다.
창조적	Mang tính sáng tạo	Danh	요즘 회사에서는 창조적인 사고를 갖고 있는 인재를 원한다.
협조	Hợp tác	Danh	우리 부서에서 해결할 수 없는 일이 생겨서 옆 부서에 협조를 요청했다.
기증하다	Quyên góp/ tặng	Động	할머니는 지금까지 모은 재산을 어려운 사람들을 위해서 기증했다.
대체하다	Thay thế	Động	화석 연료를 대체할 새로운 에너지 개발이 한창이다.
소통하다	Giao tiếp	Động	한국어를 잘 못해서 한국 사람과 소통하는 것이 어렵다.
여기다	Coi	Động	요즘 신세대 직장인들은 일보다 가족을 더 소중히 여긴다고 한다.
제시하다	Trình bày/ xuất trình	Động	문제를 해결할 수 있는 좋은 대안을 제시했다.
중요시하다	Coi trọng	Động	결과보다는 일의 과정을 중요시해야 한다.
드물다	Hiếm	Tính	겨울에는 눈이 많이 와서 등산하는 사람이 드물다.

🍺 오늘의 문법

N에 불과하다	앞의 수준이나 숫자를 넘지 못함을 나타낸다. Sử dụng khi một điều gì đó không thể vượt quá mức độ hoặc con số đứng trước nó. 예 생일파티에 초대된 인원은 3명에 불과했다.
A/V-(으)ㄹ 뿐만 아니라	어떤 사실이나 상황에 유사한 사실이나 상황이 뒤에 더해짐을 나타낸다. Diễn đạt một sự thật hoặc tình huống tương tự được thêm vào sau một sự thật hoặc tình huống nào đó. 예 그 영화는 재미있을 뿐만 아니라 매우 감동적이다.

45-46

강연을 듣고 푸는 문제입니다. 강연은 **한 가지 주제를 가지고 지식을 전달하거나 자신의 의견을 주장하는 형식의 문제**가 출제됩니다. 이 유형은 개인적 견해가 포함되는 경우가 많습니다. 그래서 **말하는 사람이 주장하고자 하는 것이 무엇인지, 그 주장을 뒷받침하는 자료나 예를 주의 깊게 들어야 합니다.**

Đây là dạng bài lắng nghe bài giảng và giải quyết vấn đề. Bài giảng được trình bày dưới hình thức truyền đạt kiến thức về một chủ đề nào đó hoặc bày tỏ ý kiến của bản thân. Ý kiến cá nhân thường được trình bày trong dạng đề này. Vì vậy, hãy lắng nghe kỹ để biết ý kiến, dữ liệu hay ví dụ chứng minh ý kiến của họ!

45 들은 내용과 일치하는 것 고르기

전체적인 내용을 분석해야 합니다. **글의 중심 생각을 파악한 후 들은 내용과 다른 것을 먼저 찾아내는 것이 필요합니다.** 내용에 언급하지 않은 것과 내용과 반대되는 것들을 오답으로 많이 제시합니다. 선택지는 듣기 내용의 순서에 따라 나오는 것이 아니기 때문에 선택지의 내용을 미리 파악하는 것이 필요합니다. 그리고 선택지의 문장에서 사용되는 표현들은 들은 내용에 나온 표현을 그대로 사용하는 경우가 적고 유사한 표현들을 사용하기 때문에 이를 고려하여 답을 찾아야 합니다.

Bạn cần phải phân tích nội dung tổng thể. Sau khi nắm được ý chính của bài viết, trước tiên bạn phải tìm ra nội dung khác với nội dung đã nghe. Những chi tiết không được nêu trong nội dung đã nghe, và những chi tiết điều trái với nội dung đã nghe được coi là đáp án sai. Vì các đáp án không được trình bày theo thứ tự nội dung đã nghe nên trước khi nghe. bạn phải nắm bắt nội dung của các đáp án. Ngoài ra, bài viết và các đáp án có thể không sử dụng cùng từ vựng nên để chọn được đáp án đúng, bạn cần biết các từ gần nghĩa.

46 여자(남자)의 태도로 알맞은 것 고르기

전체적인 내용을 들으면서 중심 주제가 무엇인지, 의견은 누구의 견해인지, 그리고 그것을 청중에게 전달할 때 어떠한 방법을 사용하는지 파악해야 합니다. **선택지는 '1)무엇을 2)어떤 방법으로 3)하고 있다'와 같은 형식이기 때문에 각 부분에 사용되는 표현을 알고 있으면 좋습니다.**

1) 무엇을: 자신의 견해를, 다른 사람의 견해를

2) 어떤 방법으로: 사례를 들어, 기준을 제시하여, 관찰로, 논리로, 종합적으로, 객관적으로, 예시를 통해, 근거를 통해

3) 하고 있다: 평가하다, 설명하다, 증명하다, 비판하다, (결론을) 유도하다, 분류하다, 분석하다, 설득하다, 주장하다

Trong khi nghe nội dung tổng thể, bạn cần nắm bắt chủ đề chính là gì, ý kiến đó là quan điểm của ai và khi truyền đạt chúng đến khán giả, người nói sử dụng phương pháp nào. Vì các đáp án thường được trình bày theo hình thức 1) cái gì, 2) phương pháp nào, 3) đang làm; cho nên, bạn phải biết từ ngữ và cách diễn đạt được sử dụng trong từng phần của đoạn văn.

45-46 MP3

🔍 문제분석

※[45~46] 다음은 강연입니다. 잘 듣고 물음에 답하십시오. 각 2점

NEW track 52

> 여자: '진정한 친구가 3명만 있어도 성공한 인생'이라는 말
> 이 있지요? 그만큼 우리는 절친한 관계를 중요하게 여
> 깁니다. 반면 '그냥 아는 사이', 즉 '유대관계가 약한
> 사람들'에 대해서는 그다지 중요하게 여기지 않습니
> 다. 그런데 때로는 그렇지 않은 상황이 있습니다. 외부
> 세계와 소통하고 정보를 교환할 때는 오히려 약한 유
> 대관계가 결정적 역할을 할 확률이 높거든요. 실제로
> 직장인들의 취업 경로에 대한 조사 자료를 보면 개인
> 적인 접촉으로 직장을 구한 사람 중에서 자주 만나는
> 친구로부터 정보를 얻었다는 사람은 14%에 불과했습
> 니다. 나머지 86%는 가끔 만나는 사람이나 아주 드물
> 게 만나는 사람에게서 정보를 얻었다는 것이죠.

〈TOPIK 36회 듣기 [45~46]〉
- 진정하다 Trấn tĩnh
- 절친하다 Thân thiện/tử tế
- 유대관계 Mối quan hệ gắn bó
- 그다지 Lắm (dùng cho câu phủ định)
- 외부 Bên ngoài
- 확률 Xác suất
- 경로 Lộ trình/con đường
- 접촉 Tiếp xúc
- 나머지 Phần còn lại
- 긴밀하다 Thân mật/sâu sắc
- 관계를 맺다 Thiết lập mối quan hệ
- 논리적 Mang tính lô-gic
- 제기하다 Nêu lên/đặt ra
- 주장을 펼치다 Trình bày quan điểm

45 들은 내용과 일치하는 것을 고르십시오.
① 유대관계가 긴밀한 사람이 많아야 성공한 인생이다.
② 그냥 아는 사이의 사람이 중요한 도움을 줄 수 있다.
③ 우리는 보통 약한 유대관계의 사람들을 중요시한다.
④ 개인적인 접촉을 자주 해야 절친한 관계를 맺을 수 있다.

45
가끔 만나는 사람이 주는 취업 정보가 86%로 오히려 결정적 역할을 할 확률이 높다고 하였습니다. '가끔 만나는 사람'과 '그냥 아는 사이'는 같은 사람을 가리킵니다. 따라서 정답은 ②입니다.

Người phụ nữ nói rằng 86% thông tin việc làm được cung cấp bởi người mà 'chúng ta' thỉnh thoảng mới gặp gỡ, cho nên, ngược lại, xác suất cao là những người thỉnh thoảng mới gặp gỡ lại đóng vai trò quyết định. '가끔 만나는 사람' và '그냥 아는 사이' chỉ về cùng một người. Vì vậy, đáp án đúng là ②.

46 여자의 태도로 가장 알맞은 것을 고르십시오.
① 구체적인 자료를 통해 해결책을 제시하고 있다. X
② 각각의 견해에 대해 논리적으로 분석하고 있다. X
③ 조사 결과를 근거로 자신의 의견을 제기하고 있다.
④ 상대방의 동의를 구하며 자신의 주장을 펼치고 있다. X

46
'그냥 아는 사이의 사람'이 더 많은 도움을 준다는 조사 결과(86%)를 자신의 주장의 근거로 사용하고 있습니다. 따라서 정답은 ③입니다.

Người phụ nữ đã sử dụng kết quả khảo sát '그냥 아는 사이의 사람' (86%) làm căn cứ cho quan điểm của mình. Vì vậy, đáp án đúng là ③.

※[45~46] 다음은 강연입니다. 잘 듣고 물음에 답하십시오. 각 2점

여자: 최근 한국의 전통음악과 서양의 음악이 어우러지는 공연들이 지속적으로 소개되면서 인기를 끌고 있는데요. 클래식 음악인 캐논 변주곡을 전통 악기인 가야금 연주에 맞춰 추는 비보이 팀의 공연은 우리의 귀를 즐겁게 해 주고 있습니다. 이렇게 국악에 다른 장르를 접목시킨 것을 퓨전 국악이라고 부르고 있습니다. 이러한 작업들을 보면서 몇몇 분들은 전통의 가치를 흐린다고 우려하시는 분들도 있지만 저는 그렇게 생각하지 않습니다. 전통 타악기를 모아 만든 사물놀이도 처음에는 전통을 흐린다는 비판을 받았지만 요즘은 세계적인 공연이 되어 국악의 아름다움을 알리지 않았습니까? 우리의 고유문화를 전통이라는 틀 안에만 가두어 두지 말고 다양한 시도를 통해 소개한다면 여러 분야에서 새로운 한류를 만들어 낼 수 있지 않을까요? 이렇듯 오래됐거나 잊혀 사라져 가는 것들에 긍정적이고 창조적인 에너지를 더한다면 그것 자체를 살릴 수 있을 뿐만 아니라 더 나아가 새로운 문화를 만들 수 있는 계기가 될 거라 생각합니다.

45 들은 내용과 일치하는 것을 고르십시오.

① 전통음악, 서양음악, 대중음악은 어울리지 않는다.
② 다양한 퓨전 국악에 대한 사람들의 반응은 긍정적이다.
③ 사물놀이는 처음 소개될 때부터 세계적인 관심을 받았다.
④ 잊혀 사라져 가는 전통문화를 찾아 소개하는 것이 중요하다.

46 여자의 태도로 가장 알맞은 것을 고르십시오.

① 다른 사람의 의견을 예를 들어 비판하고 있다.
② 예시와 근거를 들어 자신의 견해를 제시하고 있다.
③ 서로 다른 견해를 비교하면서 자세히 소개하고 있다.
④ 새로운 기준을 제시하려고 다양한 논리를 설명하고 있다.

- 어우러지다 Hài hòa
- 지속적 Liên tục
- 클래식 Cổ điển
- 캐논 변주곡 Biến tấu Canon
- 가야금 Gayageum (nhạc cụ truyền thống của Hàn Quốc có 12 dây)
- 연주에 맞추다 Hòa theo bản nhạc
- 비보이(B-boy) B-boy
- 장르 Thể loại
- 접목시키다 Phối hợp/kết hợp
- 퓨전 국악 Quốc nhạc giao thoa
- 흐리다 U ám
- 타악기 Nhạc cụ gõ
- 사물놀이 Samulnori (bộ tứ bộ gõ truyền thống của Hàn Quốc)
- 틀 Khung/khuôn mẫu
- 가두다 Giam/nhốt
- 나아가다 Tiến về phía trước/tiến lên
- 계기 Cơ hội/động cơ
- 예시 Ví dụ
- 기준 Tiêu chuẩn

45
퓨전 국악이란 국악에 다른 장르를 접목시킨 것이라고 설명하고 있습니다. 그리고 내용 앞부분에서는 이러한 퓨전 음악이 인기를 끌고 있다는 긍정적인 표현들이 들어 있습니다. 따라서 정답은 ②입니다.

Người phụ nữ giải thích rằng quốc nhạc giao thoa là sự kết hợp thể loại âm nhạc khác với âm nhạc truyền thống. Và ở phần đầu của bài có nói tích một cách cực rằng thể loại quốc nhạc giao thoa này đang được yêu thích. Vì vậy, đáp án đúng là ②.

46
여자는 퓨전 국악이라는 분야를 예를 들면서 더 나아가 '오래됐거나 잊혀 사라져 가는 것들에 ~더 나아가 새로운 문화를 만들 수 있는 계기'가 될 거라고 말하고 있습니다. 따라서 정답은 ②입니다.

Người phụ nữ nêu ví dụ về lĩnh vực quốc nhạc qiao thoa để nói rằng 'oải đằng qua hoặc bị lãng quên và ~đi xa hơn là cơ hội để tạo ra một nền văn hóa mới'. Vì vậy, đáp án đúng là ②.

🔍 연습문제

※[45~46] 다음은 강연입니다. 잘 듣고 물음에 답하십시오. 각 2점 🔊 track 54

45 들은 내용과 일치하는 것을 고르십시오.

① 우리나라는 현재 혈액을 외국에서 수입하지 않고 있다.
② 헌혈에 사용된 도구들은 한 번 사용 후 모두 버려지고 있다.
③ 헌혈로 인해서 질병에 감염된 사례들이 많이 보고되고 있다.
④ 헌혈증서는 필요한 이웃들을 위해 적극적으로 기증해야 한다.

46 남자의 태도로 가장 알맞은 것을 고르십시오.

① 헌혈에 대한 오해를 해결하기 위해 설명하고 있다.
② 헌혈에 대한 사람들의 협조와 참여를 요청하고 있다.
③ 헌혈의 안정성과 혜택을 위한 정책을 요구하고 있다.
④ 혈액의 자급자족을 위한 대책 방안을 주장하고 있다.

수혈 Truyền máu | 급박하다 Cấp bách | 처하다 Đối mặt/gặp | 마련되다 Được chuẩn bị | 헌혈 Hiến máu | 혈액 Nhóm máu | 수입하다 Nhập khẩu | 자급자족하다 Tự cấp tự túc | 연간 Trong năm | 헌혈자 Người hiến máu | 감염되다 Bị nhiễm | 무균 처리 Xử lý vô trùng | 폐기 처분 Thải bỏ | 도리어 Ngược lại | 사례 Trường hợp | 헌혈증서 Chứng nhận hiến máu | 요청하다 Yêu cầu

47-48

✏️ 오늘의 어휘

경쟁력	Khả năng cạnh tranh	Danh	경쟁력을 키우기 위해 새로운 기술 개발에 많은 투자를 하고 있다.
구성원	Thành viên	Danh	올해는 가족 구성원 모두가 건강했으면 좋겠습니다.
선진국	Quốc gia tiên tiến	Danh	정치, 경제, 문화 등이 발달한 나라를 선진국이라고 한다.
원자력	Năng lượng hạt nhân	Danh	원자력 에너지 대신에 사용할 수 있는 대체 에너지 개발이 필요하다.
현황	Tình hình hiện tại	Danh	신제품의 판매 현황을 조사하여 사장님께 보고서로 제출했다.
기대하다	Kỳ vọng	Động	그 연극은 기대했던 만큼 재미있지는 않았다.
발맞추다	Bắt nhịp/theo kịp	Động	세계와 발맞추어 나가기 위해서는 빠른 정보력이 필요하다.
복원하다	Phục hồi	Động	전쟁으로 사라졌던 문화재를 다시 복원하고 있다.
선호하다	Thích hơn	Động	젊은 사람들은 주택보다 아파트를 선호한다.
육성하다	Bồi dưỡng	Động	정부는 나라의 발전을 위해 젊은 인재를 육성하고 있다.
흥행하다	Thắng lớn	Động	영화는 사람들에게 인기를 얻어야 흥행할 수 있다.
거창하다	To tát	Tính	방학이 시작되기 전에는 거창한 계획을 세워 놓았지만 모두 지키지 못했다.
뛰어나다	Xuất chúng/ xuất sắc	Tính	그는 그림에 뛰어난 소질을 갖고 있다.
절실하다	Cấp thiết	Tính	이번 시험에서 떨어지면 더 이상 기회가 없기 때문에 더 절실하다.

🪣 오늘의 문법

N에 발맞추어	앞에 나온 대상의 행동에 맞추어 따라하는 것을 나타낸다. Diễn đạt việc làm theo để bắt kịp hành động của đối tượng được đề cập phía trước. 예) 학생들은 세계화에 발맞추어 외국어 실력을 쌓아야 한다.
V-아/어 가다	어떤 상태 또는 행위가 앞으로 계속 진행되어 갈 것임을 나타낸다. Diễn đạt một trạng thái hoặc hành động sẽ tiếp diễn trong tương lai. 예) 송년회 행사 준비가 잘 되어 가고 있다.

47-48

대담을 듣고 푸는 문제입니다. 대담은 **사회자가 사회적 이슈를 제기하고 전문가(박사님, 대표님, 선생님)가 그것에 대해 자세히 설명하는 형식으로 문제가 출제됩니다.** 사회자가 제시하는 사회적 이슈는 최근 어느 정도 사회적 논란이 되었거나 문제 해결이 필요한 것들입니다. 사회자의 설명과 질문을 집중해서 들으면서 전문가가 누구인지, 담화 주제가 무엇인지 파악하는 것이 중요합니다.

Đây là dạng bài nghe và giải quyết vấn đề. Đề được ra theo hình thức câu trả lời nêu ra những vấn đề xã hội còn chuyên gia(박사님, 대표님, 선생님) giải thích chi tiết về vấn đề đó. Vấn đề xã hội mà người dẫn chương trình đặt ra là chủ đề gây tranh cãi trong xã hội mở ở một mức độ nào đó hoặc cần được giải quyết. Bạn cần tập trung vào câu hỏi của người dẫn chương trình để nắm bắt chuyên gia là ai, chủ đề của đoạn hội thoại là gì.

47 들은 내용과 일치하는 것 고르기

전체적인 내용을 분석해야 합니다. **선택지는 사회자와 전문가가 말한 내용에서 제시되기 때문에 두 사람 모두의 내용을 주의 깊게 들어야 합니다.** 글의 중심 생각을 파악한 후 들은 내용과 다른 것을 먼저 찾아내는 것이 필요합니다. 내용에 언급하지 않은 것과 내용과 반대되는 것들을 오답으로 많이 제시합니다. 듣기 내용의 순서에 따라 선택지가 나오는 것이 아니기 때문에 선택지의 내용을 미리 파악하는 것이 필요합니다.

Bạn cần phải phân tích nội dung tổng thể. Vì các đáp án được trình bày trong nội dung đoạn hội thoại giữa người dẫn chương trình và chuyên gia nên bạn phải lắng nghe kỹ lời thoại của cả hai. Bạn cần nắm ý chính của đoạn hội thoại trước khi tìm điểm khác biệt giữa đoạn hội thoại và các đáp án. Những nội dung không được đề cập hoặc trái ngược với văn bản là đáp án sai. Bởi vì các đáp án không được liệt kê theo trật tự của đoạn hội thoại nên bạn cần nắm nội dung của các đáp án trước khi nghe.

48 여자(남자)의 태도로 알맞은 것 고르기

전문가는 자신의 개인적인 생각이나 의견을 말하는 경우가 많습니다. 태도를 나타내는 표현인 '우려를 나타내다, 촉구하다, 희망하다, 진단하다, 강조하다' 등과 같은 것들을 알아 두는 것이 좋습니다.

Chuyên gia thường trình bày suy nghĩ hoặc ý kiến cá nhân. Bạn nên biết những từ ngữ thể hiện thái độ như '우려를 나타내다, 촉구하다, 희망하다, 진단하다, 강조하다', vv.

47-48 MP3

🔍 문제분석

※[47~48] 다음은 대담입니다. 잘 듣고 물음에 답하십시오. 각 2점

🎵 track 55

남자: 장애를 딛고 평생을 장애인의 권익을 위해 살아오신 황연대 선생님을 모시고 말씀 나눠 보겠습니다. 이번 장애인 올림픽에서도 선생님의 이름을 딴 '황연대 상' 이 시상되었는데요. 먼저 여기에 대해 간단하게 말씀해 주시지요.

여자: 벌써 20년이 되었는데요, 제 이름을 딴 상을 시상하는 게 아직도 익숙하지 않습니다. 제가 거창한 일을 했다고 생각하지는 않고요. 다만 우리 <u>장애인 스스로 한 사람의 당당한 사회 구성원으로 제 몫을 다하기를 바랐을 뿐입니다.</u> 이 상은 장애를 극복하려는 의지를 가장 잘 보여 준 선수에게 주고 있는데요. 고맙게도 지금까지는 수상자들이 제 기대 이상으로 사회에서 당당하게 자리를 잡았습니다. 그 점을 항상 고맙게 생각합니다.

47 들은 내용과 <u>일치하는</u> 것을 고르십시오.
① 황연대 상은 운동 실력이 가장 뛰어난 선수에게 준다. X
② 황연대 상은 이번 장애인 올림픽에서 <u>처음</u> 시상되었다. X
③ 여자는 장애를 극복하고 다른 사람을 위한 삶을 살았다.
④ 여자는 <u>직업을 통해</u> 사회에서 당당히 자리 잡게 되었다. X

※ 들은 내용과 관계없는 것은 'X'
① 장애를 극복하려는 의지를 가장 잘 보여 준 선수
② 20년째 ④ 여자는 황연대 선생님

48 여자의 태도로 가장 알맞은 것을 고르십시오.
① 장애를 극복한 선수들과의 관계를 중요시한다.
② 장애인을 위해 자신이 한 일을 자랑스러워하고 있다.
③ 올림픽을 통해 장애인의 권익이 보호되기를 기대하고 있다.
④ 장애인들이 사회인으로 자신 있게 자리 잡기를 염원하고 있다.

※ 비슷한 어휘와 표현
사회 구성원으로 제 몫을 다하다
⇒ 사회인으로 자신 있게 자리 잡다

<TOPIK 37회 듣기 [47~48]>
• 장애를 딛다 Vượt lên khuyết tật
• 권익 Quyền và lợi ích
• 이름을 따다 Đặt tên theo
• 시상되다 Được trao giải
• 당당하다 Phụ trách
• 제 몫을 다하다 Làm tròn trách nhiệm
• 극복하다 Khắc phục
• 수상자 Người nhận giải thưởng
• 자리를 잡다 Chiếm vị trí
• 실력 Thực lực
• 자랑스러워하다 Tự hào
• 염원하다 Mong muốn

47
여기서 여자는 장애를 딛고 장애인의 권익을 위해 살아 오신 황연대 선생님입니다. 따라서 정답은 ③입니다.

Ở đây, người phụ nữ là Hwang Yeon Dae - một giáo viên đã vượt lên khuyết tật để sống vì quyền và lợi ích của người khuyết tật. Do đó, đáp án đúng là ③.

48
여자는 장애인들이 사회구성원으로 제 몫을 다하기를 바랐을 뿐이라고 말하고 있습니다. '염원하다'는 바란다는 의미입니다. 따라서 정답은 ④입니다.

Người phụ nữ nói rằng cô ấy chỉ mong muốn người khuyết tật làm tròn trách nhiệm của mình với vai trò là thành viên của xã hội đó. '염원하다' có nghĩa là '바란다'. Vì vậy, đáp án đúng là ④.

※[47~48] 다음은 대담입니다. 잘 듣고 물음에 답하십시오. 각 2점

 track 56

> 여자: 최근 선진국에서 대체 에너지 산업이 새롭게 주목 받고 있습니다. 우리나라도 이러한 움직임에 발맞추어 움직여야 할 텐데요. 우리나라의 대체 에너지 산업 현황은 어떻습니까? 장관님.
>
> 남자: 우리나라는 그동안 화석연료와 원자력 발전에 의존도가 높은 나라였습니다. 그래서 대체 에너지 산업에서는 아직 걸음마 단계라 할 수 있겠습니다. 하지만 화석연료의 고갈과 원전의 위험성뿐만 아니라 <u>앞으로 각광 받는 차세대 산업으로서, 그리고 환경보호라는 차원에서도 대체 에너지 산업을 적극적으로 육성해야</u> 할 것입니다. 앞으로 국가가 적극적으로 나서서 기업이 투자할 수 있는 환경을 만들어 기술 개발에 박차를 가한다면 머지않아 선진국 못지않은 경쟁력을 갖게 될 것입니다.

47 들은 내용과 일치하는 것을 고르십시오.
① 우리나라의 대체 에너지 산업은 경쟁력이 높은 편이다.
② 대체 에너지 산업은 앞으로 발전 가능성이 높은 산업이다.
③ 우리나라는 대체 에너지 산업을 적극적으로 지원하고 있다.
④ 대체 에너지 산업은 국가보다는 기업의 적극적 투자가 절실하다

48 남자의 태도로 가장 알맞은 것을 고르십시오.
① 현재 주목 받는 에너지 산업의 문제점을 비판하고 있다.
② 선진국의 대체 에너지 산업에 대해 우려를 나타내고 있다.
③ 대체 에너지 산업이 가지고 있는 문제점을 진단하고 있다.
④ 대체 에너지 산업이 가지고 있는 가치에 대해 설명하고 있다.

• 대체 에너지 Năng lượng thay thế
• 주목(을) 받다
  Được quan tâm/được chú ý
• 움직이다 Di chuyển
• 장관 Bộ trưởng
• 화석연료 Nhiên lệu hóa thạch
• 의존도 Mức độ lệ thuộc
• 걸음마 단계 Giai đoạn chập chững
• 고갈 Cạn kiệt
• 원전(원자력 발전)
  Năng lượng hạt nhân
• 위험성 Tính nguy hiểm
• 각광(을) 받다 Được chú ý
• 차세대 Thế hệ tiếp theo
• 차원 Chiều kích/phương diện
• 박차를 가하다 Thúc đẩy/tăng tốc
• 못지않다 Không kém
• 진단하다 Chẩn đoán

47
남자는 대체 에너지 산업은 앞으로 각광받는 차세대 산업으로 적극적으로 육성해야 한다고 말하고 있습니다. 즉 발전 가능성이 높은 산업이라고 말하고 있습니다. 따라서 정답은 ②입니다.

Người đàn ông nói rằng Hàn Quốc phải tích cực phát triển ngành công nghiệp năng lượng thay thế thành ngành công nghiệp của thế hệ tiếp theo đang được chú ý. Nghĩa là anh ta đang nói rằng đây là ngành công nghiệp có khả năng phát triển. Do đó, đáp án đúng là ②.

48
남자는 대체 에너지 산업에 대해 긍정적인 사고를 가지고 있으며 대체 에너지 산업의 의의와 장점, 그리고, 한국의 가능성을 설명하고 있습니다. 따라서 정답은 ④입니다.

Với suy nghĩ tích cực về ngành năng lượng thay thế, người đàn ông giải thích ý nghĩa và lợi thế của ngành năng lượng thay thế và khả năng của Hàn Quốc. Vì vậy, đáp án đúng là ④.

연습문제

※ [47~48] 다음은 대담입니다. 잘 듣고 물음에 답하십시오. 각 2점 🔊 track 57

47 들은 내용과 일치하는 것을 고르십시오.

① 이번에 제작된 영화는 흥행에 실패하였다.
② 감독은 이번 영화를 통해 상을 받게 되었다.
③ 옛날에 만들어진 영화는 주로 슬픈 내용이 많았다.
④ 블록버스터 영화는 내용보다 볼거리에 중점을 두고 있다.

48 남자의 태도로 가장 알맞은 것을 고르십시오.

① 블록버스터 영화의 특성을 설명하고 있다.
② 앞으로의 영화 제작의 방향을 제시하고 있다.
③ 영화 시장의 상업화에 대한 우려를 표현하고 있다.
④ 젊은이들이 옛날 영화를 봐야 한다고 강조하고 있다.

재구성하다 Tái cấu trúc | **리메이크** Làm lại/chế tác lại | **제작하다** Chế tác, sản xuất | **홍보하다** Quảng bá | **궁금하다** Thắc mắc | **자극적** Có tính kích thích | **화려하다** Hoa lệ/sặc sỡ | **블록버스터** Bom tấn | **시각적** Về mặt thị giác | **감성** Cảm tính | **세대** Thế hệ | **상업화** Thương mại hóa | **경종을 울리다** Gióng lên hồi chuông | **볼거리** Thứ để xem | **중점을 두다** Đặt trọng tâm

49-50

✏️ 오늘의 어휘

관점	Quan điểm	Danh	환경문제는 장기적인 관점으로 해결해 나가야 한다.
기아	Nạn đói	Danh	많은 사람들이 아직도 기아로 인해 고통 받고 있다.
발효	Lên men	Danh	김치, 된장, 고추장 등은 한국의 발효 식품이다.
수단	Phương tiện	Danh	지하철은 빠르고 편리한 교통수단이다.
저서	Sách	Danh	유명한 사람들이 쓴 저서를 읽으면 인생에 많은 도움이 된다.
지구촌	Làng địa cầu	Danh	지구촌은 지구가 한 마을과 같다는 뜻이다.
확보	Đảm bảo	Danh	많은 일자리 확보를 위해 노력하고 있다.
가공하다	Gia công	Động	직접 짠 우유를 가공해서 치즈를 만들어서 팔았다.
반박하다	Phản bác	Động	반박할 수 없는 완벽한 논리로 주장을 펼쳤다.
보도하다	Đưa tin	Động	이번 화재 사건을 신문과 텔레비전에서 보도하였다.
증명하다	Chứng minh	Động	그 사람의 무죄를 증명할 수 있는 증거 자료가 필요하다.
해석하다	Giải thích	Động	역사는 어떻게 해석하느냐에 따라 달라진다.
바람직하다	Đúng đắn	Tính	아이가 잘못을 했을 때는 따끔하게 야단을 치는 것이 바람직하다.
풍부하다	Phong phú	Tính	경제적으로 풍부한 그는 모든 것을 가지고 있다.

🌱 오늘의 문법

N을/를 위해서	어떤 대상을 돕거나 어떤 목표를 이루려고 함을 나타낸다. Sử dụng khi giúp đỡ một người nào đó hoặc đạt một mục tiêu nào đó. 예 아버지는 가족을 위해서 밤낮없이 일하신다.
V-(으)ㄹ 만큼	앞의 내용과 비슷하거나 그에 준하는 정도를 나타낸다. Diễn đạt mức độ tương tự hoặc bằng với nội dung trước đó. 예 나는 암에 걸려서 죽을 만큼 아팠다.
N에서 비롯되다	어떤 대상으로부터 시작되거나 그것이 계기가 되었음을 나타낸다. Sử dụng khi một cái gì đó bắt nguồn từ một đối tượng nào đó hoặc là động cơ cho một hành động nào đó. 예 잘못된 행동은 가정에서 비롯되는 경우가 많다.
N(이)야말로	어떤 대상을 강조하여 말함을 나타낸다. Sử dụng khi người nói nhấn mạnh một đối tượng nào đó. 예 김치야말로 최고의 건강식품이다.

49-50

📖 유형분석

강연을 듣고 푸는 문제입니다. **전문적인 주제에 대한 지식**을 전달하면서 자신의 견해를 말합니다. 과학, 정치, 사회, 전통 등과 같은 주제가 많이 나오므로 그와 관련된 어휘들을 알아 두는 것이 좋습니다.

Trong dạng bài này, thí sinh nghe bài giảng và giải quyết bằng vấn đề. Người nói truyền đạt kiến thức về một chủ đề chuyên ngành, đồng thời phát biểu ý kiến của mình. Các chủ đề thường xuất hiện trong dạng đề này là khoa học, chính trị, xã hội, truyền thống, vv; vì vậy, bạn nên biết những từ vựng liên quan đến những chủ đề này.

49 들은 내용과 일치하는 것 고르기

전체적인 내용을 분석해야 합니다. **글의 중심 생각을 파악한 후 들은 내용과 다른 것을 먼저 찾아내는 것이 필요**합니다. 내용에 언급하지 않은 것과 내용과 반대되는 것들을 오답으로 많이 제시합니다. 듣기 내용의 순서에 따라 선택지가 나오는 것이 아니기 때문에 선택지의 내용을 미리 파악하는 것이 필요합니다.

Bạn cần phải phân tích nội tung tổng thể. Sau khi nắm được ý chính của bài viết, bạn phải tìm ra nội dung khác với nội dung đã nghe. Những chi tiết không được nêu trong nội dung đã nghe, và những chi tiết điều trái với nội dung đã nghe được coi là đáp án sai. Vì các đáp án không được trình bày theo thứ tự nội dung đã nghe nên trước khi nghe. bạn phải nắm bắt nội dung của các đáp án. Ngoài ra, đoạn văn và các đáp án có thể không sử dụng cùng từ vựng nên bạn cần biết trước nội dung của các đáp án.

50 여자(남자)의 태도로 알맞은 것 고르기

강연자의 태도를 찾는 문제입니다. 앞 문제들에서 제시된 태도를 나타내는 표현들과 함께 아래의 표현들도 알아 두셔야 합니다.

※ 태도를 나타내는 중요 표현: 결론을 끌어내다, 규명하다, 동의를 구하다, 반박하다, 반성하다, 예측하다, 정당화하다, 판단을 요구하다

Đây là dạng đề tìm thái độ của diễn giả. Ngoài những từ vựng diễn đạt thái độ được trình bày ở các đề thi trước, các bạn cũng cần nắm những từ vựng dưới đây:

49-50

 MP3

🔍 문제분석

기출문제

※ [49~50] 다음은 강연입니다. 잘 듣고 물음에 답하십시오. 각 2점

🎧 track 58

> 여자: 마키아벨리의 정치 사상을 해석하는 관점은 두 갈래로 나뉩니다. 먼저 군주는 목적을 위해서라면 수단과 방법을 가릴 필요가 없다는 기존의 해석인데요. 군주에게 도덕심은 필요 없으며 이익과 권력을 지키려면 잔인한 방법도 써야 한다는 것이 그의 사상의 핵심입니다. 다른 하나는 <u>최근 나타나고 있는 새로운 해석인데요. 마키아벨리가 강력한 군주를 요구한 건 맞지만 그것은 비상상황에 필요한 존재일 뿐이고 권력의 바탕은 언제나 국민이었다는 겁니다.</u> 지금까지 마키아벨리는 냉혹한 정치 기술자로 인식되었는데 새로운 시각에서는 국민과 함께 잘 살기 위한 군주상을 제시했다고 본 겁니다. 진짜 마키아벨리의 생각은 무엇이었을까요? 여러분도 직접 그의 저서를 읽고 판단해 보시죠. 정치 철학을 고민해 볼 좋은 기회가 될 겁니다.

49 들은 내용과 <u>일치하는 것</u>을 고르십시오.
① 마키아벨리는 국민을 권력의 바탕으로 보았다.
② 마키아벨리는 <u>바람직한 국민의 모습</u>을 제시했다. X
③ 마키아벨리는 군주의 도덕성을 중요하게 생각했다. X
④ 마키아벨리는 <u>어떤 경우든 수단을 정당하다고</u> 보았다. X

※ 들은 내용과 관계없는 것은 'X'
　②국민과 함께 잘 살기 위한 군주상 제시
　③도덕성은 필요 없음
　④강력한 군주상은 비상상황에만 필요

50 여자의 태도로 가장 알맞은 것을 고르십시오.
① 각각의 견해를 비판하며 우려를 나타내고 있다.
② 다양한 사례를 분석하여 결론을 끌어내고 있다.
③ 새로운 평가를 반박하며 청중의 동의를 구하고 있다.
④ 새로운 해석을 소개하며 청중의 판단을 요구하고 있다.

<TOPIK 36회 듣기 [49~50]>
• 마키아벨리 Machiavelli
• 정치 사상 Tư tưởng chính trị
• 갈래 Nhánh
• 군주 Quân chủ
• 가리다 Che
• 도덕심 Tinh thần đạo đức
• 권력 Quyền lực
• 잔인하다 Tàn nhẫn
• 핵심 Cốt lõi
• 강력하다 Mạnh mẽ
• 비상상황 Tình huống khẩn cấp
• 냉혹하다 Lạnh nhạt
• 군주상 Hình ảnh của quân chủ
• 철학 Triết học
• 정당하다 Chính đáng
• 결론을 끌어내다 Đưa ra kết luận
• 청중 Thính giả

49
여자는 마키아벨리에 대해 두 가지 해석을 소개하고 있습니다. 중간 부분에서 최근 나타난 해석인 '권력의 바탕은 언제나 국민'이라는 것을 소개하고 있습니다. 따라서 정답은 ①입니다.

Người phụ nữ đang giới thiệu hai cách giải thích của Machiavelli. Ở phần giữa, cô giới thiệu cách giải thích gần đây: '권력의 바탕은 언제나 국민'. Do đó, đáp án đúng là ①.

50
여자는 기존의 해석과 최근 나타나고 있는 해석을 소개하고 있습니다. 그리고 <u>청중들에게 그의 저서를 직접 읽고 마키아벨리의 생각이 무엇인지 판단해 보라고 요구하고</u> 있습니다. 따라서 정답은 ④입니다.

Người phụ nữ đang giới thiệu cách giải thích trước đây và những cách giải thích mới xuất hiện gần đây. Và cô yêu cầu khán giả trực tiếp đọc các bài viết của cô để phán đoán Machiavelli đã nghĩ gì. Vì vậy, đáp án đúng là ④.

※[49~50] 다음은 강연입니다. 잘 듣고 물음에 답하십시오. 각 2점

 track 59

> 여자: 요즘 세계 언론에서는 얼마 지나지 않아 식량 위기로 인해 국제시장이 보이지 않는 전쟁을 할 거라고 보도하고 있습니다. 사실 국제적으로 생산되는 곡물은 지구촌의 모든 사람들이 먹을 수 있을 만큼의 양이 된다고 합니다. 하지만 선진국들이 육류 생산 증가와 바이오 연료 생산을 위한 곡물 확보, 그리고 지구온난화에 따른 기상이변으로 식량 공급에 대한 불안감이 곡물 가격 상승을 부추기고 있습니다. 여기서 곡물 가격 상승을 주도하는 식량 생산국들이 주로 선진국이라는 데 관심을 가져야 합니다. 선진국들은 자국의 이익과 직결되는 식량문제에 대해서는 적극적인 태도를 취하고 있지 않습니다. 그저 기아 문제를 겪고 있는 나라들에 대해 사회정치적 상황에서 비롯된 구조적 문제로 치부하고 있습니다. 선진국들은 식량 부족 문제를 국가적 이익의 관점에서 다룰 게 아니라 좀 더 범국가적이고 도의적인 관점에서 다시 한 번 바라봐야 할 것입니다.

49 들은 내용과 일치하는 것을 고르십시오.

① 이미 식량으로 인한 국가 간의 전쟁이 시작되었다.

② 사회정치적인 문제로 인하여 식량 문제가 발생하고 있다.

③ 세계적으로 생산되는 곡물은 세계 인구가 먹기에 부족하다.

④ 식량을 생산하는 나라들은 주로 경제적으로 부유한 나라들이다.

50 여자의 태도로 가장 알맞은 것을 고르십시오.

① 식량 부족 현상을 비난하며 원인 규명을 촉구하고 있다.

② 식량 부족의 원인을 분석하며 태도의 변화를 요구하고 있다.

③ 식량 부족 현상을 소개하며 앞으로의 상황을 예측하고 있다.

④ 식량 부족 해결 사례를 설명하며 새로운 대책을 제안하고 있다.

- 식량 위기 Cuộc khủng hoảng lương thực
- 곡물 Ngũ cốc
- 육류 Thịt
- 바이오 연료 Nhiên liệu sinh học
- 기상이변 Biến đổi khí hậu
- 상승 Gia tăng
- 부추기다 Xúi bẩy/kích động
- 주도하다 Cầm đầu
- 자국 Dấu/vết
- 직결되다 Liên quan trực tiếp
- 태도를 취하다 Tỏ thái độ
- 구조적 Mang tính cấu trúc/hệ thống
- 치부하다 Ghi nhớ
- 범국가적 Toàn quốc
- 도의적 Đạo đức
- 바라보다 Nhìn
- 부유하다 Giàu có
- 비난하다 Lên án
- 규명 Xác minh/quy định
- 촉구하다 Đốc thúc
- 예측하다 Dự đoán

49

여자는 곡물 가격 상승을 주도하는 식량 생산국들은 선진국들이라고 설명하고 있습니다. 선진국은 경제적으로 부유한 나라를 말합니다. 따라서 정답은 ④입니다.

Người phụ nữ giải thích rằng các nước sản xuất lương thực dẫn đến tăng giá ngũ cốc là các quốc gia tiên tiến. Các quốc gia tiên tiến nghĩa là những nước giàu có về kinh tế. Vì vậy, đáp án đúng là ④.

50

여자는 식량 부족의 원인과 그 일을 주도하고 있는 선진국들의 태도를 비판하고 있으며 이에 대한 태도의 변화를 요구하고 있습니다. 따라서 정답은 ②입니다.

Người phụ nữ chỉ ra nguyên nhân của tình trạng thiếu hụt lương thực và thái độ của các quốc gia tiên tiến đang đóng vai trò chủ đạo trong vấn đề này, đồng thời yêu cầu họ phải thay đổi thái độ về vấn đề này. Vì vậy, đáp án đúng là ②.

🖱 **연습문제**

※[49~50] 다음은 강연입니다. 잘 듣고 물음에 답하십시오. 각 2점 🎵 track 60

49 들은 내용과 일치하는 것을 고르십시오.
  ① 김치는 암세포의 성장을 억제시킨다.
  ② 세계 5대 건강 음식은 모두 발효 음식이다.
  ③ 항아리에 보관한 김치는 빨리 숙성이 된다.
  ④ 김치는 인공적으로 발효시켜 먹는 음식이다.

50 여자의 태도로 가장 알맞은 것을 고르십시오.
  ① 김치의 요리 비법을 자료를 통해 분석하고 있다.
  ② 김치가 한국의 대표 음식인 이유를 밝히고 있다.
  ③ 김치의 효능과 성분을 과학적으로 증명하고 있다.
  ④ 다양한 김치 보관 방법을 비교하여 평가하고 있다.

비타민 Vitamin | 유산균 Lợi khuẩn | 섬유질 Chất xơ | 혈당 Đường huyết | 조절하다 Điều tiết | 소화 흡수 Hấp thụ tiêu hóa | 촉진하다 Xúc tiến/thúc đẩy | 항암효과 Tác dụng chống ung thư | 절이다 Ngâm | 액젓 Nước mắm | 땅에 묻다 Chôn xuống đất s | 맛을 더하다 Thêm hương vị | 항아리 Hũ/bình | 겨우내 Trong suốt mùa đông | 숙성시키다 Lên men | 암세포 Tế bào ung thư | 손색이 없다 Không thua kém | 억제시키다 Ức chế | 비법 Bí quyết | 효능 Công dụng/tác dụng | 성분 Thành phần | 과학적 Mang tính khoa học

〈 듣기 연습문제 정답 및 해설 〉

1 ①

> 여자: 제가 어제 표 두 장을 예매했는데요. 지금 한 장만 취소할 수 있을까요?
> 남자: 네, 취소하실 수 있습니다. 표 좀 보여 주시고 성함도 말씀해 주십시오.
> 여자: 제 이름은 김수미고요. 표는 여기 있습니다.

선택지의 그림은 ④를 제외하고 모두 영화관에서의 대화입니다. 그리고 여자의 '표, 예매하다, 취소하다'의 표현을 통해 여자가 영화표를 취소하고 싶어 하는 손님이고 남자는 영화관 직원임을 알 수 있습니다. 또한 남자의 '표 좀 보여 주십시오'라는 말을 통해 두 사람은 같은 장소에 있다는 것을 알 수 있습니다.

Ngoại trừ ④, tất cả các đáp án đều được hiển thị trên màn hình rạp chiếu phim. Và thông qua các từ ngữ '표, 예매하다, 취소하다' trong câu nói của người phụ nữ, chúng ta biết được người phụ nữ là khách muốn hủy vé xem phim còn người đàn ông là nhân viên rạp chiếu phim. Ngoài ra, thông qua câu "표 좀 보여주 십시오" của người đàn ông, chúng ta biết được họ đang ở cùng một địa điểm.

2 ③

> 여자: 여기요, 제가 음식을 다 못 먹었는데요. 남은 음식을 가져갈 수 있을까요?
> 남자: 그럼요. 지금 바로 포장해 드릴까요?
> 여자: 아니요. 10분 후에 갈 거니까 조금 뒤에 싸 주세요.

선택지는 모두 식당 안에서의 그림이지만 ①은 계산하는 상황, ②는 음식을 주문하는 상황, ③은 남은 음식을 보면서 이야기하는 상황, ④는 포장된 음식을 받는 상황을 나타냅니다. 대화에서 여자의 '남은 음식을 가져갈 수 있을까요?', 남자의 '포장해 드릴까요?'라는 말을 통해 남은 음식을 싸 가도 되는지 묻는 손님(여자)과 직원(남자)의 대화임을 알 수 있습니다.

Tất cả các đáp án đều là hình ảnh trong nhà hàng, nhưng ① là tình huống tính tiền, ② là tình huống gọi thức ăn, ③ là tình huống vừa nhìn thức ăn thừa vừa nói, ④ là tình huống nhận đồ ăn đã được cho vào hộp. Thông qua câu nói người phụ nữ '남은 음식을 가져갈 수 있을까요?' và câu nói của người đàn ông '포장해 드릴까요?' trong đoạn hội thoại, chúng ta biết được đây là đoạn hội thoại giữa thực khách(người phụ nữ) và nhân viên(người đàn ông) về việc mang thức ăn thừa về nhà.

3 ②

> 남자: 20, 30대 직장인을 대상으로 여가 생활로 무엇을 하는지에 대해 조사한 결과 문화생활을 즐기는 직장인이 가장 많은 것으로 나타났습니다. 이어서 가벼운 운동을 하거나 텔레비전 시청이 뒤를 이었습니다. 여가 시간은 나이가 어릴수록 더 많은 시간을 보내는 것으로 나타났습니다.

20, 30대 직장인들은 여가 생활로 문화생활, 가벼운 운동, 텔레비전 시청 순으로 많이 한다고 했습니다.

Nhân viên văn phòng ở độ tuổi 20 và 30 nói rằng thứ tự của các hoạt động trong thời gian nhàn rỗi là hoạt động văn hóa, tập thể dục nhẹ và xem ti-vi.

4 ③

> 여자: 무엇을 도와 드릴까요? 고객님.
> 남자: 친구가 보낸 택배를 아직 못 받아서요. 일주일 전에 보냈다고 하던데요.
> 여자: _____

받아야 할 택배가 도착하지 않아 고객(남자)이 택배회사 직원(여자)에게 문의하는 상황입니다. 따라서 택배의 행방을 추적하기 위해 필요한 정보인 택배를 보낸 사람의 이름과 연락처를 알려달라는 말이 이어질 것입니다.

Bưu kiện lẽ ra đã nhận được chuyển phát vẫn chưa đến nơi nên khách hàng (người đàn ông) đã hỏi công ty vận chuyển. Do đó, nội dung tiếp theo sẽ là nhân viên yêu cầu khách hàng cung cấp họ tên và thông tin liên lạc của người gửi hàng - thông tin cần thiết để theo dõi món hàng đã được vận chuyển tới đâu.

5 ③

여자: 저…, 환전을 하고 싶은데, 환전 수수료를 싸게 할 수 있는 방법이 있나요?
남자: 네, 먼저 인터넷 뱅킹으로 예약하시고 은행에 직접 방문해서 돈을 받아가는 게 가장 쌉니다.
여자: _____

환전 수수료를 싸게 하고 싶은 손님(여자)과 은행원 (남자)과의 대화입니다. 남자가 인터넷 뱅킹으로 예약을 하고 은행에서 돈을 직접 받는 방법이 가장 싸다고 했으므로 여자는 먼저 인터넷으로 신청을 할 것입니다.

Đây là đoạn hội thoại giữa khách hàng(người phụ nữ) muốn giảm phí đổi tiền và nhân viên ngân hàng(người đàn ông). Người phụ nữ nói rằng cách đổi tiền rẻ nhất là đăng ký trước trên internet banking và nhận tiền trực tiếp từ ngân hàng nên trước tiên người phụ nữ sẽ đăng ký qua internet.

6 ①

여자: 민수야, 너 지금 어디야? 생각보다 길이 안 막혀서 일찍 도착했어.
남자: 그래? 지금 난 가는 길인데…. 먼저 식당에 들어가 있을래?
여자: _____

여자가 약속 장소에 먼저 도착하여 남자에게 전화를 하고 있는 상황입니다. 남자는 여자에게 먼저 식당에 들어가라고 했으므로 여자는 식당에 들어가서 기다리거나 음식을 미리 주문해 놓을 가능성이 높습니다.

Đây là tình huống người phụ nữ đến nơi hẹn trước nên đang gọi cho người đàn ông. Vì người đàn ông bảo người phụ nữ vào nhà hàng trước nên khả năng cao người phụ nữ vào nhà hàng đợi hoặc gọi đồ ăn trước.

7 ②

여자: 요즘 캠핑이 유행인 것 같아요. 제 친구도 자주 캠핑장에 가는데 자연을 마음껏 즐길 수 있어서 좋대요.
남자: 저도 한번 가 보고 싶은데, 준비할 게 많아서 망설여지네요.
여자: _____

요즘 유행하고 있는 캠핑에 대해 이야기하고 있습니다. 남자는 캠핑을 하고 싶지만 준비할 게 많아서 망설이고 있다고 하면서 고민하고 있습니다. 그래서 여자는 남자에게 도움의 말이나 조언을 해 주는 것이 적절합니다. 조언을 할 때 많이 사용하는 '-는 게 어때요?', '-아/어 보세요' 등과 같은 표현이 올 것입니다.

Hai người đang nói về cắm trại - một hoạt động phổ biến hiện nay. Người đàn ông muốn đi cắm trại, nhưng băn khoăn khi nói rằng đang do dự vì có rất nhiều thứ để chuẩn bị. Vì vậy, việc một người phụ nữ cho một người đàn ông lời giúp đỡ hoặc lời khuyên là rất thích hợp. Khi đưa ra lời khuyên, các dạng ngữ pháp thường được sử dụng là '-는 게 어때요?', '-아/어 보세요'.

8 ④

여자: 요즘 인터넷 반찬 가게가 인기래요. 주문도 간편하고 종류도 다양해서 저도 한번 주문해 보려고요.
남자: 그런데 전 집에서 만든 음식보다 별로일 것 같아요.
여자: _____

여자는 주문 반찬의 장점에 대해 이야기하고 남자는 그것에 대해 반대하고 있습니다. 따라서 여자는 자신의 생각을 계속 주장하기 위해 다른 장점을 더 말하거나 남자의 말을 듣고 생각이 바뀌어 동조하는 말이 이어질 수도 있습니다.

Người phụ nữ đang nói về ưu điểm của việc món ăn đặt người người khác làm và người đàn ông phản đối điều đó. Do đó, tiếp theo người phụ nữ có thể sẽ nói thêm về ưu điểm khác hoặc nghe lời người đàn ông mà thay đổi suy nghĩ hoặc đồng tình với ý kiến của anh ta.

9 ②

여자: 외국인 말하기 대회 안내를 보고 전화했는데요, 참가비가 얼마예요?
남자: 참가비는 없고요. 오늘까지 신청서를 제출하시면 됩니다.
여자: 오늘까지요? 제가 지금 일이 있어서 직접 갈 수 없는데 어떻게 하죠?
남자: 인터넷으로도 접수할 수 있습니다. 접수하시고 다시 전화 주시겠어요?

여자는 외국인 말하기 대회에 참가 신청하고 싶은 사람이고 남자는 신청을 받는 직원입니다. 접수를 해야 하는 여자가 직접 갈 수 없다고 하자 남자는 인터넷으로도 접수할 수 있다는 사실을 알려 줍니다. 따라서 여자는 홈페이지에서 참가 신청을 할 것입니다.

Người phụ nữ là người muốn đăng ký tham gia cuộc thi nói tiếng nước ngoài và người đàn ông là nhân viên tiếp nhận hồ sơ. Khi người phụ nữ được cho là nộp đơn nói rằng cô ấy không thể đến gặp trực tiếp, người đàn ông nói với cô ấy rằng cũng có thể nộp đơn trực tuyến. Vì vậy, người phụ nữ sẽ đăng ký tham gia trên trang web.

10 ②

남자: 이번 한국사 수업 발표 준비는 다 했어?
여자: 아니, 아직 시작도 못 했어. 한국 명절에 대해서 할 건데 뭐부터 해야 할지 모르겠어.
남자: 그것과 관련된 책을 많이 찾아보고 자료부터 모아야지. 자료 정리는 내가 도와줄게.
여자: 그래? 고마워. 그럼 자료 찾는 대로 연락할 테니까 그때 좀 도와줘.

여자가 발표 준비를 못해서 걱정하자 남자가 자료부터 모으라는 조언을 해 주었습니다. 그러므로 여자는 이 말을 듣고 발표 주제에 대한 자료 수집을 할 것입니다.

Khi người phụ nữ lo lắng vì không thể chuẩn bị cho bài thuyết trình, người đàn ông đã khuyên cô hãy thu thập dữ liệu trước. Vì vậy, người phụ nữ sẽ nghe lời và thu thập dữ liệu về chủ đề của bài thuyết trình.

11 ③

여자: 인터넷에서 본 이 커튼을 주문하고 싶은데요.
남자: 이거 말씀하시는 거죠? 저희는 모두 주문 제작이기 때문에 창문 길이를 정확히 알려 주셔야 하는데요.
여자: 아, 그래요? 그럼 집에 가서 재 보고 연락드릴게요. 그런데 보통 얼마나 걸려요?
남자: 보통 일주일 정도 걸리는데 요즘은 주문이 많아서 좀 더 걸릴 수 있습니다.

여자가 커튼 가게에 가서 종업원(남자)에게 커튼을 주문하는 상황입니다. 남자는 커튼을 주문하기 위해서는 창문의 길이를 정확히 알아야 한다고 말합니다. 그러자 여자는 집에 가서 재 보고 연락드리겠다고 합니다. 그러므로 이후 여자는 집에 가서 창문 사이즈를 잴 것입니다.

Đây là tình huống người phụ nữ đến cửa hàng rèm để đặt mua rèm với nhân viên (người đàn ông). Người đàn ông nói rằng muốn đặt mua rèm, cô phải biết chính xác chiều dài của cửa sổ. Người phụ nữ liền nói rằng sẽ về nhà để đo thử và liên lạc. Vì vậy, sau đó, người phụ nữ sẽ về nhà và đo kích thước cửa sổ.

12 ②

남자: 미영아, 금요일에 가는 여행 일정 좀 짜야할 것 같은데.
여자: 어, 그렇지 않아도 내가 전화하려던 참이었어. 갑자기 회사에 급한 일이 생겨서 난 못 갈 것 같아. 너하고 영수라도 재미있게 놀다 와.
남자: 우리끼리만 가면 무슨 재미야. 이번 여행은 미루는 게 어때? 표는 취소하면 되고.
여자: 그러면 나야 좋지만 너무 미안해서. 그럼 여행사에는 내가 전화할게.

두 사람은 친구 사이로 여행을 가기로 했지만 여자가 사정이 생겨서 여행을 취소해야 하는 상황입니다. 남자는 여자와 같이 여행을 가기 위해 표를 취소하자고 했고, 여자가 여행사에 전화를 하겠다고 했습니다. 그러므로 여자는 여행사에 전화하여 표를 취소할 것입니다.

Đây là tình huống hai người quyết định đi du lịch với tư cách bạn bè, nhưng người phụ nữ phải hủy chuyến đi do hoàn cảnh. Người đàn ông yêu cầu hủy vé để đi du lịch cùng với người phụ nữ, và người phụ nữ nói rằng sẽ gọi cho công ty du lịch. Do đó, người phụ nữ sẽ gọi điện cho công ty du lịch để hủy vé.

13 ④

여자: 민수야, 미안하지만 부산 교통카드 있어? 있으면 그거 좀 빌려 줘.
남자: 너도 교통카드 가지고 있잖아.
여자: 응. 있긴 한데, 지역마다 다른 교통카드를 사용해야 한다고 들어서 말이야.
남자: 요즘은 교통카드 하나로 전국의 버스나 지하철을 탈 수 있어. 이미 서울하고 부산은 같은 교통카드로 이용하고 있대.

교통카드 사용에 대해 대화하고 있습니다. 여자는 지역마다 사용하는 카드가 다르다고 알고 있어서 남자에게 교통카드를 빌려 달라고 부탁합니다. 그러나 남자는 이미 서울과 부산은 같은 교통카드를 사용할 수 있다는 사실을 여자에게 알려 줍니다.

Hai người đang nói về việc sử dụng thẻ giao thông. Người phụ nữ biết rằng mỗi khu vực sử dụng một loại thẻ khác nhau, vì vậy, cô đã nhờ người đàn ông cho mượn thẻ giao thông. Tuy nhiên, người đàn ông đã cho người phụ nữ biết Seoul và Busan có thể sử dụng cùng một thẻ giao thông.

14 ④

여자: 잠시 안내 방송이 있겠습니다. 이번 주 토요일 저녁 9시부터 '여의도 등 축제'가 있는 관계로 지하철 운행 시간을 새벽 2시까지 연장합니다. 1호선과 2호선만 운행 시간이 연장됩니다. 따라서 다른 노선을 이용하시는 승객 분들께서는 운행 시간을 확인하고 이용해 주시기 바랍니다.

등 축제 때문에 지하철 운행 시간을 연장한다는 안내 방송입니다. 지하철 1호선과 2호선만 운행 시간이 연장된다고 했습니다.

Đây là hướng dẫn thời gian vận hành của tàu điện ngầm sẽ được kéo dài do lễ hội lồng đèn. Phát thanh viên nói rằng chỉ có tuyến tàu điện ngầm số 1 và số 2 sẽ được kéo dài thời gian vận hành.

15 ①

남자: 최근 들어 아파트 공사 현장에서의 사건 사고가 끊이지 않고 있습니다. 지난 20일, 서울의 한 아파트 공사 현장에서 안전모를 쓰지 않은 50대 남성이 15층에서 떨어지는 벽돌에 맞아 크게 다치는 사고가 있었습니다. 올해 들어 아파트 공사 현장에서 100건이 넘는 사고가 있었는데요. 모두 안전에 주의하지 못해서 발생한 사고였습니다. 현장 안전 수칙을 잘 지켰다면 이런 큰 사고는 많이 줄어들었을 것입니다.

공사 현장에서의 사고에 대한 기사입니다. 기자(남자)는 현장 안전 수칙을 잘 지켰다면 사고가 많이 줄었을 것이라고 했습니다.

Đây là bài báo này nói về một vụ tai nạn tại một công trường xây dựng. Nhà báo(người đàn ông) cho rằng nếu công nhân tuân thủ các quy tắc an toàn tại công trường, số vụ tai nạn sẽ giảm thiểu đi nhiều.

16 ④

여자: 저는 지금 섬진강 기차마을에 나와 있습니다. 관계자 분을 만나 말씀 들어보겠습니다.
남자: 이곳은 1989년까지 운행했던 증기기관차의 모습을 그대로 복원하여 섬진강 기차마을에서 가정역까지 10km를 운행하고 있습니다. 우리 기차마을은 맑고 깨끗한 섬진강이 흐르고 예전 철로 그대로 기차가 달리며, 승마, 하이킹 등 다양한 체험을 할 수 있습니다. 섬진강을 따라 이어진 도로 옆의 꽃들이 만들어 내는 풍경은 산책로로 관광객들의 많은 사랑을 받고 있습니다.

섬진강 기차마을의 관계자(남자)를 인터뷰하는 내용입니다. 열차의 이용객은 관광객들이며, 예전에 사용했던 철로를 그대로 활용하고 있습니다. 그러나 기차는 예전의 것을 그대로 사용하지 않고, 그 모습을 복원하여 새로 만든 열차입니다.

Đây là nội dung cuộc phỏng vấn một quan chức(người đàn ông) của Làng tàu lửa sông Seomjin. Hành khách của tàu lửa là khách du lịch, và hiện nay, người ta vẫn đang sử dụng đường ray trước đây. Nhưng tàu lửa thì người ta không sử dụng những con tàu trước đây, mà là những con tàu mới được sản xuất bằng cách phục chế lại hình dáng bên ngoài.

17 ③

남자: 정수 씨가 요즘 자격증 따는 데에 푹 빠졌대요.

여자: 저도 들었어요. 근데 직장도 있는 사람이 취미 생활로 자격증을 딴다는 게 좀 이해가 안 돼요. 하나도 아니고 여러 개를요. 회사 다니면서 따는 게 쉬운 일은 아닐 텐데.

남자: 미래를 위한 일이죠. 언제까지 이 회사에서 일할 수 있는 것도 아니고, 나중을 위해서 준비해 두는 것도 나쁘지 않은 것 같아요. 혹시 회사를 그만두게 되더라도 다른 일을 쉽게 시작할 수도 있고요.

취미 생활로 자격증을 따는 것에 대해 이야기하는 내용입니다. 남자가 자격증을 따는 것을 매우 긍정적으로 여기며, 자격증은 나중을 위해서 준비가 된다고 말하고 있습니다.	Đây là nội dung nói về việc nhận chứng chỉ như một sở thích. Người đàn ông đánh giá một cách tích cực về việc người ta nhận chứng chỉ và cho rằng chứng chỉ được chuẩn bị vì tương lai.

18 ③

남자: 그럼 내일 수업 시간에 만나도록 하겠습니다. 질문 있으신가요?

여자: 제가 하는 일이 늦게 끝나서 매일 수업에 참석하는 게 어려울 것 같아요. 혹시 제가 수업을 못 따라가는 건 아닐까요?

남자: 전혀요. 시간 되실 때만 오셔도 됩니다. 요리 수업이라는 게 그날 배운 수업 내용이 다음날로 이어지진 않거든요. 그래서 수업을 못 들으셨다고 해도 크게 영향을 받는 건 아니에요. 무리하지 마시고 시간이 되실 때 오세요.

요리 강사(남자)와 수강생(여자)의 대화입니다. 여자가 지금 하는 일 때문에 수업에 매일 참석하는 것이 어렵다고 하자 강사는 매일 참석하지 않아도 괜찮다고 대답합니다. 그리고 강사의 마지막 말에서 요리 수업은 다음날 내용과 이어지지 않아 결석을 해도 크게 영향을 미치지 않는다고 했습니다.	Đây là cuộc trò chuyện giữa giảng viên nấu ăn(người đàn ông) và học viên(người phụ nữ). Khi người phụ nữ nói rằng vì công việc hiện tại, cô khó tham gia lớp học hàng ngày, giảng viên liền trả lời rằng cô có thể không tham gia mỗi ngày. Và trong câu cuối cùng, giảng viên nói lớp học nấu ăn không liên quan với nội dung của ngày hôm sau; vì vậy, dù học viên vắng mặt cũng không bị ảnh hưởng lắm.

19 ④

남자: 요즘 드라마나 예능 프로그램에 간접 광고가 많이 나오는 것 같아요.

여자: 그러네요. 그런데 프로그램 내용에 방해가 되지 않을까요?

남자: 프로그램에서 상품이 너무 튀지 않고 자연스럽게 등장하니까 부담스럽지 않던데요. 오히려 상품을 억지로 가려서 보는 사람을 답답하게 하는 것보다 나은 것 같아요.

여자: 하지만 일반 광고와 다르게 보고 싶지 않아도 계속 상품을 볼 수밖에 없잖아요.

방송 간접 광고에 대한 내용입니다. 남자는 여자와 달리 간접 광고가 튀지 않고, 자연스럽게 등장해서 부담스럽지 않다고 생각합니다.	Đây là nội dung của quảng cáo gián tiếp trên truyền hình. Khác với người phụ nữ, người đàn ông cho rằng các quảng cáo gián tiếp không xuất hiện quá lộ liễu nhưng tự nhiên nên người ta không cảm thấy nó nặng nề.

20 ②

여자: 작가님께서는 버려진 우유팩이나 유리병 같은 폐품을 이용해서 작품을 만드시는 걸로 알려져 있는데요. 재활용품을 사용하시는 특별한 이유가 있나요?

남자: 제가 처음부터 재활용품을 사용해서 작품을 만든 것은 아니었습니다. 작품을 표현하는 데 재료가 가지고 있는 특성이 매우 중요하거든요. 재활용품을 버린 사람들에게는 더 이상 필요 없는 쓰레기에 불과하지만, 그것을 미술 도구로 생각하면 매우 흥미로운 재료가 됩니다. 어디에서 왔는지 어떤 사람들로부터 버려졌는지 재료마다 각각의 이야기가 있지요. 그런 것들이 모여서 또 다른 이야기를 만들어 낸다는 것이 매우 흥미로웠습니다.

작가는 폐품을 사용해서 예술작품을 만듭니다. 작가는 이야기가 있는 폐품은 작품을 만드는 데 흥미로운 재료가 된다고 말했습니다.	Người nghệ sĩ sử dụng các phế liệu để tạo ra các tác phẩm nghệ thuật. Ông nói rằng những phế liệu gắn với những câu chuyện là chất liệu thú vị để tạo nên những tác phẩm.

여자 : 이사를 가야하는데 좋은 집 없을까?

남자 : 회사 근처에 오피스텔을 임대해서 사는 사람들이 꽤 있어. 회사도 가깝고 편리하대. 풀옵션 임대라서 이거 저거 살 필요가 없더라고.

여자 : 풀옵션 임대? 생활에 필요한 물건들이 구비되어 있다는 얘기지? 그럼, 임대료가 많이 비싸겠네.

남자 : 응. 에어컨, 냉장고, 세탁기 등 가전제품은 물론이고 생활에 필요한 물건들이 모두 있어. 임대료는 조금 비싼 편이지만 편리하고 쓸데없이 물건을 살 필요가 없다는 장점이 있어. 요즘 인기가 많대.

21 ④ 남자는 편리하고 쓸데없이 물건을 살 필요가 없는 풀옵션의 장점에 대해서 설명하고 있습니다.

Người đàn ông đang giải thích những ưu điểm của việc thuê nhà trọn gói nên thuận tiện và người thuê không cần mua những vật dụng không cần thiết.

22 ④ 여자는 풀옵션 임대가 생활에 필요한 물건이 구비되어 있다고 했으므로 모든 물품을 구입하지 않아도 됩니다.

Người phụ nữ nói rằng nhà thuê trọn gói có đủ mọi thứ cần thiết cho cuộc sống nên người thuê không phải mua sắm tất cả vật dụng.

(전화 상황)

남자: 서울은행이죠? 인터넷으로 '2014 우수 고객 초청 세미나'에 신청하려고 하는데 어떻게 하면 되나요?

여자: 저희 은행 홈페이지에 들어가셔서 신청하시면 되는데요. 당첨이 되면 문자를 보내 드려요. 당일에 오셔서 문자를 보여 주시고 세미나에 참석하시면 됩니다.

남자: 이번 세미나는 어떻게 진행이 되나요?

여자: 네, 고객님. 이 세미나는 평소 세금 문제에 관심이 많은 고객들을 위한 것인데요. 피아노 콘서트로 강의가 시작됩니다.

23 ③ 남자가 여자에게 인터넷으로 세미나를 신청하는 방법에 대해 문의를 하고 있습니다. 그 질문에 여자는 은행 홈페이지에 들어가서 신청하면 된다고 신청 방법에 대해 설명하고 있습니다.

Người đàn ông đang hỏi người phụ nữ cách đăng ký tham gia hội thảo trực tuyến. Để trả lời câu hỏi đó, người phụ nữ giải thích cách nộp hồ sơ là đăng ký tại trang web của ngân hàng.

24 ④ 여자는 은행 홈페이지에 들어가서 신청을 하고 당첨이 되면 문자를 보낸다고 했습니다. 그리고 당일에 그 문자를 보여 주고 세미나에 참석하면 된다고 했기 때문에 문자를 받은 고객만 참석할 수 있다는 의미입니다.

Người phụ nữ nói rằng khi vào trang web của ngân hàng để đăng ký, khách hàng đăng ký sẽ nhận được tin nhắn nếu được chọn. Và cô đã nói rằng trong cùng ngày, khách hàng được chọn chỉ cần đưa tin nhắn là có thể tham dự hội thảo, nghĩa là chỉ khách hàng nhận được tin nhắn mới có thể tham dự hội thảo.

여자: 밤길이 무서운 여성분들을 위한 차별화된 안심 귀가 서비스를 직접 제안하셨다고 들었습니다. 이 서비스에 대해서 자세히 설명해 주시겠습니까?

남자: 알고 계신 것처럼 심야시간에 귀가하는 여성들의 안전에 많은 문제가 있습니다. 물론 일부 지역에서 비슷한 서비스가 시행 중이지만 인력 부족으로 실질적인 효과를 거두지 못하고 있습니다. 하지만 저희 온주시는 경찰과 민간단체가 의기투합해 인력을 늘려 조직적으로 활동하였고 좋은 호응을 얻고 있습니다. 다른 시에서도 이러한 방법이 확대되어 여성들이 더욱 안심하고 밤길을 다닐 수 있기를 바랍니다.

25 ④ 남자는 온주시에서 심야시간에 귀가하는 여성들의 안전에 문제가 있다고 생각합니다. 온주시에서 시행 중인 차별화된 안심 귀가 서비스가 확대되기를 바라고 있습니다.

Người đàn ông cho rằng thành phố Ôn Châu có vấn đề về sự an toàn của những phụ nữ trở về nhà vào ban đêm. Ông hy vọng rằng dịch vụ trở về nhà an toàn được biệt hóa đang được thực hiện tại thành phố Ôn Châu sẽ được mở rộng.

26 ③ 온주시에서 시행중인 안심귀가 서비스는 다른 지역과 차별화된 서비스로 경찰과 민간단체가 의기투합하여 조직적으로 활동하고 있습니다.

Nhờ dịch vụ khác biệt với các khu vực khác, dịch vụ trở về nhà an toàn được thực hiện tại thành phố Ôn Châu, cảnh sát và các tổ chức dân sự đang đồng tâm hiệp lực hoạt động một cách có tổ chức.

[27~28]

여자: 어제 뉴스 봤어? 고등학생들에게 봉사활동 하라고 했더니 헌혈로 대신했다던데.

남자: 응. 나도 봤는데 정말 안타깝더라. 학생들에게 봉사활동 참여를 유도하기 위해 만들어진 제도인데 말이야.

여자: 처음의 취지와 너무 다른 방향으로 간 것 같아. 뉴스에 나온 학생도 봉사를 위한 헌혈이 아니라 봉사활동 점수를 받기 위해서 했더라고.

남자: 근데 대학 입시 점수와 연결이 되다 보니 이해가 되기는 해.

여자: 그래도 봉사활동인데 학생들이 편법을 먼저 배우는 것 같아서 좀 그래. 실질적으로 봉사할 수 있도록 제도 자체를 다시 검토했으면 좋겠어.

27 ④ 여자는 남자에게 실질적인 봉사활동의 제도 개선이 필요하다고 강조하면서 제도 자체를 다시 검토해야 한다는 의견을 말하고 있습니다.

Người phụ nữ nhấn mạnh cần phải cải thiện chế độ hoạt động tình nguyện thiết thực dành cho nam giới, đồng thời họ bày tỏ ý kiến rằng cần phải xem xét lại tự thân chế độ này.

28 ① '어제 뉴스 봤어?, 뉴스에 나온 학생도~'라는 표현을 통해 뉴스에서 고등학생들이 봉사를 위한 헌혈이 아닌 봉사활동 점수를 위해 형식적인 활동을 한다는 기사 내용을 말하고 있습니다. 이것은 봉사활동 제도가 원래의 취지와 달라졌음을 말합니다.

Dựa vào các nhóm từ '어제 뉴스 봤어?, 뉴스에 나온 학생도~', chúng ta có thể biết được bản tin nói rằng học sinh cấp 3 hoạt động mang tính hình thức vì điểm hoạt động tình nguyện chứ không phải hiến máu tình nguyện. Nghĩa là chế độ hoạt động tình nguyện đã thay đổi so với mục đích ban đầu của nó.

[29~30]

여자: 최근 무분별한 문화 개방이 청소년들에게 많은 영향을 끼치고 있는데요. 문화 개방을 계속 유지하실 생각이십니까?

남자: 저도 문화 개방이 사회에 혼란을 야기한다면 당장이라도 개방을 중지할 것입니다. 그렇지만 문화의 개방이 청소년들에게 무조건 나쁘다고만 보는 견해에는 반대합니다. 오히려 다양한 문화 경험을 통해서 더 많은 것을 보고 배울 수 있으며 폭넓은 사고와 시각을 갖는 것 또한 성장에 도움이 되리라 생각됩니다. 요즘 같은 글로벌 시대에 이런저런 이유로 개방을 막고 자라나는 청소년들에게 우리의 것만 고집한다면 그들의 사고방식과 행동은 발전하지 못하고 정체될 것입니다. 따라서 무조건 반대하는 것보다는 우리나라의 정서에 맞는 문화를 선별해서 수용할 수 있도록 해야 합니다.

29 ④ 대중문화의 유입과 관련한 개방 정책에 대해서 이야기하고 있습니다. 여자가 '문화 개방을 계속 유지하실 생각이십니까?'라는 질문을 하는데 이를 통해 남자가 문화 개방 정책을 결정할 수 있는 권한을 가진 사람이라는 것을 유추할 수 있습니다.

Hai người đang nói chuyện về sự du nhập và chính sách khai phóng văn hóa đại chúng. Người phụ nữ hỏi rằng '문화 개방을 계속 유지하실 생각이십니까?'; dựa vào đây, chúng ta đang có thể suy ra người đàn ông có thẩm quyền quyết định các chính sách khai phóng văn hóa.

30 ③ 문화의 개방은 청소년들의 가치관에 혼란을 주는 등 부정적인 영향도 줄 수 있으나 다양한 경험을 통해 더 많은 것을 보고 배울 수 있는 기회를 줄 수 있다는 긍정적인 영향도 있습니다. 따라서 문화의 개방은 청소년들에게 부정적인 영향만 주는 게 아니라 긍정적인 영향도 줍니다.

Khai phóng văn hóa cũng có thể gây ra những tác động tiêu cực như tạo ra sự rối loạn cho các giá trị của thanh thiếu niên, nhưng đồng thời cũng có những hiệu ứng tích cực - đó là tạo ra nhiều cơ hội chứng kiến và học hỏi nhiều điều hơn thông qua nhiều trải nghiệm khác nhau. Vì vậy, khai phóng văn hóa không chỉ ảnh hưởng tiêu cực mà còn ảnh hưởng tích cực đến thanh thiếu niên.

[31~32]

여자: 저희 지역에 쓰레기장을 설치한다는 게 말이 됩니까? 주거 지역에 쓰레기장을 설치한다면 교육 환경도 나빠지고 집값도 떨어질 게 뻔합니다.

남자: (부드러운 말투로) 쓰레기장을 설치하는 목적은 환경오염을 막고 환경을 개선시키는 것입니다. 여기저기 늘어나는 쓰레기로 인해 각종 환경 문제가 심각해z지고 있습니다.

여자: 다른 지역의 환경 문제마저 우리 지역 사람들이 해결해야 한다는 말로 들립니다.

남자: 그렇지 않습니다. 이곳에 설치되는 쓰레기장은 기존과는 전혀 다른 시설로 세워질 것입니다. 여러분들이 걱정하고 계시는 악취나 공해에 대한 해결책은 완벽히 마련해 두었습니다. 또한 도서관이나 공원과 같은 지역 주민을 위한 편의 시설 확충과 세금 감면 혜택을 위한 예산을 확보한 상태입니다.

31 ③ 남자는 여자가 제시한 문제점에 대해서 부드러운 말투로 설득하고 있습니다. 여자는 교육 환경이 나빠지고 집값이 떨어질 거라고 걱정하고 있는데 이에 대해 남자는 오히려 쓰레기장을 설치하는 것이 환경 개선은 물론 편의 시설 확충과 세금 감면 혜택으로 주민들에게 더 많은 혜택이 될 것이라고 주장하고 있습니다.

Người đàn ông đang thuyết phục người phụ nữ bằng giọng điệu nhẹ nhàng về vấn đề mà cô đã trình bày. Người phụ nữ đang lo lắng cho rằng môi trường giáo dục trở nên tồi tệ và giá nhà sẽ giảm, nhưng ngược lại, người đàn ông cho rằng việc xây dựng hố rác không những giúp môi trường được cải thiện mà còn tạo ra nhiều lợi ích hơn cho cư dân như mở rộng các cơ sở tiện ích và miễn giảm thuế.

32 ④ 남자는 여자의 반대 의견에 대해 부드럽고 조심스럽게 해결책을 제시하고 있습니다. 여자가 걱정하는 부분에 대해서 대안을 제시하면서 상대방을 설득시키고 있습니다.

Người đàn ông nhẹ nhàng và thận trọng đưa ra giải pháp cho ý kiến phản đối của người phụ nữ. Ông thuyết phục đối phương bằng cách đề xuất phương án thay thế.

[33~34]

여자: 옛날에는 남자가 집안일을 하면 무능력한 사람으로 생각했었습니다. 그러나 요즘은 오히려 아내를 도와 집안일을 하는 남편이 갈수록 늘어나고 있습니다. 이러한 인식의 변화가 언제부터 시작되었을까요? 문화가 개방되고 사회가 변함에 따라 사람들의 생각이 바뀌는 것은 당연하다고 생각합니다. 전통적인 남편상은 가장으로서 반드시 직장에 다니면서 경제적, 정신적으로 가정을 이끌어야 했다면 요즘에는 능력만 있다면 아내도 직장 생활을 할 수 있는 사회가 되었지요. 이제는 옛날처럼 가부장적이고 강한 권위의식을 가진 가장의 모습은 점점 사라지고 남녀가 동등하게 의견을 나누고 서로 경쟁하는 모습을 흔히 볼 수 있게 되었습니다. 남녀노소 누구나 꿈꾸고 도전할 수 있는 반면에 그만큼 자신에게 주어진 책임 또한 커졌다고 할 수 있지요.

33 ④ '이러한 인식의 변화가 언제부터 시작되었을까요?'라는 여자의 질문을 통해 사람들의 생각이 많이 달라졌다는 것을 알 수 있습니다. 이어서 문화가 개방되고 사회가 발전함에 따라 남자와 여자의 지위와 역할에 대한 사람들의 생각이 많이 달라졌음을 이야기하고 있습니다.

Dựa vào câu hỏi của người phụ nữ '이러한 인식의 변화가 언제부터 시작되었을까요?', chúng ta có thể biết được suy nghĩ của mọi người đã thay đổi rất nhiều. Tiếp theo, cô nói rằng nhờ sự khai phóng văn hóa, xã hội phát triển, theo đó, nhận thức của mọi người về địa vị và vai trò của nam giới và nữ giới cũng thay đổi rất nhiều.

34 ③ '전통적인 남편상은 반드시 직장에 다니면서 경제적, 정신적으로 가정을 이끌어야 했다'라고 했으므로 정답은 ③입니다.

Dựa vào câu nói của người phụ nữ '전통적인 남편상은 반드시 직장에 다니면서 경제적, 정신적으로 가정을 이끌어야 했다', chúng ta biết được đáp án đúng là ③.

남자: 오늘 청소년 프로그램 개발을 위한 세미나에 참석해 주신 여러분, 진심으로 감사드립니다. 꿈을 향해 나아가는 청소년은 우리의 힘이요, 미래입니다. 따라서 전문가들의 도움을 받아 우리 지역의 청소년들이 꿈을 찾고 자신의 능력을 찾아낼 수 있는 다양한 복지 프로그램을 개발하고자 합니다. 물론 과거에 비해 모든 환경들이 좋아지긴 했으나 여전히 학교 폭력에 시달리고 불우한 가정환경으로 힘들어하는 청소년들이 있습니다. 따라서 우리는 모든 청소년들에게 혜택이 주어지도록 학교와 가정에서 체계적으로 관리하여 자신의 능력에 맞는 꿈을 키워 나갈 수 있도록 해야 합니다. 오늘 이 자리에 참석하신 여러분들도 청소년들을 위해 최선을 다해 주시리라 믿습니다.

35 ④   청소년 프로그램 개발을 위한 세미나를 개최한 후에 이곳에 참석한 사람들에게 감사의 말씀을 전하면서 세미나를 개최한 목적에 대해서 이야기하고 있습니다. 남자는 세미나에 참석한 사람들에게 청소년의 능력을 찾아낼 수 있는 복지 프로그램을 개발할 수 있도록 부탁하고 있으므로 정답은 ④입니다.

Sau khi tổ chức hội thảo về phát triển chương trình dành cho thanh thiếu niên, người đàn ông gửi lời cảm ơn đến những người đã tham dự, đồng thời nói về mục đích của hội thảo. Bởi vì người đàn ông đang nhờ những người tham dự hội thảo hỗ trợ để có thể phát triển chương trình phúc lợi khám phá được khả năng của thanh thiếu niên.

36 ②   청소년 프로그램 개발을 위한 세미나에서 인사말을 하고 있고 전문가들의 도움을 받아 프로그램을 개발하려고 한다고 했습니다.

Người đàn ông đang phát biểu chào mừng tại một hội thảo về phát triển chương trình thanh niên, đồng thời dự định sẽ phát triển chương trình với sự giúp đỡ của các chuyên gia.

여자: 요즘 화제가 되고 있는 '간헐적 단식'에 대해 전문가를 모시고 이야기를 나누어 보겠습니다. 먼저 '간헐적 단식'에 대해 소개 좀 해 주시겠습니까?

남자: '간헐적 단식'은 일주일에 한두 번 이상 16시간에서 24시간 정도의 공복 상태를 유지해 주는 것을 말합니다. 보통 단식을 시작한 지 18시간에서 24시간 이후부터 체내의 포도당이 모두 소진되고 지방이 에너지원으로 쓰이기 때문인데요. '간헐적 단식'과 다른 단식과의 가장 큰 차이점은 단식 시간 외에는 원하는 만큼 먹으면서도 체중을 감량할 수 있다는 점입니다. 게다가 '간헐적 단식'이 습관화되면 조금만 먹어도 포만감을 느껴서 소식하게 된다는 점이 다릅니다. 그러나 청소년이나 임산부 또는 특별한 질병이 있으신 분은 먼저 의사와 상담이 필요하겠지요.

37 ④   간헐적 단식과 다른 단식과의 가장 큰 차이점은 단식 시간 외에는 원하는 만큼 먹으면서 다이어트를 할 수 있다는 것이라고 했으므로 다른 다이어트와 차별성이 있습니다.

Sự khác biệt lớn nhất giữa nhịn ăn gián đoạn và hình thức nhịn ăn khác là người ta có thể ăn kiêng trong khi ăn bao nhiêu tùy thích ngoài thời gian ăn kiêng; vì vậy, nó khác với các chế độ ăn kiêng khác.

38 ④   간헐적 단식은 16시간에서 24시간 정도로 금식하는 방법을 말하므로 정답은 ④입니다.

Nhịn ăn gián đoạn nghĩa là phương pháp nhịn ăn từ khoảng 16 đến 24 giờ đồng hồ; vì vậy, đáp án đúng là ④.

여자: 이렇게 많은 여성들이 주부 우울증을 겪고 있다니, 곧 출산을 앞둔 저로서는 남의 일 같지가 않아요. 그러면 휴직이나 퇴직, 임신, 출산 등이 주부 우울증의 주요 원인이 되는 건가요?

남자: 물론 이런 환경적 요인들이 원인이 되기도 하지만 주부들이 가장 어려워하는 것은 아이들 양육입니다. 아이들 중에는 순하고 편한 아이도 있지만 때로는 잠을 잘 자지 않거나 밤낮없이 울어대는 아이들도 있습니다. 이런 경우 모든 것을 참고 감수하기 보다는 주변 사람들에게 도움을 요청하거나 아기 돌봄 서비스 기관에 맡긴 후 잠시라도 나만의 시간을 갖는 것이 중요합니다. 즉 일방적인 희생보다는 취미활동이나 모임을 통해 스트레스를 해소한다면 위기의 순간을 슬기롭게 극복할 수 있다는 것입니다.

39 ③ 여자는 '이렇게 많은 여성들이 주부 우울증을 겪고 있다니'라고 말하며 놀라고 있습니다. 즉 주부들이 다양한 원인으로 주부 우울증을 겪고 있다는 것을 의미합니다.

Người phụ nữ ngạc nhiên nói rằng '이렇게 많은 여성들이 주부 우울증을 겪고 있다니'. Nghĩa là các bà nội trợ mắc bệnh trầm cảm nội trợ do nhiều nguyên nhân khác nhau.

40 ④ 남자는 주부 우울증을 참고 감수하기 보다는 주변 사람들에게 도움을 요청하거나 아기 돌봄 서비스 기관에 맡긴 후 잠시라도 나만의 시간을 갖는 것이 중요하다고 권유하고 있습니다. 즉 양육 기관 또는 지인의 도움이 양육 스트레스 해소에 도움이 된다는 뜻입니다.

Người đàn ông khuyên thay vì chịu đựng bệnh trầm cảm nội trợ, các bà nội trợ nên nhờ mọi người xung quanh giúp đỡ hoặc gửi con cho cơ quan dịch vụ chăm sóc trẻ để dành một chút thời gian cho bản thân. Nghĩa là sự giúp đỡ của cơ quan nuôi dạy con cái hoặc người quen có thể giúp các bà nội trợ giải tỏa căng thẳng trong việc nuôi dạy con cái.

[41~42]

남자: 뉴스나 보험 광고에서 자주 듣게 되는 '유병장수 시대'에 대해 알아보도록 하겠습니다. 유병장수란 질병과 함께 오래 살아간다는 뜻입니다. 인간의 수명은 기대 수명과 건강 수명이 있는데요. 이 둘의 차이는 얼마나 될까요? 한국보건사회연구원에서 발표한 보고서에 따르면 기대 수명과 건강 수명의 차이는 10년 정도라고 합니다. 결국 평균 10년 이상을 질병과 함께 살아야 한다는 말이지요. 그러나 우리는 기대 수명보다는 건강 수명이 연장되기를 꿈꿉니다. 그러기 위해서는 지금부터라도 꾸준한 자기관리가 필요합니다. 우선 스트레스를 줄이고 중독성이 있는 술과 담배는 멀리해야 하며 규칙적인 운동과 정기적인 건강검진이 필요합니다.

41 ③ '기대 수명, 건강 수명'에 대한 의미를 알아야 풀 수 있는 문제입니다. 기대 수명은 생존할 것으로 기대되는 기간을 의미합니다. 건강 수명은 평균 수명에서 질병과 함께 살아가는 기간을 제외한 시간을 말합니다. 따라서 기대 수명과 건강 수명의 차이는 10년 정도라고 했고, 평균 10년 이상을 질병과 함께 살아야 한다고 했으므로 정답은 ③입니다.

Đây là dạng đề chỉ có thể giải được khi biết ý nghĩa của '기대 수명' và '건강 수명'. Tuổi thọ kỳ vọng nghĩa là khoảng thời gian sống được mong đợi. Số năm sống khỏe mạnh nghĩa là tuổi thọ trung bình trừ đi khoảng thời gian người ta sống chung với bệnh. Do đó, người đàn ông nói rằng sự khác biệt giữa tuổi thọ kỳ vọng và số năm sống khỏe mạnh là khoảng 10 năm, và người ta phải sống chung với bệnh tật trung bình từ 10 năm trở lên'; vì vậy, đáp án đúng là ③.

42 ② 남자는 건강 수명을 연장하기 위해서는 스트레스를 줄이고 규칙적인 운동과 정기적인 건강검진이 필요하다고 강조합니다. 정기검진과 건강검진은 모두 병원 검진을 의미합니다.

Người đàn ông nhấn mạnh, để kéo dài số năm sống khỏe mạnh, người ta cần giảm thiểu căng thẳng, tập thể dục đều đặn và khám sức khỏe định kỳ. Khám sức khỏe định kỳ và khám sức khỏe tổng quát đều là khám sức khỏe tại bệnh viện.

[43~44]

여자: 지금 보이는 곳은 서해안에 위치한 백령도입니다. 이 섬은 지리적으로 고립되어 있고 사람들의 손길이 닿지 않아 자연 생태계의 보고로 알려져 있습니다. 매년 봄이 되면 얼었던 강물이 서해로 흘러들고 따뜻한 온풍을 따라 북한의 장산곶매가 남쪽으로 날아와 백령도에 둥지를 틀고 알을 낳습니다. 백령도의 바위에는 장산곶매뿐만 아니라 갈매기, 가마우지 등 다양한 종류의 새들이 집단적으로 살고 있어서 '새들의 아파트'라고 해도 과언이 아닙니다. 또한 봄이 되면 북쪽으로 갔던 물범들도 백령도를 다시 찾습니다. 해상의 남한과 북한의 대치 상황과는 무관하게 움직이는 자유로운 왕래가 생태계에는 국경이 없음을 새삼 깨닫게 해 줍니다.

43 ① '이 섬은 지리적으로 고립되어 있고 사람들의 손길이 닿지 않아'에서 현재의 환경과 지리적 특성을 알 수 있습니다.

Dựa vào chi tiết '이 섬은 지리적으로 고립되어 있고 사람들의 손길이 닿지 않아', chúng ta biết được môi trường hiện tại và đặc điểm trưng về địa lý.

44 ④　다큐멘터리는 전달하고자 하는 메시지가 있습니다. 그리고 그 메시지가 중심 내용입니다. '자유로운 왕래, 해상의 남한과 북한의 대치 상황과는 무관하게 움직이는 생태계에는 국경이 없음을 새삼 깨닫게 해 줍니다'에서 인간은 갈 수 없는 남한과 북한의 국경선을 자유롭게 오가는 생물들을 보면서 감동과 부러움을 느끼고 있습니다.

Bộ phim dữ liệu có một thông điệp muốn truyền tải. Và thông điệp đó là nội dung chính của văn bản. Dựa vào câu '자유로운 왕래, 해상의 남한과 북한의 대치 상황과는 무관하게 움직이는 생태계에는 국경이 없음을 새삼 깨닫게 해 줍니다'. chúng ta biết được nhìn thấy những sinh vật đi lại tự do ở biên giới giữa Nam và Bắc Hàn, nơi con người không thể tự do qua lại. họ cảm thấy xúc động và ghen tị.

[45~46]

남자 : 여러분, 누구든지 갑자기 큰 사고가 나서 수혈을 받아야 할 급박한 상황에 처하게 될 수 있습니다. 하지만 피는 인공적으로 만들 수 있는 것도, 다른 것으로 대체할 수 있는 것도 아닙니다. 그렇다면 피는 어떻게 마련될까요? 네, 그렇습니다. 바로 헌혈입니다. 혈액은 장기간 보관이 불가능합니다. 그래서 꾸준한 헌혈이 필요합니다. 외국으로부터 혈액을 수입하지 않고 자급자족하기 위해서는 연간 300만여 명의 헌혈자가 필요합니다. 헌혈을 하지 않는 분들에게 왜 헌혈을 하지 않느냐고 질문했을 때 가장 많은 분들이 질병에 감염될 것 같다는 답을 해 주셨습니다. 하지만 헌혈에 사용되는 모든 도구들은 무균 처리를 하고 한 번 사용한 이후에는 폐기 처분하기 때문에 아무런 걱정을 하지 않으셔도 됩니다. 도리어 헌혈을 하게 되면 기본적인 혈액 검사로 건강검진의 효과도 볼 수 있습니다. 헌혈은 내 자신과 가족, 그리고 우리 이웃을 위한 사랑의 표현입니다.

45 ②　헌혈에 사용되는 모든 도구들은 한 번 사용한 이후에는 폐기 처분하기 때문에 아무런 걱정을 하지 않아도 된다고 설명하고 있습니다. 폐기 처분은 버려진다는 의미입니다.

Người đàn ông đang giải thích tất cả các dụng cụ được sử dụng trong hiến máu được bỏ đi sau khi sử dụng một lần'; vì vậy, người nghe không cần phải lo lắng vì '폐기 처분' có nghĩa là có nghĩa là '버려진다'.

46 ②　헌혈이 필요한 이유, 안정성, 혜택을 설명하면서 마지막 문장에서 내 자신과 가족, 그리고 우리 이웃을 위한 사랑의 표현이라고 이야기하고 있습니다. 즉 협조와 참여를 요청하고 있습니다.

Người đàn ông giải thích lý do tại sao người ta cần phải hiến máu, tính ổn định và lợi ích của nó, đồng thời, trong câu cuối cùng, anh nói rằng hiến màu là bểu hiện của tình yêu thương đối với bản thân, gia đình và người xung quanh. Nghĩa là anh đang kêu gọi sự hợp tác và tham dự của mọi người.

[47~48]

여자: 감독님 하면 오래전 만들어진 영화를 새롭게 재구성한 리메이크 영화를 떠올리게 되는데요. 그동안 제작하신 영화 중 절반 이상이 이번에 흥행하신 영화처럼 리메이크 영화입니다. 특별히 리메이크 영화에 관심을 가지신 이유가 궁금합니다.

남자: 제가 리메이크 한 영화들은 이전에 대중들의 사랑을 많이 받은 작품들입니다. 하지만 시간이 흐르면서 사람들의 기억 속에서 사라지고 있는 영화들이죠. 요즘 젊은 사람들은 많은 돈을 투자하여 홍보하고 자극적이고 화려하게 만든 블록버스터 영화에 익숙해 있습니다. 대중들이 내용보다는 시각적으로 자극을 받는 영화를 선호하게 만들지요. 영화가 예술이 아닌 상업의 도구가 되어 가고 있습니다. 그래서 이렇게 잊히는 좋은 이야기들을 다시 이 시대 젊은이들의 감성에 맞게 복원하여 전해 주고 싶었습니다. 이전 세대가 아름답게 여기던 것들을 전해 주는 것뿐만 아니라 이러한 영화의 흥행을 통해 상업화되어 가고 있는 영화 시장에 경종을 울리고 싶었습니다.

47 ④　남자는 블록버스터 영화가 내용보다는 화려하고 시각적인 자극을 주고 있다고 말하고 있습니다. 즉 내용보다는 볼거리에 중점을 두고 있습니다.

Người đàn ông cho rằng phim bom tấn mang nhiều màu sắc và kích thích thị giác hơn là nội dung. Nghĩa là nó nhắm vào thị giác hơn là nội dung.

48 ③ 남자는 요즘 나오는 블록버스터 영화의 문제점과 이전 영화들의 장점을 이야기하면서 상업화되어 가고 있는 요즘 영화 시장에 경종을 울리고 싶다고 말하고 있습니다. '경종을 울린다'는 표현은 잘못된 일에 주의를 준다는 의미입니다. 즉 우려를 표현하고 있는 것입니다.

Người đàn ông nói về những vấn đề của phim bom tấn và thế mạnh của các phim trước đó, đồng thời cho biết anh muốn gióng lên hồi chuông báo động về thị trường phim đang được thương mại hóa. Quán ngữ '경종을 울린다' có nghĩa là chú ý đến điều sai trái. Tức là, bày tỏ sự quan tâm.

[49~50]

여자: 요즘 한국 음식이 세계적으로 관심을 얻고 있는데요. 외국인인 여러분이 생각하는 대표적 한국 음식은 무엇입니까? 오늘은 김치를 잠깐 소개해 드리고자 합니다. 지금 보여 드리는 자료는 세계 5대 건강 음식입니다. 이 5가지 음식 중에 한국의 발효 음식이 포함되어 있습니다. 네, 바로 김치입니다. 다음 자료에서 보시는 것처럼 김치는 자연 발효 음식으로 각종 비타민과 유산균, 그리고 섬유질이 풍부하게 들어 있습니다. 그래서 김치는 혈당을 조절해 주고 소화 흡수를 촉진하며 항암효과가 있다고 합니다. 다음으로 이 사진들은 배추김치를 담그는 방법을 보여 주고 있습니다. 배추김치는 절인 배추에 각종 채소와 액젓, 그리고 고춧가루를 기본으로 넣는 것을 알 수 있습니다. 이러한 재료들은 김치의 맛을 더해 줄 뿐 아니라 영양소를 풍부하게 해 줍니다. 이렇게 만들어진 김치는 땅에 묻은 항아리에 보관하여 겨우내 조금씩 숙성시키면서 다양한 맛을 즐겼습니다. 자연에서 나온 가공하지 않은 재료를 가지고 자연 발효를 통해 숙성시키는 자연의 맛, 김치야말로 한국을 대표하는 음식으로 손색이 없을 것입니다.

49 ① 김치는 항암효과가 있다고 설명하고 있습니다. 항암은 암세포의 성장을 억제한다는 의미입니다.

Kimchi được cho là có tác dụng chống ung thư. Chống ung thư có nghĩa là ức chế sự phát triển của tế bào ung thư.

50 ② 여자는 청중인 외국인들에게 한국의 대표적 음식이 무엇인지 묻고 있습니다. 이후 세계 5대 건강 음식, 영양소, 효과, 재료, 보관 방법 등을 이야기하면서 김치가 한국의 대표적 음식인 이유를 설명하고 있습니다.

Người phụ nữ đang hỏi khán giả nước ngoài về món ăn đặc trưng của Hàn Quốc là gì. Sau đó, cô giải thích tại sao kim chi là thực phẩm tiêu biểu của Hàn Quốc bằng cách nói về năm loại thực phẩm lành mạnh nhất thế giới, chất dinh dưỡng, tác dụng, thành phần và phương pháp bảo quản.

쓰기 영역

TOPIK II
한 권이면 OK

꼭 읽어 보세요!
쓰기 시험을 보기 위한 TIP

1. 자신의 등급에 맞게 전략 세우기

— 쓰기는 총 4문제가 출제되고 듣기와 연결되어 **50분 정도**의 시간이 주어집니다. 듣기를 정리하면서 5분 정도를 더 사용하게 되므로 이를 고려하여 시간을 잘 분배해야 합니다.

— 51, 52번은 문장 완성하기, 53번은 200~300자 설명문 쓰기, 54번은 600~700자 논설문 쓰기입니다.

— 51, 52번은 각각 10점씩 총 20점, 53번은 30점으로 중급을 대상으로 평가하는 문제이고, 54번은 50점으로 고급을 대상으로 평가하는 문제입니다.

— 중급을 목표로 하는 경우 반드시 51~53번을 잘 풀어 좋은 점수를 받아야 하며, 54번에서 어느 정도 추가로 점수를 받아야 합니다.

— 51, 52번 문제는 중급을 대상으로 하는 문제이지만 앞뒤 내용을 파악하여 써야 하기 때문에 의외로 시간이 많이 걸릴 수도 있습니다. 따라서 앞뒤 문장을 잘 파악한 후 적절한 문법을 사용해서 써야 합니다.

— 53번 문제는 주어진 자료를 사용하여 쓰는 설명문입니다. 가끔 어려운 어휘가 나오기도 하지만 주어진 자료를 잘 파악하여 수학 문제를 푸는 것처럼 차례차례 쓰면 좋은 점수를 받을 수 있습니다. 그렇기 때문에 글의 종류에 따라 사용되는 표현들을 미리 익혀 최대한 빠른 시간 안에 쓰십시오.

— 그래서 생각을 많이 해야 하는 **51, 52번 문제보다는 점수 비중이 높은 53번을 먼저 쓰는 것이 좋습니다.** 53번 → 51, 52번 → 54번 순서로 문제를 푸시기 바랍니다.

— 54번은 고급을 대상으로 평가하는 문제이지만 중급에 도전하는 학생이라고 해서 포기해서는 안 됩니다. 많은 점수를 받을 수는 없겠지만 얼마간 점수를 받을 수 있기 때문에 자신의 수준에 맞는 어휘와 문법으로 쓰시기 바랍니다.

— 고급에 도전하는 학생이라면 당연히 54번 문제를 잘 써야 합니다. 고급 수준의 어휘와 문법을 잘 사용해서 서론-본론-결론에 맞게 글을 쓰시기 바랍니다.

— 54번의 경우 새롭게 바뀐 35회 TOPIK 이전 고급 쓰기 기출문제를 참고하시면 좋습니다. 1~34회 기출 문제를 다운 받아 모범답안을 따라 쓰면서 충분히 연습하시기 바랍니다.

2. 글씨와 문체(종결표현)

— 쓰기는 먼저 **첫인상이 중요**합니다. 아무리 좋은 내용의 글을 썼다고 해도 채점자가 글씨를 잘 알아보지 못하면 좋은 점수를 받을 수 없습니다. 글씨를 예쁘게 써야 한다기 보다는 정확하게 알아볼 수 있도록 써야 한다는 것입니다. 시험 중에는 시간에 쫓기고 긴장이 되어서 글씨를 잘 쓸 수 없습니다. 평소에 정확하게 쓰는 연습을 많이 하시기 바랍니다. 글씨가 나쁜 학생이라면 **글씨는 좀 작게** 쓰는 것도 한 가지 방법이 될 수 있습니다.

- 문체(종결표현)의 경우 각 문제에 제시된 문체를 따라서 사용해야 합니다. **격식적인 문체를 사용**해야 하며, 51번과 52번은 각각 앞뒤 문장을 살펴보고 같은 형태의 문체를 사용하시기 바랍니다. **53번과 54번의 경우에는 반드시 '-(ㄴ/는)다'를 사용**해야 합니다.
- 맞춤법은 기본입니다. 정확하게 써야 합니다. 발음대로 쓰지 말고 정확하게 쓰셔야 합니다.
- 쓰기는 기본적으로 구어체가 사용되면 감점을 받게 됩니다. 구어적인 어휘나 문법은 사용하지 마십시오.

3. 어휘와 문법 선택하기

- 각 문제에 맞는 수준의 어휘와 문법을 선택하십시오. 51~53번은 **중급 수준**, 54번은 **고급 수준의 어휘와 문법을 사용**하시기 바랍니다.
- 굳이 어렵고 복잡한 문법을 사용할 필요는 없습니다. 중급과 고급에서 자주 사용되는 문법을 두세 개 정도를 사용한다고 생각하시면 됩니다. 53번과 54번의 경우 글의 종류에 따라 항상 사용되는 문법들이 있습니다. 이 문법들을 미리 파악하여 자주 연습하시기 바랍니다. 글의 종류에 따른 표현과 중요 문법을 이 책에 소개해 두었으니 몇 개를 선택하여 연습하시기 바랍니다.

4. 주어진 과제를 수행하기

- 첫인상이 가장 중요하다고 말한 바 있습니다. 첫인상은 글씨도 한몫을 하지만 더 중요한 것은 **문제에서 제시하고 있는 주제에 맞는 글을 쓰는 것**입니다.
- 51, 52번의 경우 앞뒤 문장과 문맥이 맞아야 하며, **53번의 경우 주제**에 맞는 글의 종류를 선택하여 글을 구성해야 합니다. 또한 **제시된 내용을 모두 사용**해야 합니다.
- **54번의 경우 주제**와 함께 두세 개의 질문이 나와 있는데 이 **질문에 대한 답을 반드시 모두 써야** 합니다. 질문의 순서대로 본론을 구성하면 논리적인 좋은 글을 쓸 수 있습니다.
- 주제와 관련이 없는 내용은 아무리 많이 써도 점수를 받을 수 없습니다. 도리어 전체적인 글의 구성을 무너뜨려 나쁜 인상을 줄 수 있습니다. 절대 관련 없는 내용을 적지 마시기 바랍니다.
- 또 한국에 대한 부정적인 관점이나 상식에서 벗어나는 내용도 나쁜 인상을 줄 수 있습니다. 자신의 세계관이 뚜렷하다고 해도 일반적인 상식에서 벗어나는 내용은 쓰지 마십시오.

1. Hãy xây dựng chiến lược thích hợp với trình độ của bạn

- Bài thi Viết bao gồm tổng cộng 4 vấn đề và kết nối với bài thi Nghe, nên bạn có 50 phút để làm bài. Bạn nên dành khoảng 5 phút để sắp xếp bài nghe của mình, vì vậy bạn cần cân nhắc điều này và phân bổ thời gian một cách hợp lý.
- Câu 51 và 52 là dạng đề hoàn thành câu, câu 53 là dạng để viết một văn bản giải thích 200-300 chữ, và câu 54 là dạng đề về viết một bài luận thuyết phục với 600-700 chữ.
- Điểm số phân bổ như sau: câu 51 và câu 52 mỗi câu 10 điểm, tổng cộng 20 điểm, câu 53 là đề đánh giá trình độ trung cấp, 30 điểm và câu 54 là đề đánh giá trình độ nâng cao, 50 điểm.
- Nếu đặt mục tiêu đỗ trình độ trung cấp, bạn phải làm tốt đến câu 51-53 để đạt điểm cao, và bạn phải đạt thêm một số điểm trong câu 54.
- Câu 51 và 52 dành cho học sinh trung cấp, nhưng có thể mất nhiều thời gian hơn bản tưởng vì để có thể làm bài, bạn cần hiểu nội dung trước và sau. Vì vậy, để hoàn thành câu, bạn phải hiểu rõ các câu trước và sau, đồng thời phải sử dụng ngữ pháp thích hợp.
- Câu 53 là một văn bản giải thích được viết bằng dữ liệu cho sẵn. Đôi khi, có một vài từ vựng khó, nhưng nếu hiểu rõ các dữ liệu cho sẵn và lần lượt sử dụng chúng giống như giải một bài toán, bạn có thể đạt điểm cao. Do đó, hãy tìm hiểu trước các từ vựng và ngữ pháp được sử dụng tùy theo thể loại văn bản để viết bài càng nhanh càng tốt.

- Vì vậy, thay vì câu 51 và 52 - hai câu đòi hỏi nhiều suy nghĩ - bạn nên làm câu 53 trước vì đây là câu có tỷ lệ điểm cao. Hãy giải đề theo thứ tự câu 53 → câu 51, câu 52 → câu 54.
- Câu 54 là câu dành cho trình độ cao cấp, nhưng những thí sinh đang chinh phục trình độ trung cấp cũng không nên bỏ cuộc. Bạn có thể không đạt điểm cao nhưng bạn có thể đạt được một số điểm nhất định; vì vậy, hãy viết bài với những từ vựng và cấu trúc ngữ pháp phù hợp với trình độ của bạn.
- Nếu bạn là thí sinh đặt mục tiêu đậu cao cấp, đương nhiên bạn phải viết tốt câu 54. Hãy vận dụng tốt vốn từ vựng và ngữ pháp ở trình độ cao cấp để viết phù hợp với phần mở bài, thân bài và kết luận.
- Đối với đề số 54, bạn nên tham khảo các đề thi Viết cao cấp trước TOPIK lần 35 mới thay đổi. Hãy tải xuống các câu 1 ~ 34 và luyện tập bằng cách làm theo các đáp án mẫu!

2. Chữ viết và văn phong (đuôi từ kết thúc câu)

- Trong kỹ năng Viết, ấn tượng đầu tiên là yếu tố rất quan trọng. Cho dù bài viết hay đến đâu đi nữa, người chấm điểm không đọc được chữ viết của bạn, bạn sẽ không thể đạt điểm cao. Không hẳn bạn phải viết chữ đẹp mà là viết chính xác. Trong khi thi, do thời gian hạn hẹp và tâm lý căng thẳng, thí sinh khó có thể viết đẹp. Vì vậy, hãy thường xuyên tập viết đúng. Nếu bạn có chữ viết tay xấu, bạn nên viết chữ nhỏ lại một chút.
- Về văn phong(đuôi từ kết thúc câu), bạn phải sử dụng văn phong được trình bày trong mỗi bài. Nên sử dụng văn phong trang trọng; với câu 51 và 52, hãy xem xét câu trước và câu sau để sử dụng cùng một văn phong. Trong câu 53 và 54, bạn nhất định phải sử dụng đuôi từ kết thúc câu '-(ㄴ/는)다'.

- Chính tả là yếu tố cơ bản; vì vậy, bạn phải viết đúng chính tả. Bạn phải viết nó một cách chính xác thay vì viết theo cách phát âm.
- Về cơ bản, trong bài thi Viết, nếu sử dụng khẩu ngữ, bạn sẽ bị trừ điểm. Đừng sử dụng từ vựng hoặc ngữ pháp khẩu ngữ.

3. Lựa chọn từ vựng và ngữ pháp

- Hãy lựa chọn từ vựng và ngữ pháp phù hợp cho từng bài. Bạn nên sử dụng từ vựng và ngữ pháp ở trình độ trung cấp cho câu 51 ~ 53 và sử dụng từ vựng và ngữ pháp ở trình độ cao cấp cho câu 54.
- Không nhất định phải sử dụng những cấu trúc ngữ pháp khó và phức tạp. Bạn có thể sử dụng 2 hoặc 3 cấu trúc ngữ pháp thường sử dụng ở trình độ trung cấp và cao cấp. Trong câu 53 và 54, có những cấu trúc ngữ pháp luôn được sử dụng tùy theo vào thể loại văn bản. Bạn nên biết trước những cấu trúc ngữ pháp này và luyện tập chúng thường xuyên. Các từ vựng và cấu trúc ngữ pháp quan trọng theo từng thể loại văn bản đã được giới thiệu trong cuốn sách này, vì vậy, bạn hãy luyện tập chúng!

4. Thực hiện nhiệm vụ được giao

- Như đã nói ở phần trước, ấn tượng đầu tiên là yếu tố quan trọng nhất. Chữ viết đóng vai trò tạo ấn tượng ban đầu, nhưng quan trọng hơn cả, bạn phải viết phù hợp với chủ đề được trình bày trong đề bài.
- Trong câu 51 và 52, ngữ cảnh phải phù hợp với câu trước và câu sau, và trong trường hợp câu số 53, văn bản phải được soạn bằng cách chọn loại văn bản phù hợp với chủ đề. Bạn cũng phải sử dụng tất cả các thông tin được trình bày.
- Trong câu 54, cùng với chủ đề, có 2 hoặc 3 câu hỏi, bạn phải viết tất cả các câu trả lời cho những câu hỏi này. Nếu xây dựng thân bài theo trình tự câu hỏi, bạn có thể viết một bài một cách logic.
- Cho dù viết nhiều đến mấy đi nữa nhưng nội dung không liên quan đến chủ đề, bạn sẽ không được tính điểm. Ngược lại, nó có thể phá hủy bố cục của toàn bài. Vì vậy, đừng viết nội dung không liên quan!
- Ngoài ra, những quan điểm tiêu cực về Hàn Quốc hoặc nội dung lệch lạc với kiến thức phổ biến có thể gây ấn tượng xấu. Cho dù bạn có thế giới quan rõ ràng, cũng đừng viết bất cứ điều gì vượt ra ngoài kiến thức phổ biến!

📖 유형분석

   '( )' 괄호에 알맞은 문장을 넣는 문제입니다. **51번 문제는 광고 문이나 안내문, 52번 문제는 설명문의 형식**으로 제시됩니다. 이 문제는 어휘나 단어보다 **내용을 먼저 파악**해야 하기 때문에 전체적인 흐름을 파악하지 못하면 어려운 문제가 될 수 있습니다. 따라서 '( )' 괄호에 넣어야 할 문장을 만들 때는 다음의 두 가지 상황을 고려해야 합니다.

   먼저 '( )' 괄호 앞 문장과 뒤 문장의 내용을 충분히 이해해야 합니다. 앞뒤 문장의 내용에 답을 구성할 정보에 대한 힌트가 나와 있기 때문입니다. 또 하나는 **문장과 문장을 연결해 주는 '그리고, 그러나, 그런데, 그래서, 만일 등'과 같은 접속 부사**를 잘 살펴봐야 합니다. 이 접속 부사들이 앞뒤 문장과 어떤 상관관계(열거, 반대, 추가, 인과, 근거, 전환)를 갖는지 보여 주기 때문입니다. 또한 이와 같은 표현들은 뒤의 53, 54번 유형에서 답안을 작성할 때에도 유용하게 활용할 수 있으므로 꼭 알아 두는 것이 좋습니다.

  ※ 상관관계를 나타내는 표현

    열거: 앞뒤 문장의 의미가 같은 경우 - 그리고, 다른 하나는
    반대: 앞뒤 문장의 의미가 반대인 경우 - 그러나, 반대로, 그래도, 그런데, 만일
    추가: 앞뒤 문장이 추가적으로 의미를 더해주는 경우 - 또한, 게다가
    인과: 앞뒤 문장이 서로 원인과 결과인 경우 - 그래서, 따라서, 그러므로
    근거: 앞뒤 문장이 이유가 되는 경우 - 왜냐하면, 그래야, 그러니까
    전환: 뒤 문장이 다른 내용으로 바뀌는 경우 - 그런데, 한편

   예를 들어 다음 페이지에 제시된 기출문제 51번의 경우 (㉠)의 앞 문장에는 공부를 마치고 고향으로 돌아간다는 문장이 나옵니다. 뒤 문장에는 책상, 의자, 컴퓨터, 경영학 전공책 등이 있다고 제시되어 있습니다. 그리고 (㉠) 앞에는 '그래서'라는 인과관계를 나타내는 표현이 나옵니다. 즉 고향으로 돌아가기 때문에 이제 이 물건들이 필요가 없으며 이 물건들을 정리하거나 팔려고 한다는 것을 유추해 볼 수 있습니다.

   52번의 경우 (㉡)의 앞 문장에는 긍정적인 결과를 기대할수록 좋은 결과를 얻을 확률이 높다고 나와 있습니다. 그리고 (㉡) 앞에는 '반대로'라는 앞 문장과 대립되는 표현이 나옵니다. 즉 반대로 부정적인 생각을 하면 좋은 결과를 얻을 확률이 낮아진다는 말을 할 것이라는 것을 유추해 볼 수 있습니다.

   Đây là dạng đề đặt câu thích hợp vào '( )'. Câu 51 được trình bày dưới dạng quảng cáo hoặc hướng dẫn, còn câu 52 được trình bày dưới dạng văn bản thuyết minh. Trong dạng đề này, thay vì từ vựng, bạn cần nắm bắt nội dung trước; vì vậy, nó có thể là dạng đề khó khăn nếu bạn không nắm bắt được mạch văn. Vì vậy, khi chọn câu cần đặt trong ngoặc đơn, bạn cần cân nhắc hai tình huống sau đây:

   Trước tiên, bạn phải hiểu rõ nội dung của câu trước và sau '( )'. Bởi vì trong nội dung của các câu trước và sau có thể có gợi ý về thông tin sẽ viết thành câu trả lời. Ngoài ra, bạn cần chú ý đến các trạng từ liên kết như ' 'grì, grnerg, grnedg, grsg, grs' ' '그리고, 그러나, 그런데, 그래서, 만일', vv. Bởi vì những trạng từ liên kết này cho chúng ta biết mối quan hệ(liệt kê, nhân quả, bổ sung, căn cứ, chuyển hoán) giữa câu trước và câu sau.

   Ví dụ, trong câu trước liên quan đến các câu trước của ㉠ câu 51, có câu 'tôi trở về quê hương sau khi tốt nghiệp' Câu sau nói rằng có bàn, ghế, máy tính, sách chuyên ngành. Và trước ㉠ có trạng từ diễn đạt mối quan hệ nhân quả '그래서', nghĩa là vì tôi trở về quê nên chúng ta có thể suy luận 'Tôi không cần những đồ vật đó hoặc tôi định bán chúng'.

   Còn ở câu 52, câu trước ㉠ nói rằng càng kỳ vọng kết quả tích cực. Và trước ㉠ có '반대로' từ diễn đạt nội dung tương phản với câu trước. Nghĩa là, chúng ta có thể suy luận rằng ngược lại, nếu suy nghĩ tiêu cực, xác suất chúng ta đạt kết quả tốt sẽ thấp đi.

51 빈 칸에 문장 채우기

'동아리 회원 모집, 중고 물품 판매'와 같은 광고, 이메일, 메모, 편지, 청첩장, 초대장과 같이 **일상생활 속에서 다른 사람에게 내용을 전달하는 글이 제시**됩니다. 먼저 **제목이나 배경을 보고 글의 종류를 파악해** 두는 것이 좋습니다. 제목이나 배경에는 이 글을 쓴 이유나 목적이 직접적으로 나와 있는 경우가 많습니다.

문장을 구성할 때는 중급 어휘나 표현을 사용해야 감점을 받지 않습니다. 또한 '-아/어요'와 같은 격식적이지 않은 표현을 쓰면 감점이 됩니다. 글에 제시된 종결표현 '-ㅂ/습니다'를 사용하십시오.

Trong dạng đề này thường xuất hiện văn bản truyền đạt nội dung cho người khác trong đời sống hàng ngày như quảng cáo(như tuyển hội viên câu lạc bộ, bán hàng đã qua sử dụng), e-mail, giấy ghi chú, thư, thiếp mời, thư mời, vv). Trước tiên, bạn nên đọc tựa đề hoặc bối cảnh để biết thể loại của văn bản đó.

Tựa đề hoặc bối cảnh thường trình bày trực tiếp lý do hoặc mục đích của văn bản đó. Khi viết câu, bạn phải sử dụng từ vựng hoặc ngữ pháp trung cấp thì mới không bị trừ điểm. Hãy sử dụng đuôi từ kết thúc câu '-ㅂ/습니다' cho câu được trình bày.

52 빈 칸에 문장 채우기

인간관계나 사회생활, 세계관과 관련된 교훈에 대한 글이 제시됩니다. 또는 **일상생활에서 접할 수 있는 과학지식이나 상식**과 관련된 내용이 나올 수도 있습니다. 그러므로 이러한 주제와 관련된 어휘와 표현들을 알아 두면 좋습니다.

51번과 마찬가지로 문장을 구성할 때는 중급 어휘나 표현을 사용해야 감점을 받지 않습니다. 또한 제시된 종결표현 '-ㅂ/습니다, -아/어요'를 사용하면 감점이 됩니다. 문어적 표현 '-(ㄴ/는)다'를 사용하시기 바랍니다.

Trong dạng đề này, văn bản thường viết về các bài học liên quan đến các mối quan hệ của con người, đời sống xã hội, thế giới quan, các kiến thức khoa học hoặc kiến thức phổ biến mà con người chúng ta thường gặp trong đời sống hàng ngày. Vì vậy, bạn nên biết các từ liên quan đến các chủ đề này.

Giống như câu 51, khi viết câu, để không bị trừ điểm, bạn nên sử dụng từ vựng hoặc ngữ pháp trung cấp. Ngoài ra, nếu sử dụng đuôi từ liên kết câu '-ㅂ/습니다, -아/어요' '-(ㄴ/는)다', bạn sẽ bị trừ điểm. Hãy sử dụng đuôi từ liên kết câu dạng bút ngữ

51-52

🔍 문제분석

기출문제

※[51~52] 다음을 읽고 ⊙과 ⓒ에 들어갈 말을 각각 한 문장으로 쓰십시오.
`각 10점`

<TOPIK 35회 쓰기 [51]>
• 유학생 Du học sinh
• 경영학
  Quản trị kinh doanh
• 비우다
  Làm trống/vắng/
  trả(nhà/phòng)

51

> ### 무료로 드립니다
>
> 저는 유학생인데 공부를 마치고 다음 주에 고향으로 돌아갑니다. <u>그래서 지금 (⊙   ).</u> 책상, 의자, 컴퓨터, 경영학 전공 책 등이 있습니다. 이번 주 금요일까지 방을 비워 줘야 합니다. (ⓒ   ). <u>제 전화번호는 010-1234-5678입니다.</u>

※ 정리-물건 소개, 연락 요청-연락처

<TOPIK 37회 쓰기 [52]>
• 불가능하다 Không thể
• 포기하다 Từ bỏ/bỏ cuộc
• 긍정적 Tích cực
• 확률 Xác suất
• 시련
  Thử thách/khó khăn
• 고난이 닥치다
  Khổ nạn ập đến

52

> 어려운 일이 생겼을 때 그 일을 대하는 우리의 태도는 크게 <u>두 가지</u>이다. (⊙   ). <u>다른 하나</u>는 어려워서 불가능하다고 포기하는 것이다. 그런데 긍정적인 결과를 기대할수록 좋은 결과를 얻을 확률이 높다. 반대로 (ⓒ   ). 그러므로 우리는 시련이나 고난이 닥쳤을 때일수록 더욱 긍정적으로 생각할 필요가 있다.

※ '하나는-다른 하나는', 긍정적 관점-'반대로'-부정적 관점

51

'중고 물품'을 무료로 주겠다는 광고문입니다. 광고문은 '광고를 낸 이유'를 먼저 파악하는 것이 좋습니다. '지금' 다음 (⊙)에는 고향으로 돌아가기 때문에 자신이 쓰던 물건을 '정리하려고/드리려고'와 같은 내용을 쓸 수 있습니다. 그리고 (ⓒ)은 금요일까지 방을 비워야 하기 때문에 '언제까지 연락주세요'와 같은 내용을 쓸 수 있습니다. 그러므로 정답은 다음과 같습니다.

⊙ 그동안 사용했던 제 물건을 정리하려고 합니다
ⓒ 그러니까 물건이 필요하신 분들은 금요일 전까지 연락해 주시기 바랍니다

52

(⊙)은 바로 앞에 있는 '두 가지'란 단어를 알면 '하나는, 다른 하나는'의 열거하는 표현이 사용됨을 알 수 있습니다. (ⓒ) 앞에는 '반대로'가 있으므로 대립되는 내용이 나옵니다. 하나는 긍정적인 내용이고 하나는 부정적인 내용입니다. (⊙)에는 긍정적인 내용이, (ⓒ)에는 부정적인 내용이 필요합니다. 그러므로 정답은 다음과 같습니다.

⊙ 하나는 아무리 어려워도 절대 포기하지 않는다
ⓒ 부정적인 생각을 하면 좋은 결과를 얻을 확률이 낮다

Đây là quảng cáo tặng miễn phí 'hàng đã qua sử dụng'. Bạn nên tìm hiểu 'lý do đăng quảng cáo' trước. Trong (⊙), sau 'bây giờ', bạn có thể viết nội dung như '정리하려고/드리려고'. Và trong (ⓒ), bạn phải viết '언제까지 연락주세요', Vì vậy, đáp án đúng như sau:

⊙ Tôi định thu dọn(bỏ đi) vật dụng tôi đã sử dụng.
ⓒ Vì vậy, ai cần vật dụng thì hãy liên lạc cho tôi trước thứ sáu!

Nếu bạn biết từ '두 가지' đứng ngay trước (⊙), bạn có thể biết được các cụm từ được sử dụng để liệt kê '하나는, 다른 하나는'. Trước (ⓒ) có '반대로' nên xuất hiện nội dung trái ngược. Ngay sau '하나는' là nội dung tích cực và ngay sau '다른 하나' là nội dung tiêu cực. (⊙) cần nội dung tích cực, và (ⓒ) cần nội dung tiêu cực. Vì vậy, đáp án đúng như sau:

⊙ Một là dù khó khăn đến đâu cũng không bao giờ bỏ cuộc.
ⓒ Nếu suy nghĩ tiêu cực, xác suất chúng ta đạt được kết quả tốt sẽ thấp.

샘플문제

※[51~52] 다음을 읽고 ㉠과 ㉡에 들어갈 말을 각각 한 문장으로 쓰십시오.

`각 10점`

51

• 교수님 Giáo sư
• 찾아뵙다 Gặp/thăm

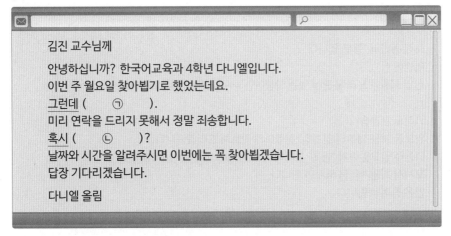

김진 교수님께

안녕하십니까? 한국어교육과 4학년 다니엘입니다.
이번 주 월요일 찾아뵙기로 했었는데요.
그런데 (㉠   ).
미리 연락을 드리지 못해서 정말 죄송합니다.
혹시 (㉡   )?
날짜와 시간을 알려주시면 이번에는 꼭 찾아뵙겠습니다.
답장 기다리겠습니다.

다니엘 올림

52

• 일정하다 Nhất định
• 일정 Lịch trình
• 계획성 Tính kế hoạch
• 주어지다 Được cho

　　하루는 이 세상에 사는 누구에게나 주어지는 일정한 시간이다. 그런데 어떤 사람은 잠자기 전에 또는 아침에 일어나서 하루의 일정을 계획하지만 (㉠   ). 그러나 하루하루가 모여서 역사가 되듯이 계획성 있는 하루하루가 모여서 개인의 능력이 되기도 하고 (㉡   ). 그러므로 행복한 미래는 주어지는 게 아니라 만들어진다는 것을 잊어서는 안 될 것이다.

51
이 문제는 그림을 통해 이메일 쓰기라는 것을 알 수 있습니다. (㉠) 뒤에 미리 연락드리지 못한 것, 그리고 '월요일에 찾아뵙기로 했었는데요. 그런데'라고 말하는 것으로 보아 약속을 지키지 못한 것을 알 수 있습니다. (㉡) 앞에 '혹시'가 있으므로 '다시 만날 수 있는 시간'을 묻는다는 것을 알 수 있습니다. 그러므로 정답은 다음과 같습니다.

㉠ 월요일에 찾아뵙지 못했습니다
㉡ 다른 날 언제 시간이 괜찮으십니까

52
이 문제는 누구에게나 주어지는 '하루'에 대한 글입니다. (㉠) 앞에 '-지만'이 있다는 것은 앞의 내용과 대립되는 내용이 나와야 한다는 것입니다. (㉡) 앞에 '-기도 하다'의 표현은 열거의 표현으로 '-기도 하고 -기도 하다'처럼 사용됩니다. 그러므로 정답은 다음과 같습니다.

㉠ 어떤 사람은 계획 없이 하루를 시작한다
㉡ 행복한 미래가 되기도 한다

Chúng ta có thể thấy dạng đề này là viết email qua hình ảnh. Sau (㉠), 'tôi' nói rằng '미리 연락드리지 못한 것', và '월요일에 찾아뵙기로 했었는데요'; dựa vào đó, chúng ta có thể biết được 'tôi' đã không giữ được lời hứa. Chúng ta có thể biết được trước (㉡) 'tôi' sẽ hỏi giáo sư thời gian có thể gặp. Vì vậy, đáp án đúng như sau:

Đây là dạng đề nói về 'một ngày' dành cho tất cả mọi người. Trước (㉠) có '-지만', nghĩa là phải phải điền nội dung tương phản với nội dung đứng trước đó. '-기도 하다' trước (㉡) là ngữ pháp liệt kê, cũng được sử dụng giống như '-기도 하고 -기도 하다'. Vì vậy, đáp án đúng như sau:

51-52

※[51~52] 다음을 읽고 ㉠과 ㉡에 들어갈 말을 각각 한 문장으로 쓰십시오. 각 10점

51

노래 동아리 '행복'입니다.
이번에 (㉠   ).
신입 회원은 노래에 관심 있는 학생이면 누구나 가입할 수 있습니다.
(㉡   )?
그래도 괜찮습니다.
악보를 보는 법부터 천천히, 친절하게 가르쳐 드리겠습니다.
다음주 금요일까지 '행복' 홈페이지 cafe. sejong.com/happy로
오셔서 회원가입을 하시면 됩니다.
많은 참여 바랍니다.

모 집

㉠	
㉡	

52

　살아가면서 가족, 친구 또는 동료들과 많은 문제로 화를 내면서 말다툼을 해 본 적이 있을 것이다. 그런데 (㉠   ). 그래서 말다툼을 하기 전에 오해가 생길 만한 일이 있었는지 내가 무슨 실수를 했는지 생각해 봐야 한다. 물론 (㉡   ). 하지만 아무리 화가 나더라도 천천히 숨을 쉬면서 생각해 보는 습관을 갖는다면 말다툼을 줄일 수 있을 것이다.

㉠	
㉡	

가입하다 Gia nhập | 악보 Bản nhạc | 홈페이지 Trang web | 참여 Tham dự | 말다툼 Tranh cãi | 오해 Hiểu lầm | 실수 Lỗi lầm | 숨을 쉬다 Thở | 습관 Thói quen

53

53 자료를 참고하여 200~300자 글쓰기

제시된 자료를 참고하여 글을 완성하는 문제입니다. **그동안 출제된 유형은 일반적으로 글을 전개하는 방법에 따라 정의, 비교, 분석, 분류로 나뉩니다.**

정의는 어떤 개념이나 용어의 뜻을 명확하게 규정하는 것.
비교는 두 가지 이상의 대상에 대하여 공통점과 차이점을 밝히는 것.
분석은 어떤 개념이나 대상을 자세하게 나누어 그 특성을 밝히는 것.
분류는 비슷한 특징을 갖는 대상을 일정한 기준에 따라 묶거나 나누어서 설명하는 것입니다.

※ 기출문제: 글의 종류와 주제
　TOPIK 35회: 원형 그래프를 보고 30대와 60대가 '필요하다고 생각하는 공
　　　　공시설'에 대한 설문 조사를 비교하여 쓰기
　TOPIK 36회: '1인 가구 증가 원인'에 관한 정보를 보고 원인-현황을 분석하여
　　　　쓰기
　TOPIK 37회: '대중매체'를 분류해 놓은 표를 보고 쓰기

글의 전체적인 구성은 '도입-전개-마무리'의 세 부분으로 나누어 구성하면 됩니다.

먼저 '도입'은 전체 **글이 어떤 주제로 쓰여 있는지 소개하는 문장**입니다. 그래서 먼저 **문제 안에서 중심 주제를 나타내는 단어나 문장을 찾아야 합니다.** 주로 문제 지문이나 표 안에 제시되어 있는 경우가 많습니다. 이런 경우 그 문장을 그대로 쓰면 됩니다. 만일 그러한 문장이 없다면 중심 주제를 나타내는 단어를 간단하게 설명하면 됩니다.

두 번째, '전개'는 **본론으로 주어진 자료를 정리하여 옮기어 적습니다.** 주어진 자료는 문장의 형태가 아니기 때문에 **글의 유형에 따라 적절한 문법을 사용**해야 합니다. 주어진 자료를 순서대로 잘 정리해야 하는데 이 경우 '첫째-둘째-셋째', '먼저-다음으로-마지막으로', '먼저-반면에' 등과 같은 표현을 사용하는 것이 좋습니다.

Đây là dạng đề tham khảo các dữ liệu được cho sẵn để hoàn thành bài viết. Căn cứ vào phương pháp triển khai bài viết, các dạng đề từ trước tới nay có thể được chia thành các dạng định nghĩa, so sánh, phân tích, phân loại. Định nghĩa là quy định ý nghĩa của một khái niệm hoặc thuật ngữ một cách chính xác. So sánh là làm rõ những điểm tương đồng và dị biệt giữa hai hay nhiều đối tượng. Phân tích là phân chia so sánh, một cách chi tiết để làm rõ các đặc điểm của nó. Phân loại là nhóm các đối tượng có đặc điểm giống nhau hoặc phân chia chúng theo những tiêu chí nhất định.

※ Đề thi trước đây: Thể loại và chủ đề của bài viết
　TOPIK lần thứ 35: Nhìn vào biểu đồ hình tròn và viết bài so sánh khảo sát về 'các cơ sở công cộng mà những người ở độ tuổi 30 và 60 nghĩ là cần thiết.
　TOPIK lần thứ 36: Xem thông tin về 'nguyên nhân gia tăng hộ gia đình một người' và viết bài phân tích nguyên nhân - hiện trạng.
　TOPIK lần thứ 37: Dựa vào bảng phân loại 'phương tiện truyền thông đại chúng' để viết bài.

Trong tất cả các dạng bài, bố cục tổng thể phải được trình bày thành ba phần '도입-전개-마무리(dẫn nhập- triển khai - kết luận)'.

Trước tiên, 'dẫn nhập' là câu giới thiệu chủ đề của toàn bộ bài viết. Vì vậy, trước tiên bạn cần tìm một từ hoặc một câu thể hiện chủ đề chính trong đề bài. Nó thường được trình bày trong bài đọc bài hoặc bảng biểu. Trong trường hợp này, bạn có thể viết câu y như vậy. Nếu không có câu như vậy, bạn có thể giải thích một cách ngắn gọn các từ vựng thể hiện chủ đề chính.

Thứ hai, 'triển khai', tức là thân bài, trình bày nội dung sau khi tổng hợp dữ liệu được cho sẵn để trình bày. dữ liệu cho sẵn không ở dạng câu, nên bạn phải sử dụng ngữ pháp thích hợp tùy theo thể loại văn bản. Bạn phải sắp xếp các dữ liệu cho sẵn theo đúng thứ tự, trong trường hợp này, bạn nên dùng các từ ngữ như '첫째-둘째-셋째', '먼저-다음으로-마지막으로', '먼저-반면에'

세 번째, '마무리'는 **전체적인 내용을 정리하는 부분**으로 자신의 생각을 써야 합니다. 전체적인 내용을 정리하는 내용으로 쓰되 **지나치게 개인적인 생각이나 의견, 관련 없는 내용은 쓰면 안 됩니다.** 앞으로의 전망이나 전체 내용을 한 문장으로 정리하여 쓰는 것이 좋습니다.

이미 주어진 자료만 잘 정리하여도 200~300자를 쓸 수 있기 때문에 '도입'과 '마무리'가 지나치게 길어지는 것은 좋지 않습니다. 따라서 **지나친 부연 설명이나 부정적이거나 주관적인 생각이 들어가지 않는 것이 좋습니다.**

전체적으로 글을 쓸 때는 **문어적 표현을 사용**해야 합니다. '(이)랑', '-아/어 가지고' 등과 같은 구어 문법을 사용하지 마십시오. 종결 표현도 '-ㅂ/습니다', '-아/어요'를 사용하면 안 됩니다. 반드시 '-(ㄴ/는)다'와 같은 문어적 표현을 사용하십시오. 또한 '이/가, 은/는, 을/를' 등과 같은 조사도 꼭 써야 합니다.

어휘와 문법은 가능하면 '중급 상(4급)'에 가까운 표현을 사용하면 좋습니다. 하지만 어휘는 제시된 자료에 있는 것을 충실히 사용하면 되고 문법은 글의 유형에 맞는 문법을 미리 공부해서 사용하면 되기 때문에 부담을 줄일 수 있습니다.

※ 채점 기준 및 주의 사항 Tiêu chí chấm điểm và lưu ý

구분 Phân loại	채점 근거 Tiêu chí chấm điểm	점수 구분 Phân bố điểm số		
		상	중	하
내용 및 과제 수행(7점) Nội dung và thực hiện nhiệm vụ (7 điểm)	과제의 충실한 수행, 주제와 관련된 내용, 내용의 다양성 Thực hiện trung thành nhiệm vụ, những nội dung liên quan đến chủ đề, tính đa dạng của nội dung	6~7	3~5	0~2
글의 전개 구조 (7점) Cấu trúc triển khai bài viết (7 điểm)	글의 구성, 단락구성, 담화표지 사용 Bố cục của toàn bộ bài viết, bố cục văn bản, sử dụng điểm đánh dấu diễn ngôn	6~7	3~5	0~2
언어사용 (8x2=16점) Sử dụng ngôn ngữ(8x2=16 điểm)	다양한, 적절한, 정확한 문법과 어휘 사용, 문어체 사용 Sử dụng nhiều ngữ pháp và từ vựng thích hợp, chính xác và sử dụng ngôn ngữ viết	7~8 (x2)	4~6 (x2)	0~3 (x2)

총점 30점 중 14점은 '내용 및 과제 수행, 글의 전개 구조'이고, 16점은 '언어사용'입니다. 좋은 점수를 받기 위해서는 먼저 내용 및 과제 수행, 글의 전개 구조가 좋아야 합니다. 문법과 어휘 영역을 다루는 '언어사용'이 50%정도의 비중이지만 내용 및 과제 수행, 글의 전개 구조가 기본이 되지 않으면 '상' 그룹에 포함되기 힘듭니다. '상' 그룹에 들어가면 어느 정도 오류가 있어도 기본 점수가 높기 때문에 좋은 점수를 받을 수 있습니다.

Thứ ba, 'kết luận' là phần tóm tắt nội dung tổng thể; cho nên, ở phần này, bạn phải viết những suy nghĩ của chính mình. Bạn tóm tắt nội dung chính, nhưng không nên trình bày ý kiến hoặc suy nghĩ của cá nhân một cách thái quá, cũng không nên trình bày những nội dung không liên quan. Bạn nên tóm tắt nội dung chính hoặc nói về triển vọng trong tương lai.

Vì chỉ cần sắp xếp dữ liệu cho sẵn, bạn cũng có thể viết được 200-300 chữ, nên bạn không nên viết phần dẫn nhập và kết luận quá dài. Vì vậy, chúng ta cũng tránh những lời giải thích bổ sung thái quá hoặc những suy nghĩ tiêu cực hoặc chủ quan.

Nhìn chung, khi viết bài, bạn nên sử dụng cách diễn đạt của ngôn ngữ viết(bút ngữ). Đừng sử dụng các cách diễn đạt của khẩu ngữ như '(이)랑', '-아/어 가지고', cũng đừng sử dụng đuôi từ kết thúc câu '-ㅂ/습니다' hoặc '-아/어요'. Nhất định bạn phải dùng đuôi từ kết thúc câu của ngôn ngữ viết là '-(ㄴ/는)다'. '이/가', đồng thời phải dùng đầy đủ trợ từ '은/는', '을/를', vv.

Nếu có thể, bạn nên sử dụng từ vựng và ngữ pháp gần với trình độ trung cấp(cấp 4). Tuy nhiên, bạn nên sử dụng những từ vựng được trình bày trong tài liệu, còn ngữ pháp thì nên học để sử dụng các cấu trúc ngữ pháp phù hợp với thể loại văn bản.

♻ 글의 종류에 따른 표현

1. 정의를 나타낼 때 자주 사용하는 표현

표현	예문
x(이)란 *y*다.	도시란 일정한 지역의 정치, 경제, 문화의 중심이 되는 곳으로 많은 사람들이 사는 지역이다.
x(이)란 *y*을/를 말한다(이른다).	출산율이란 한 여자가 평생 낳을 것으로 예상되는 평균 출생아 수를 말한다.
x(이)란 *y*(으)로 정의한다. 　　　*y*(이)라고 정의할 수 있다.	사회란 다양한 사람들이 일정한 질서 속에서 사회적 관계를 갖는 공동체로 정의한다. 예술이란 새로움을 추구하는 작업이라고 정의할 수 있다.

　x : 정의 대상, *y* : 정의 내용

2. 비교를 할 때 자주 사용하는 표현
— 차이점 비교 표현

표현	예문
*x*은/는 ~다. 반면에 *y*은/는 ~다.	말은 시간적, 공간적 제약을 받는다. 반면에 글은 그러한 제약이 없다.
*x*은/는 ~(으)ㄴ/는 반면(데 반해) *y*은/는 ~다.	수입은 작년보다 크게 늘어난 반면 수출은 작년과 비슷한 수준이었다.
*x*이/가 ~(으)ㄴ/는 것과는 달리 *y*은/는 ~다.	최근 몇 년 사이에 모바일 쇼핑이 급격히 증가한 것과는 달리 PC 쇼핑은 줄어들고 있다.

　x, *y* : 비교 대상

— 공통점 비교 표현

표현	예문
*x*은/는 *y*와/과 마찬가지로(같이) ~다. *y*와/과 마찬가지로(같이) *x*도 ~다.	신문은 책과 마찬가지로 인쇄 매체의 한 종류이다. 책과 마찬가지로 신문도 인쇄 매체의 한 종류이다.
*x*와/과(이나) *y*은/는 ~다는 점에서 같다(동일하다, 비슷하다).	쓰레기 매립장과 원자력 발전소는 지역 주민들에게 고통을 주고 집값 하락에 영향을 주는 시설이라는 점에서 비슷하다.
*x*뿐만 아니라 *y*이/가(도) 공통적으로 ~다.	비만은 한국뿐만 아니라 전 세계가 공통적으로 고민하고 있는 문제이다.

　x, *y* : 비교 대상

3. 분석
— 원인과 결과 표현

표현	예문
x(으)로 인해(서) y게 되었다(고 있다).	경제 성장으로 인해 여가 활동에 대한 관심이 증가하게 되었다.
x의 결과(로) y게 되었다.	남녀 역할 변화의 결과로 남자들의 가사 노동 시간이 늘어나게 되었다.
y의 원인으로 x을/를 들 수 있다.	저출산의 원인으로 육아, 교육비의 부담을 들 수 있다.

x : 원인, y : 결과

— 설문 조사 결과 표현

표현	예문
조사 결과 x이/가 y(으)로 나타나다(조사되다).	조사 결과 10년 사이에 출산율이 10%나 감소한 것으로 나타났다.
조사 결과 a, b, c 순으로 나타나다(그 뒤를 잇다/따르다).	최근 자주 이용하는 쇼핑 장소를 조사한 결과, 인터넷 쇼핑이 가장 높았고 모바일 쇼핑, 대형마트 순으로 나타났다.

x : 조사 대상, y : 조사 결과, a, b, c : 결과 항목

4. 분류

표현	예문
x은/는 y을/를 기준으로 크게 a, b, c(으)로 나뉜다(분류된다, 구분된다).	광고는 이익 여부를 기준으로 크게 상업 광고와 비상업 광고로 나뉜다.
x에는 a, b, c이/가 포함된다(들어간다, 속한다, 있다).	비상업 광고에는 공익 광고, 논설 광고, 정치 광고가 포함된다.

x : 분류 대상, y : 분류 결과, a, b, c : 분류 항목

53

🔍 문제분석

기출문제

※[53] 다음 그림을 보고 대중매체를 어떻게 나눌 수 있는지 200~300자로 쓰십시오. **30점**

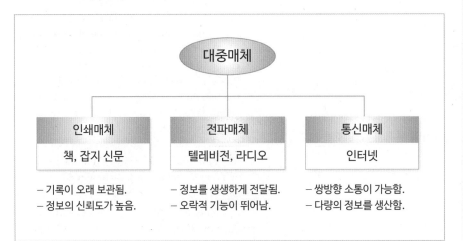

〈TOPIK 37회 쓰기 [53]〉
• 대중매체
  Phương tiện thông tin đại chúng
• 인쇄 In ấn
• 전파 Sóng vô tuyến
• 통신 Thông tin
• 기록 Ghi chép
• 신뢰도 Mức độ tin cậy
• 생생하다 Sống động
• 오락적 Mang tính giải trí
• 뛰어나다
  Xuất sắc, nổi bật
• 쌍방향 Song phương
• 소통 Giao tiếp
• 다량 Số lượng lớn
• 생산하다 Sản xuất

| **53** | 아래 빈칸에 200자에서 300자 이내로 작문하십시오 (띄어쓰기 포함).
(Please write your answer below; your answer must be between 200 and 300 letters including spaces.) |

	대	중	매	체	란		많	은		사	람	에	게		대	량	으	로		정	보	와		생	
각	을		전	달	하	는		수	단	을		말	한	다	.		이	러	한		대	중	매	체	에	
는		다	양	한		양	식	이		있	는	데	,		표	현		양	식	을		기	준	으	로	50
나	누	면		크	게		인	쇄	매	체	,		전	파	매	체	,		통	신	매	체	이	다	.		인
쇄	매	체	는		책	이	나		잡	지	,		신	문		등	으	로		기	록	이		오	래	100
보	관	되	고		정	보	의		신	뢰	도	가		높	다	는		특	징	이		있	다	.	
다	음	으	로		전	파	매	체	가		있	는	데		텔	레	비	전		라	디	오		등	150
이		이	에		속	한	다	.		정	보	를		생	생	하	게		전	달	하	고		오	락	
성	이		뛰	어	나	다	는		특	징	을		가	진	다	.		마	지	막	으	로		인	터	200
넷	과		같	은		통	신	매	체	를		들	수		있	다	.		쌍	방	향		소	통	
이		가	능	하	고		다	량	의		정	보	를		생	산	한	다	는		특	징	이		250
있	다	.																							300

이 문제의 유형은 '분류'입니다. 모범답안에서는 '대중매체'를 표현 양식에 따라 분류하고 그 특징을 설명하였습니다.

도입 부분에서는 글의 주제인 '대중매체'를 '(이)란 ~을/를 말한다'라는 표현으로 정의합니다. 제시된 문제에 대중매체에 대한 정보가 없지만 아래 분류된 요소에 대한 특징을 살펴보면 공통적으로 '정보'라는 단어가 들어가 있습니다. 이 단어를 힌트로 '대중매체'는 '정보를 전달하는 수단'이라는 것을 알 수 있습니다. 이를 참고하여 도입 부분의 첫 문장을 구성합니다. 두 번째 문장에서는 '을/를 기준으로 나누면 A, B, C(이)다'라는 표현으로 중심 주제를 분류하여 서술합니다. '표현양식' 대신 '방법, 수단, 도구'와 같은 단어를 사용할 수 있습니다.

전개 부분은 주어진 자료를 참고하여 분류된 A, B, C를 소개합니다.

A, B, C를 소개하는 표현은 다음과 같습니다.

☆ ┌ 'A은/는 a, b, c(으)로 구성된다'
  ├ '다음으로 B이/가 있는데 d, e, f이/가 이에 속한다'
  └ '마지막으로 h, i, j와/과 같은 C을/를 들 수 있다'

그리고 '-(ㄴ/는)다는 특징이 있다', '-(ㄴ/는)다는 특징을 가진다'라는 표현으로 각 분류된 요소의 특징을 설명합니다.

글의 길이나 유형의 특징 때문에 모범 답안에는 마무리 부분이 들어 있지 않습니다.

Dạng đề này là 'phân loại'. Đáp án mẫu phân loại 'phương tiện truyền thông đại chúng' theo hình thức diễn đạt và giải thích các đặc điểm của nó.

Phần dẫn nhập định nghĩa 'phương tiện truyền thông đại chúng' - chủ đề của bài viết - bằng '(이)란 ~을/를 말한다'. Mặc dù trong bài viết không có thông tin về 'phương tiện truyền thông đại chúng' nhưng dựa vào các đặc điểm về các yếu tố phân loại dưới đây, chúng ta thấy có có một từ chung là 'thông tin'. Dựa vào từ này như một gợi ý, chúng ta có thể biết được phương tiện truyền thông đại chúng' là 'phương tiện truyền đạt thông tin'. Tham khảo chi tiết này, chúng ta có thể viết được câu đầu tiên. Nếu phân chia câu thứ hai theo tiêu chuẩn '을/를', chúng ta có thể viết chủ đề chính bằng cách diễn đạt 'A, B, C(이)다'.

Thay vì '표현양식', chúng ta có thể sử dụng các từ ngữ như '방법, 수단, 도구'. Ở phần triển khai, chúng ta tham khảo dữ liệu cho sẵn để giới thiệu về A, B, C đã được phân loại. Sau đây là các các cụm từ giới thiệu về A, B, C.

Và chúng ta giải thích các đặc điểm của mỗi yếu tố được phân loại bằng cụm từ như '-(ㄴ/는)다는 특징이 있다' hoặc '-(ㄴ/는)다는 특징을 가진다'.

Do độ dài hoặc thể loại văn bản, đáp án mẫu thường không được trình bày ở phần kết luận.

※[53] 최근 한국 사회에서는 출산율이 감소하고 있습니다. 다음 자료를 참고하여 출산율 감소의 원인과 현황을 설명하는 글을 200~300자로 쓰십시오. 30점

출산율 감소의 원인	출산율의 현황
1. 여성의 사회 진출 증가 2. 양육비에 대한 부담 3. 결혼관의 변화	• 1984년 2.1명 ⇩ • 2014년 1.2명

※출산율 : 한 여자가 평생 낳을 것으로 예상되는 평균 출생아 수

- 출산율 Tỷ lệ sinh
- 감소 Giảm thiểu
- 원인 Nguyên nhân
- 현황 Tình hình hiện tại
- 평균 Bình quân
- 출생아 Trẻ sơ sinh
- 진출 Tiến triển
- 양육비 Chi phí nuôi dạy con
- 결혼관 Quan điểm về hôn nhân

53 아래 빈칸에 200자에서 300자 이내로 작문하십시오 (띄어쓰기 포함).
(Please write your answer below; your answer must be between 200 and 300 letters including spaces.)

최근 한국 사회에서는 출산율이 계속 감소하고 있다. 출산율이란 한 여자가 평생 낳을 것으로 예상되는 평균 출생아 수를 말한다. 1984년 2.1명이었던 출산율은 꾸준히 감소하여 2014년에는 1.2명에도 달했다. 30년 사이에 0.9명이 감소한 것이다. 이러한 감소의 원인은 다음과 같다. 첫째 여성의 사회 진출 증가로 인한 출산율의 감소이다. 둘째, 양육비에 대한 부담으로 인한 출산율의 감소이다. 셋째, 결혼관의 변화도 출산율이 감소하는 데에 영향을 주었다. 이러한 원인으로 출산율은 앞으로도 지속적으로 감소할 것으로 예상된다.

50
100
150
200
250
300

이 문제의 유형은 '분석'으로서 출산율 감소에 대한 '원인-현황'을 쓰면 됩니다.

도입 부분에서는 제시된 문제에 있는 정보를 그대로 사용하여 첫 문장을 구성하고, '출산율'을 '(이)란 ~을/를 말한다'라는 표현으로 정의합니다.

전개 부분은 주어진 자료를 사용하여 설명하면 됩니다. 주어진 자료는 '원인-현황' 순이지만 글의 구성상 '현황'을 먼저 쓰고 그 '원인'을 적는 것이 좋습니다. '현황'을 나타내는 표현으로는 다음과 같은 표현이 있습니다.

☆┌ 'N이었/였던 N은/는 감소/증가하여 N에 도달하다/되다'
 └ '00년 사이에 N이/가 감소/증가하다'

그리고 원인을 '첫째, 둘째, 셋째(먼저, 다음으로, 마지막으로)'를 사용하여 순서대로 적습니다. 이때 '이러한 감소/증가의 원인은 다음과 같다'라는 표현으로 내용을 자연스럽게 연결하면 됩니다. 마무리로 앞으로의 전망을 쓰면 됩니다.

Đây là dạng đề 'phân tích', bạn chỉ cần trình bày 'nguyên nhân - hiện trạng' của sự suy giảm tỷ lệ sinh.

Ở phần dẫn nhập, bạn có thể sử dụng những thông tin cho sẵn trong đề bài để đặt câu đầu tiên, định nghĩa 'xuất sản율' bằng cụm từ '(이)란 ~을/를 말한다'.

Ở phần triển khai, bạn có thể sử dụng dữ liệu đã cho.sẵn để giải thích bằng cách dựa vào dữ liệu cho sẵn, được trình bày theo thứ tự 'nguyên nhân - hiện trạng' nhưng về mặt bố cục, trước tiên, bạn có thể viết về hiện trạng. Sau đây là các cụm từ thường được sử dụng để trình bày hiện trạng:

Chúng ta sử dụng '첫째, 둘째, 셋째(먼저, 다음으로, 마지막으로)' nguyên nhân theo trình tự. Lúc này, bạn có thể kết nối nội dung một cách tự nhiên bằng các cụm từ như '이러한 감소/증가의 원인은 다음과 같다'. Cuối cùng, bạn có thể kết thúc bài viết bằng cách trình bày triển vọng trong tương lai.

53

※[53] 다음 그래프를 보고, 성별에 따라 배우자에 대한 조건이 어떻게 다른지 비교하여 200~300자로 쓰십시오. 30점

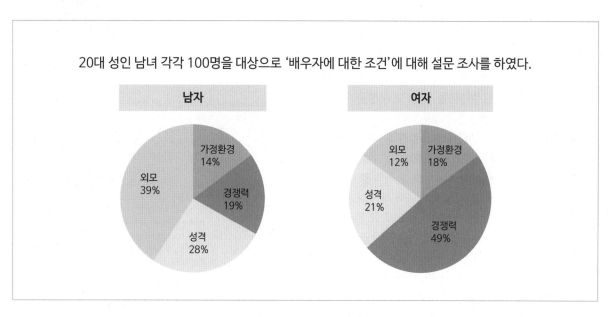

20대 성인 남녀 각각 100명을 대상으로 '배우자에 대한 조건'에 대해 설문 조사를 하였다.

남자
- 가정환경 14%
- 경쟁력 19%
- 성격 28%
- 외모 39%

여자
- 외모 12%
- 가정환경 18%
- 경쟁력 49%
- 성격 21%

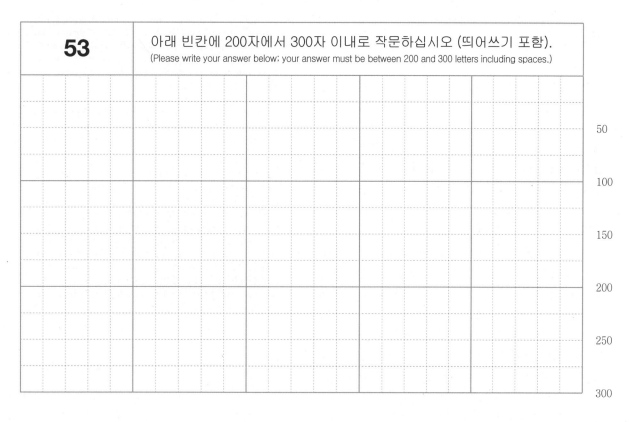

53	아래 빈칸에 200자에서 300자 이내로 작문하십시오 (띄어쓰기 포함). (Please write your answer below; your answer must be between 200 and 300 letters including spaces.)

📖 유형분석

54 주제에 맞게 자신의 생각을 600~700자로 쓰기

주제에 맞게 논리적으로 자신의 생각을 쓰는 문제입니다. 논리적으로 글을 쓰기 위해서는 '서론-본론-결론'에 맞게 글을 구성해야 합니다. 그러기 위해서는 **주제와 제시된 과제(질문)에 대한 파악**이 중요합니다.

먼저 **제시되어 있는 주제문을 잘 읽고 서론을 구성**해야 합니다. 그 후 **본론과 결론은 주제문 아래 제시된 두세 개의 과제(질문)가 요구하는 대답을 보충설명과 예를 통해 구성**하시면 됩니다. 이 과제(질문)에 대한 답이 본론과 결론을 구성합니다. 하지만 문제에서는 글의 전체적인 주제와 방향만을 제시할 뿐 과제(질문)에 대한 구체적인 내용을 제시해 주지는 않습니다. 그렇기 때문에 평소에 이 문제로 출제될 만한 주제들에 대해 관심을 갖고 정보를 수집해 놓을 필요가 있습니다. 출제될 만한 주제로는 '행복한 삶의 조건, 지도자로서 갖추어야 할 덕목 및 조건, 미래의 인재상, 대중매체의 올바른 기능, 직업 선택의 조건, 성공의 기준, 바람직한 인간관계, 경쟁의 효과, 토론의 중요성, 환경오염 등' 어느 정도는 추상적인 사회적 현상이 나올 확률이 높습니다. 그러므로 위와 같은 주제에 필요한 배경지식을 넓히고 관련 어휘를 알아 두면 쓰기에 많은 도움이 될 것입니다.

답안을 작성할 때는 유의할 것이 있습니다. 아무리 어휘 문법이 정확하고 내용이 좋더라도 **글의 내용이 주제와 관련이 없으면 높은 점수를 받을 수 없습니다.** 그리고 과제가 두 개면 두 개의 답, 세 개면 세 개의 답, **각각의 대답이 반드시 들어가야 합니다.** 또한 **내용이 바뀔 때마다 문단을 바꿔서 구성**해야 합니다. 서론 한 문단, 두세 개의 과제(질문)에 대한 답으로 구성한 본론과 결론을 두세 문단, 총 3~4개의 문단으로 구성하시기 바랍니다.

먼저 **서론에서는 전체적인 글이 어떤 주제로 진행되는지 알려주는 내용**이 들어가야 합니다. **본론을 구성할 때는 문제에 제시된 주제문을 참고**하면 좋습니다. 주제문은 전체 써야 할 글의 방향을 설명하고 있으며 필요한 어휘들을 소개해 주고 있기 때문에 이를 토대로 문장을 구성하면 됩니다. 첫 문장은 서론으로 전체적인 주제에 대해 관심을 갖도록 하는 내용을 씁니다. 두세 번째 문장은 주제에 대한 진행 상황이나 주제어에 대한 정의, 분석을 씁니다. 마지막 문장은 본론 부분을 소개하는 문장이나 질문으로 구성하면 좋겠습니다.

54

Đây là dạng đề viết ra suy nghĩ của mình một cách logic với chủ đề. Để viết một cách logic, bạn phải trình bày bài viết thành ba phần 'mở bài- thân bài - kết luận'. Để làm được điều này, bạn cần nắm bắt chủ đề và nhiệm vụ(câu hỏi).

Trước tiên, hãy đọc kỹ câu chủ đề đã được trình bày sẵn và xây dựng phần mở bài. Sau đó, ở thân bài và kết luận, bạn có thể giải thích bổ sung và nêu ví dụ về câu trả lời mà 2, 3 nhiệm vụ(câu hỏi) yêu cầu. Câu trả lời cho nhiệm vụ(câu hỏi) này xây dựng nên thân bài và kết luận. Tuy nhiên, đề bài chỉ đưa ra chủ đề tổng thể và phương hướng của bài viết chứ không đưa ra nội dung cụ thể. Vì vậy, thông thường, bạn cần quan tâm và thu thập sẵn thông tin về các chủ đề có khả năng xuất hiện trong bài thi TOPIK. Các chủ đề có khả năng cao xuất hiện trong bài thi TOPIK là các chủ đề trừu tượng mang tính xã hội, ví dụ như 'hạnh phúc hạnh phúc, điều kiện làm lãnh đạo, đạo và điều kiện của người lãnh đạo, hình tượng nhân tài tương lai, chức năng đúng đắn của truyền thông đại chúng, điều kiện lựa chọn nghề nghiệp, tiêu chuẩn thành công, quan hệ giữa người với người mong muốn, hiệu quả của cạnh tranh, tầm quan trọng của tranh luận, ô nhiễm môi trường'. Vì vậy, sẽ rất hữu ích nếu bạn mở rộng kiến thức nền tảng cần thiết về các chủ đề này và nắm vững các từ vựng liên quan,

Có một vài điều cần lưu ý khi viết đáp án. Dù từ vựng và ngữ pháp chính xác và nội dung hay đến đâu đi nữa nhưng nếu nội dung ấy không liên quan với chủ đề, bạn sẽ không thể đạt điểm cao. Và nếu có 2 câu hỏi, phải có 2 câu trả lời, và nếu có 3 câu hỏi, phải có 3 câu trả lời, mỗi câu hỏi đều phải có câu trả lời. Ngoài ra, mỗi khi thay đổi nội dung, bạn phải trình bày thành một đoạn văn mới. Hãy trình bày mở bài thành 1 đoạn văn, thân bài và kết luận - tức là câu trả lời cho 2, 3 câu hỏi - thành 3, 4, đoạn văn.

Trước tiên, ở phần mở bài, bạn phải trình bày nội dung cho biết chủ đề của bài. Khi viết thân bài, bạn nên tham khảo câu chủ đề được trình bày trong đề bài. Câu chủ đề giải thích phương hướng cần triển khai của bài viết, giới thiệu những từ vựng cần thiết nên bạn có thể dựa vào đó để viết câu. Trong câu đầu tiên, tức là mở bài, bạn phải trình bày nội dung làm sao sao để thu hút sự quan tâm của độc giả về chủ đề. Câu thứ hai và thứ ba viết về tình hình diễn tiến về chủ đề hoặc định nghĩa, phân tích chủ đề. Câu cuối cùng nên là một câu giới thiệu phần thân bài hoặc là một câu hỏi.

본론은 제시된 두세 개의 과제(질문)를 읽고 그에 대한 대답으로 문장을 구성하면 됩니다. 먼저 질문에 대한 답을 쓰고 그에 대해 **보충설명과 예를 제시하여 논리적으로 설득력을 갖는 문장을 구성**해야 합니다. 내용을 구성할 때는 너무 개인적이거나 논리적이지 않은 내용이 들어가서는 안 됩니다. 일반적이고 충분히 설득력이 있는 내용이어야 합니다. 보충설명에는 여러 가지 방법이 있을 수 있습니다. 구체적인 사례를 들 수도 있고, 과학적 근거 제시, 신문기사의 인용, 속담 등을 사용하여 객관적인 설득을 할 수도 있고, 시대, 남녀, 연령 등을 통해 비교할 수도 있고, 세부적으로 분석을 하여 설명할 수도 있습니다. 그리고 **마지막 문장은 결론으로 본론의 두 문단의 내용을 간단하게 정리하거나 앞으로의 전망 등의 내용을 써서 마무리**하면 됩니다.

답안을 작성할 때는 문어적 표현을 사용해야 합니다. 구어 문법도 사용하지 마십시오. 종결 표현도 반드시 '-(ㄴ/는)다'와 같은 문어적 표현을 사용해야 합니다. 또한 '이/가, 은/는, 을/를' 등과 같은 조사도 꼭 써야 합니다.

어휘와 문법은 가능하면 고급 표현을 사용하면 좋습니다. 어휘는 주제와 관련된 표현들을 미리 익혀야 하고 문법과 표현은 고급에서 전형적으로 사용되는 문법을 알아 두어야 합니다.

※ 채점 기준 및 주의 사항 Tiêu chuẩn chấm điểm và một vài lưu ý

구분 Phân biệt	채점 근거 Tiêu chí	점수 구분 Phân bổ điểm số		
		상	중	하
내용 및 과제 수행(12점) Nội dung và thực hiện nhiệm vụ (12 điểm)	과제의 충실한 수행, 주제와 관련된 내용, 내용의 다양성 Thực hiện trung thành nhiệm vụ, nội dung liên quan đến chủ đề, tính đa dạng của nội dung	12~9점 12~9 điểm	8~5점 8~5 điểm	4~0점 4~0 điểm
글의 전개 구조 (12점) Cấu trúc của toàn bài (12 điểm)	글의 구성, 단락 구성, 담화 표지 사용 Xây dựng bài viết, xây dựng đoạn, sử dụng ký hiệu diễn ngôn.	12~9점 12~9 điểm	8~5점 8~5 điểm	4~0점 4~0 điểm
언어사용 (26점) Sử dụng ngôn ngữ (26 điểm)	다양한, 적절한, 정확한 문법과 어휘 사용, 문어체 사용 Sử dụng ngữ pháp và từ vựng đa dạng, phù hợp, chính xác, sử dụng bút ngữ	26~20점 26~20 điểm	18~12점 18~12 điểm	10~0점 10~0 điểm

총점 50점 중 24점은 '내용 및 과제 수행, 글의 전개 구조'이고, 26점은 '언어사용'입니다. 53번과 마찬가지로 좋은 점수를 받기 위해서는 먼저 내용 및 과제 수행, 글의 전개 구조가 좋아야 합니다. 문법과 어휘 영역을 다루는 '언어사용'이 50%정도의 비중이지만 내용 및 과제 수행, 글의 전개 구조가 기초가 되지 않으면 '상'그룹에 포함되기 힘듭니다. '상' 그룹에 들어가면 어느 정도 오류가 있어도 기본 점수가 높기 때문에 좋은 점수를 받을 수 있습니다.

Bạn cần trình bày phần thân bài bằng các câu trả lời cho 2, 3 câu hỏi được trình bày trong đề bài. Trước tiên, hãy trả lời câu hỏi, sau đó xây dựng câu có sức thuyết phục một cách logic bằng giải thích bổ sung và nêu ví dụ. Khi sắp xếp nội dung, bạn không nên đưa ra những nội dung quá cá nhân hoặc thiếu logic. Đó phải là những nội dung thông thường đủ sức thuyết phục. Bạn có thể nêu ra những ví dụ cụ thể hoặc sử dụng các dẫn chứng khoa học, trích dẫn bài báo, tục ngữ, vv để thuyết phục một cách khách quan; cũng có thể so sánh sự khác biệt giữa các thời đại, giữa nam và nữ giữa các lứa tuổi, hoặc cũng có thể phân tích nội dung một cách chi tiết. Và câu cuối cùng, tức là phần kết luận, bạn chỉ cần tóm tắt nội dung của 2 đoạn văn của phần thân bài một cách ngắn gọn hoặc đưa ra triển vọng trong tương lai.

Khi viết câu trả lời, bạn nên sử dụng bút ngữ thay vì khẩu ngữ. Nhất định hãy sử dụng đuôi từ kết thúc câu bút ngữ '-(ㄴ/는)다', và viết đầy đủ các trợ từ như '이/가', '은/는', '을/를'.

Nếu được, bạn nên sử dụng các từ vựng và ngữ pháp ở trình độ cao cấp. Về từ vựng, bạn nên làm quen với các từ vựng liên quan đến chủ đề, đồng thời phải nắm vững các cấu trúc ngữ pháp điển hình được sử dụng ở trình độ cao cấp.

Trong số 50 điểm, 24 điểm cho nội dung, thực hiện nhiệm vụ và cấu trúc triển khai văn bản", và 26 điểm cho sử dụng ngôn ngữ. Giống như câu 53, trong bài này, để đạt điểm cao, trước hết nội dung, thực hiện nhiệm vụ và cấu trúc bài viết của bạn phải tốt. Sử dụng ngôn ngữ - bao gồm ngữ pháp và từ vựng- chiếm khoảng 50%, số điểm nhưng nếu nội dung, thực hiện nhiệm vụ và cấu trúc bài viết không vững, bạn khó để đạt được điểm trong nhóm 'thượng'. Nếu bạn thuộc vào nhóm điểm 'thượng', có nghĩa là điểm cơ bản của bạn cao mặc dù có thể mắc một số lỗi nhất định.

문법과 표현	예문
A/V-(으)ㄴ 나머지	작은 이익을 얻는 데만 급급한 나머지 더 큰 것을 보지 못하는 경우가 많다.
A-(으)ㄴ 만큼 V-는 만큼	고령화로 인해 노인 인구가 급증하고 있는 만큼 다양한 노인 복지 정책이 마련되어야 할 것이다.
A/V-(으)ㄹ 수밖에 없다	정보화 사회에서 정보력이 부족한 사람은 다른 사람들보다 뒤처질 수밖에 없다.
A/V-(으)ㄹ지도 모르다	미래에는 다양한 목적에 맞는 로봇이 개발되어 인간을 대신하게 될지도 모른다.
A/V-(으)ㄹ지라도	아무리 좋은 제도를 만들었을지라도 효과를 거두지 못하면 아무 소용이 없다.
A/V-(으)리라는	대체 에너지의 개발로 미래의 에너지 부족 문제를 해결할 수 있으리라는 기대감이 커지고 있다.
A/V-(으)므로	어린 학생들은 혼자서 생각하는 능력을 키우는 것이 어려울 수 있으므로 여럿이 모여 생각을 나누는 토의와 토론이 필요하다.
A-냐에 따라(서) V-느냐에 따라(서)	앞으로 얼마나 노력하느냐에 따라서 일의 성공과 실패가 좌우된다.
A/V-다가는	계속 그렇게 주변 환경만을 탓하고 있다가는 앞으로 나아갈 수 없다.
A-다고 하더라도 V-ㄴ/는다고 하더라도 N(이)라고 하더라도	아무리 어렸을 때 외국어를 배우는 것이 효과적이라고 하더라도 조기 유학은 어린 아이들의 정서에 악영향을 미칠 우려가 있다.
A-다기보다는 V-ㄴ/는다기보다는	돈이 없어서 불행하다기보다는 돈이 많은 사람들과 비교하면서 상대적으로 불행하다고 느끼는 것이다.
N을/를 막론하고	문화는 어느 민족을 막론하고 각기 다른 특성을 가지고 있으므로 우열을 가릴 수는 없다.
N을/를 비롯해서	한국을 비롯해서 아시아의 여러 나라들이 호흡기 질환을 일으키는 미세 먼지에 대한 대책을 마련하기 위해 고심하고 있다.
N을/를 통해	정부는 다양한 규제 완화를 통해 경제 활성화를 위해 노력하고 있다.

54

🔍 문제분석

기출문제

※[54] 다음을 주제로 하여 자신의 생각을 600~700자로 글을 쓰십시오. `50점`

> 　현대 사회는 빠르게 세계화·전문화되고 있습니다. 이러한 현대 사회의 특성을 참고하여 '현대 사회에서 필요한 인재'에 대해 아래의 내용을 중심으로 자신의 생각을 쓰십시오.

> ・현대 사회에서 필요한 인재는 어떤 사람입니까?
> ・그러한 인재가 되기 위해서 어떤 노력이 필요합니까?

〈TOPIK 37회 쓰기 [54]〉
- 세계화　Toàn cầu hóa
- 전문화
　Chuyên môn hóa
- 참고하다　Tham khảo
- 인재　Nhân tài

아래 빈칸에 600자에서 700자 이내로 작문하십시오 (띄어쓰기 포함).
(Please write your answer below; your answer must be between 200 and 300 letters including spaces.)

서론

현대 사회는 과학 기술과 교통의 발달로 많은 변화를 겪고 있다. 그 결과 세계는 점점 가까워져 소위 지구촌 시대라고 불리게 되었다. 이와 함께 지식 생산이 활발해지고 각 영역에서의 경쟁이 치열해지면서 전문화의 중요성이 강조되었다. (이러한 사회에서는 어떠한 인재가 요구될까?) 첫번째 질문을 그다

본론
⇒
첫번째 질문의 답

세계화가 되면서 우선 글로벌 마인드의 구축과 글로벌 인재로서의 역량을 키우는 것이 필요하다. 예전에는 국경이라는 테두리에서 국가 구성원으로서의 기본 자질을 갖추고 사회에서 요구하는 역량을 길러 사회 발전에 기여하는 인재가 요구되었다. 그러나 세계화 시대에는 기본적으로 세계 시민으로서의 역량과 자질을 갖추고 세계를 무대로 활동할 수 있는 인재가 필요하다.

⇒
두번째 질문의 답

또한 과학 기술의 발달과 전문화가 심화되고 있는 상황에서 각자가 가진 능력을 최대한 발휘하여 경쟁력을 갖추려고 노력해야 한다. 과거에는 단순히 지식이나 기술을 습득하여 이를 활용하는 것만으로도 인재로서의 역량이 가능하였다. 그러나 대량의 정보 속에서 이를 선택하고 활용할 수 있는 지금은 지식의 융복합이나 자신만의 특성화 등을 통하여 전문성을 인정받음으로써 상대적인 경쟁력을 갖추어야 한다. 결론 이렇게 내적으로는 글로벌 마인드를 기르고 외적으로는 전문적인 자기 능력을 갖춰 시대의 변화에 발맞추어 나가야 한다.

이 문제는 '현대 사회에서 필요한 인재'라는 주제로 논리적인 글을 쓰는 것입니다. 주제문 아래 주제와 관련되어 두 가지 과제(질문)가 제시되어 있습니다. 먼저 '현대 사회에서 필요한 인재'는 어떤 사람인지, 그리고 '그러한 인재가 되기 위해서는 어떤 노력이 필요한지'입니다. 기출문제 모범 답안에서는 다음과 같이 내용을 정리하고 있습니다.

먼저 첫 문장은 현대 사회가 변화하는 이유로 과학 기술과 교통의 발달을 들고 있습니다. 중심 주제를 직접 제시하기 이전에 관심을 끄는 문장을 사용했습니다. 그리고 '그 결과' 현대 사회는 세계화, 전문화되고 있다는 주제문의 내용을 좀 더 자세히 제시했습니다. 그리고 서론의 마지막 문장에서는 '이런 사회에서는 어떠한 인재가 요구될까?'라는 질문을 통해 본론의 내용을 소개하고 있습니다.

본론에서는 문단을 바꾸고 본격적으로 과제(질문)에 대한 답을 제시합니다.

두 번째 문단 첫 문장에서는 첫 번째 질문의 답으로 '글로벌 인재로서의 역량을 키우는 것이 필요하다'고 말하고 있습니다. 그리고 그 이후 문장은 첫 문장의 부가적인 설명으로 예전에 필요했던 인재와 현재 필요로 하는 인재를 비교하여 설명하고 있습니다.

세 번째 문단도 첫 문장에서 두 번째 과제(질문)의 답으로 '각자가 가진 능력을 최대한 발휘하여 경쟁력을 갖추려고 노력해야 한다'고 말하고 있습니다. 이후 문장도 두 번째 문단처럼 과거와 현재에 필요한 노력을 비교하여 설명하고 있습니다.

마지막 문장은 결론으로서 본론 부분을 정리합니다. 모범 답안에서는 문단을 나누어 놓지 않았지만 문단을 나누어도 좋습니다.

Dạng đề này là viết bài một cách lôgic theo chủ đề 'nhân tài cần thiết trong xã hội hiện đại'. Có hai nhiệm vụ(câu hỏi) liên quan đến chủ đề dưới câu chủ đề. Trước tiên, đề bài hỏi 'nhân tài cần thiết trong xã hội hiện đại' là người như thế nào, và 'để trở thành nhân tài như vậy, người ta cần phải cố gắng ra sao'. Đáp án mẫu của đề thi trước đây đã tổng hợp nội dung như sau:

Trước hết, câu đầu tiên nêu sự phát triển của khoa học công nghệ và giao thông là lý do của sự biến đổi của xã hội hiện đại. Trước khi đề cập trực tiếp chủ đề chính, tác giả đã sử dụng câu thu hút sự quan tâm của độc giả. Sau đó, tác giả trình bày cụ thể hơn nội dung của câu chủ đề bằng cụm từ 'thế rồi', xã hội hiện đại đang được toàn cầu hóa, chuyên môn hóa.

Và câu cuối cùng của phần mở bài giới thiệu nội dung của phần thân bài bằng câu hỏi 'trong xã hội như thế này thì nhân tài nào được yêu cầu?' Phần thân bài chuyển sang đoạn văn khác và chính thức trả lời câu hỏi.

Là câu trả lời cho câu hỏi đầu tiên, câu đầu tiên của đoạn thứ hai nói rằng 'cần phải nuôi dưỡng năng lực như một nhân tài toàn cầu'. Là phần giải thích bổ sung của câu đầu tiên, câu tiếp theo so sánh và giải thích những tài năng cần thiết trước đây và những tài năng cần thiết hiện nay.

Là câu trả lời cho câu hỏi thứ hai. câu đầu tiên của văn bản thứ ba cũng nói rằng 'mỗi người phải phát huy tối đa năng lực mình có để nỗ lực trang bị sức cạnh tranh'. Tương tự với câu thứ hai, câu tiếp theo cũng so sánh sự nỗ lực cần thiết trong quá khứ và hiện tại.

Là phần kết luận, câu cuối tóm tắt phần thân bài. Đáp án mẫu không chia thành các đoạn, nhưng bạn có thể trình bày bài viết của mình thành các đoạn khác nhau.

소위 Cái gọi là | **지구촌** Ngôi làng toàn cầu | **치열하다** Mãnh liệt/dữ dội | **글로벌 마인드** Tư duy toàn cầu | **구축** Xây dựng/thiết lập | **역량** Năng lực | **테두리** Đường viền/mép | **자질** Tư chất | **기여하다** Đóng góp | **심화되다** Trở nên sâu sắc | **융복합** Hội tụ | **발맞추다** Bắt nhịp

※[54] 다음을 주제로 하여 자신의 생각을 600~700자로 글을 쓰십시오. 50점

> 국가 지도가가 누가 되느냐에 따라 국민들의 삶의 질이 달라지기도 하고 국가의 국제적 위신이 달라지기도 합니다. 최근 세계정세의 흐름에 발맞추어 '이 시대가 원하는 국가 지도자'에 대해 아래의 내용을 중심으로 자신의 생각을 쓰십시오.

- 국가 지도자가 제일로 생각해야 하는 것은 무엇인가?
- 국가 지도자로서 경계해야 할 것은 무엇인가?

- 지도자 Người lãnh đạo
- 삶 Cuộc sống
- 질 Chất lượng
- 위신 Phẩm giá
- 세계정세
  Tình hình chính trị thế
  giới
- 경계하다 Cảnh giác

　국가 지도자는 한 나라와 그 나라 국민의 대표로서 많은 관심을 받기 마련이다. 안으로는 국민들의 삶의 질을 높여야 하고 밖으로는 국제적 경쟁력을 키워 나가야 한다. 그렇기 때문에 누가 국가 지도자가 되느냐에 따라 그 나라의 흥망성쇠가 좌우된다. 그렇다면 이 시대가 원하는 국가 지도자는 어떠한 사람이어야 할까?

　무엇보다 소통하는 사람이어야 한다. 현대 사회는 정치 이념과 관계없이 개인의 인권이 존중받는 시대가 도래했다. 이전처럼 국가 전체의 이익을 위해 인권을 무시하는 시대는 지났다. 그래서 국가 지도자는 국민들이 무엇을 원하는지 귀 기울이고 또 자신의 생각을 전달하고 설득하는 과정을 충분히 가져야만 한다. 이러한 점은 국제적인 관계에서도 마찬가지다. 자국의 이익만을 추구하는 것을 지양하고 소통을 통한 상생을 추구해 나가야 한다.

　권력에 대한 욕심은 높은 자리로 올라갈수록 커져 본질을 잊어버리게 만든다. 국가 지도자는 국민의 지지를 통해서만 그 지위를 유지할 수 있기 때문에 국가 지도자는 권력이 자신으로부터 시작되는 것이 아니라는 것을 잊지 말아야 한다. 예전 왕권 시대에서조차 왕의 권력은 백성으로부터 오기 때문에 백성을 하늘처럼 섬겨야 한다는 말이 있었다. 이렇듯 이 시대가 원하는 지도자는 자신이 갖고 있는 권력이 국민의, 국민에 의한, 국민을 위한 것임을 잊지 말고 소통에 힘써야 할 것이다.

이 문제는 '이 시대가 원하는 국가 지도자'라는 주제로 논리적인 글을 쓰는 것입니다. 주제문 아래 주제와 관련되어 두 가지 과제(질문)를 제시하였습니다. 먼저 '국가 지도자가 제일로 생각해야 하는 것'은 무엇인지, 그리고 '경계해야 할 것'은 무엇인지 묻고 있습니다. 제시된 모범 답안에서는 다음과 같이 글을 구성하고 있습니다.

먼저 첫 문장은 국가 지도자는 많은 관심을 받게 된다고 말하면서 중심 주제를 소개합니다. 그리고 주제문에 나와 있는 말을 가지고 지도자의 국가 안팎에서의 역할을 서술합니다. 그리고 서론의 마지막 문장에서는 '이 시대가 원하는 국가 지도자는 어떠한 사람일까?'라는 질문을 통해 본론 부분에서 서술할 내용을 소개합니다.

본론에서는 문단을 바꾸고 본격적으로 과제(질문)에 대한 답을 제시합니다.

두 번째 문단 첫 문장에서는 첫 번째 질문의 답으로 소통하는 사람을 들고 있습니다. 그리고 그 이후 문장은 첫 문장의 부가적인 설명으로 왜 그렇게 답했는지 그 이유를 과거의 상황과 비교하여 설명합니다. 또 주제문에서 국민과 국제적 관계, 두 가지를 제시한 것을 고려해 국제적인 관계에서도 소통이 필요하다는 것을 서술합니다.

세 번째 문단에서는 첫 번째, 두 번째 문장을 통해 두 번째 과제(질문)의 답으로 '권력에 대한 욕심'을 들고 있습니다. 이후 문장에서는 이전 왕권 시대와 비교하여 설명합니다.

마지막 문장은 결론으로서 본론을 정리합니다. 모범 답안에서는 문단을 나누어 놓지 않았지만 문단을 나누어도 좋습니다.

Đây là dạng đề viết một cách logic về chủ đề 'nhà lãnh đạo quốc gia mà thời đại này mong muốn'. Có hai nhiệm vụ(câu hỏi) liên quan đến chủ đề dưới câu chủ đề. Trước tiên, đề bài hỏi rằng 'điều mà nhà lãnh đạo quốc gia phải nghĩ đến đầu tiên' là gì, tiếp theo là 'điều người lãnh đạo phải cảnh giác' là gì. Đáp án mẫu đã trình bày bài viết như sau.

Câu đầu tiên giới thiệu chủ đề chính bằng câu nói rằng nhà lãnh đạo nhận quốc gia được nhiều sự quan tâm. Sau đó tác giả sử dụng từ ngữ trong câu chủ đề để viết về vai trò đối nội, đối ngoại của nhà lãnh đạo. Và câu cuối của phần mở bài giới thiệu nội dung sẽ trình bày trong phần thân bài bằng câu hỏi 'ở thời đại mà người dân mong muốn, nhà lãnh đạo quốc gia là người thế nào?'

Phần thân bài chuyển sang đoạn văn khác và chính thức trả lời câu hỏi. Là câu trả lời cho câu hỏi đầu tiên, câu đầu tiên của đoạn thứ hai đề cập đến người giao tiếp. Là câu trả lời bổ sung của câu thứ nhất, câu sau đó so sánh tình hình quá khứ để giải thích lý do tại sao lại như vậy.

Đồng thời, tác giả cân nhắc việc câu chủ đề đã trình bày hai mối quan hệ quốc nội và quốc tế để nói rằng cũng cần có sự giao tiếp trong mối quan hệ quốc tế.

Là câu trả lời cho câu hỏi thứ hai , văn bản thứ ba đề cập đến 'tham vọng quyền lực' thông qua câu thứ nhất, câu thứ hai. Câu sau đó so sánh với thời đại vương quyền trước đây.

Là phần kết luận, câu cuối tóm tắt phần thân bài. Đáp án mẫu không chia thành các đoạn văn, nhưng bạn có thể trình bày bài viết của mình thành các đoạn khác nhau.

경쟁력 Sức cạnh tranh | 흥망성쇠 Hưng vong thịnh suy | 좌우되다 Được quyết định/được kiểm soát | 소통하다 Giao tiếp | 정치이념 Ý niệm chính trị | 존중받다 Được tôn trọng | 도래하다 Đến | 인권 Nhân quyền | 귀(를) 기울이다 Lắng nghe | 설득하다 Thuyết phục | 추구하다 Theo đuổi | 지양하다 Từ chối | 상생 Công sinh | 지지 Ủng hộ | 백성 Bá tính | 섬기다 Phục vụ

54

연습문제

※[54] 다음을 주제로 하여 자신의 생각을 600~700자로 글을 쓰십시오. 50점

　　사람들은 성공을 위해 열심히 뛰어가고 있습니다. 하지만 성공에 대한 정의는 사람들마다 다릅니다. '성공의 기준'에 대해 아래의 내용을 중심으로 자신의 생각을 쓰십시오.

- 성공의 기준은 무엇입니까?
- 성공하기 위해서는 무엇이 필요합니까?

아래 빈칸에 600자에서 700자 이내로 작문하십시오 (띄어쓰기 포함).
(Please write your answer below; your answer must be between 200 and 300 letters including spaces.)

50

100

150

200

250

300

350

400

450

500

550

600

650

700

⟨ 쓰기 연습문제 정답 및 해설 ⟩

51 동아리 회원을 모집하는 광고문입니다. 광고문은 광고를 낸 이유나 목적을 이해하고 '모집 광고'인지 '안내 광고'인지 등을 파악해야 합니다. 이 문제는 제목이 '모집'이므로 회원 모집 광고라는 것을 알 수 있습니다. (㉠) 뒤에 신입 회원이 나오므로 (㉠)에는 신입 회원을 모집한다는 내용을 쓰면 됩니다. (㉡) 뒤에 그래도 괜찮다는 말을 보면 (㉡)에 노래를 못하거나 악보를 못 보냐는 질문이 들어가야 한다는 것을 알 수 있습니다. 그러므로 정답은 다음과 같습니다.

Đây là một bài quảng cáo tuyển thành viên của câu lạc bộ. Đối với quảng cáo, bạn cần hiểu lý do hoặc mục đích của quảng cáo và biết đó là 'quảng cáo tuyển dụng' hay 'quảng cáo hướng dẫn'. Chúng ta có thể biết được đề này là 'quảng cáo tuyển hội viên'. Vì 'thành viên mới' đứng sau (㉠), nên (㉠), bạn có thể viết nội dung tuyển thành viên mới. Dựa vào "그래도 괜찮다" đứng sau (㉡), chúng ta có thể biết được cần viết một câu hỏi 'bạn không thể hát hoặc đọc nốt nhạc không vào (㉡). Do đó, đáp án đúng như sau:

[모범답안]

㉠ 새로 신입 회원을 모집하려고(뽑으려고) 합니다
㉡ 노래를 잘 못하십니까
   악보를 볼 줄 모르십니까

52 인간관계에 대한 글입니다. (㉠) 앞에서 많은 문제로 말다툼이 생긴다는 이야기를 하고 있습니다. 그리고 뒤에서는 오해나 실수가 있는지 생각해 보라고 말하고 있으므로 (㉠)에는 많은 문제나 말다툼이 오해나 실수 때문에 생긴다는 내용을 넣으면 됩니다. (㉡) 뒤에서 '하지만 화가 나더라도 천천히 생각하는 습관을 가져야 한다고 말하고 있으며, 앞에는 '물론'이라는 표현이 있는 것으로 보아 (㉡)에는 화가 났을 때 생각을 하는 것이 어려운 일이라는 내용이 들어가야 한다는 것을 알 수 있습니다. 그러므로 정답은 다음과 같습니다.

Đây là bài viết về mối quan hệ của con người. Trước (㉠), tác giả nói rằng các cuộc tranh cãi diễn ra do nhiều vấn đề khác nhau. Sau đó, tác giả nói rằng hãy thử suy nghĩ bạn có hiểu lầm hoặc lỗi lầm không, nên trong (㉠), bạn có thể viết rằng nhiều vấn đề hoặc tranh luận xảy ra do hiểu lầm hoặc nhầm lẫn. Sau (㉡), tác giả nói rằng '하지만', bạn cần tạo thói quen suy nghĩ chậm rãi ngay cả khi đang giận, và dựa vào trạng từ '물론' đứng trước (㉡), chúng ta có thể biết được cần phải viết rằng thật khó để suy nghĩ trong khi đang tức giận. Vì vậy, đáp án đúng như sau:

[모범답안]

㉠ 많은 문제들은 오해나 실수로 생긴다
㉡ 화가 날 때 (무엇을, 무엇인가를) 생각한다는 것이 쉬운 일은 아니다

53 이 문제의 유형은 '분석과 비교'로서 성인 남녀를 대상으로 '배우자의 조건'에 대한 설문 조사를 정리하면 됩니다. 두 종류의 대상과 각 대상별로 항목이 나뉘어 있어 복잡해 보이지만 대상에 따라 순서대로 세부 항목을 설명하면서 두 대상을 비교하면 됩니다.

먼저 문제에 사용된 문장을 그대로 사용하여 도입 부분을 구성합니다(다소 바꿔도 상관없지만 관계없는 다른 내용이 들어가지 않도록 주의해야 합니다).

Đây là dạng bài 'phân tích' và 'so sánh', vì vậy, bạn nên tóm tắt khảo sát bảng hỏi về 'điều kiện của người phối ngẫu' trên đối tượng nam giới và nữ giới trưởng thành. Đề bài có vẻ phức tạp vì nó chia làm loại đối tượng, và các mục theo từng loại đối tượng nhưng bạn chỉ cần giải thích các mục chi tiết một cách tuần tự theo từng đối tượng.

Trước tiên, bạn sử dụng nguyên câu viết trong đề để xây dựng phần dẫn nhập. (Câu có thể thay đổi ít nhiều, nhưng không nên đưa vào bất kỳ nội dung khác không liên quan.)

전개 부분에서는 제시된 그래프의 순서에 따라 '남자-여자' 순서로 쓰고, 배우자의 조건인 네 가지 세부 항목을 %가 높은 것부터 차례대로 쓰면 됩니다. 이때 남자 부분과 여자 부분을 비교하는 표현으로 '반면에'를 적으면 좋습니다. 설문 조사 결과를 나타내는 표현인 '00%(으)로 나타나다', '00%을/를 차지하다', 'A, B, C 순으로 그 뒤를 잇다/따르다', '은/는 A을/를 N(으)로 꼽다'를 활용하여 쓰면 좋습니다.

마무리는 두 그래프 사이에 공통점과 차이점을 찾아 소개하고, '이상의 설문 조사를 통해'라는 표현과 함께 마지막 문장을 만들면 됩니다. 모범 답안은 다음과 같습니다.

Trong phần dẫn nhập, bạn có thể viết theo trật tự 'nam-nữ', viết theo thứ tự 4 mục cụ thể - 4 điều kiện của người phối ngẫu từ mục có & cao nhất đến phần trăm thấp nhất theo thứ tự trong bảng đồ thị. Ở đây, khi so sánh phần trăm giữa nam và nữ, bạn nên sử dụng cụm từ 'phản diện'. Bạn có thể sử dụng các cụm từ sau đây để giải thích kết quả điều tra bảng hỏi: '00%(으)로 나타나다', '00%을/를 차지하다', 'A, B, C 순으로 그 뒤를 잇다/따르다' và '은/는 A을/를 N(으)로 꼽다'.

Kết luận là tìm điểm tương đồng và dị biệt giữa hai đồ thị, bạn chỉ cần viết một câu với cụm từ '이상의 설문 조사를 통해'. Sau đây là đáp án mẫu:

[모범답안]

> 이십대 성인 남녀를 대상으로 배우자의 조건에 대한 설문 조사를 실시하였다. 조사 결과 남자의 경우 외모가 39%로 가장 높게 나타났으며 성격은 28%, 경제력이 19%, 가정환경은 14% 순으로 그 뒤를 이었다. 반면에 여자는 경제력을 전체의 절반 수준인 49%로 가장 중요한 배우자의 조건으로 꼽았으며 성격이 21%, 가정환경이 18%, 외모가 12% 순으로 그 뒤를 따랐다. 남녀 모두 공통적으로 두 번째 조건을 성격으로 선택한 것으로 나타났다. 이상의 설문 조사를 통해 외모에 대한 조건이 남자가 여자보다 상대적으로 크다는 것을 알 수 있었다.

54

'성공의 기준'이라는 주제로 논리적인 글을 쓰는 문제입니다. 주제문 아래 주제와 관련되어 두 가지 과제(질문)가 제시되어 있습니다. 성공의 기준은 무엇인지, 그리고 성공하기 위해서 무엇이 필요한지 묻고 있습니다.

첫 문단에서는 본론에서 다루게 될 성공의 기준에 대해 간단히 소개하고, 두 번째 문단인 본론에서는 과제(질문)에 대한 답을 써야 합니다. 다음에서 제시하는 모범 답안과 같이 성공에 대한 사전적 의미로부터 시작하여 성공은 결과가 아닌 과정이 중요하다는 주장을 쓰고, 세 번째 문단에서는 성공하기 위해서는 자신에게 맞는 실현 가능한 목표를 세워야 한다는 방향으로 글을 전개해 나가는 것이 좋겠습니다. 이 때에는 자신의 주장을 뒷받침해 줄 수 있는 논리적 설명과 예를 써 주어야 합니다.

Dạng đề này yêu cầu bạn viết một bài logic về chủ đề '성공의 기준'. Có hai nhiệm vụ (câu hỏi) liên quan đến chủ đề dưới câu chủ đề. Trước tiên, đề bài hỏi rằng tiêu chuẩn của sự thành công là gì, tiếp theo là để đạt được thành công, chúng ta cần phải có điều gì.

Câu đầu tiên giới thiệu ngắn gọn về tiêu chuẩn của sự thành công - chủ đề sẽ được trình bày trong phần thân bài; câu thứ hai - tức là phần thân bài - phải trả lời cho câu hỏi. Giống như đáp án mẫu, bạn bắt đầu viết từ ý nghĩa của sự thành công theo từ điển, trình bày quan điểm vì sao trong sự thành công, quá trình quan trọng hơn kết quả; trong đoạn thứ ba, bạn nên triển khai bài viết theo hướng để đạt được thành công, người ta phải xây dựng mục tiêu khả thi phù hợp với bản thân.

[모범답안]

> 사람들은 성공을 위해 매일매일 끊임없이 어딘가로 뛰어가고 있다. 하지만 다른 사람들이 세워 놓은 기준을 자신의 기준으로 착각하고 따라가고 있을지도 모른다. 모든 사람의 외모가 다르듯이 능력이 다르고 환경이 다르다. 그렇기 때문에 같은 기준으로 살아갈 수 없다. 그렇다면 성공의 기준은 무엇이 되어야 할까?
> 성공이란 자신이 세워 놓은 목표를 달성하는 것을 말한다. 돈, 지위, 학위, 명예 등 사람들은 서로 다른 기준을 성공의 기준으로 제시한다. 그렇지만 이렇게 눈에 보이는 결과만을 성공의 기준으로 삼을 수는 없다. 과정을 통해서만 결과를 얻을 수 있기 때문이다. 그렇기 때문에 성공의 기준은 결과가 아닌 과정에서 찾아야 한다. 목표를 이루기 위한 과정 속에서 행복함을 누렸다면 목표 달성과 상관없이 그것은 곧 성공이라 말할 수 있는 것이다.
> 사람들마다 인생에서 얻고자 하는 기준이 다를 뿐만 아니라 능력과 환경도 가지각색이다. 그렇기 때문에 다른 사람과 비교하지 않고 자신의 능력과 환경을 고려하여 자신에게 맞는 실현 가능한 목표를 설정하는 것이 필요하다. 많은 사람들이 선택했다고 해서 그것을 자신의 목표로 설정하는 것은 바람직하지 못한 결정이다. 자신을 돌아보고 자신만의 기준을 세워 그것을 이루기 위해 한걸음씩 걸어 나가면서 행복을 찾는 것이야말로 성공이라 말할 수 있을 것이다.

읽기 영역

TOPIK II
한 권이면 OK

꼭 읽어 보세요!
읽기 시험을 보기 위한 TIP

1. 자신이 목표한 급에 따라 시간을 나누어 사용하기

— TOPIK Ⅱ 읽기는 **70분 동안 50문제**를 풀어야 합니다. 듣기와 마찬가지로 3·4급 수준의 문항 25개 정도, 5·6급 수준의 문항 25개 정도가 출제되는데 1번부터 50번까지 순서대로 어려워집니다.

— 읽기의 경우 많은 학생들이 시간이 부족해서 시험을 망쳤다고 말합니다. 하지만 자신이 목표로 하는 급수에 맞추어 시간을 분배하면 시간을 충분히 사용할 수 있습니다.

— 3급을 목표로 한다면 읽기에서 40점 이상을, 4급에서는 50점 이상을 받아야 합니다. 즉 **3급에 도전하는 경우 25번 정도까지, 4급에 도전하는 경우 30번 정도까지는 풀어야 합니다.** 중급을 목표로 하는 경우 30번 이후 문제는 아무리 풀고 싶어도 어려워서 쉽게 풀 수 없습니다.

— 그렇기 때문에 **자신이 목표로 한 급수를 생각하면서 필요한 문제 수를 고려하여 시간을 사용**하시기 바랍니다.

— 절대로 **70분 동안 50문제를 모두 풀겠다는 욕심을 버리십시오.** 자신이 3급을 목표로 했다면 25번까지 충분한 시간을 가지고 문제를 풀고, 4급을 목표로 했다면 30번까지 충분한 시간을 가지고 문제를 푸시기 바랍니다.

— 고급에 도전하는 경우에는 중급 문제를 집중해서 빨리 풀고 고급 단계의 문제에 시간을 충분히 사용하시기 바랍니다.

— TOPIK은 선택지 ①②③④번이 25%씩 나옵니다. 그렇기 때문에 **자신의 수준에 맞는 문제를 확실하게 풀고 나머지는 자신이 선택한 답 이외에 적게 나온 번호를 골라 표시**하는 것이 좋습니다.

2. 문제 유형 파악해 두기

— 지문을 읽기 전에 먼저 전체 문제를 파악하고 있어야 합니다. TOPIK은 매회 같은 유형의 문제가 출제됩니다.

— 예를 들어 [9~12]번은 '글 또는 도표의 내용과 같은 것'을 고르는 문제가 나오고, [25~27]번은 '신문기사의 제목'을 보고 '가장 잘 설명한 것'을 고르는 문제가 나옵니다.

— 각 문제 유형들은 어느 정도 그 수준에 맞는 주제를 가지고 있습니다. 중급 단계의 문제는 일상적인 생활에서 접할 수 있는 주제가 나오는 반면 고급 단계로 갈수록 사회적인 주제나 과학적인 주제가 다루어집니다. 그렇기 때문에 고급 단계의 문제를 풀기 위해서는 최근 이슈가 되고 있는 사회적, 과학적 분야에 대한 어휘와 내용들을 알고 있어야 합니다. 시간을 내어 포털사이트에 올라오는 주요 뉴스들에 관심을 가지고 공부하시기 바랍니다.

3. 문제와 선택지를 먼저 파악하고 지문 읽기

— 지문을 읽기 전에 문제와 선택지 ①②③④를 먼저 봐야 합니다. 문제와 선택지를 먼저 보면서 무엇을 찾아야 하는지 미리 생각해 두고 지문을 읽으면 답을 빨리 찾을 수 있습니다.

— 그리고 **선택지의 내용이 지문에 없는 경우 선택지 옆에 "x"로 표시**해 두면 답을 빨리 찾는데 도움이 됩니다.

4. 빨리 훑어 읽기

— 처음에는 전체적으로 빠르게 훑어 읽으면서 문제에서 찾아야 하는 부분이 어디에 있는지 찾기 바랍니다.

— 지문을 읽을 때 **절대로 입으로 소리를 내는 것처럼 읽지 마십시오.** 평소에 한 글자 한 글자를 읽는 것이 아니라 **띄어쓰기나 문법 단위로 나누어 읽는 연습**을 하시기 바랍니다.

— 예를 들어 '나/는/ 오/늘/ 수/업/ 후/에/ 도/서/관/에/ 갈/ 생/각/이/다.'라는 문장을 한 글자씩 읽게 되면 17단계를 거쳐야 합니다. 다음과 같이 '나는/ 오늘/ 수업 후에/ 도서관에/ 갈 생각이다.'라고 띄어쓰기나 문법 단위로 읽으면 5단계만 거치면 되기 때문에 시간을 아낄 수 있습니다.

— 이러한 방법은 평소에 연습하지 않으면 안 됩니다. 습관이 들 수 있도록 평소에도 연습을 하시기 바랍니다.

5. 접속 부사가 있는 부분은 집중해서 읽기

— '순서대로 맞게 배열한 것 고르기', '괄호 안에 들어갈 내용 찾기', '제시된 문장이 들어갈 곳 찾기' 등에서는 접속 부사가 단서가 됩니다.

— '주제 찾기', '중심 생각 찾기'에서는 '하지만, 반면에, 따라서, 그러므로 등'의 **접속 부사가 나와 있는 문장에 주제나 중심 생각이 나올 확률**이 높습니다.

Mẹo cho bài thi Nghe

1. Phân bổ thời gian phù hợp tùy theo trình độ bạn đã đặt mục tiêu

- Trong bài thi Nghe TOPIK, bạn phải trả lời 50 câu hỏi trong vòng 70 phút. Có khoảng 25 câu hỏi dành cho cấp 3~4 và 25 câu hỏi dành cho cấp 5~6, và độ khó sẽ tăng dần cho tới câu 50.

- Trong bài kiểm tra Đọc, nhiều thí sinh cho rằng mình không làm tốt do thời gian ngắn. Tuy nhiên, nếu bạn phân bổ thời gian theo trình độ mà mình nhắm tới thì sẽ có đủ thời gian cho bạn.

- Muốn đạt cấp 3, bạn phải đạt 40 điểm trở lên; muốn đạt cấp 4, bạn phải đạt 50 điểm trở lên. Vì vậy, nếu chinh phục cấp 3, bạn cần làm đến câu 25 và đối với cấp 4, bạn phải làm đến câu 30. Thí sinh nào đang nhắm đến cấp 3-4 có thể cảm thấy câu 30 trở đi quá khó giải mặc dù bạn muốn giải chúng.

- Vì vậy, bạn cần phải phân bổ thời gian làm bài theo số lượng câu mà bạn đã đặt mục tiêu.

- Bạn không nhất định phải cố gắng làm hết 50 câu trong vòng 70 phút. Nếu bạn đặt mục tiêu đỗ cấp 3, bạn chỉ cần dành đủ thời gian và làm đến câu 25, và nếu bạn đặt mục tiêu đỗ cấp 4, hãy dành đủ thời gian làm đến câu 30.

- Nếu chinh phục cấp 5-6, bạn nên tập trung và giải đề của cấp 3-4 càng nhanh càng tốt và dành đủ thời gian để giải đề của Lớp 5-6.

- Trong TOPIK, mỗi đáp án ①, ②, ③, ④ chiếm 25%. Vì vậy, bạn nên giải các đề dễ một cách chắc chắn, đối với các đề khó còn lại, bạn nên chọn con số xuất hiện ít ngoài đáp án đã chọn.

2. Tìm hiểu dạng đề

- Tìm hiểu tổng quát các dạng đề trước khi đọc văn bản rất quan trọng. Mỗi kỳ thi, TOPIK ra cùng một dạng đề

- Ví dụ, câu [9-12] yêu cầu chọn 'nội dung giống với bài báo hoặc biểu đồ' và câu [25-27] yêu cầu đọc tiêu đề bài báo và chọn 'cái gì mô tả nó chính xác nhất'.

- Mỗi dạng đề có một chủ đề phù hợp với trình độ ở một chừng mực nhất định. Trong đề của cấp 3-4 thường xuất hiện các chủ đề có thể gặp trong cuộc sống hàng ngày; ngược lại, càng lên trình độ cao cấp, bạn thường gặp các chủ đề xã hội hoặc khoa học. Vì vậy, để có thể giải đề cao cấp, bạn cần nắm rõ các từ vựng và nội dung của các lĩnh vực khoa học và xã hội đang là vấn đề nóng gần đây. Bạn nên quan tâm và dành thời gian đọc các bản tin chủ yếu đăng tải trên các cổng thông tin điện tử.

3. Tìm hiểu đề và đáp án trước khi đọc đoạn văn

- Trước khi đọc văn bản, bạn nên đọc đề và đáp án ①, ②, ③, ④. Nếu đọc trước đề và đáp án và suy nghĩ xem mình phải tìm điều gì trước khi đọc đoạn văn, bạn có thể nhanh chóng tìm ra đáp án đúng.

- Nếu nội dung đáp án nào không được đề cập trong đoạn văn, hãy đánh dấu 'X' bên cạnh các đáp án đó, bằng cách đó, bạn có thể nhanh chóng tìm ra đáp án đúng.

4. Nhanh chóng đọc lướt qua đoạn văn

- Trước tiên, bạn cần đọc lướt qua toàn bộ đoạn văn và kiểm tra xem chi tiết bạn cần tìm nằm ở đâu trong văn bản.
- Khi đọc đoạn văn, bạn không nên đọc thành tiếng. Bạn nên luyện tập đọc đoạn văn theo khoảng cách hoặc đơn vị ngữ pháp, không phải theo từng ký tự.
- Ví dụ: nếu bạn đọc từng chữ câu '나/는/ 오/늘/ 수/업/ 후/에 /도/서/관/에/ 갈/ 생/각/이/다.' thì bạn phải trải qua 17 giai đoạn. Nhưng nếu đọc 5 bước theo khoảng cách hoặc ngữ pháp, bạn có thể tiết kiệm thời gian.
- Bạn phải được luyện tập phương pháp này hàng ngày. Hãy luyện tập thường xuyên để nó trở thành một thói quen.

5. Tập trung vào trạng từ liên kết

- Trong các đề yêu cầu 'chọn đáp án sắp xếp câu đúng thứ tự', 'tìm nội dung điền vào dấu ngoặc đơn', 'tìm vị trí cho câu được trình bày', vv, trạng từ liên kết chính là manh mối.
- Trong các dạng đề yêu cầu 'chọn chủ đề', hoặc 'chọn ý chính', các câu sử dụng các trạng từ liên kết như '하지만', '반면에', '따라서', '그러므로', vv có khả năng thể hiện chủ đề hoặc ý tưởng chính.

1-2

✏️ 오늘의 어휘

대표	Đại diện	Danh	나는 우리 반 대표로 반장이 되었다.
발표	Phát biểu	Danh	나는 발표를 할 때 너무 긴장을 해서 걱정이다.
부서	Bộ phận	Danh	우리 부서에서는 기획 업무를 맡고 있다.
일정	Lịch trình	Danh	갑자기 내린 폭우로 여행 일정이 모두 취소되었다.
취소되다	Bị hủy bỏ	Động	주연 배우가 사고가 나는 바람에 공연이 취소되었다.

🍵 오늘의 문법

A/V-아/어야	앞의 상황이 뒤에 오는 행동의 이유나 근거가 됨을 나타낸다. 앞의 상황이 뒤에 오는 행동의 필수적인 조건을 나타낸다. Sử dụng khi tình huống trước đó là lý do hoặc căn cứ cho hành động sau đó. Diễn đạt tình huống trước là điều kiện bắt buộc cho hành động sau đó. 예 학생증이 있어야 도서관에서 책을 빌릴 수 있다.
V-기로 하다	어떤 행위를 할 것을 결정하거나 약속함을 나타낸다. Sử dụng khi quyết định hoặc hứa thực hiện một hành động nào đó. 예 우리는 주말에 극장에서 영화를 보기로 했다.
A-(으)ㄴ 탓에 V-는 탓에	앞의 상황으로 인해 부정적인 결과가 생겼을 때 사용한다. Sử dụng khi kết quả tiêu cực diễn ra do tình huống phía trước. 예 어제 술을 많이 마신 탓에 오늘 일을 제대로 마치지 못했다.
V-는 대신(에)	앞의 행위를 뒤의 상황으로 대체하거나 보상함을 나타낸다. Sử dụng khi thay thế hoặc bù đắp hành động phía trước bằng tình huống phía sau. 예 주말에 근무를 하는 대신(에) 평일에 하루를 쉴 수 있다. 쌀이 떨어져서 밥을 먹는 대신(에) 빵을 먹기로 했다.
V-는 김에	앞의 행위를 하면서 그 일을 기회로 다른 일도 같이 하게 됨을 나타낸다. Sử dụng khi thực hiện hành động trước đó, nhân cơ hội đó cùng thực hiện một hành động khác. 예 시장에 가는 김에 내일 만들 김밥 재료도 사 왔다.

V:동사 동, A:형용사 형, N:명사 명

1-2

1~2 괄호에 들어갈 가장 알맞은 것 고르기

문장의 내용을 읽고 알맞은 문법과 표현을 찾는 문제입니다. 이 문제를 풀기 위해서는 **중급 수준의 문법과 표현을 정확하게 알고 있어야 합니다.** 지금까지 TOPIK에 많이 출제된 문법과 표현을 다음 페이지에 따로 정리해 두었으니 참고하시기 바랍니다. 또 아래와 같이 **함께 사용되는 문법과 표현**을 알아 두면 문제를 푸는 데 도움이 됩니다.

※ 함께 사용되는 문법과 표현

1) A/V-(으)ㄴ/는 탓에 ~ 안/못 A/V
2) A/V-(으)ㄴ/는 걸 보니 ~ A/V-(으)ㄹ 모양이다
3) A/V-아/어야 ~ A/V-(으)ㄹ 수 있다
4) A/V-(ㄴ/는)다면 ~ A/V-(으)ㄹ 것이다
5) A/V-아/어도 ~ A/V-아/어야 한다
6) A/V-았/었더라면 ~ A/V-았/었을 것이다

Đây là dạng đề đọc nội dung của câu và tìm ngữ pháp và cách diễn đạt thích hợp. Để giải quyết vấn đề này, bạn cần biết chính xác ngữ pháp và cách diễn đạt ở trình độ trung cấp. Trong trang sau, chúng tôi đã tổng kết các cấu trúc ngữ pháp và cách diễn đạt xuất hiện nhiều trong các kỳ thi TOPIK từ trước đến nay, các bạn hãy tham khảo! Ngoài ra, nếu nắm vững các cấu trúc ngữ pháp và cách diễn đạt thường được sử dụng cùng nhau dưới đây, bạn có thể giải đề một cách dễ dàng.

1-2

기출문제

※[1~2] (   )에 들어갈 가장 알맞은 것을 고르십시오. 각 2점

1~2 아침에 일찍 (   ) 일곱 시 비행기를 탈 수 있다.

① 일어나야 ─ 조건 ② 일어나려고
③ 일어나며 ④ 일어나더니

〈TOPIK 37회 읽기 [1]〉

1~2

'아침 일찍 일어나다'는 '비행기를 탈 수 있다'의 조건이 되기 때문에 '-아/어야'가 사용됩니다. 따라서 정답은 ①입니다.

Vì '아침 일찍 일어나다' là điều kiện của '비행기를 탈 수 있다', nên '-아/어야' được sử dụng. Vì vậy, đáp án đúng là ①.

샘플문제

※[1~2] (   )에 들어갈 가장 알맞은 것을 고르십시오. 각 2점

1~2 내일 민수 씨가 우리 부서 대표로 발표를 (   ).

① 해 버렸다 ② 하는 듯했다
③ 하기로 했다 ④ 하는 척했다

1~2

'내일'이라는 표현이 있기 때문에 종결 표현에 과거형은 사용할 수 없습니다. '-기로 하다'는 미래에 어떤 행위를 할 것을 결정, 결심하거나 약속함을 나타내기 때문에 사용할 수 있습니다. 따라서 정답은 ③입니다.

Bởi vì có từ '내일' nên chúng ta không thể sử dụng thì quá khứ ở đuôi kết thúc câu. Chúng ta có thể dùng '-기로 하다' vì nó diễn đạt một quyết định, quyết tâm hoặc lời hứa sẽ làm điều gì đó trong tương lai. Do đó, đáp án đúng là ③.

♻ 중요 문법과 표현 1 (연결 표현)

: 지금까지 TOPIK에 출제된 중요 문법과 표현입니다.

Đây là những cấu trúc ngữ pháp quan trọng xuất hiện trong đề thi TOPIK từ trước đến nay.

분류	문법과 표현	예문
연결 표현	A/V-거나	스트레스를 받으면 운동을 하거나 청소를 해요.
	A/V-거든	고향에 도착하거든 이메일 보내 주세요.
	V-고 나서	주말에 청소를 하고 나서 요리를 했어요.
	V-느라고	친구들이랑 노느라고 숙제를 못 했어요.
	V-는 길에	집에 돌아오는 길에 과일 좀 사 오세요.
	V-는 대로 1	선생님이 가르쳐 주는 대로 공부하면 시험을 잘 볼 수 있어요.
	V-는 대로 2	수업이 끝나는 대로 바로 식당으로 오세요.
	A-(으)ㄴ 대신에, V-는 대신에	① 내가 한국어를 가르쳐 주는 대신에 너는 중국어를 가르쳐 줘. ② 오늘 수업을 안 하는 대신에 토요일에 수업을 합시다.
	A-(으)ㄴ 데다가, V-는 데다가	오늘은 비가 오는 데다가 바람까지 불어서 제대로 걸을 수가 없다.
	V-다 보면	김치가 처음에는 맵지만 먹다 보면 맵지도 않고 맛있을 거예요.
	A/V-더니	① 아침에는 날씨가 춥더니 오후가 되니 따뜻해졌어요. ② 매일 열심히 공부하더니 장학금을 받았군요. ③ 친구는 전화를 받더니 수업 중간에 나가 버렸어요.
	A/V-더라도	아무리 힘들고 지치더라도 포기하면 안 돼요.
	V-도록	① 밤이 늦도록 딸이 돌아오지 않아서 걱정이에요. ② 칠판에 글씨가 잘 보이도록 크게 써 주세요.
	A/V-든지	① 우산이 비싸든지 싸든지 무조건 사 오세요. ② 집에 가든지 도서관에 가든지 네 마음대로 해.
	V-듯이	그 사람은 돈을 물 쓰듯이 쓴다.
	A/V-아/어도	무슨 일이 있어도 오늘까지는 이 일을 꼭 끝내야 해요.
	A/V-았/었더라면	시험 준비를 열심히 했더라면 합격했을 텐데.
	V-(으)나 마나	선생님께 물어보나 마나 허락하지 않으실 거예요.
	V-(으)려고	친구 결혼식 때 입으려고 양복을 미리 사 두었다.
	V-(으)려다가	친구랑 밥 먹으러 가려다가 그냥 도서관에 가기로 했어요.
	V-(으)려면	한국어를 잘 하려면 열심히 공부해야 돼요.
	A/V-(으)ㄹ수록	한국어는 배우면 배울수록 재미있어요.
	V-(으)면서	저는 음악을 들으면서 공부를 해요.
	A/V-(으)ㄹ까 봐	대학교 입학시험에 떨어질까 봐 걱정이에요.
	A/V-(으)ㄹ 뿐만 아니라	내 친구는 운동도 잘할 뿐만 아니라 공부도 잘한다.
	A/V-(으)ㄹ 정도로	그 영화는 눈물이 날 정도로 슬펐지만 울지 않고 참았다.
	V-자마자	나는 방학을 하자마자 고향으로 돌아갈 생각이에요.

♻ 중요 문법과 표현 2 (종결 표현)

: 지금까지 TOPIK에 출제된 중요 문법과 표현입니다.

Đây là những cấu trúc ngữ pháp quan trọng xuất hiện trong đề thi TOPIK từ trước đến nay.

분류	문법과 표현	예문
종결 표현	A/V-거든요	배가 고파요. 아침부터 아무것도 안 먹었거든요.
	V-곤 하다	나는 시간이 나면 공원을 산책하곤 해요.
	A/V-기 마련이다	사람은 나이가 들면 누구나 늙기 마련이에요.
	V-기로 하다	이번 방학에는 친구와 함께 여행을 가기로 했어요.
	A/V-게 되다	다음 달에 미국으로 유학을 가게 되었어요.
	V-는 수가 있다	그렇게 공부를 안 하다가는 후회하는 수가 있어.
	A/V-던데요	어제 그 영화를 봤는데 엄청 재미있던데요.
	V-도록 하다	여러분, 지각하지 말고 일찍 오도록 하세요.
	V-아/어 있다	우리 교실 벽에는 세계지도와 시계가 걸려 있다.
	A/V-았/었으면 하다	대학교를 졸업하고 한국에서 직장을 구했으면 합니다.
	V-(으)려나 보다	하늘이 어두워지는 걸 보니 비가 오려나 봐요.
	V-(으)려던 참이다	저도 지금 막 가려던 참이었어요.
	A-(으)ㄴ 줄 모르다, V-는 줄 모르다	영미 씨가 한국어를 이렇게 잘하는 줄 몰랐어요.
	A-(으)ㄴ걸요, V-는걸요	평소에는 몰랐는데 치마를 입으니 여성스러운걸요.
	A/V-(으)ㄹ 듯하다	오늘 일이 많아서 회식에 참석하지 못할 듯합니다.
	A/V-(으)ㄹ 리가 없다	등산을 싫어하는 다나카 씨가 산에 갈 리가 없어요.
	A-(으)ㄴ 모양이다, V-는 모양이다	수업 시간에 조는 걸 보니 피곤한 모양이에요.
	V-(으)ㄹ 뻔하다	아침에 급하게 뛰어오다가 넘어질 뻔했어요.
	A/V-(으)ㄹ 뿐이다	그는 아무 말도 없이 웃고만 있을 뿐이다.
	A/V-(으)ㄹ 수밖에 없다	그렇게 열심히 하는데 성공할 수밖에 없지요.
	V-(으)ㄹ 걸 그랬다	돈이 있을 때 좀 아껴서 쓸걸 그랬어요.
	A/V-(으)ㄹ걸요	영미 씨는 감기에 걸려서 오늘 학교에 못 올걸요.
	V-(으)ㄹ까 하다	내일 친구랑 영화나 볼까 해요.
	A/V-(으)ㄹ지도 모르다	나도 모임에 가고 싶지만 일이 있어서 못 갈지도 몰라요.

1-2

※[1~2] (　　)에 들어갈 가장 알맞은 것을 고르십시오. 각 2점

1 어제 눈이 많이 (　　　) 여행 일정이 모두 취소되었다.

① 올 텐데 　　　　　　　　　② 온 탓에

③ 올 만큼 　　　　　　　　　④ 온 데다가

2 어제 백화점에서 옷을 (　　　) 신발도 샀다.

① 사길래 　　　　　　　　　② 사느라고

③ 사는 대신 　　　　　　　　④ 사는 김에

3-4

✏️ 오늘의 어휘

목적지	Nơi đến	Danh	손님을 목적지까지 안전하게 모셔다 드리겠습니다.
실수	Lỗi	Danh	실수로 어머니께서 아끼시는 그릇을 깨뜨렸다.
반드시	Nhất định	Trạng	지금은 헤어지지만 언젠가는 반드시 만나게 될 것이다.
아무리	Dù đến đâu đi chăng nữa	Trạng	아무리 바빠도 부모님께 가끔 안부는 전해야 한다.
잘못	Lỗi sai/sai lầm	Trạng	버스를 잘못 타는 바람에 학교에 늦게 도착했다.
견디다	Chịu đựng	Động	힘들어도 참고 견디면 좋은 날이 올 거야.
도착하다	Đến	Động	조금 전에 출발했으니까 곧 도착할 거예요.
서두르다	Vội vàng	Động	이 시간에는 길이 막힐 테니까 서둘러야 해요.
연락하다	Liên lạc	Động	급할 때에 연락할 수 있는 전화번호를 써 주세요.
참다	Chịu đựng	Động	병원에 다 왔으니 조금만 참으세요.

🌱 오늘의 문법

A-(으)ㄴ 척하다 V-는 척하다	어떤 상황처럼 보이게 하려고 거짓으로 행동함을 나타낸다. Sử dụng khi hành động giả tạo để chứng tỏ nó giống như một tình huống nào đó. 예 친구가 준 선물이 마음에 들지 않았지만 좋아하는 척했다.
V-자마자	앞의 행위가 끝나고 바로 뒤의 행위가 이루어질 때 사용한다. Sử dụng khi hành động trước đó kết thúc và hành động ngay sau đó được thực hiện. 예 숙제가 끝나자마자 바로 텔레비전을 켰다.
A/V-더라도	앞의 상황이 어렵거나 힘들지만 뒤의 상황에는 전혀 영향을 주지 않음을 나타낸다. Sử dụng khi tình huống phía trước khó khăn nhưng không hề ảnh hưởng đến tình huống phía sau. 예 태풍이 불더라도 오늘 시험은 반드시 봐야 한다.
A-(으)ㄴ 법이다 V-는 법이다	앞의 상황이 발생하는 것이 당연함을 나타낸다. Diễn đạt tình huống diễn ra trước đó là lẽ đương nhiên. 예 사람은 나이가 들면 누구나 늙는 법이다.

3-4

3~4 밑줄 친 부분과 의미가 비슷한 것 고르기

밑줄 친 부분의 문법과 표현의 의미가 비슷한 것을 찾는 문제입니다. 대부분 **문장 중간에 오는 연결 표현과 문장 마지막에 오는 종결 표현이 한 문제씩 출제**되고 있습니다. 중급 수준의 문법을 잘 알아 두어야 정답을 찾기가 쉽지만, 그렇지 않을 경우에는 **밑줄 친 부분의 앞뒤 표현의 의미를 통해서 문법의 의미를 유추**할 수도 있습니다. 지금까지 많이 출제된 문법과 표현을 다음 페이지에 따로 정리해 두었으니 참고하시기 바랍니다.

Đây là dạng để tìm phần có ý nghĩa tương tự về ngữ pháp và cách diễn đạt với phần được gạch chân. Trong đa số các trường hợp, 1 đuôi từ liên kết câu ở giữa câu và 1 đuôi từ kết thúc ở cuối câu thường xuất hiện trong mỗi đề thi. Nếu biết ngữ pháp trình độ trung cấp, bạn sẽ dễ dàng tìm được đáp án chính xác nhưng trong trường hợp không biết, bạn có thể suy đoán nghĩa của ngữ pháp thông qua nghĩa của chi tiết trước và sau phần gạch chân. Hãy tham khảo các cấu trúc ngữ pháp và cách diễn đạt thường xuất hiện trong đề thi TOPIK từ đến nay chúng tôi đã tổng hợp trong trang tiếp theo.

3-4

🔍 문제분석

기출문제

※[3~4] 다음 밑줄 친 부분과 의미가 비슷한 것을 고르십시오.
[각 2점]

3~4 후배가 한 잘못을 알고 있었지만 미안해할까 봐 <u>모르는 척했다.</u>

    ① 모르는 체했다   ② 모르는 듯했다

    ③ 모르는 편이다   ④ 모르기 마련이다

〈TOPIK 37회 읽기 [4]〉

3~4
'알고 있지만 거짓으로 모르는 것처럼 행동하다'라는 뜻을 가진 종결 표현 '-(으)ㄴ/는 척하다'가 나왔습니다. 이 종결 표현과 비슷한 표현은 '-(으)ㄴ/는 체하다'이므로 정답은 ①입니다.

'-(으)ㄴ/는 척하다'는 đuôi từ kết thúc câu có ý nghĩa 'hành động biết nhưng giả vờ như không biết'. Đuôi từ kết thúc câu này tương tự với '-(으)ㄴ/는 체하다', cho nên đáp án đúng là ①.

샘플문제

※[3~4] 다음 밑줄 친 부분과 의미가 비슷한 것을 고르십시오.
[각 2점]

3~4 목적지에 <u>도착하는 대로</u> 반드시 가족들에게 연락해 주세요.

    ① 도착하더니   ② 도착하면서

    ③ 도착한다면   ④ 도착하자마자

3~4
'앞의 동작이 끝난 후에 바로 뒤의 행동을 하다'라는 뜻을 가진 연결 표현 '-는 대로'가 나왔습니다. 이 연결 표현과 비슷한 표현은 '-자마자'이므로 정답은 ④입니다.

Ở đây xuất hiện '-는 대로' đuôi từ liên kết câu mang ý nghĩa 'thực hiện hành động tiếp theo ngay sau khi hành động trước đó kết thúc'. Đuôi từ liên kết câu này tương tự với '-자마자; vì vậy đáp án đúng là ④.

: 지금까지 TOPIK에 출제된 중요 문법과 표현입니다.

Đây là những cấu trúc ngữ pháp quan trọng xuất hiện trong đề thi TOPIK từ trước đến nay.

분류	문법과 표현	예문
연결 표현	A/V-고 V-(으)ㄴ 채	눈을 감고 노래를 불렀다. 눈을 감은 채 노래를 불렀다.
	A/V-기 때문에 V-느라고	친구의 고민을 들어 주었기 때문에 숙제를 못 했다. 친구의 고민을 들어 주느라고 숙제를 못 했다.
	V-는 길에 V-다가	학교에 가는 길에 편의점에 들렀다. 학교에 가다가 편의점에 들렀다.
	A/V-아/어 봐야 A-다고 해도, V-ㄴ/는다고 해도	지금 출발해 봐야 제시간에 도착할 수 없다. 지금 출발한다고 해도 제시간에 도착할 수 없다.
	V-(으)ㄴ 탓에 V-는 바람에	늦잠을 잔 탓에 수업에 지각을 하고 말았다. 늦잠을 자는 바람에 수업에 지각을 하고 말았다.
	A/V-(으)면 A/V-거든	피곤하면 오늘은 일찍 들어가서 쉬어라. 피곤하거든 오늘은 일찍 들어가서 쉬어라.
	A/V-(으)ㄹ 뿐만 아니라 A-(으)ㄴ 데다가, V-는 데다가	내 친구는 얼굴도 예쁠 뿐만 아니라 성격도 좋아요. 내 친구는 얼굴도 예쁜 데다가 성격도 좋아요.
	V-(으)ㄹ 정도로 V-(으)ㄹ 만큼	그녀는 눈이 부실 정도로 아름다웠다. 그녀는 눈이 부실 만큼 아름다웠다.
종결 표현	A/V-기를 바라다 A/V-았/었으면 하다	내년에도 건강하고 행복한 해가 되기를 바랍니다. 내년에도 건강하고 행복한 해가 되었으면 합니다.
	A-다고 생각하다, V-ㄴ/는다고 생각하다 A-(으)ㄴ 셈 치다, V-는 셈 치다	이제 가면 언제 올지 모르니 저를 없다고 생각하세요. 이제 가면 언제 올지 모르니 저를 없는 셈치세요.
	V-(으)려고 하다 V-(으)ㄹ 참이다	그렇지 않아도 지금 너한테 전화하려고 했어. 그렇지 않아도 지금 너한테 전화 할 참이었어.
	A/V-(으)ㄴ가/나 보다 A-(으)ㄴ 모양이다, V-는 모양이다	책이 많은 걸 보니 책을 좋아하나 봐요. 책이 많은 걸 보니 책을 좋아하는 모양이에요.
	A-(으)ㄴ 척하다, V-ㄴ/는 척하다 A-(으)ㄴ 체하다, V-ㄴ/는 체하다	나는 헤어진 남자친구를 보고 못 본 척했어요. 나는 헤어진 남자친구를 보고 못 본 체했어요.
	A/V-(으)ㄹ 수밖에 없다 A/V-지 않을 수 없다	어제 잠을 못 잤으니 잠이 올 수밖에 없지요. 어제 잠을 못 잤으니 잠이 오지 않을 수 없지요.

3-4

※[3~4] 다음 밑줄 친 부분과 의미가 비슷한 것을 고르십시오. 각 2점

3 아무리 어렵고 <u>힘들지라도</u> 잘 참고 견뎌야 합니다.

① 힘들수록   ② 힘들다니
③ 힘들더라도   ④ 힘들었더라면

4 일을 서둘러서 처리하면 실수를 <u>하는 법이다.</u>

① 할 것 같다   ② 하는 듯하다
③ 할 리가 없다   ④ 하기 마련이다

5-8

✏️ 오늘의 어휘

사용	Sử dụng	Danh	이곳은 전자제품 사용을 제한하고 있습니다.
이상	Lạ/bất thường	Danh	제품에 이상이 생기면 언제든지 교환해 드립니다.
지식	Kiến thức	Danh	학교에서는 지식 이외에도 많은 것을 배울 수 있다.
간직하다	Gìn giữ	Động	나는 너와의 추억을 소중하게 간직하고 있다.
놓치다	Mất	Động	집으로 가는 막차를 놓쳐서 택시를 탔다.
늘리다	Tăng	Động	학교는 학생을 위해 체육 시설을 늘렸다.
보관하다	Bảo quản	Động	귀중한 물건은 개인이 따로 보관해 주십시오.
복용하다	Uống(thuốc)	Động	약품을 복용할 때에는 의사나 약사와 상의하십시오.
상의하다	Bàn bạc/tư vấn	Động	나는 앞으로의 계획에 대해서 부모님과 상의하였다.
썩다	Thối/phân hủy	Động	음식이 썩지 않도록 냉장고에 보관해 주십시오.
책임지다	Chịu trách nhiệm	Động	그 일은 제가 책임지고 하겠습니다.

🌱 오늘의 문법

A/V-(으)면 되다	어떤 조건이나 기준에 맞으면 문제가 없음을 나타낸다. Sử dụng khi một sự việc nào đó không có vấn đề nếu thỏa mãn một điều kiện hoặc tiêu chuẩn nào đó. 예 명동으로 가려면 4호선을 타고 명동역에서 내리면 돼요.
V-는 데(에)	어떤 행위를 하는 경우를 뜻하며 뒤에는 방법이나 조건이 제시된다. Diễn đạt trường hợp thực hiện một hành động nào đó, theo sau là một phương pháp hoặc điều kiện. 예 살을 빼는 데(에)는 식사량을 줄이는 게 도움이 된다.
V-는 동안	앞의 행위가 지속되는 시간을 나타낸다. Diễn đạt khoảng thời gian tiếp diễn của hành động trước đó. 예 친구를 기다리는 동안 휴대 전화로 게임을 했다.

📖 유형분석

광고나 안내문을 읽고 무엇에 대한 글인지 고르는 문제입니다. 핵심적인 표현들을 찾아 무엇에 대한 내용인지 파악해야 하는데, 특히 **다른 글씨보다 굵거나 크게 쓴 부분이 핵심 표현이 될 확률이 높습니다.** 핵심 표현은 기본적인 의미도 알아야 하지만 문장이나 문맥 안에서 조금 다른 의미로 사용되기도 하기 때문에 어떤 의미로 쓰이는지를 파악해서 답을 찾아야 합니다.

Đây là dạng đề đọc một bài quảng cáo hoặc hướng dẫn và chọn đây là văn bản nói về điều gì. Bạn phải tìm các từ vựng chính để nắm bắt văn bản đó đề cập đến điều gì, đặc biệt, khả năng cao từ vựng chính nằm ở phần chữ in đậm hoặc phần chữ to hơn những chữ khác. Bạn phải biết ý nghĩa cơ bản của các từ vựng chính nhưng cũng có thể từ vựng và ngữ pháp ấy được sử dụng với ý nghĩa khác một chút tùy theo câu văn hoặc văn cảnh. Vì vậy, để tìm được adsp án đúng, bạn phải biết từ vựng đó được sử dụng với ý nghĩa nào.

5~7 광고를 보고 무엇에 대한 글인지 고르기

5번 문제는 보통 일상생활에서 많이 쓰이는 사물을 고르는 문제가 출제됩니다. 아래에 제시된 기출문제의 예와 같이 **핵심 단어를 중심으로 해당되는 사물을 찾아야 합니다.**

예 새롭다, 세상, 읽다, 눈 ⇨ 신문 / 신선도, 온도, 조절하다 ⇨ 냉장고 / 깨끗하다, 풀리다, 닦이다 ⇨ 휴지

6번은 제시된 광고 문구를 읽고 해당되는 장소를 고르는 문제입니다. **핵심 단어를 중심으로 알맞은 장소를 골라야 합니다.** 아래에 제시된 기출문제의 핵심 단어와 정답을 참고하십시오.

예 아프다, 참다, 수술 ⇨ 병원 / 흐리다, 보이다 ⇨ 안경점 / 소중하다, 배달하다 ⇨ 우체국

7번은 **보통 기업이나 단체가 공공의 이익을 목적으로 한 광고**가 나오는데, 이를 읽고 알맞은 제목을 고르는 문제입니다. 아래에는 선택지에 많이 출제되는 어휘를 정리한 것입니다.

※ 출제 가능 어휘: 소개, 정보, 계획, 관리, 활동

Đề bài của câu 5 là chọn đồ vật được sử dụng thường xuyên trong cuộc sống hàng ngày. Bạn phải tìm đồ vật tương ứng dựa vào những từ ngữ chính như trong ví dụ của đề thi trước đây được trình bày dưới đây.

Câu 6 là dạng đề chọn địa điểm tương ứng sau khi đọc bài quảng cáo. Bạn phải dựa vào các từ khóa để chọn đúng địa điểm. Hãy tham khảo các từ khóa và các đáp án của các đề thi trước đây mà chúng tôi trình bày dưới đây.

Câu 7 thường là bài quảng cáo của doanh nghiệp hoặc tổ chức vì mục đích công ích, bạn đọc bài quảng cáo đó và chọn tựa đề phù hợp. Dưới đây là các từ vựng thường được sử dụng trong các đáp án:

8 안내문 읽고 무엇에 대한 글인지 고르기

주의 사항이나 안내 사항에 대한 문장을 읽고 제목을 고르는 문제입니다. 지금까지 **상품이나 의약품 등에 대한 주의 사항, 문의 방법에 대한 안내 등에 대해 출제**되었습니다. 아래에는 선택지에 많이 출제되는 어휘를 정리한 것입니다.

※ 주요 어휘

1) 상품, 제품 + 구입, 문의, 설명, 안내 ⇨ 제품 문의, 상품 구입
2) 교환, 구입, 모집, 문의, 보관, 사용, 신청, 이용, 환불 + 방법
   ⇨ 문의 방법, 신청 방법
3) 교환, 구입, 모집, 사용, 상품, 신청, 이용, 재료, 제품 + 안내
   ⇨ 상품 안내, 모집 안내
4) 문의, 안내, 유의, 주의 + 사항 ⇨ 주의 사항, 안내 사항
5) 내용, 상품, 제품, 특징, 효과 + 소개 ⇨ 상품 소개, 내용 소개

Đây là dạng đề đọc câu về những chú ý hoặc hướng dẫn và chọn tiêu đề. Chủ đề thường xuất hiện trong đề thi từ trước đến nay là những chú ý về sản phẩm, dược phẩm và hướng dẫn về cách hỏi thông tin. Dưới đây, chúng tôi tổng hợp các từ vựng thường xuyên được sử dụng trong các đáp án.

5-8

기출문제

※ [5~8] 다음은 무엇에 대한 글인지 고르십시오. 각 2점

5~7

쉿!
상대방 목소리까지 들립니다.
공공장소에서는 작은 소리도 소음일 수 있습니다.

① 전화 예절　② 식사 예절　③ 건강 관리　④ 안전 관리

※ '소리'와 관련된 예절

8

• 시원한 장소에 보관하십시오.
• 사용 후 뚜껑을 꼭 닫으십시오.

① 주의 사항　② 재료 안내　③ 구입 방법　④ 제품 문의

〈TOPIK 36회 읽기 [7]〉
• 상대방　Đối phương
• 들리다　Nghe
• 공공장소　Nơi công cộng
• 소음　Tiếng ồn
• 예절　Nghi thức
• 안전　An toàn

5~7

공공장소에서의 주의사항입니다. 핵심 단어로는 '목소리, 들리다, 공공장소, 소음' 등이 해당되므로 이와 관련된 내용은 ①의 '전화 예절'입니다.

Đây là những chú ý ở những nơi công cộng. Các từ khóa bao gồm '목소리', '들리다', '공공장소', '소음', vì vậy nội dung liên quan là 'nghi thức điện thoại' trong ①.

〈TOPIK 37회 읽기 [8]〉
• 뚜껑　lid/cover

8

핵심 단어를 먼저 찾으면 '보관하다, 사용, 닫다'입니다. 따라서 '보관하는 방법'이나 '보관할 때 주의해야 할 사항'에 대한 내용이므로 답은 ①의 '주의 사항'이 됩니다.

Trước tiên, các từ khóa là '보관하다, 사용, 닫다'. Do đó, nội dung của câu là '보관하는 방법' hoặc '보관할 때 주의해야 할 사항'; cho nên, đáp án đúng là '주의사항' trong ①.

※[5~8] 다음은 무엇에 대한 글인지 고르십시오. 각 2점

5~7

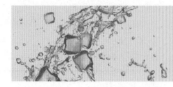

시원한 회오리바람!
당신의 여름을 책임집니다.

① 컴퓨터　　② 가습기　　③ 세탁기　　④ 에어컨

- 회오리 Lốc/gió xoáy
- 가습기 Máy tạo ẩm
- 세탁기 Máy giặt

5~7

핵심 단어로는 '시원하다, 바람, 여름' 등이 해당됩니다. 따라서 이와 관련된 전자제품은 ④의 '에어컨'이 정답입니다.

Các từ khóa ở đây là ' '시원하다', '바람', '여름'. và '에어컨'. Vì vậy, sản phẩm điện tử liên quan đến các từ vựng này là 'máy điều hòa nhiệt độ', vì vậy, đáp án đúng là ④.

8

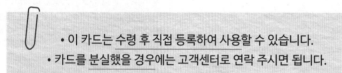

- 이 카드는 수령 후 직접 등록하여 사용할 수 있습니다.
- 카드를 분실했을 경우에는 고객센터로 연락 주시면 됩니다.

① 주의 사항　② 이용 방법　③ 사용 문의　④ 신청 안내

- 수령 Nhận
- 등록하다 Đăng
- 분실하다 Mất/thất lạc
- 고객센터
  Trung tâm dịch vụ khách hàng
- 문의 Hỏi
- 안내 Hướng dẫn

8

핵심 단어로는 '카드, 수령, 사용하다, 분실하다' 등입니다. 따라서 카드를 이용하는 방법에 대해서 이야기하고 있으므로 정답은 ②입니다.

'카드', '수령', '사용하다', '분실하다'. là các từ khóa. Do đó, vì họ đang nói về cách sử dụng thẻ nên đáp án đúng là ②.

5-8

※[5~8] 다음은 무엇에 대한 글인지 고르십시오. 각 2점

5

엄마의 사랑처럼
따뜻함을 오래오래 간직합니다.

① 믹서기　　　② 보온병　　　③ 선풍기　　　④ 텔레비전

6

놓치면 후회되는 반값 할인!
당신의 지식 창고를 늘려 드리겠습니다.

① 서점　　　② 식당　　　③ 대사관　　　④ 미술관

7

마시는 데 5분
버리는 데 1초
썩는 데는 20년 걸립니다.

① 건강 관리　　　② 환경 문제　　　③ 안전 관리　　　④ 상품 소개

8

- 지시된 복용법과 용량을 정확히 지키셔야 합니다.
- 복용하는 동안 몸에 이상이 나타나면 약사나 의사와 상의하십시오.

① 교환 안내　　　② 제품 설명　　　③ 주의 사항　　　④ 구입 방법

믹서기 Máy xay | **보온병** Bình giữ nhiệt | **선풍기** Quạt máy | **반값** Nửa giá | **창고** Kho | **지시되다** Được chỉ dẫn
복용법 Cách sử dụng (thuốc) | **용량** Dung lượng | **정확히** Chính xác | **제품** Sản phẩm | **주의** Chú ý | **구입** Mua

9-12

✏️ 오늘의 어휘

개성	Cas tisnh	Danh	나는 개성 있는 옷차림이 좋다.
계기	Cá tính	Danh	월드컵을 계기로 축구에 대한 관심이 많아졌다.
고민	Băn khoăn	Danh	나는 고민이 생기면 친구들에게 이야기한다.
대상	Đối tượng	Danh	20대 남녀 500명을 대상으로 설문 조사를 하였다.
무료	Miễn phí	Danh	구청에서 어려운 이웃들에게 무료로 식사를 제공한다.
상담	Tư vấn	Danh	선생님은 학생들과 진로 상담을 할 계획이다.
제한	Hạn chế	Danh	이곳은 흡연 제한 구역입니다.
주제	Chủ đề	Danh	지금 건강이라는 주제로 강의를 하고 있다.
개최하다	Tổ chức	Động	우리나라는 올림픽을 성공적으로 개최했다.
밀집되다	Đông đúc	Động	서울은 인구가 밀집되어 있는 도시이다.
참가하다	Tham gia	Động	이번 행사에는 부모님들도 함께 참가합니다.
해결하다	Giải quyết	Động	나는 친구의 고민을 해결해 주었다.
자연스럽다	Tự nhiên	Tính	외국인인데 한국어 발음이 자연스럽다.

🪴 오늘의 문법

N밖에	다른 가능성이 없이 그것만을 선택함을 나타낸다. 뒤에는 부정 표현이 온다. Sử dụng khi lựa chọn riêng đối tượng nào đó mà không có khả năng nào khác, theo sau là thể phủ định. 예 지금 가지고 있는 돈이 만 원밖에 없어요.
A/V-(으)면	뒤에 오는 문장에 대한 조건이나 가정을 나타낸다. Diễn đạt điều kiện hoặc giả định cho vế sau của câu. 예 주말에 시간이 나면 전화해 주세요.
A/V-게 되다	어떤 상황이 외부의 영향에 의해서 바뀜을 나타낸다. Sử dụng khi một tình huống nào đó bị thay đổi bởi ảnh hưởng bên ngoài. 예 한국에 살면서 매운 김치도 먹게 되었어요.

9-12

📖 유형분석

9 안내문의 내용과 같은 것 고르기

안내문을 보고 내용과 같은 것을 고르는 문제입니다. 먼저 **제목을 보고 전체적으로 무엇에 대한 안내문인지 파악**합니다. 그러고 나서는 글 안의 내용을 중심으로 선택지와 비교해 가면서 관련이 없는 내용을 하나씩 지워 가며 정답을 찾는 것이 좋습니다. **특히 안내문 안에 있는 추가로 표기된 '( )' 괄호의 내용이나 '※' 참고표의 내용**을 중점적으로 살펴봐야 합니다. 기간이나 시간, 요금과 관련된 안내가 많이 나오므로 숫자를 주의해서 살펴봐야 합니다. 아래에 많이 출제되는 어휘를 제시하고 있으니 참고하십시오.

※ 주요 어휘와 문법
1) 출제 가능 어휘
 - 기간, 일시: 평일, 주말, 내내
 - 시간, 일시: 오전, 오후
 - 장소, 곳: 실내, 실외
 - 비용: ~료, ~비, 무료, 유료, 할인, 세일
 - 대상: 이하, 이상, 미만, 초과, 연령
 - 기타: 단, 다만, 문의, 접수, 신청, 연락
2) 출제 가능 문법
 : N만, N밖에, A/V-(으)면, A/V-(으)ㄹ 수 있다/없다, N을/를 통해서

10 도표의 내용과 같은 것 고르기

먼저 **제목과 항목을 보고 무엇에 대한 도표인지 파악**해야 합니다. 보통 도표는 막대형과 원형이 나오는데, 도표의 수치와 선택지에 제시된 문장을 비교해 가면서 내용이 일치하지 않는 것들을 하나씩 지워 가면 정답을 찾을 수 있습니다. 이 문제에는 아래와 같은 비교에 사용되는 표현이 많이 나옵니다.

※ 비교 표현: N보다 더, N에 비해서, N에 비하면, N(으)로 인해서

11~12 글의 내용과 같은 것 고르기

정보 전달을 목적으로 하는 글을 읽고 같은 내용을 고르는 문제입니다. **전시회나 공연, 행사 등과 관련해서 안내하거나 공지하는 글이 자주 출제**되고, 이외에도 설문 조사 결과나 새로운 정보를 전달하는 글이 출제됩니다. 이 문제는 제시된 글을 순서대로 읽으면서 선택지가 맞는지 틀리는지를 판단해야 합니다. 글의 내용과 선택지를 잘 비교해 가며 관련이 없는 내용을 하나씩 지워 나가야 합니다. 그리고 선택지의 문장에 사용되는 표현들은 위의 글에 나온 표현을 그대로 사용하는 경우가 많지 않기 때문에 유사한 어휘들을 알고 있어야 같은 의미를 찾아낼 수 있습니다.

9

Đây là dạng đề đọc hướng dẫn và lựa chọn câu có cùng nội dung. Trước tiên, hãy đọc tựa đề để biết hướng dẫn này nói về điều gì. Sau đó, bạn nên so sánh các đáp án với nội dung bài đọc, xóa từng nội dung không liên quan để tìm ra đáp án đúng. Đặc biệt, cần tập trung vào nội dung trong dấu ngoặc '( )' được bổ sung trong hướng dẫn hoặc nội dung của bảng tham khảo '※'. Trong bài đọc có rất nhiều thông tin liên quan đến thời kỳ, thời gian, giá cả, vì vậy bạn nên để ý tới các con số. Hãy tham khảo những từ vựng thường gặp trong đề thi TOPIK mà chúng tôi tổng hợp dưới đây.

10

Trước tiên, bạn cần nhìn vào các tiêu đề và các hạng mục để biết sơ đồ nói về điều gì. Thông thường, biểu đồ có dạng thanh và hình tròn, để tìm ra đáp án đúng, bạn có thể so sánh các số liệu trên biểu đồ với các câu được trình bày trong các đáp án và xóa từng câu không khớp với nhau. Có rất nhiều cụm từ được sử dụng để so sánh trong dạng đề này.

11~12

Đây là dạng đề đọc văn bản có mục đích truyền tải thông tin và lựa chọn câu có cùng nội dung. Các văn bản này thường hướng dẫn hoặc thông báo liên quan đến chương trình triển lãm, biểu diễn và sự kiện, cũng như các bài báo cung cấp kết quả khảo sát hoặc thông tin mới. Trong dạng đề này, bạn phải vừa đọc văn bản, vừa phán đoán đáp án nào đúng, đáp án nào sai. Bạn phải so sánh nội dung của đoạn văn với các đáp án, xoá từng nội dung không liên quan để tìm ra đáp án đúng. Rất ít khi đoạn văn và các đáp án sử dụng cùng từ vựng. Do đó, để tìm được câu có ý nghĩa tương tự, bạn cần biết những từ gần nghĩa.

9-12

🔍 문제분석

기출문제

※[9~12] 다음 글 또는 <u>도표의 내용과 같은 것을</u> 고르십시오. 각 2점

9

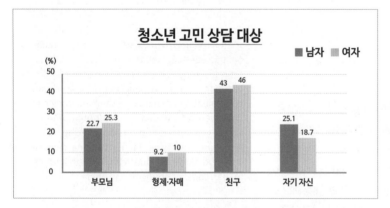

제10회 가을 사진전

국내 유명 작가 9인의 사진 전시회가 열립니다.
가족을 주제로 한 개성 있는 작품을 만나 볼 수 있습니다.

◉ 전시 기간: 2014년 11월 3일(월) ~ 11월 12일(수)
◉ 관람 시간: 10:00 ~ 18:00 (주말 오후 4시 작가와의 대화)
◉ 관람료: 5,000원
※ 가족 사진을 가지고 오시면 무료로 입장할 수 있습니다.

서울전시관

① 여러 나라 작가가 이번 전시회에 참여한다. X
② 이 전시회에 가면 <u>가을에 대한 사진을</u> 볼 수 있다. X
③ 가족 사진을 들고 가면 관람료를 내지 않아도 된다.
④ 작가와의 대화는 전시회 기간 동안 <u>날마다 진행된다.</u> X

※ 내용과 관계없는 것은 'X'
　①국내 유명 작가　②가족에 대한 사진　④주말 오후 4시

10

청소년 고민 상담 대상

■ 남자　■ 여자

(%)
50
40 ─ 43 46
30 ─ 25.3 / 22.7 ... 25.1
20 ─
10 ─ 9.2 10 / 18.7
0
부모님　형제·자매　친구　자기 자신

① 남녀 모두 부모님보다 친구에게 고민 상담을 많이 한다.
② 남녀 모두 형제와 자매에게 고민 상담을 <u>가장 많이 한다.</u> X
③ 혼자서 고민을 해결하는 청소년은 <u>여자보다 남자가 더 적다.</u> X　남자>여자
④ 부모님에게 고민을 말하는 청소년은 <u>남자보다 여자가 더 적다.</u> X　여자>남자

<TOPIK 36회 읽기 [9]>
• 사진전　Triển lãm ảnh
• 국내　Quốc nội/trong nước
• 유명 작가　Tác giả nổi tiếng
• 전시회가 열리다
　Triển lãm được tổ chức
• 작품　Tác phẩm
• 관람　Xem/thưởng thức
• 입장하다　Đi vào
• 참여하다　Tham dự

9

이 글은 사진 전시회 안내 글입니다. '※' 참고표에 가족 사진을 가지고 오면 입장료가 무료라고 했으므로 관람료 5,000원을 내지 않아도 됩니다. 따라서 정답은 ③입니다.

Đây là hướng dẫn của chương trình triển lãm ảnh. Tham khảo '※' cho biết nếu mang theo ảnh gia đình, bạn sẽ được miễn vé vào cửa, nghĩa là bạn không phải trả phí vào cửa 5.000 won. Do đó, đáp án đúng là ③.

<TOPIK 36회 읽기 [10]>
• 청소년　Thanh thiếu niên

10

이 도표는 '청소년 고민 상담 대상'이 누구인지를 남녀 비율로 나타낸 것입니다. 남녀 모두 친구(남 43%, 여 46%)에게 고민 상담을 가장 많이 하고 있으므로 ①이 정답입니다.

Biểu đồ này mô tả tỷ lệ nam và nữ về câu hỏi ai 'là người tư vấn băn khoăn cho thanh thiếu hanh niên'. Vì cả nam và nữ(43% nam, 46% nữ) đều trả lời rằng bạn bè là người tư vấn cho họ khi có băn khoăn nào đó; cho nên, đáp án đúng là ①.

11~12

아침신문사에서는 오는 12월 20일에 한국어 말하기 대회를 개최한다. 이 대회는 한국에 사는 외국인 대학생을 대상으로 하며 주제는 '나와 한국'이다. 참가를 원하는 사람은 발표할 내용을 원고지 10장 정도의 글로 써서 12월 5일까지 이메일로 보내면 된다. 예선은 원고 심사로 대신하며 본선 참가자는 홈페이지를 통해 공지할 예정이다.

① 대회에서 발표할 원고의 양은 제한이 없다. ✗
② 외국에서 살고 있는 사람도 참가할 수 있다. ✗
③ 본선 참가자는 홈페이지에서 확인할 수 있다.
④ 신청자는 신문사에 가서 원고를 제출하면 된다. ✗

※ 내용과 관계없는 것은 '✗'
　① 원고지 10장 정도 ② 한국에 사는 ④ 이메일로

샘플문제

※ [9~12] 다음 글 또는 도표의 내용과 같은 것을 고르십시오. 　각 2점

9

┌─────────────────────────────┐
│   │
│   제 15회 겨울 정기 공예 전시회   │
│   │
│ 국내 유명 작가 10인의 공예 전시회가 열립니다. │
│   전통과 자연을 주제로 여러 작가의   │
│   개성 있는 작품을 만나 볼 수 있습니다.   │
│   │
│ ◆ 전시 기간: 2015년 1월 5일(월)~1월 11일(일) │
│ ◆ 관람 시간: 9:00~17:00   │
│ ◆ 관람료: 3,000원   │
│   │
│ ※ 단, 초등학생은 평일에만 무료로 입장할 수 있습니다. │
│   │
└─────────────────────────────┘

① 이번 겨울 정기 공예 전시회는 개인전이다.
② 전시회는 일주일 동안 전통과 관련해서 진행된다.
③ 이 전시회에서는 겨울에 대한 공예 작품을 볼 수 있다.
④ 초등학생들은 언제나 관람료를 내지 않고 들어갈 수 있다.

〈TOPIK 37회 읽기 [11]〉
• 발표하다 Phát biểu
• 원고지 Giấy viết bài
• 예선 Vòng sơ tuyển
• 원고 Bản thảo
• 심사 Đánh giá/chấm điểm
• 본선 Vòng chung kết
• 공지하다 Thông báo

11~12

이 글은 '한국어 말하기 대회'에 대한 내용입니다. 글의 마지막 문장에 '본선 참가자는 홈페이지를 통해 공지할 예정이다'라고 했으므로 ③이 정답입니다.

Đây là bài viết nói về 'Cuộc thi nói tiếng Hàn'. Câu cuối cùng của bài viết là '본선 참가자는 홈페이지를 통해 공지할 예정이다', vì vậy, đáp án đúng là ③.

• 정기 Định kỳ
• 공예 Công nghệ
• 전통 Truyền thống
• 전시 Triển lãm
• 관람료 Vé vào cửa
• 평일 Ngày thường
• 개인전 Triển lãm cá nhân
• 관련하다 Liên quan
• 언제나 Luôn luôn

9

이 글은 전시회 안내 글입니다. 전시 기간은 1월 5일부터 1월 11일까지 일주일 동안이고, 전통과 자연을 주제로 열린다고 했으므로 정답은 ②입니다.

Bài viết này là hướng dẫn về chương trình triển lãm. Thời gian triển lãm kéo dài một tuần từ ngày 5 tháng 1 đến ngày 11 tháng 1, và chủ đề của triển lãm là truyền thống và thiên nhiên, cho nên đáp án đúng là ②.

10

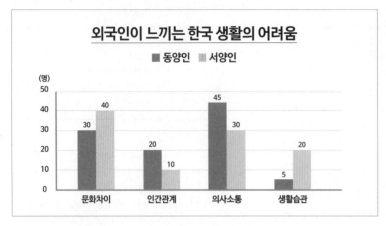

외국인이 느끼는 한국 생활의 어려움

■ 동양인 ■ 서양인

(명)

	문화차이	인간관계	의사소통	생활습관
동양인	30	20	45	5
서양인	40	10	30	20

① 동서양 모두 문화가 달라서 생기는 불편함은 크지 않다.
② 인간관계로 인한 어려움은 서양인이 동양인보다 더 심하다.
③ 서양인은 생활습관 보다는 언어 교류에 더 어려움을 느낀다.
④ 동양과 서양의 외국인 모두 의사소통에 어려움이 제일 많다.

11~12

최근 동대문역사문화공원 주변에 동대문디자인플라자(DDP)가 들어섰다. 이 일대는 동대문 의류 상가와 봉제, 의류, 패션 관련 산업이 밀집된 지역이다. 서울의 대표 관광 명소인 동대문은 DDP가 들어서면서 공연과 전시, 상업, 관광과 숙박 등의 복합 문화 공간이 될 예정이다. 이곳은 <u>주변 지역 활성화와 도시 환경 개선의 계기</u>가 되고 '패션 문화 관광지구'로 본격 개발될 것으로 보인다.

① 이곳에서 패션 관련 디자인을 공부할 수 있다.
② DDP가 들어서면서 주변 지역도 활성화될 것이다.
③ 동대문 일대에는 공연 관련 산업이 밀집되어 있다.
④ 도시환경 개선을 위해 서울 주변 지역을 개발 중이다.

- 문화차이 Sự khác biệt về văn hóa
- 인간관계 Mối quan hệ con người
- 의사소통 Giao tiếp
- 생활습관 Thói quen sinh hoạt
- 동서양 Đông và Tây
- 불편함 Sự bất tiện/sự khó chịu
- 동양인 Người Á Đông
- 서양인 Người phương Tây
- 심하다 Nặng nề/nghiêm trọng
- 언어 교류 Giao lưu ngôn ngữ

10

이 도표는 '외국인이 느끼는 한국 생활의 어려움'에 대한 내용을 조사한 것입니다. 동양인은 의사소통→문화차이→인간관계→생활습관 순으로 어려움을 느끼는 것으로 조사되었습니다. 서양인은 문화차이→의사소통→생활습관→인간관계 순으로 나타났습니다. 따라서 서양인은 생활습관보다는 언어 교류(의사소통)로 인해서 더 어려움을 느끼고 있으므로 정답은 ③입니다.

Đây là biểu đồ của khảo sát về 'những khó khăn mà người nước ngoài gặp phải trong cuộc sống tại Hàn Quốc'. Những khó khăn của người Á Đông được trình bày theo thứ tự khó khăn trong giao tiếp → khác biệt văn hóa → quan hệ con người → thói quen sinh hoạt. Còn những khó khăn của người phương Tây được trình bày theo thứ tự sự khác biệt về văn hóa → giao tiếp → thói quen sinh hoạt → mối quan hệ giữa các cá nhân xuất hiện theo thứ tự. Do đó, người phương Tây cảm thấy khó khăn do giao lưu ngôn ngữ(giao tiếp) hơn là do thói quen sinh hoạt. Do đó, đáp án đúng là ③.

- 들어서다 Đi vào
- 일대 Toàn khu vực
- 의류 상가 Cửa hàng quần áo
- 봉제 May(quần áo)
- 패션 산업 Ngành thời trang
- 관광 명소 Địa điểm du lịch nổi tiếng
- 상업 Thương mại • 숙박 Ở trọ
- 복합 문화 공간 Không gian văn hóa
- 활성화 Kích hoạt
- 관광지구 Khu vực du lịch
- 본격 Chính thức
- 개발되다 Được phát triển

11~12

동대문디자인플라자(DDP)가 동대문 일대의 주변 지역을 활성화시키고 환경을 개선시키는 계기가 되었다고 했으므로 정답은 ②입니다.

Bài viết nói rằng Dongdaemun Design Plaza(DDP) là một cơ hội để hồi sinh và cải thiện môi trường toàn khu vực Dongdaemun, cho nên, đáp án đúng là ②.

9-12

※ [9~12] 다음 글 또는 도표의 내용과 같은 것을 고르십시오. 각 2점

9

제 12회 온주 불꽃 축제

◆ 일시: 2015년 10월 3일(토) 19:00~22:00
◆ 장소: 온주 해수욕장
◆ 대상: 전 연령 가능
◆ 참가비: 무료
◆ 문의 방법: 전화 (☎ 038-123-9876)

※ 자세한 내용은 홈페이지를 참고하시기 바랍니다.

① 불꽃 축제는 주말에 이틀 동안 개최된다.
② 아이들은 위험해서 축제에 참가할 수 없다.
③ 온주에 사는 사람들만 무료로 축제를 볼 수 있다.
④ 축제에 대한 내용은 인터넷을 통해서도 확인할 수 있다.

10

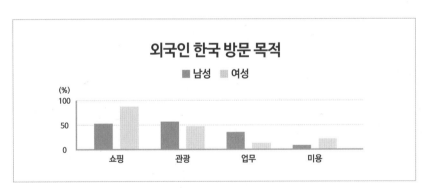

외국인 한국 방문 목적
■ 남성 ■ 여성

(%)

① 남녀 모두 한국에 관광하러 가장 많이 온다.
② 남성은 관광보다는 일을 하러 한국에 더 많이 온다.
③ 관광으로 방문하는 외국인은 남성이 여성보다 더 많다.
④ 여성은 미용보다 업무 때문에 한국을 더 많이 방문한다.

불꽃 Pháo hoa | **축제** Lễ hội | **해수욕장** Bãi tắm biển | **전 연령** Tất cả các độ tuổi | **가능** Khả năng | **참가비** Phí tham gia |
참고하다 Tham khảo | **방문** Thăm viếng | **목적** Mục đích | **관광** Du lịch | **업무** Nghiệp vụ | **미용** Chăm sóc sắc đẹp

11

서울의 한강에 '한강공원 여름 캠핑장'이 개장되어 많은 시민들이 도심에서 캠핑을 즐길 수 있다. 한강 여름 캠핑장은 여름이면 캠핑장에 쌓이는 쓰레기로 눈살을 찌푸리게 하는 경우가 많았다. 이런 부정적인 이미지를 버리기 위해 전시 및 체험 행사 등 다양한 프로그램을 개발하여 새로운 캠핑 문화를 보여 주고 있다. 캠핑장은 여름철 오후 3시부터 다음날 오전 11시까지 이용할 수 있다. 예약은 홈페이지에서 할 수 있으며, 대여품, 이벤트 및 프로그램 안내 등 각종 정보도 확인할 수 있다.

① 캠핑장 예약은 인터넷 또는 전화로 할 수 있다.
② 한강 공원에서 사계절 모두 캠핑을 할 수 있게 되었다.
③ 다양한 프로그램을 체험할 수 있는 한강공원 캠핑장이 개장되었다.
④ 한강에 쌓이는 쓰레기로 인해 도심에서 캠핑을 즐길 수 없게 되었다.

12

마음의 병이 있는 사람들이 낯선 사람을 만나서 자신의 속마음을 이야기하고 치료 받는 것은 쉽지 않은 일이다. 최근 말로 표현해 내기 어려운 감정들을 그림이나 색으로 표현해서 마음을 치료하는 방법이 이용되고 있다. 색을 이용한 치료는 자기의 감정이 자연스럽게 나타나기 때문에 증상을 치료하여 없애는 것이 아니라 병의 원인을 찾아내어 치료해 주는 것이라 할 수 있다. 이렇게 정신과 치료를 목적으로 음악이나 향기, 미술 등을 이용하는 경우가 많아지고 있다.

① 말로 표현하기 어려운 감정은 그림이나 색으로 표현할 수 있다.
② 색을 이용한 치료는 병의 원인보다는 증상을 치료하는 방법이다.
③ 인간의 마음을 치료하기 위해서는 잘 모르는 사람들을 만나야 한다.
④ 마음의 병이 있는 사람들은 그림이나 색으로 자신의 감정을 표현한다.

개장되다 Khai trương | **도심** Trung tâm thành phố | **캠핑을 즐기다** Cắm trại | **쌓이다** Chồng chất/tích lũy | **체험 행사** Sự kiện trải nghiệm | **눈살을 찌푸리다** Nhăn mặt | **대여품** Vật dụng thuê | **이벤트** Sự kiện | **낯설다** Lạ | **속마음** Trong lòng/nội tâm | **치료** Điều trị | **표현하다** Diễn đạt/bày tỏ | **감정** Tình cảm | **증상** Triệu chứng | **없애다** Bỏ/khử/dẹp bỏ | **정신과** Khoa Tâm thần | **향기** Mùi hương | **미술** Mỹ thuật

13-15

✏️ 오늘의 어휘

규칙	Quy tắc	Danh	사람들은 정해진 규칙에 맞게 행동해야 한다.
능률	Năng suất	Danh	스트레스가 많이 쌓이면 일의 능률이 떨어진다.
반면	Ngược lại	Danh	그는 운동은 잘하는 반면에 공부에는 취미가 없다.
위반	Vi phạm	Danh	지난달 교통 신호 위반으로 벌금 10만원을 냈다.
축소	Giảm thiểu	Danh	회사 규모 축소로 인해 많은 사원들이 퇴직을 했다.
판매	Bán	Danh	우리 회사는 광고를 통해서 판매를 증가시켰다.
억지로	Miễn cưỡng	Trạng	나는 먹고 싶지 않은 밥을 억지로 먹었다.
도입되다	Du nhập/được đưa vào	Động	새로 나온 휴대 전화에 신기술이 도입되었다.
우려하다	Lo lắng/quan ngại	Động	최근 개발로 인한 환경 파괴를 우려하고 있다.
종사하다	Phục vụ/hoạt động	Động	우리 부모님은 시골에서 농업에 종사하고 계신다.
표시하다	Biểu thị/đánh dấu	Động	나는 여행 가고 싶은 곳을 지도에 표시했다.
특별하다	Đặc biệt	Tính	그는 동물들에게 특별한 애정을 가지고 있다.

🥤 오늘의 문법

V-기 위해(서)	뒤의 내용을 하는 목적을 나타낸다. Diễn đạt mục đích của nội dung sau đó. 예 나는 부모님을 기쁘게 해 드리기 위해(서) 열심히 공부했다.
N(이)라도	어떤 상황을 가정했을 경우 뒤 상황과 상관없음을 나타낸다. Sử dụng khi giả định một tình huống nào đó, thì tình huống đó cũng không ảnh hưởng đến tình huống sau đó. 예 힘든 여행이라도 너만 간다면 같이 갈게.
N에 의하면	뒤 내용에 대한 근거를 나타낼 때 사용한다. Sử dụng khi đưa ra căn cứ cho nội dung sau đó. 예 뉴스에 의하면 노인 인구가 점점 증가하고 있다고 한다.
A/V-건 A/V-건	서로 반대되는 두 개의 상황과는 상관이 없다는 것을 나타낼 때 사용한다. '-든 -든'으로 바꿔 쓸 수 있다. Sử dụng khi một sự việc nào đó không có mối tương quan nào với hai tình huống đối lập nhau. 예 내일 네가 산에 가건 안 가건 (상관없이) 나는 등산할 생각이야.

13-15

13~15 순서대로 맞게 배열한 것 고르기

네 개의 문장을 순서에 맞게 배열하는 문제입니다. 각 **문장의 제일 앞에 오는 단어나 표현이 순서를 찾는 가장 중요한 단서가 됩니다.** '그중 하나가, 그 때문에, 이는, 그러자, 이것이, 이렇게' 등과 같은 표현들은 앞 문장에 그 문장과 의미상 이어질 수 있는 주요 표현이므로 이러한 표현들 위주로 순서를 맞춰야 합니다.

문제는 첫 문장을 잘 찾아야 합니다. **첫 문장에는 주로 글 전체의 주제를 나타내는 일반적인 문장이** 옵니다. 순서가 배열된 선택지에는 첫 문장이 2개로 나누어 제시되기 때문에 **첫 문장을 찾기 힘들 때에는 선택지에서 단서를 찾으면 됩니다.** 두 번째 문장부터는 첫 번째 문장에 대한 구체적인 설명, 이유 설명, 반대 내용 제시 등의 문장이 옵니다. 이때에는 앞서 제시한 '그중 하나가, 그 때문에, 이는, 그러자, 이것이, 이렇게'와 같은 표현들이 많이 사용되므로 **문장 앞에 오는 표현들**을 통해 앞과 뒤의 짝을 하나씩 찾다 보면 순서에 맞게 배열할 수 있을 것입니다. 아래에 있는 많이 출제되는 표현을 참고하십시오.

※ 중요 표현

1) 추가: 또는, 또한, 그리고, 게다가
2) 반대: 하지만, 그런데, 반대로, 반면, 그러나, 오히려
3) 이유: 왜냐하면, 그렇기 때문에
4) 결과: 그래서, 그러니까, 따라서, 그러므로

Đây là dạng đề sắp xếp 4 câu theo đúng thứ tự. Từ vựng hoặc ngữ pháp đứng trước mỗi câu là manh mối quan trọng nhất để tìm thứ tự. 'Ʈ중 하나가, 그 때문에, 이는, 그러자, 이것이, 이렇게' là những cụm từ chủ yếu kết nối câu trước với câu tiếp theo về mặt ý nghĩa, vì vậy, bạn cần tìm và sắp xếp thứ tự của câu dựa vào các cụm từ này.

Vấn đề là bạn phải tìm được câu đầu tiên. Thông thường, câu đầu tiên là câu thể hiện chủ đề của toàn bài. Trong các đáp án, câu đầu tiên được chia làm 2 nên khi khó tìm được câu đầu tiên, bạn nên tìm manh mối trong các đáp án. Từ câu thứ hai trở đi là các câu giải thích cụ thể nội dung được trình bày ở câu đầu tiên, giải thích lý do, hoặc trình bày nội dung trái ngược với câu đầu tiên. Cho nên, các câu này thường sử dụng các cụm từ như '그중 하나가, 그 때문에, 이는, 그러자, 이것이, 이렇게'; vì vậy, nếu lần lượt tìm kiếm các cặp câu trước và câu sau dựa vào các cụm từ này, bạn có thể sắp xếp chúng theo đúng thứ tự. Hãy tham khảo những từ vựng thường gặp trong dạng đề này mà chúng tôi tổng hợp dưới đây:

13-15

🔍 문제분석

기출문제

※[13~15] 다음을 순서대로 맞게 배열한 것을 고르십시오. `각 2점`

13~15

> (가) 정부는 <u>이러한</u> 규칙 위반을 줄이기 위해 '착한 운전 마일리지 제도'를 실시할 예정이다.
>
> (나) <u>이는</u> 교통 규칙을 잘 지키는 운전자에게 벌점이 아니라 상점을 주는 방식이다.
>
> (다) <u>하지만</u> 벌점 제도가 있어도 규칙 위반은 크게 줄어들지 않고 있다.
>
> (라) 보통 운전자들이 교통 규칙을 위반하면 벌점을 받게 된다.

① (가) – (다) – (라) – (나) ② (가) – (나) – (다) – (라)
③ (라) – (가) – (다) – (나) ④ (라) – (다) – (가) – (나)

〈TOPIK 36회 읽기 [14]〉
• 정부 Chính phủ
• 줄이다 Giảm
• 착하다 Tốt bụng/hiền lành
• 마일리지 제도 Hệ thống dặm
• 벌점 Điểm phạt
• 상점 Cửa hàng
• 방식 Phương thức/phương pháp

`13~15`
첫 문장은 전체 글의 문제를 제기하는 내용이 나타나는 문장인 (라)입니다. 다음으로 이어질 문장은 벌점 제도를 시행한 후의 결과에 대한 내용인 (다)가 올 수 있습니다. 이어서 '이러한 규칙 위반'이 들어가 있는 (가)가 오고 다음으로 '이는'으로 시작하는 (나)가 올 수 있습니다. 따라서 정답은 ④입니다.

Câu đầu tiên là (라)- câu đặt vấn đề cho toàn bài. Câu tiếp theo có thể là (다)- câu nói về kết quả sau khi thực hiện hệ thống điểm phạt. Tiếp theo là (가) nói về việc vi phạm những nguyên tắc này, tiếp theo là (나) bắt đầu bằng '이는'. Vì vậy, đáp án đúng là ④.

※[13~15] 다음을 순서대로 맞게 배열한 것을 고르십시오. 각 2점

13~15

> (가) 정부는 이 같은 폐비닐을 수거하는 캠페인을 벌일 예정이다.
>
> (나) 이렇게 모아진 비닐은 발전소 등의 보조연료로 사용될 수 있다.
>
> (다) 또한 판매한 수익금으로 어려운 이웃도 도울 수 있다.
>
> (라) 라면이나 과자 봉지와 같은 일상에서 버려지는 폐비닐이 문제가 되고 있다.

① (가) – (다) – (라) – (나) ② (가) – (나) – (다) – (라)
③ (라) – (가) – (나) – (다) ④ (라) – (다) – (가) – (나)

- 비닐 Ni-lông
- 수거하다 Gom
- 캠페인을 벌이다
  Tiến hành một chiến dịch
- 모아지다 Gom/tập trung
- 발전소 Trạm phát điện
- 보조연료 Nhiên liệu
- 판매하다 Bán
- 수익금 Lợi nhuận
- 봉지 Túi
- 일상 Thường ngày
- 버려지다 Bị bỏ

13~15

첫 문장은 전체 글의 문제를 제기하는 내용이 나타나는 문장인 (라)입니다. 따라서 이어질 문장은 앞 문장을 받는 '이 같은 폐비닐'이 들어가 있는 (가)입니다. 다음으로 이어질 문장도 앞 문장을 받는 '이렇게 모아진 비닐'로 시작하는 (나)입니다. (나)에서 효과를 소개하고 있기 때문에 이어질 문장은 다른 효과를 설명하면서 '또한'으로 시작하는 (다)가 됩니다. 따라서 정답은 ③입니다.

Câu đầu tiên là (라)- câu đặt vấn đề cho toàn bài. Vì thế, câu tiếp theo có thể là (가)- câu có 'i 같은 폐비닐'. Câu tiếp theo là (나) bắt đầu bằng 'i렇게 모아진 비닐'. Vì (나) giới thiệu về hiệu quả nên câu sau đó sẽ là (다) bắt đầu bằng '또한' và giải thích về hiệu quả khác. Vì vậy, đáp án đúng là ③.

13-15

※[13~15] 다음을 순서대로 맞게 배열한 것을 고르십시오. 각 2점

13

> (가) 그 때문에 시험 보는 날이 생일이라면 그 날은 미역국을 먹지 않는다.
> (나) 한국에서는 시험 보기 전에 수험자에게 주는 특별한 선물이 있다.
> (다) 시험에 잘 붙는다는 의미가 있는 떡이나 엿이 그것이다.
> (라) 반대로 시험에 미끄러져 떨어지는 것을 의미하는 미역국은 먹지 않는다.

  ① (나) – (다) – (라) – (가)　　　② (나) – (가) – (라) – (다)
  ③ (다) – (가) – (라) – (나)　　　④ (다) – (라) – (나) – (가)

14

> (가) 그 동안은 할인 판매가 가능하도록 해서 사실상 효과가 없었기 때문이다.
> (나) 이는 10년 전부터 도입되어 시행되어 왔으나 앞으로 보다 강화될 예정이다.
> (다) 도서정가제는 책에 정가를 표시하고 그 가격으로 팔도록 하는 제도이다.
> (라) 하지만 할인율 축소로 인한 소비자들의 부담이 많아질 것을 우려하는 목소리도 적지 않다.

  ① (가) – (라) – (다) – (나)　　　② (가) – (다) – (라) – (나)
  ③ (다) – (가) – (라) – (나)　　　④ (다) – (나) – (가) – (라)

15

> (가) 판매원, 승무원 등 서비스 직종에 종사하는 사람들을 감정노동자라고 부른다.
> (나) 그런데 연구에 의하면 이렇게 억지로 웃는 사람들은 일의 능률이 떨어진다고 한다.
> (다) 반면 진심에서 나오는 웃음은 기분을 좋게 만들고 업무에도 좋은 영향을 끼친다고 한다.
> (라) 고객을 상대해야 하는 이런 감정노동자들은 좋건 싫건 미소를 지어야 할 때가 많다.

  ① (가) – (나) – (라) – (다)　　　② (가) – (라) – (나) – (다)
  ③ (라) – (가) – (나) – (다)　　　④ (라) – (나) – (가) – (다)

미역국 Canh rong biển | 수험자 Thí sinh | 시험에 붙다 Thi đậu | 엿 Mạch nha | 미끄러지다 Trượt | 사실상 Thực ra |
효과 Hiệu quả | 강화되다 Tăng cường/đẩy mạnh | 도서정가제 Chế độ định giá sách cố định | 정가 Giá cố định | 제도 Chế độ/
hệ thống | 할인율 Tỷ lệ giảm giá | 부담 Gánh nặng | 판매원 Nhân viên bán hàng | 승무원 Tiếp viên | 진심 Thực lòng |
감정노동자 Người lao động cảm xúc | 웃음 Nụ cười | 영향을 끼치다 Ảnh hưởng | 상대하다 Giao tiếp | 미소를 짓다 Mìm cười

16-18

✏️ 오늘의 어휘

흔히	Thường	Trạng	서울 명동에서는 외국인을 흔히 볼 수 있다.
발생하다	Phát sinh/diễn ra	Động	지난 주말에 지하 노래방에서 화재가 발생했다.
설레다	Xao xuyến	Động	내일 여행을 갈 생각을 하니 마음이 설렌다.
시들다	Héo	Động	오랫동안 꽃에 물을 주지 않아서 시들어 버렸다.
싱싱해지다	Trở nên tươi	Động	채소에 물을 뿌렸더니 금방 싱싱해졌다.
움직이다	Di chuyển/nhúc nhích	Động	그는 너무 힘들어서 조금도 움직일 수 없었다.
전달하다	Truyền đạt/chuyển tải	Động	내가 쓴 편지를 그녀에게 직접 전달했다.
흡수되다	Thấm	Động	이 옷은 땀이 잘 흡수되도록 만들어졌다.
강력하다	Mạnh mẽ	Tính	그는 자신의 의견을 강력하게 주장했다.
뚜렷하다	Rõ ràng	Tính	나는 첫사랑의 기억이 아직도 뚜렷하다.
자상하다	Chu đáo	Tính	우리 아버지는 자상하고 인자하신 분이다.
신경(을) 쓰다	Quan tâm/bận tâm		부모들은 자식들 교육에 신경을 많이 쓴다.

🍹 오늘의 문법

N에 대한	앞의 것을 뒤 내용의 대상으로 함을 나타낸다. '에 관한'으로 바꿔 쓸 수 있다. Sử dụng khi yếu tố phía trước là đối tượng của nội dung sau. Chúng ta có thể thay thế bằng '에 관한'. 예) 정부 관계자들은 고령화 문제에 대한 해결책을 제시했다.
V-다(가) 보면	앞의 행위를 계속해서 하면 뒤의 결과가 나올 것임을 나타낸다. Sử dụng khi kết quả ở vế sẽ diễn ra nếu tiếp tục thực hiện hành động ở vế trước. 예) 지금은 힘들겠지만 열심히 살다(가) 보면 익숙해질 거예요.
V-(으)려면	앞의 행위를 하고 싶으면 뒤의 조건을 만족해야 함을 나타낸다. Sử dụng khi muốn thực hiện một hành động ở phía trước, người ta phải thỏa mãn điều kiện phía sau. 예) 책을 빌리려면 학생증이 있어야 해요.

16-18

16~18 괄호에 들어갈 내용으로 가장 알맞은 것 고르기

　전체 글의 내용을 파악하고 '(　)' 괄호 안에 들어갈 내용을 찾는 문제입니다. 먼저 '(　)' 괄호가 있는 문장의 앞뒤 문장에 집중해서 읽어야 합니다. 하지만 짧은 글이기 때문에 전체 내용을 대략적으로라도 이해해야 '(　)' 괄호 안에 들어갈 내용을 찾을 수 있습니다.

　글의 뒷부분에 '(　)' 괄호가 나올 때는 전체 내용을 요약하거나 결론을 설명하는 등의 내용이 주로 나옵니다. 따라서 '그래서, 그러니까, 따라서, 그러므로'와 같은 접속 부사가 많이 쓰입니다. 그리고 **중간에 '(　)' 괄호가 나올 때는 이유를 설명하거나 반대 의견을 나타내는 내용**이 주로 오기 때문에 '하지만, 그런데, 반면' 등과 같은 **접속 부사**가 많이 쓰입니다. 따라서 '(　)' 괄호가 있는 문장의 처음에 나오는 단어나 표현을 중심으로 그 문장 전체가 나타내는 중심 의미를 파악해야 합니다. 따라서 아래와 같은 중요 표현을 알아 두면 도움이 됩니다.

　※ 중요 표현
　　1) 추가: 또는, 또한, 그리고, 게다가
　　2) 반대: 하지만, 그런데, 반대로, 반면, 그러나, 오히려
　　3) 이유 설명: 왜냐하면, 그렇기 때문에
　　4) 결과, 결론: 그래서, 그러니까, 따라서, 그러므로

　Đây là dạng đề hiểu nội dung của toàn bộ văn bản và tìm nội dung điền vào '( )'. Trước tiên, bạn nên chú ý vào các câu trước và sau của câu có '( )'. Tuy nhiên, vì đây là bài viết ngắn nên cần hiểu đại ý của toàn bài thì mới có thể tìm được nội dung điền vào '( )'.

　Khi dấu ngoặc '( )' xuất hiện ở cuối bài viết, nội dung chủ yếu là tóm tắt nội dung toàn bài hoặc giải thích kết luận. Do đó, phần này thường sử dụng các trạng từ liên kết như 'thế nên, vậy nên, do đó, hoặc vì vậy' thường được sử dụng. Và khi '( )' xuất hiện ở giữa, nội dung chủ yếu là giải thích lý do hoặc bày tỏ ý kiến phản đối, do đó, các trạng từ như 'nhưng, tuy nhiên, ngược lại'. Bạn cần phải nắm bắt ý chính của toàn bộ văn bản dựa vào những từ ngữ xuất hiện ở đầu câu có '( )'. Vì vậy, sẽ hữu ích nếu bạn nắm vững những từ vựng sau đây:

16-18

🔍 문제분석

기출문제

※[16~18] 다음을 읽고 (　　　　)에 들어갈 내용으로 가장 알맞은 것을 고르십시오. 각 2점

16~18

> 집에서 채소를 보관하다 보면 채소가 쉽게 시든다. 채소가 시드는 이유는 (　　　　　　) 때문이다. 그래서 채소는 시간이 갈수록 시들시들 말라간다. 시든 채소를 살리려면 50도의 뜨거운 물에 넣어 씻으면 된다. 그러면 순간적으로 충분한 물이 흡수되면서 채소가 다시 싱싱해진다.

① 수분이 점점 빠져나가기　　② 세균이 갑자기 많아지기
③ 호흡이 갈수록 느려지기　　④ 씻을 때 뜨거운 물로 씻기

※ '시들다'는 수분과 관련 있는 단어

〈TOPIK 37회 읽기 [17]〉
- 채소 Rau　　• 보관하다 Bảo quản
- 시들시들 Héo　• 말라가다 Khô dần
- 순간적 Nhất thời
- 충분하다 Đầy đủ
- 수분이 빠져나가다 Độ ẩm giảm dần
- 세균 Virus　　• 호흡 Hơi thở

16~18

채소가 쉽게 시드는 이유를 묻고 있습니다. 그 이유는 마지막 문장을 보면 '충분한 물이 흡수되면서 다시 싱싱해진다'고 했으므로 수분과 관계된 내용임을 알 수 있습니다. 따라서 ①이 정답입니다.

Người viết đang hỏi tại sao rau dễ héo. Nội dung của câu cuối cùng là '충분한 물이 흡수되면서 다시 싱싱해진다' nên bạn có thể biết lý do là nội dung liên quan tới độ ẩm. Do đó, ① là đáp án đúng.

샘플문제

※[16~18] 다음을 읽고 (　　　　)에 들어갈 내용으로 가장 알맞은 것을 고르십시오. 각 2점

16~18

> 모두가 명절을 설레며 기다리는 것은 아니다. 최근 명절이 되기 전부터 가사 노동에 대한 스트레스로 인해 두통, 소화 불량, 복통 등의 증상이 나타나는 주부들이 늘고 있다. 이 같은 명절증후군은 주부들에게만 집중된 집안일의 부담 때문에 발생한다. 따라서 일을 (　　　　　) 것이 좋다.

① 계획을 세워서 하는　　② 긍정적인 마음으로 하는
③ 가족들이 골고루 분담하는　　④ 명절되기 전에 다 끝내 놓는

- 가사 노동 Làm việc nhà
- 두통 Đau đầu
- 소화 불량 Khó tiêu hóa
- 복통 Đau bụng　• 늘다 Tăng
- 명절증후군 Hội chứng căng thẳng kỳ nghỉ
- 집안일 Việc nhà　• 긍정적 Tích cực
- 골고루 Đều
- 분담하다 Phân chia

16~18

'(　)' 괄호 앞에 명절증후군의 원인이 나옵니다. '(　)' 괄호가 들어간 문장은 '따라서'가 있으므로 명절증후군을 해결하기 위한 방법을 제시하고 있는 것을 알 수 있습니다. 명절증후군의 발생 원인은 '주부들에게만 집중된 집안일의 부담 때문'이기 때문에 해결 방법은 '일을 골고루 분담하는 것'입니다. 따라서 답은 ③입니다.

Nguyên nhân của hội chứng căng thẳng kỳ nghỉ được trình bày trước '(　)'. Câu ở trong '(　)' có '따라서' nên chúng ta có thể biết được người viết đang đề nghị cách để giải quyết hội chứng kỳ nghỉ. Vì nguyên nhân của hội chứng kỳ nghỉ là '주부들에게만 집중된 집안일의 부담 때문' nên cách giải quyết là '일을 골고루 분담하는 것'. Vì vậy, đáp án đúng là ③.

16-18

※[16~18] 다음을 읽고 (   )에 들어갈 내용으로 가장 알맞은 것을 고르십시오. 각 2점

16

> 요즘 미디어를 통해 뇌에 좋은 음식에 대한 정보를 흔히 접할 수 있다. 그러나 그런 정보는 과학적으로 밝혀지지 않은 경우가 많다. 뚜렷한 증거도 없는 이런 정보에 신경을 쓰면서 (   ) 오히려 뇌에 더 많은 스트레스를 주게 된다. 따라서 특별한 음식에 가치를 두기보다는 음식을 골고루 섭취하는 것이 뇌 건강에 더 좋다.

① 미디어를 신뢰하지 않으면　　　　② 무리하게 체중을 줄이면
③ 특정 음식만을 골라 먹으면　　　　④ 적당한 휴식을 취하지 않으면

17

> 목구멍은 식도와 기도로 나뉜다. 기도는 공기를 폐로 전달하고 식도는 음식을 소화 기관인 위로 전달한다. 이때 식도는 위쪽에서부터 차례로 근육을 움직이면서 음식을 아래쪽으로 내려 보내는 운동을 한다. 이 운동은 매우 강력하기 때문에 우리는 (   ) 소화를 할 수 있는 것이다.

① 근육이 발달해도　　　　　　　② 운동을 하지 않아도
③ 공기가 식도로 들어가도　　　　④ 똑바로 서 있지 않아도

18

> 이야기를 할 때 사람마다 각기 다른 목소리의 톤과 높이를 가진다. 권위적이고 위엄 있는 목소리를 가진 사람이 있는가 하면 자상하고 부드러운 목소리를 가진 사람도 있다. 그런데 이러한 목소리의 차이가 (   ) 중요한 요인이 된다는 연구 결과가 나왔다. 한 유명한 정치인은 권위적이고 강인한 인물로 평가 받아 왔다. 그러나 병으로 인해 목소리가 변하기 시작한 이후 인자하고 따뜻한 이미지로 대중들의 인식을 바꿔 놓았다.

① 인상을 결정하는 데　　　　　② 외모를 평가하는 데
③ 정치인을 선택하는 데　　　　④ 개인의 성격을 바꾸는 데

미디어 Phương tiện truyền thông | **뇌** Não | **접하다** Gặp | **증거** Chứng cứ | **밝혀지다** Được làm rõ | **가치를 두다** Đặt giá trị |
섭취하다 Hấp thu | **신뢰하다** Tin cậy | **무리하다** Quá sức | **체중을 줄이다** Giảm cân | **특정** Đặc trưng | **골라 먹다** Kén ăn |
적당하다 Thích hợp/vừa phải | **휴식을 취하다** Nghỉ ngơi | **목구멍** Cổ họng | **식도** Thực quản | **기도** Khí đạo | **나뉘다** Được
phân chia | **폐** Phổi | **소화 기관** Cơ quan tiêu hóa | **위** Dạ dày | **근육** Cơ bắp | **내려 보내다** Nhìn xuống | **톤** Tông(giọng) |
권위적 Hách dịch/tỏ ra quyền lực | **위엄 있다** Uy nghiêm | **강인하다** Mạnh mẽ | **인물** Nhân vật | **인자하다** Nhận thức/tri nhận |
대중 Đại chúng | **인상** Ấn tượng | **평가하다** Đánh giá

19-20

✏️ 오늘의 어휘

유기농	Hữu cơ	Danh	요즘 유기농 식품들이 인기를 끌고 있다.
친환경	Thân thiện với môi trường	Danh	그는 친환경 재료로 주택을 지었다.
드디어	Cuối cùng	Trạng	드디어 기다리던 방학이 되었다.
무조건	Vô điều kiện	Trạng	그는 내 말을 듣지도 않고 무조건 화부터 냈다.
어쩌면	Có lẽ	Trạng	어쩌면 그 말이 모두 거짓말일지도 몰라.
오히려	Ngược lại	Trạng	그는 자기가 잘못해 놓고 오히려 나에게 화를 냈다.
고려하다	Coi	Động	성인이 되면 다른 사람의 감정도 고려해야 한다.
생산하다	Sản xuất	Động	이 텔레비전은 우리 공장에서 생산하는 제품이다.
인식되다	Được nhận thức	Động	역사가 잘못 인식되지 않도록 바른 교육이 이루어져야 한다.
진행하다	Tiến hành	Động	이곳에서는 장애인을 위한 특별한 행사를 진행하고 있다.
향상시키다	Nâng cao	Động	나는 말하기 능력을 향상시키기 위해 노력하고 있다.
신선하다	Tươi/trong lành	Tính	주말에는 등산을 하면서 신선한 공기를 마시곤 한다.
주목을 받다	Được chú ý		이 영화는 세계인의 주목을 받고 있는 작품이다.

🥤 오늘의 문법

V-(으)ㅁ으로(써) N(으)로(써)	앞의 행위가 어떤 일을 하는 데 방법 또는 수단이 됨을 나타낸다. Diễn đạt khi hành động trong vế trước là phương pháp hoặc phương tiện để thực hiện một hành động nào đó. 예 세계 곳곳을 여행함으로(써) 다양한 경험을 쌓을 수 있다.
A/V-거나	나열되는 상황 중에서 어떤 것이든 선택함을 나타낸다. Sử dụng khi chọn bất kỳ yếu tố nào trong tình huống được liệt kê. 예 시간이 나면 친구를 만나거나 운동을 한다.

19-20

글을 읽고 물음에 답하는 문제입니다. 글을 읽기 전에 19번의 선택지부터 확인하는 것이 좋습니다. 그리고 나서 글 전체를 읽으면서 대략적인 내용을 파악해야 합니다. 20번 문제는 선택지와 글의 내용을 비교해 가면서 문제를 푸는 것이 효율적입니다.

Đây là dạng đề đọc văn bản và trả lời câu hỏi. Bạn nên kiểm tra đáp án câu 19 trước khi đọc văn bản. Sau đó, bạn nên toàn bộ văn bản để nắm bắt đại ý. Đối với câu 20, sẽ hiệu quả hơn nếu bạn giải đề bằng cách so sánh các đáp án với nội dung văn bản.

19 괄호 안에 들어갈 알맞은 것 고르기

'( )' 괄호 안에 들어갈 표현을 찾는 문제입니다. 따라서 **앞뒤 문장에 특히 주의를 집중해서 보면 답을 쉽게 찾을 수 있습니다.** 앞 문장과 반대, 대조의 이야기가 나오는 경우에는 '그러나, 하지만, 그런데, 반면(에), 오히려' 등이, 앞 문장에 내용을 추가시키는 경우에는 '또는, 또한, 그리고' 등이, 전체 내용의 결과나 대안이 나오는 경우에는 '그러므로, 따라서' 등이 나옵니다. 이 밖에도 다양한 **접속 부사**가 나올 수 있습니다.

※ 중요 표현

1) 추가: 또는, 또한, 그리고, 게다가
2) 반대: 하지만, 그런데, 반대로, 반면, 그러나, 오히려, 뜻밖에
3) 결과: 그래서, 그러니까, 따라서, 그러므로
4) 기타: 어쩐지, 도대체, 저절로, 무조건, 일부러, 차라리, 수시로, 드디어, 도저히, 어쨌든

Đây là dạng đề tìm từ/câu thích hợp điền vào '( )'. Vì vậy, đặc biệt, nếu đọc kỹ đến câu trước và sau, bạn sẽ tìm được đáp án đúng một cách dễ dàng. Nếu trình bày nội dung trái ngược hoặc tương phản với câu trước, câu sau thường sử dụng các trạng ngữ như '그러나, 하지만, 그런데, 반면(에) hoặc 오히려'; nếu trình bày nội dung bổ sung, câu sau thường sử dụng các trạng ngữ như '또는, 또한' '그리고'; nếu trình bày kết quả hoặc giải pháp cho nội dung tổng thể trước đó, câu sau sẽ sử dụng các trạng ngữ như '그러므로, 따라서', vv. Ngoài ra, câu sau cũng có thể sử dụng các cụm từ sau đây:

20 글의 내용과 같은 것 고르기

전체적인 내용을 잘 읽고 같은 내용을 찾아야 합니다. 글을 순서대로 읽으면서 해당되는 선택지가 맞는지 틀리는지를 판단해야 합니다. 글의 내용과 선택지를 잘 비교해 가며 관련이 없는 내용을 하나씩 지워 나가야 합니다. 그리고 선택지의 문장에 사용되는 표현들은 위의 글에 나온 표현을 그대로 사용하는 경우가 많지 않기 때문에 **유사한 어휘들을 알고 있어야 같은 의미를 찾아낼 수 있습니다.**

Bạn phải đọc kỹ toàn bộ văn bản và tìm nội dung giống nhau. Hãy đọc lần lượt từng câu và phán đoán đáp án nào đúng, đáp án nào sai. Bạn nên so sánh nội dung của văn bản và các đáp án, và xóa dần những nội dung không liên quan. Ngoài ra, hiếm khi văn bản và các đáp án sử dụng cùng từ vựng nên để tìm ra được từ vựng/câu có cùng ý nghĩa, bạn phải biết từ gần nghĩa.

19-20

🔍 문제분석

※[19~20] 다음을 읽고 물음에 답하십시오. 각 2점

> 한 과학자가 <u>개인의 사회 공헌도</u>에 대한 연구를 했다. 개인이 쏟을 수 있는 <u>힘의 크기는 구성원의 수가 많아질수록 늘어날 것이라고 기대</u>하고 연구를 진행했다. 하지만 연구 결과는 예상과 달랐다. 그룹의 구성원 수와 그들이 쏟아 부은 힘의 크기는 <u>반비례</u>했다. (   ) 2명으로 이루어진 그룹이 잠재적인 기대치를 가장 많이 사용한 것으로 나타났다.

19 (   )에 들어갈 알맞은 것을 고르십시오.

① 드디어　② 오히려　③ 어쩌면　④ 반드시

20 이 글의 내용과 같은 것을 고르십시오.

① 구성원의 수가 많을수록 개인의 공헌도는 낮아졌다.
② 연구 결과는 처음에 <u>예상했던</u> 것과 <u>유사</u>하게 나타났다. X
③ 이 연구는 <u>사회가 개인에게 미치는 영향</u>에 대한 것이다. X
④ <u>2명</u>으로 이루어진 그룹은 개인적인 <u>노력을 하지 않았다</u>. X

※ 내용과 관계없는 것은 'X'
　② 반비례(반대)
　③ 개인의 사회 공헌도
　④ 2명일 때: 가장 많이 힘을 쏟아 부음

〈TOPIK 36회 읽기 [19~20]〉
• 공헌도 Mức độ cống hiến
• 쏟다 Đổ
• 구성원 Thành viên
• 기대하다 Mong đợi
• 예상 Dự đoán
• 반비례하다 Tỷ lệ nghịch
• 잠재적 Tiềm ẩn
• 기대치 Mức độ kỳ vọng
• 반드시 Nhất định
• 유사하다 Tương tự

19
연구 전 기대와 다르게 연구 결과는 '( )' 괄호 뒤에 나온 2명으로 이루어진 그룹이 잠재적인 기대치가 가장 많았습니다. 즉 '예상과 달리'라는 의미를 지닌 표현인 '오히려'가 가장 알맞습니다. 따라서 ②가 답입니다.

Khác với kỳ vọng trước khi nghiên cứu, kết quả nghiên cứu được trình bày sau '( )' cho thấy nhóm bao gồm 2 người có mức độ kỳ vọng tiềm năng cao nhất. Nói cách khác, có cùng ý nghĩa với '예상과 달리', '오히려' là trạng từ thích hợp nhất. Vì vậy, ② là đáp án đúng.

20
연구 결과 구성원 수와 사회에 쏟는 힘의 크기는 반비례한다고 했으므로 ①이 정답입니다.

Theo kết quả nghiên cứu, số lượng thành viên và mức độ cống hiến cho xã hội tỷ lệ nghịch với nhau, vì vậy ① là đáp án đúng.

※[19~20] 다음을 읽고 물음에 답하십시오. 각 2점

> 　최근 비료, 농약 등의 화학물질을 사용하지 않고 생산한 친환경 유기농 식품의 수요가 늘어나고 있다. 화학적 약품을 사용하지 않음으로써 화학물질의 잔류 문제는 해결할 수 있다. (　　　　　) 세균 등에 의해 오염될 위험은 높아질 우려가 있다. 따라서 신선한 유기농 농산물을 섭취할 경우에도 깨끗이 씻어서 먹어야 한다.

- 비료　Phân bón
- 농약　Thuốc trừ sâu
- 화학물질　Hóa chất
- 식품　Thực phẩm
- 수요가 늘어나다　Nhu cầu gia tăng
- 잔류　Tồn dư
- 오염되다　Bị ô nhiễm
- 위험　Nguy hiểm
- 우려가 있다　Có lo ngại
- 깨끗이　Sạch sẽ
- 마침　Đúng lúc
- 끝내　Cuối cùng
- 하필　Hà tất
- 생산성　Năng suất
- 안심하다　An tâm
- 가능성　Tính khả năng

19 (　　　)에 들어갈 알맞은 것을 고르십시오.
① 반면　　　② 마침　　　③ 끝내　　　④ 하필

19
'( )' 괄호가 있는 문장의 앞 문장은 유기농 식품의 장점에 대한 내용이지만 '( )' 괄호가 있는 문장은 유기농 식품의 위험성에 대한 내용이 나옵니다. 따라서 앞과 뒤에 반대의 내용이 나오므로 ①이 정답입니다.

Câu trước của câu có '( )' nói về ưu điểm của thực phẩm hữu cơ, nhưng câu có ngoặc '( )' nói về sự nguy hiểm của thực phẩm hữu cơ. Do đó, nội dung trước và sau tương phản nhau nên ① là đáp án đúng.

20 이 글의 내용과 같은 것을 고르십시오.
① 생산성을 위해 화학적 약품의 사용이 증가하고 있다.
② 친환경 유기농 식품도 무조건 안심하고 먹으면 안 된다.
③ 유기농 식품이라도 화학물질이 남아 있을 가능성이 있다.
④ 화학물질을 사용한 식품도 잘 씻으면 유기농 식품과 비슷하다.

20
화학물질을 사용하지 않은 유기농 식품은 세균 등에 의해 오염될 위험이 높아질 우려가 있다고 깨끗이 씻어 먹어야 한다고 했습니다. 따라서 ②가 정답입니다.

Tác giả bày tỏ lo ngại rằng thực phẩm hữu cơ không sử dụng hóa chất nên có nguy cơ bị nhiễm khuẩn nên phải rửa sạch trước khi ăn. Do đó, ② là đáp án đúng.

19-20

※[19~20] 다음을 읽고 물음에 답하십시오. 각 2점

기부는 여태껏 어려운 이웃에게 돈을 기부하거나 봉사활동을 하는 것으로만 인식되어 왔다. 하지만 최근 새로운 기부 형태로 개인이 가지고 있는 재능이나 전문 능력을 이웃에게 나눠주는 재능 기부가 주목받고 있다. 금전 기부는 일회성으로 그칠 수 있고 봉사활동은 개인의 차이를 세세히 고려하지 않고 이루어진다. (   ) 재능 기부가 기부를 받는 사람에게 맞춤형 기부를 제공한다는 점에서 더 효과적일 수 있다.

19 (   )에 들어갈 알맞은 것을 고르십시오.
① 반드시　　　　　② 오히려　　　　　③ 드디어　　　　　④ 게다가

20 이 글의 내용과 같은 것을 고르십시오.
① 돈을 기부하는 방식은 계속 이어질 가능성이 높다.
② 새로운 기부의 등장으로 봉사활동이 줄어들고 있다.
③ 재능 기부는 개인의 차이를 고려하여 이루어지고 있다.
④ 재능 기부는 자신의 능력을 향상시키는 데 효과적이다.

기부 Quyên góp | 여태껏 Cho đến nay | 봉사활동 Hoạt động tình nguyện | 재능 Tài năng | 전문 능력 Năng lực chuyên môn | 금전 Tiền bạc | 일회성 Sử dụng một lần | 그치다 Dừng lại | 차이 Sự khác biệt | 제공하다 Cung cấp | 맞춤형 기부 Quyên góp tùy chỉnh | 세세히 Cụ thể, chi tiết | 효과적 Hiệu quả | 게다가 Bên cạnh đó | 이어지다 Tiếp nối | 등장 Xuất hiện

21-22

✏️ 오늘의 어휘

방안	Phương án	Danh	이 문제를 해결할 구체적인 방안을 마련해야 한다.
의지	Ý chí	Danh	담배를 끊기 위해서는 강한 의지가 필요하다.
지속적	Tiếp tục	Danh	정부는 경기 회복을 위해 지속적으로 노력하고 있다.
거두다	Gặt hái/đạt	Động	우리 팀은 이번 대회에서 좋은 성적을 거두었다.
떠올리다	Liên tưởng	Động	그의 얼굴을 떠올리면 나도 모르게 미소를 짓게 된다.
마련하다	Chuẩn bị	Động	그는 결혼해서 살 집을 미리 마련해 두었다.
예방하다	Dự phòng	Động	은행은 범죄를 예방하고자 CCTV를 설치했다.
잠재우다	Làm lắng xuống/xoa dịu	Động	정부는 새로운 정책으로 소비자들의 불만을 잠재웠다.
제기하다	Nêu	Động	피해자 가족은 사고 처리에 대한 의문을 제기했다.
지도하다	Hướng dẫn/chỉ đạo	Động	그는 학생들에게 글쓰기를 지도하고 있다.
불필요하다	Không cần thiết	Tính	나는 이사를 가기 위해 불필요한 물건들을 정리했다.
화려하다	Hoa lệ/sặc sỡ	Tính	서울 한강의 야경은 화려하다.
비난을 받다	Bị lên án		그 배우는 잘못된 행동으로 시청자들에게 비난을 받았다.

🥤 오늘의 문법

V-아/어 놓다	어떤 행위를 끝내고 나서 그 결과가 유지될 때 사용한다. Sử dụng khi kết quả của một hành động nào đó vẫn được duy trì sau khi hành động đó đã chấm dứt. 예 방학 때 고향에 돌아가기 위해서 비행기 표를 미리 예약해 놓았다.
A/V-아/어야	뒤의 상황이 이루어지기 위해서는 앞의 조건이 필요함을 나타낸다. Diễn đạt sự cần thiết của điều kiện phía trước để tình huống phía sau diễn ra. 예 학생증이 있어야 도서관에서 책을 빌릴 수 있다.

📖 유형분석

    사회적으로 이슈가 되고 있는 어느 정도 가벼운 화제가 주로 나옵니다. 전문가가 일반적인 사실을 전달하면서 개인적인 의견을 전달하기도 합니다. 그리고 때로는 문제를 제기하거나 자신의 주장을 표현하기도 합니다. 그러므로 글을 읽을 때에는 **필자가 전달하고 싶은 내용이 무엇인지 어떤 의도로 이 글을 썼는지에 집중해서 글을 읽어야 합니다.**

Dạng đề này đề cập đến một chủ đề nhẹ nhàng đang trở thành một vấn đề xã hội. Chuyên gia trình bày một sự thật phổ biến, đồng thời đưa ra ý kiến cá nhân. Đôi khi, họ cũng nêu vấn đề hoặc bày tỏ quan điểm của mình. Vì vậy, khi đọc đoạn văn, bạn cần phải tập trung đọc để nắm được nội dung tác giả muốn truyền đạt, và ý định của tác giả khi viết bài này là gì.

21 괄호 안에 들어갈 알맞은 것 고르기

    '( )' 괄호에 들어갈 **속담이나 관용어를 고르는 문제입니다.** 보통 속담을 고르는 문제는 '( )' 괄호의 앞이나 뒤에 속담의 의미에 대해 서술하고 있습니다. 따라서 '( )' 괄호의 앞뒤 문장을 잘 읽어야 하며, 의미가 서술되지 않을 경우에는 문맥을 통해 알맞은 표현을 골라야 합니다. 아래에는 **많이 출제되는 관용어와 속담**을 정리하였습니다.

Đây là dạng đề chọn câu tục ngữ hoặc thành ngữ điền vào '( )'. Thông thường, khi chọn câu tục ngữ, nghĩa của câu tục ngữ được viết trước hoặc sau '( )'. Vì vậy, bạn nên đọc kỹ các câu trước và sau '( )', và nếu ý nghĩa của câu tục ngữ đó không được giải thích, bạn nên chọn từ ngữ thích hợp thông qua ngữ cảnh. Sau đây, chúng tôi sẽ tổng hợp các thành ngữ và tục ngữ thường xuất hiện trong các kỳ thi TOPIK.

※ 중요 관용어와 속담 (단어장에 따로 정리해 두었으니 참고하시기 바랍니다.)

신체 관련 관용어	눈살을 찌푸리다, 눈 밖에 나다, 눈 감아 주다, 콧등이 시큰해지다, 입 밖에 내다, 입을 모으다, 혀를 차다, 귀가 솔깃하다, 고개를 젓다, 골치가 아프다, 머리를 맞대다, 어깨를 으쓱거리다, 가슴이 뜨끔하다, 가슴을 치다, 등을 돌리다, 손을 벌리다, 손사래를 치다, 무릎을 치다, 발목을 잡히다, 발 벗고 나서다
기타 관용어	가닥을 잡다, 갈피를 못 잡다, 기승을 부리다, 골탕을 먹다, 말꼬리를 흐리다, 몸 둘 바를 몰라 하다, 물불을 가리지 않다, 맥이 빠지다, 바가지를 긁다, 발등에 불이 떨어지다, 시치미를 떼다, 실마리를 찾다, 줄행랑을 놓다, 진땀을 빼다, 찬물을 끼얹다, 하늘을 찌르다, 한술 더 뜨다, 허리띠를 졸라매다, 환심을 사다, 활개를 치다
자주 쓰이는 속담	가는 날이 장날이다, 갈수록 태산이다, 길고 짧은 건 대 봐야 안다, 그림의 떡, 금강산도 식후경, 개구리 올챙이 적 생각 못 한다, 누워서 침 뱉기, 땅 짚고 헤엄치기, 떡 줄 사람은 생각지도 않는데 김칫국부터 마신다, 뛰는 놈 위에 나는 놈 있다, 밑 빠진 독에 물 붓기, 배보다 배꼽이 더 크다, 사공이 많으면 배가 산으로 간다, 소 잃고 외양간 고친다, 소귀에 경 읽기다, 수박 겉 핥기, 세 살 버릇 여든까지 간다, 천리 길도 한 걸음부터다, 친구 따라 강남 간다, 하나를 보면 열을 안다

22 글의 중심 생각 고르기

이 문제는 글의 중심 생각을 고르는 문제입니다. 보통은 **글의 중간 부분이나 끝부분에 필자의 중심 생각이 들어있는 경우가 많으므로 이 부분에 유의하여 글을 읽어야 합니다.** 필자는 자신의 의견을 이해시키기 위해 먼저 일반적인 이론이나 실험 결과, 또는 실례를 들어 설명합니다. 그리고 나서 뒷부분에 '따라서, 그러므로, 그렇기 때문에' 등과 같은 접속 표현을 사용하여 자신의 중심 생각을 정리하여 전달하고 있습니다. 따라서 접속 표현 뒤에 나오는 문장을 주의 깊게 봐야 합니다.

Đây là dạng đề chọn ý chính của bài viết. Thông thường, ý chính của bài được trình bày ở giữa hoặc cuối bài; vì vậy, bạn nên đọc kỹ hai phần này. Để giúp độc giả hiểu ý kiến ủa mình, trước tiên, tác giả thường giải thích kết quả của các lý thuyết chung, kết quả thực nghiệm hoặc nêu ví dụ. Sau đó, trong phần cuối, tác giả thường sử dụng các trạng từ liên kết như '따라서, 그러므로, 그렇기 때문에' để tóm tắt ý chính của mình. Vì vậy, bạn nên đọc kỹ câu đứng sau trạng từ liên kết.

21-22

기출문제

※[21~22] 다음을 읽고 물음에 답하십시오. [각 2점]

> 운동선수가 실수에 대한 부담감을 가지게 되면 경기에서 좋은 성적을 거두기가 어렵다. 그렇기 때문에 감독은 선수를 지도할 때 실수를 떠올리게 하는 <u>직접적인 말을</u> (   ) 않아야 한다. 예를 들어 스케이트 선수들은 넘어지면 안 된다는 부담감이 크다. <u>그러므로 감독은 선수에게 넘어지지 말라는 말 대신에 중심을 잡고 스케이트를 타라고 주의를 주는 것이 좋다.</u>

21 (   )에 들어갈 알맞은 것을 고르십시오.

① 입 밖에 내지   ② 눈 감아 주지
③ 한술 더 뜨지   ④ 귓등으로 듣지

※관용어의 의미
② 눈 감아 주다 (모르는 척하다)
③ 한술 더 뜨다 (앞의 것보다 더 심한 정도로)
④ 귓등으로 듣다 (주의 깊게 듣지 않는다)

22 이 글의 중심 생각을 고르십시오.
① 감독은 선수가 실수를 반복하지 않도록 지도해야 한다.
② 감독은 선수를 지도할 때 언어를 신중하게 선택해야 한다.
③ 선수는 넘어져도 몇 번이고 다시 일어나려는 의지가 있어야 한다.
④ 선수는 긍정적인 생각을 해서 경기에 대한 부담감을 없애야 한다.

〈TOPIK 37회 읽기 [21~22]〉
• 부담감 Gánh nặng
• 경기 Trận thi đấu
• 감독 Huấn luyện viên
• 직접적 Trực tiếp
• 스케이트 Trượt băng
• 넘어지다 Ngã
• 중심을 잡다 Giữ thăng bằng
• 주의를 주다 Nhắc nhở
• 반복하다 Lặp đi lặp lại
• 선택하다 Lựa chọn

21
이 글은 운동선수를 지도하는 방법에 대해 이야기하고 있습니다. '( )' 괄호 앞에 '실수에 대한 직접적인 말을'이 있고 뒤에는 '않아야 한다'가 있으므로 '( )' 괄호에 들어갈 표현은 '말을 하다'와 비슷한 의미인 '입 밖에 내다'라는 표현이 와야 합니다. 의미를 모르더라도 '말'과 관련된 표현은 ①밖에 없습니다.

Đây là bài nói về phương pháp huấn luyện vận động viên. Vì trước '( )' có '실수에 대한 직접적인 말을', và sau '( )' có '않아야 한다' nên chi tiết cần điền vào '( )' là '입 밖에 내다' có ý nghĩa tương tự với '말을 하다'. Dù bạn không biết ý nghĩa của tất cả các cụm từ, ① là cụm từ duy nhất liên quan đến '말'.

22
글의 마지막에 '그러므로'가 이끄는 문장을 잘 읽어야 합니다. 넘어지지 말라는 말 대신 주의를 주는 것이 좋다고 했으므로, 이는 운동선수가 부담감을 갖지 않도록 말을 할 때 조심해서 해야 함을 의미합니다. 따라서 정답은 ②입니다.

Bạn phải đọc câu cuối của bài bắt đầu bằng '그러므로' ở đầu câu. Tác giả nói rằng nên dùng từ '주의를 주다' thay vì từ '넘어지지 말라', nên từ ngữ này nghĩa là vận động viên phải thận trọng kẻo ngã. Do đó, đáp án đúng là ②.

※[21~22] 다음을 읽고 물음에 답하십시오. 각 2점

최근 한 카드사의 고객 개인 정보가 유출된 사건이 발생하였다. 이는 카드사의 관리가 제대로 이루어지지 않았기 때문인 것으로 나타났다. 이에 정부는 개인 정보를 보호하는 법을 내놓았다. 하지만 이미 문제가 발생한 후에 시민들의 불만을 잠재우기 위한 식의 대책은 (   )라는 비난을 받고 있다. 따라서 앞으로는 문제가 발생하기 전에 미리 막을 수 있는 방안을 마련해 놓아야 할 것이다.

21 (   )에 들어갈 알맞은 것을 고르십시오.

① 땅 짚고 헤엄치기
② 불난 집에 부채질하기
③ 쓰면 뱉고 달면 삼키기
④ 소 잃고 외양간 고치기

22 이 글의 중심 생각을 고르십시오.

① 정부는 강한 법을 만들어야 한다.
② 문제가 생기기 전에 예방해야 한다.
③ 고객을 위한 서비스를 개선해야 한다.
④ 시민들의 불만을 해결하기 위해 노력해야 한다.

- 카드사 Công ty thẻ tín dụng
- 고객 Quý khách hàng
- 개인 정보 Thông tin cá nhân
- 유출되다 Bị rò rỉ
- 사건 Sự kiện
- 제대로 Đúng
- 보호하다 Bảo vệ
- 법을 내놓다 đề xuất một dự luật
- 불만 Bất mãn
- 대책 Đối sách
- 미리 Trước
- 막다 Ngăn cản/chặn

21
이 글은 카드사 고객의 개인 정보 관리에 대해 이야기하고 있습니다. '( )' 괄호 앞에 '이미 문제가 발생한 후에' 어떤 대책을 내놓은 것에 대해 '비난을 받고 있다'고 했습니다. 따라서 이미 일이 발생한 후에는 후회해도 소용이 없음을 나타내는 ④가 정답입니다.

Bài viết này nói về việc quản lý thông tin cá nhân của khách hàng của công ty thẻ tín dụng. Trước '( )' có '이미 문제가 발생한 후에' và sau ( ) có '비난을 받고 있다'. Do đó, ④ diễn đạt nội dung 'sau khi sự việc đã diễn ra, dù hối hận cũng vô ích' là đáp án đúng.

22
글의 마지막에 '따라서'가 이끄는 문장을 잘 읽어야 합니다. 문제가 발생하기 전에 미리 막아야 함을 말하고 있으므로 ②가 정답입니다.

Bạn phải đọc câu cuối của bài có chữ '따라서' ở đầu câu. Câu này nói rằng người ta phải ngăn chặn trước khi vấn đề xảy ra' vì vậy, đáp án đúng là ②.

21-22

※[21~22] 다음을 읽고 물음에 답하십시오. 각 2점

최근 과자의 과대 포장이 문제가 되고 있다. 과자의 양에 비해 포장지의 크기가 너무 크다는 것이다. 또한 두세 번의 불필요한 포장으로 과자 상자를 크게 보이게 하는 효과를 주어 소비자들을 속이고 있다는 것이다. 과자 업체의 잘못이 가장 크지만 소비자들도 이러한 사태를 ( ) 계속 화려한 포장에 속아서 물건을 고르게 되고 기업들의 과대 포장도 계속될 것이다. 따라서 소비자들은 이러한 문제를 지속적으로 제기할 필요가 있다.

21 ( )에 들어갈 알맞은 것을 고르십시오.
① 등을 돌리면
② 코가 납작해지면
③ 간이 콩알만 해지면
④ 강 건너 불 보듯 하면

22 이 글의 중심 생각을 고르십시오.
① 물건을 고를 때 신중하게 골라야 한다.
② 크고 화려한 포장일수록 내용물도 좋다.
③ 소비자를 속이는 기업의 물건은 사면 안 된다.
④ 소비자들은 과대 포장 문제에 대해 건의해야 한다.

과대 포장 Đóng gói quá mức | 포장지 Giấy gói | 상자 Hộp | 소비자 Người tiêu dùng | 속이다 Lừa đảo | 업체 Doanh nghiệp | 사태 Tình trạng | 내용물 nội dung | 건의하다 kiến nghị

23-24

🖉 오늘의 어휘

감시	Giám sát	Danh	최근 감시 카메라 설치가 확대되고 있다.
살림	Việc nhà	Danh	그녀는 직장을 그만두고 집에서 살림만 한다.
세월	Ngày tháng	Danh	오랜 세월이 지났지만 그의 모습은 그대로였다.
욕심	Sự tham lam/tham vọng	Danh	그는 현재에 만족하지 못하고 항상 다른 것에 욕심을 낸다.
그제야	Chỉ khi đó	Trạng	아버지는 딸의 전화를 받고 그제야 안심이 되었다.
때때로	Thỉnh thoảng	Trạng	바쁘게 살고 있지만 때때로 옛날 생각이 난다.
아예	Không hề	Trạng	나는 중국어를 아예 못 한다.
여전히	Vẫn	Trạng	그는 여전히 멋있고 당당해 보였다.
되풀이하다	Lặp đi lặp lại	Động	단어는 되풀이해서 외워야 잊어버리지 않는다.
떠오르다	Liên tưởng/nghĩ đến	Động	옛 고향에 오니 어린 시절 추억이 떠오른다.
각박하다	Bạc bẽo	Tính	요즘은 세상이 각박해서 옆집에 누가 사는지도 모른다.
소홀하다	Coi nhẹ	Tính	이 공사장은 안전 관리가 소홀해서 사고가 많다.
철없다	Thiếu trưởng thành	Tính	철없던 어린 시절의 행동들이 부끄럽게 느껴졌다.
고개를 숙이다	Cúi đầu		벼는 익을수록 고개를 숙인다는 속담이 있다.

🌱 오늘의 문법

A/V-고 해서	앞의 상황은 뒤의 행위를 하게 되는 여러 개의 이유 중 하나임을 나타낸다. Sử dụng khi tình huống ở vế trước là một trong nhiều lý do dẫn đến hành động ở vế sau của câu. 예 너무 피곤하고 해서 일찍 들어가 쉬려고 해요.
V-자	앞의 행위가 끝나고 바로 뒤의 행위가 이어짐을 나타낸다. Diễn đạt sự tiếp diễn của hành động sau ngay sau khi hành động trước đó kết thúc. 예 수업이 끝나자 학생들이 모두 식당으로 뛰어갔다.
A/V-(으)ㄹ 뿐이다	앞의 상황 말고는 다른 선택의 여지가 없음을 나타낸다. Sử dụng khi không có lựa chọn nào khác ngoài tình huống trước đó. 예 지금은 학생이니까 열심히 공부할 뿐이다.
N 만에	시간 명사와 함께 쓰여, 그 시간이 지나고 어떤 행위를 할 때 사용한다. Kết hợp với danh từ chỉ thời gian, diễn đạt một hành động nào đó sau khi khoảng thời gian đó trôi qua. 예 고향에 돌아온 지 1년 만에 결혼을 했다.

📖 유형분석

글의 종류는 수필이기 때문에 이야기의 주인공은 나 자신이 됩니다. '나'를 중심으로 전체 이야기를 파악하고 **내가 처해 있는 상황과 배경을 잘 이해해야 합니다.**

Thể loại của văn bản này là tùy bút nên nhân vật chính trong câu chuyện là 'tôi'. Bạn phải hiểu được toàn bộ câu chuyện xoay quanh 'tôi', đồng thời nắm được tình huống và bối cảnh mà 'tôi' đang đối diện.

23 밑줄 친 부분에 나타난 나의 심정 고르기

'필자 자신이 느끼는 감정이 무엇인지를 고르는 문제입니다. 먼저 전체적인 글의 흐름을 파악해야 합니다. 또한 **밑줄 친 부분의 의미만으로는 '나의 심정'을 고를 수 없기 때문에 앞뒤 문장의 의미도 같이 이해해야 합니다.** 보통 밑줄 친 부분의 앞에 원인이나 이유가 나오므로 그 상황을 잘 이해하고 분석해야 합니다. 밑줄 친 부분의 의미를 잘 모르더라도 앞의 상황이나 문장을 통해서 그 의미를 유추할 수도 있습니다. 다음과 같은 **감정 관련 어휘를** 참고하십시오.

※ 감정 관련 어휘: 곤란하다, 속상하다, 답답하다, 억울하다, 섭섭하다, 창피하다, 당황하다, 황당하다, 서운하다, 안타깝다, 서럽다, 흐뭇하다, 설레다, 억울하다, 허무하다, 혼란스럽다, 불만스럽다, 실망스럽다

Đây là dạng đề lựa chọn cảm xúc mà bản thân người viết cảm nhận. Trước tiên, bạn cần hiểu bố cục của của toàn bộ bài viết. Và bạn không thể chọn được 'cảm xúc của tôi' chỉ dựa vào ý nghĩ của phần gạch chân nên bạn phải hiểu phần gạch chân cùng với ý nghĩ của câu trước và câu sau. Nguyên nhân và lý do thường được trình bày ở trước phần được gạch chân. Dù không biết ý nghĩa của phần gạch chân, bạn cũng có thể đoán được ý nghĩa của nô thông qua tình huống hoặc câu trước đó. Hãy tham khảo các từ vựng liên quan đến cảm xúc sau đây!

24 글의 내용과 같은 것 고르기

단어 하나하나의 의미를 파악하는 데 신경 쓰지 말고 글의 전체 흐름을 위주로 이해해야 합니다. 글을 흐름에 따라 읽으면서 해당되는 선택지가 맞는지 틀리는지를 판단해야 합니다. 글의 내용과 선택지의 문장의 순서가 같지 않을 수도 있으므로 글의 내용과 선택지를 잘 비교해 가며 관련이 없는 내용을 하나씩 지워 나가야 합니다. 그리고 선택지의 문장에 사용되는 표현들은 위의 글에 나온 표현을 그대로 사용하는 경우가 많지 않기 때문에 **유사한 어휘들을 알고 있어야 같은 의미를 찾아낼 수 있습니다.**

Thay vì tập trung vào việc nắm bắt ý nghĩa của từng từ. bạn phải hiểu bố cục của toàn bộ bài văn. Bạn phải vừa đọc văn bản theo bố cục, vừa phán đoán đáp án nào đúng, đáp án nào sai. Bạn phải so sánh nội dung của đoạn văn với các đáp án, xoá từng nội dung không liên quan để tìm ra đáp án đúng. Cũng có trường hợp các đáp án không sử dụng từ vựng giống văn bản. Do đó, bạn cần biết những từ gần nghĩa để tìm ra câu có ý nghĩa tương tự với văn bản.

23-24

🔍 문제분석

※[23~24] 다음을 읽고 물음에 답하십시오. `각 2점`

> 정신없이 세 아이를 키우면서 내가 미처 생각하지 못한 것이 있었다. 그것을 깨닫게 된 것은 얼마 전 세 딸을 목욕시키면서였다. 나는 늘 그랬듯이 씻기기 편한 막내부터 씻겨 욕실에서 내보냈고 그 다음에는 둘째를 씻겼다. 그러고 나서 첫째를 씻기려고 하는데 아이가 고개를 푹 숙인 채 앉아서 꼼짝도 하지 않았다. 내가 몇 번이나 좋은 말로 타이르자 그제야 "왜 내가 항상 마지막이야?"라고 울먹이며 말했다. 순간 머리를 한 대 얻어맞은 것 같았다. 어린이집에 보내려고 옷을 입히고 머리를 빗겨 줄 때 항상 "동생들 하고 나서 해 줄게."라고 하며 첫째를 기다리게 했던 나의 모습이 떠올랐다.

23 밑줄 친 부분에 나타난 나의 기분으로 알맞은 것을 고르십시오.

① 답답하다   ② 서운하다
③ 당황스럽다   ④ 불만스럽다

※ 첫째 아이의 행동과 말은 예상할 수 없었던 것이다.

24 이 글의 내용과 같은 것을 고르십시오.
① 나는 첫째부터 목욕시키려고 했다.
② 첫째는 늘 동생에게 양보해야 했다.
③ 첫째는 자신의 마음을 자주 표현했다.
④ 나는 첫째가 씻지 않으려고 해서 화를 냈다.

⟨TOPIK 37회 읽기 [23~24]⟩
• 정신없이 Bận rộn
• 키우다 Nuôi
• 미처 Chưa
• 씻기다 Rửa/tắm
• 막내 Em út/con út
• 꼼짝하지 않다 Không nhúc nhích
• 타이르다 Thuyết phục
• 울먹이다 Mếu
• 얻어맞다 Bị đánh
• 입히다 Mặc(cho người khác)
• 빗기다 Chải(cho người khác)
• 모습 Hình ảnh
• 당황스럽다 Bối rối
• 불만스럽다 Bất mãn
• 양보하다 Nhượng bộ

23
밑줄 친 부분의 '머리를 한 대 얻어맞은 것 같았다'는 실제로 맞았다는 의미가 아니고, 앞에 나오는 내용이 너무 충격적이고 당황스러웠다는 의미입니다. 따라서 정답은 ③입니다.

'머리를 한 대 얻어맞은 것 같았다' ở phần gạch chân không có nghĩa là tôi thực sự bị đánh, mà là nội dung trước đó khiến 'tôi' sốc và bối rối. Do đó, đáp án đúng là ③.

24
필자인 어머니는 너무나 당연하다는 듯이 항상 막내부터 신경을 썼다는 내용의 글입니다. 따라서 첫째는 항상 동생에게 양보를 해 온 것을 알 수 있으므로 정답은 ②가 됩니다.

Nội dung của bài viết này là người mẹ - tức là tác giả - luôn quan tâm đến con út trước tiên như một lẽ tự nhiên. Vì vậy, chúng ta có thể biết được con cả luôn nhường nhịn em, nên đáp án đúng là ②.

※[23~24] 다음을 읽고 물음에 답하십시오. 각 2점

내가 초등학생이었을 때 학교 근처에 오래된 분식점이 하나 있었다. 그곳은 연세가 많으신 할머니께서 떡볶이를 팔고 계셨다. 그 분식점은 할머니의 감시가 소홀해서 때때로 떡볶이를 먹고 아예 계산도 하지 않은 채 도망을 나오는 아이들도 있었다. 그래도 할머니는 언제나 밝은 미소로 "많이 먹고 가."라고만 말씀하실 뿐이었다.

졸업을 하고 20년 만에 찾아간 분식집은 커피 전문점으로 바뀌어 있었다. 그리고 나는 동창에게서 할머니에 대한 이야기를 듣게 되었다. 할머니는 이미 10년 전에 돌아가셨고, 가게를 정리하면서 50년 동안 평생 모으신 돈을 우리가 다녔던 초등학교에 기부하셨다는 이야기였다. 나는 이야기를 듣는 순간 무엇으로 머리를 얻어맞은 것 같았고 철없던 시절에 우리의 행동이 부끄럽게만 느껴졌다.

23 밑줄 친 부분에 나타난 나의 심정으로 알맞은 것을 고르십시오.

① 죄송하다   ② 억울하다
③ 답답하다   ④ 서운하다

24 이 글의 내용과 같은 것을 고르십시오.
① 할머니는 아직도 분식점을 하고 계신다.
② 할머니는 기부하신 후 분식점을 그만두셨다.
③ 할머니는 분식점대신 커피 전문점을 차리셨다.
④ 할머니는 모으신 전 재산을 학교에 기부하셨다.

- 분식점 Quán ăn(bán những món làm bằng bột)
- 도망을 나오다 Chạy trốn
- 밝다 Sáng
- 전문점 Quán
- 동창 Đồng môn
- 모으다 Tập trung/gom góp
- 기부하다 Đóng góp
- 순간 Khoảnh khắc
- 시절 Thuở/thời
- 억울하다 Oan ức/uất ức
- 그만두다 Thôi/dừng lại
- 차리다 Dọn
- 재산 Tài sản

23
필자는 할머니가 돌아가셨고 50년 동안 모은 돈을 기부했다는 소식을 듣고 충격을 받았을 뿐만 아니라 어렸을 때 계산하지 않은 채 도망갔던 모습에 부끄러움을 느꼈습니다. 즉 할머니에 대해 죄송한 마음을 느낀 것을 유추할 수 있습니다. 따라서 ①이 정답입니다.

Khi nghe tin bà cụ qua đời, đặc biệt khi biết bà cụ đã quyên góp số tiền dành dụm hơn 50 năm, tác giả không chỉ bị sốc mà còn cảm thấy xấu hổ về việc mình đã không trả tiền và bỏ trốn khi còn nhỏ. Nghĩa là, chúng ta có thể suy luận rằng tác giả cảm thấy có lỗi với bà cụ. Do đó, ① là đáp án đúng.

24
필자가 초등학교 때 자주 가던 분식집에 대한 이야기입니다. 분식집 할머니는 가게를 하시면서 평생 모은 돈을 학교에 기부하셨다고 했으므로 정답은 ④가 됩니다.

Đây là câu chuyện về một quán ăn tác giả thường lui tới khi còn học cấp 1. Vì tác giả viết rằng bà chủ quán ăn nhanh đã tặng số tiền mà bà dành dụm trong suốt cuộc đời của mình cho trường học nên đáp án đúng là ④.

23-24

※[23~24] 다음을 읽고 물음에 답하십시오. **각 2점**

생각해 보면 지난 30년간 좁은 단칸방에서 어머니와 단둘이 살며 고생도 많이 했다. 요즘 같은 세상에는 여자도 공부를 잘해야 하는 법이라며 없는 살림이지만 어머니 욕심으로 대학까지 다닐 수 있었다. 조금이라도 살림에 도움이 되고 싶어 중학교 2학년부터 시작했던 새벽 우유 배달 일은 대학을 졸업하던 날까지 계속되었지만, 매일 아침 뜨는 해를 바라보며 각박한 세상과 공부에 지쳐 있던 나의 고된 마음을 털어버렸다. 어느덧 나는 어엿한 사회인이 되었고 어머니의 머리도 세월에 따라 백발로 변해 있었다. 그러나 여전히 아침과 저녁으로 집안의 굿은일을 마다하지 않으시는 어머니를 볼 때면 <u>나도 모르게 눈가가 촉촉이 젖어 들었다.</u> "엄마, 아프지 말고 오래 사셔야 해요." 나는 몇 번이고 이 말을 되풀이하면서 오늘도 하루를 시작하기 위해 출근길을 나섰다.

23 밑줄 친 부분에 나타난 나의 심정으로 알맞은 것을 고르십시오.
① 곤란하다
② 안쓰럽다
③ 부담스럽다
④ 당황스럽다

24 이 글의 내용과 같은 것을 고르십시오.
① 나는 대학을 졸업한 후부터 계속 직장을 찾고 있다.
② 어머니는 많이 늙으셨지만 여전히 쉬지 않고 일하신다.
③ 어머니는 공부에 대한 욕심이 많아서 대학까지 다니셨다.
④ 어렸을 때 집안은 부유했지만 경험 삼아서 우유 배달 일을 했다.

단칸방 Nhà một phòng | **단둘** Chỉ hai người | **배달일** Việc giao hàng | **지치다** Mệt mỏi | **고되다** Cực khổ | **털어버리다** Giữ bỏ | **어엿하다** Đáng kính | **백발** Tóc bạc | **굿은일** Công việc khó khăn | **마다하다** Từ chối | **눈가가 젖다** Khóe mắt ướt | **촉촉이** Ướt | **곤란하다** Khó khăn | **부담스럽다** Cảm thấy ngại | **안쓰럽다** Đáng thương | **경험** Kinh nghiệm | **부유하다** Giàu có

✏ 오늘의 어휘

볼거리	Thứ để xem	Danh	남산의 봄꽃 축제는 볼거리가 풍부합니다.
전망	Triển vọng	Danh	나는 전망이 있는 회사에 취직했다.
제자리	Đúng chỗ	Danh	열심히 공부를 하고 있지만 실력은 제자리인 것 같다.
달다	Ngọt	Động	사람들은 인터넷 기사를 보고 자기의 의견에 대해서 댓글을 단다.
달라붙다	Ôm/chật	Động	너무 달라붙는 옷은 활동하기에 불편하다.
상하다	Hỏng/thiu	Động	상한 음식을 먹으면 식중독에 걸릴 수 있다.
즐기다	Thưởng thức	Động	최근에는 많은 사람들이 인생을 즐기면서 살기를 원한다.
퍼지다	Trải	Động	그 사람에 대한 안 좋은 소문이 퍼지기 시작했다.
한몫하다	Góp phần	Động	이번 축구 경기에서 우리 팀의 우승에 내가 한몫했다.
불쾌하다	Khó chịu	Tính	그의 기분 나쁜 표정이 나를 불쾌하게 했다.
심각하다	Nghiêm trọng	Tính	무슨 일이 생겼는지 교실 분위기가 너무 심각했다.
적절하다	Thích hợp	Tính	시간과 장소에 맞는 적절한 옷차림이 중요하다.
지나치다	Thái quá	Tính	너무 지나친 친절은 오히려 상대방을 불편하게 할 수도 있다.
영향을 끼치다	Ảnh hưởng		불규칙한 식사는 건강에 안 좋은 영향을 끼친다.

25-27

📖 유형분석

25~27 신문 기사의 제목을 보고 가장 잘 설명한 것 고르기

신문 기사 제목을 보고 잘 설명한 문장을 고르는 문제입니다. 신문 기사 제목은 기사의 내용을 함축적이고 간결하게 표현하기 때문에 비유적인 표현이 사용되는 경우가 종종 있습니다. 답을 고를 때는 **기사 제목을 보고 그 안에 숨겨진 의미를 파악해야 합니다.**

보통 25번과 26번 문제는 사회나 문화, 예술 분야의 정보 전달형 기사가 주로 나옵니다.

27번은 국가 경제나 경영과 관련된 주제로, 정부가 시행한 정책에 대한 비판적인 의견에 대한 내용들이 자주 출제되었습니다.

일반적으로 기사 제목의 앞부분에는 말하고자 하는 주요 소재를 제시하고 있고, 뒤에서는 이와 관련된 문제점을 지적하거나 말하고자 하는 정보, 의도가 들어 있습니다. 따라서 이 문제는 먼저, 제목을 보고 어떤 내용의 기사인지 파악한 후에 선택지를 읽고 정답을 찾아내야 합니다.

Đây là dạng đề đọc tiêu đề của bài báo và chọn một câu giải thích đúng tiêu đề đó. Tiêu đề báo thường diễn đạt nội dung của toàn bài một cách hàm ẩn và ngắn gọn nên nhiều khi sử dụng từ ngữ theo nghĩa bóng. Khi chọn đáp án, bạn phải đọc tiêu đề bài báo và nắm vững ý nghĩa hàm ẩn trong đó. Thông thường, câu 25 và câu 26 chủ yếu là các bài báo cung cấp thông tin về các lĩnh vực xã hội, văn hóa, nghệ thuật. Câu 27 là chủ đề liên quan đến nền kinh tế quốc gia hoặc kinh doanh, và nội dung thường là ý kiến phản biện về các chính sách mà Chính phủ đã thi hành.

Thông thường, phần đầu của tiêu đề bài báo trình bày tiểu mục, và phần sau đó chỉ ra các vấn đề liên quan. Do đó, trong dạng đề này, trước tiên bạn nên xem tiêu đề và tìm hiểu bài báo nói về nội dung gì, sau đó đọc các đáp án và tìm ra đáp án đúng.

25-27

기출문제

※[25~27] 다음은 신문 기사의 제목입니다. 가장 잘 설명한 것을 고르십시오. 각 2점

25~27

> 뮤지컬로 만나는 드라마, 볼거리 많아져

① 뮤지컬과 드라마를 함께 보면서 즐길 수 있게 되었다.
② 뮤지컬이 드라마로 만들어져서 구경할 수 있게 되었다.
③ 드라마가 뮤지컬로 만들어져 즐길 수 있는 것이 많아졌다.
④ 드라마와 뮤지컬이 함께 만들어져서 구경할 거리가 많아졌다.

〈TOPIK 36회 읽기 [25]〉
• 뮤지컬 Nhạc kịch

25~27
드라마였던 것을 뮤지컬로 만들어서 볼거리가 많아졌다는 의미입니다. 따라서 정답은 ③이 됩니다.
Nghĩa là người ta dựng nhạc kịch từ kịch nên có nhiều cái để xem. Do đó, đáp án đúng là ③.

샘플문제

※[25~27] 다음은 신문 기사의 제목입니다. 가장 잘 설명한 것을 고르십시오. 각 2점

25~27

> 너무 꽉 끼는 바지, 다리에 피 안 통해 건강에 '빨간 신호'

① 꽉 끼는 바지를 입으면 다리가 빨갛게 변한다.
② 몸에 딱 맞는 바지를 계속 입으면 건강에 좋다.
③ 몸매 유지를 위해 몸에 끼는 바지를 입어야 한다.
④ 건강을 위해 몸에 달라붙는 바지를 안 입는 것이 좋다.

• 꽉 끼다 Chật ních
• 피가 통하다 Lưu thông máu
• 신호 Tín hiệu
• 딱 맞다 Vừa vặn
• 몸매 유지 Duy trì hình thể

25~27
건강에 '빨간 신호'라는 것은 건강에 좋지 않다는 경고의 의미입니다. 즉, 너무 꼭 맞는 바지는 몸에 안 좋다는 의미입니다. 따라서 정답은 ④입니다.
'건강에 빨간 신호' nghĩa là cảnh cáo 'không tốt cho sức khỏe'. Nghĩa là quần quá chật sẽ không tốt cho cơ thể. Do đó, đáp án đúng là ④.

25-27

※[25~27] 다음은 신문 기사 제목입니다. 가장 잘 설명한 것을 고르십시오. 각 2점

25 | 지나친 존대법 사용, 오히려 불쾌해

① 존대법은 지나치게 사용할수록 좋다.
② 적절한 존대법은 손님을 기분 좋게 해 준다.
③ 불쾌한 기분은 존대법을 사용하여 풀 수 있다.
④ 존대법의 과한 사용이 기분을 상하게 하기도 한다.

26 | 유명 연예인들, 인터넷 악성 댓글로 몸살 중

① 인터넷에 악성 댓글을 다는 연예인이 유명해졌다.
② 유명 연예인들이 인터넷에 악성 댓글을 달고 있다.
③ 연예인들을 대상으로 한 악성 댓글 문제가 심각하다.
④ 연예인들의 몸살감기 소식이 인터넷으로 퍼지고 있다.

27 | 내년 세계 경제 성장률 제자리 전망, 무역 감소가 한몫해

① 무역 감소로 인해 세계 경제가 좋아질 것이다.
② 세계 경제가 활성화되면 무역이 감소할 것이다.
③ 세계 경제 활성화를 위해 무역을 감소시킬 것이다.
④ 무역량의 감소가 세계 경제 성장에 영향을 끼칠 것이다.

존대법 Kính ngữ | **과하다** Vượt quá/thái quá | **악성 댓글** Lời bình ác ý | **몸살** Đau nhức cơ thể | **성장률** Tỷ lệ tăng trưởng | **무역** Thương mại | **활성화** Kích hoạt/hồi sinh | **감소** Giảm thiểu | **감소시키다** Làm cho suy giảm | **무역량** Khối lượng giao dịch | **성장** Tăng trưởng/trưởng thành

28-31

✏️ 오늘의 어휘

비중	Tỷ lệ	Danh	생활비에서 월세가 가장 큰 비중을 차지한다.
역할	Vai trò	Danh	올바른 자녀 교육을 위해서는 부모의 역할이 중요하다.
착각	Nhầm lẫn	Danh	제주도에 살면 외국에 사는 듯한 착각이 든다.
결합되다	Kết hợp	Động	두 종류 이상의 음식이 결합되어 만들어진 것이 퓨전 음식이다.
끌다	Kéo/lôi cuốn	Động	아이들은 부모의 관심을 끌기 위해 이상한 행동을 한다.
반영되다	Được phản ánh	Động	학생들의 의견이 반영되어 문화수업 장소가 바뀌었다.
선정되다	Được lựa chọn	Động	우리 학교가 최우수 학교로 선정되었다.
설치되다	Được lắp đặt	Động	은행에는 범죄 예방을 위해 CCTV가 설치되어 있다.
시행하다	Thi hành	Động	정부는 올해부터 도서정가제를 시행하기로 했다.
유발하다	Gây/tạo nên	Động	독특한 영화 제목은 관객들의 흥미를 유발한다.
지정하다	Chỉ định	Động	정부는 2013년부터 한글날을 공휴일로 지정했다.
독특하다	Độc đáo	Tính	그녀는 말투가 독특해서 사람들이 잘 기억한다.
색다르다	Khác biệt	Tính	나는 색다른 경험을 하기 위해 이번 여행을 계획했다.

🍵 오늘의 문법

V-듯(이)	앞의 행위와 뒤의 상황이 거의 같음을 나타낸다. Diễn đạt hành động trước và tình huống sau gần như giống nhau. 예 그는 물 쓰듯이 돈을 쓴다.
A-(으)ㄴ 듯하다 V-는 듯하다	어떤 상황을 짐작하거나 추측할 때 사용한다. Sử dụng khi suy đoán về một tình huống nào đó. 예 아들이 학교가 너무 멀어서 피곤한 듯하다.
N은/는 물론(이고)	앞의 내용도 포함하여 뒤의 내용도 당연히 그러함을 나타낸다. Sử dụng khi cả nội dung trước và nội dung sau đương nhiên là như vậy. 예 반장은 착하고 공부도 잘해서 학생은 물론(이고) 선생님들에게도 인기가 많다.
N조차	예상하지 못한 심한 상황을 나타낼 때 사용한다. Sử dụng để diễn đạt một tình huống nghiêm trọng không lường trước được. 예 가족들조차 나를 떠나 버렸다.

28-31

📖 유형분석

28~31 괄호에 들어갈 내용으로 알맞은 것 고르기

정보를 전달하는 글을 읽고 '( )' 괄호에 들어갈 말을 고르는 문제입니다. 앞 문제들에 비해 어휘 난이도가 높아졌고, 지문의 길이도 긴 편입니다. 그러나 지나치게 전문적인 어휘나 중심 주제를 비판, 반대하는 내용이 나오지는 않습니다. 주로 상식, 과학, 시사 등의 영역에서 많이 출제되므로 이 영역에서 많이 나오는 어휘를 알아 두면 좋습니다.

문제를 풀 때는 '( )' 괄호의 앞뒤 문장에 단서가 나올 확률이 높으므로 주의 깊게 읽어야 합니다. 그리고 마지막 문장에 '( )' 괄호가 나올 때에는 글 전체의 내용을 요약하거나 결론을 제시하는 내용이 들어가는 경우가 많습니다.

Đây là dạng đề đọc văn bản chuyển tải thông tin và chọn cụm từ để điền vào '( )'. So với các dạng đề trước, trong dạng đề này, độ khó của từ vựng đã tăng lên và độ dài của văn bản cũng khá dài. Tuy nhiên, trong dạng đề này không có những từ vựng quá mang tính chuyên ngành hoặc những nội dung phê phán hay phản đối chủ đề chính. Chủ yếu các lĩnh vực được đề cập trong dạng đề này là kiến thức phổ biến, khoa học, thời sự, vv; vì vậy, bạn nên nắm vững các từ vựng thường được sử dụng trong các lĩnh vực này.

Khi giải đề, bạn phải đọc kỹ câu trước và sau '( )' vì khả năng cao manh mối xuất hiện trong các câu này. Và khi dấu ngoặc '( )' xuất hiện trong câu cuối, nội dung trong '( )' thường là tóm tắt toàn bộ văn bản hoặc trình bày kết luận.

28-31

🔍 문제분석

기출문제

※[28~31] 다음을 읽고 ( )에 들어갈 내용으로 알맞은 것을 고르십시오. 각 2점

28~31

아무리 훌륭한 내용의 글이라도 제목이 읽는 이의 시선을 끌지 못한다면 그 글은 사람들의 관심을 얻지 못한다. 독자의 관심을 끌 수 있는 방법은 ( ) 제목을 짓는 것이다. 예를 들면 '돈을 관리하는 방법' 보다는 '어느 날 당신에게 천만 원이 생긴다면?'이라는 제목이 더 좋다. 이렇게 독자의 입장에서 제목을 붙이면 흥미를 유발하여 독자의 시선을 끌 수 있다.

① 독자에게 신뢰를 주는
② 독자에게 새로운 정보를 주는
③ 독자가 자기 일처럼 느껴지게 하는
④ 독자가 내용을 쉽게 추측하게 하는

※독자의 흥미를 유발 ⟹ 자기 일처럼 느껴지게

〈TOPIK 37회 읽기 [28]〉
- 훌륭하다 Xuất sắc
- 시선 Cái nhìn
- 관심을 얻다 Được quan tâm
- 독자 Độc giả
- 제목을 짓다 Đặt tiêu đề
- 입장 Vào cửa
- 제목을 붙이다 Đặt tiêu đề
- 흥미 Sự hứng thú
- 추측하다 Đoán

28~31
'( )' 괄호의 바로 뒤 문장에서 '( )'괄호에 들어갈 말의 예를 들고('예를 들면') 있기 때문에 선택지에서 이 예를 표현한 말을 찾으면 됩니다. 또한 마지막 문장에서 '독자의 입장에서 제목을 붙이면'이라고 했기 때문에 정답은 ③입니다.

Câu ngay sau '( )' nêu ví dụ ('예를 들면') nên bạn chỉ cần tìm từ diễn đạt ví dụ này trong các đáp án. Ngoài ra, vì câu cuối nói rằng '독자의 입장에서 제목을 붙이면' nên đáp án đúng là ③.

※[28~31] 다음을 읽고 (   )에 들어갈 내용으로 알맞은 것을 고르십시오. 각 2점

28~31

> 고등학교 교육 과정이 입시 위주의 수업 중심으로 바뀌면서 체육이나 음악, 미술 등 예체능 과목들의 비중이 줄어들고 있다. 특히 체육은 교육 과정에는 포함되지만 실제 교육 현장에서는 이론 수업으로 대체되거나 자율 학습을 하는 경우가 많다고 한다. 성장기 청소년들이 몸을 움직이지 않고 지나치게 오랫동안 앉아 있게 되면 (   ) 영향을 끼칠 수 있다. 따라서 아무리 입시가 중요하여도 <u>성장기 청소년들의 신체 건강을 위해서</u> 체육 수업을 실시해야 한다.

① 뼈 성장에 좋지 않은
② 교육 환경에 안 좋은
③ 자아 형성에 부정적인
④ 성적을 향상시키는 데 좋은

• 교육 과정 Chương trình đào tạo
• 입시 위주
  Chú trọng thi tuyển sinh đại học
• 예체능 과목 Môn nghệ thuật thể dục giáo dục
• 이론 수업 Giờ học lý thuyết
• 대체되다 Được thay thế
• 자율 학습 Tự học
• 성장기 Thời kỳ tăng trưởng
• 신체 건강 Sức khỏe thân thể
• 실시하다 Thực thi
• 자아 형성 Hình thành bản ngã

28~31

'( )' 괄호의 뒤 문장에서 체육 수업이 청소년들의 신체 건강과 관련된다고 말하고 있습니다. 따라서 정답은 신체와 관련된 ①입니다.

Câu sau ( ) nói rằng các tiết học thể dục liên quan đến sức khỏe thân thể của thanh thiếu niên. Do đó, đáp án đúng là ①.

28-31

※[28~31] 다음을 읽고 (   )에 들어갈 내용으로 가장 알맞은 것을 고르십시오. 각 2점

28

> 여름철이면 너나없이 사람들이 모이는 장소가 바로 분수대 앞이다. 분수대는 외관을 아름답게 해주는 조형물로서의 가치와 여름철 주변 온도를 떨어뜨려 주는 효과도 있어 도시 곳곳에 설치되어 있다. 최근 분수대는 이 같은 역할뿐만 아니라 음악과 접목하여 (   ) 주고 있다. 바로 음악의 선율에 맞추어 물줄기가 마치 춤을 추듯 움직이고, 형형색색의 조명들과 어우러져 마치 한편의 뮤지컬을 보는 듯한 착각을 불러일으키기 때문이다.

① 기자들에게 날씨 정보를
② 아이들에게 마음의 동요를
③ 시민들에게 색다른 즐거움을
④ 예술가들에게 독특하고 기발한 생각을

29

> 한때 한국에서 선풍적인 인기를 끌었던 드라마가 있었다. 회당 시청률은 평균 80%에 달했으며, 드라마가 방영되는 시간에는 길거리에 사람들은 물론이고 자동차조차도 지나가지 않았다. 그러나 최근에는 이 만큼의 높은 시청률을 기록하는 드라마가 없다. 이 같은 현상은 본방송을 보지 않아도 재방송이나 인터넷으로도 드라마를 볼 수 있게 되었기 때문이다. 또한 가구당 (   ) 가족 구성원들이 여러 대의 텔레비전으로 각기 다른 방송을 시청하는 경우도 많아졌기 때문이다.

① 주거 생활이 편리해져
② 인터넷 속도가 빨라져
③ 전자 기기의 보급률이 높아져
④ 텔레비전 보유 개수가 많아져

너나없이 Mọi người | **분수대** Đài phun nước | **외관** Vẻ bên ngoài | **조형물** Tác phẩm điêu khắc | **가치** Giá trị | **형형색색** Da dạng | **선율에 맞추다** Theo nhịp | **접목하다** Ghép/kết hợp | **조명** Ánh sáng | **동요** Dao động | **어우러지다** Hài hòa/hòa hợp | **불러일으키다** Gây nên | **기발하다** Khéo léo/xuất sắc | **선풍적** Giật gân | **시청률** Tỷ lệ xem | **달하다** Đạt | **방영되다** Trình chiếu | **기록하다** Ghi chép | **본방송** Chương trình phát sóng ban đầu | **재방송** Chương trình phát lại | **시청하다** Xem | **보유** Có

30

> 한국의 전통 음식을 세계에 알리기 위한 갖가지 방법들이 시도되고 있다. 그 중에서도 한국의 대표적 전통 음식인 비빔밥과 패스트푸드인 햄버거를 조합하여 만든 비빔밥 버거가 눈길을 끌고 있다. 이 버거는 올해 5월에 열린 '버거 선발대회'에서 1위를 차지하면서 올해 최고의 버거로 선정되기도 했다. 전형적인 세계화 음식으로 자리 잡은 햄버거에 고추장과 된장이라는 (   ) 만들어진 비빔밥 버거가 세계인들에게 관심과 사랑을 받는다는 사실은 굉장히 뿌듯한 일이 아닐 수 없다.

① 비슷한 재료가 만나
② 전문가의 의견이 반영되어
③ 차별화된 요소가 결합되어
④ 수상을 한 음식들로 이루어져

31

> 국민건강보건기구에서는 국민들의 건강한 생활을 위해 담배 값 인상과 함께 금연 구역을 확대하고 있다. 최근에는 주거 지역에도 금연 구역을 설치하는 일명 '금연 아파트'가 인기를 얻고 있다. 그동안 한국의 주거 지역의 경우 특별히 금연 구역을 지정해 놓지 않고, 오직 주거하는 사람의 의지에 맡겨져 왔다. 그러나 금연 아파트의 경우 아파트 내부는 물론이고 주변 공원과 편의 시설까지 금연 구역으로 지정한 것은 (   ) 시민들의 노력의 결과이다.

① 흡연을 불법으로 간주하려는
② 비흡연자들의 입장을 알리려는
③ 국민 건강 증진에 힘을 쓰려는
④ 자신과 가족을 담배로부터 지키려는

조합하다 Điều tiết | **눈길을 끌다** Thu hút ánh nhìn | **선발대회** Cuộc thi | **전형적** Điển hình | **차지하다** Chiếm | **자리(를) 잡다** Xí chỗ | **뿌듯하다** Hài lòng | **수상** Được thưởng | **차별화(되다)** Được phân biệt Khác biệt | **주거 지역** Khu vực cư trú | **오직** Duy nhất/chỉ | **의지** Ý chí | **편의 시설** Cơ sở tiện ích | **간주하다** Coi | **비흡연자** Người không hút thuốc lá | **증진** Nâng cao | **힘을 쓰다** Dồn sức

32-34

✏️ 오늘의 어휘

각광	Sự nổi bật	Danh	한국의 전통 음식이 세계에서 각광을 받고 있다.
간접	Gián tiếp	Danh	최근 영화나 드라마에는 간접 광고가 포함되어 있다.
낭비	Lãng phí	Danh	그는 낭비가 심해서 돈을 모으지 못한다.
매출	Mua	Danh	신제품 판매로 매출이 증가하고 있다.
오류	Lỗi sai	Danh	현금인출기 비밀번호를 잘못 눌러서 오류가 발생했다.
일석이조	Nhất cử lưỡng tiện	Danh	커피숍에서 일하면 일도 배우고 돈도 벌 수 있어서 일석이조이다.
협력	Hợp tác	Danh	이 위기를 극복하려면 모두의 협력이 필요하다.
혼란	Rối loạn	Danh	정부의 새로운 정책 발표가 국민들에게 큰 혼란을 주고 있다.
기획하다	Kế hoạch	Động	수험생을 위한 청소년 음악회를 기획하여 추진 중이다.
바로잡다	Sửa/điều chỉnh	Động	나는 체형을 바로잡기 위해 요가를 배우고 있다.
추진하다	Xúc tiến	Động	구청에서는 다문화 가정을 위한 '세계인의 날' 행사를 추진하고 있다.
흘러나오다	Chảy ra	Động	그 가게 앞을 지날 때마다 추억의 음악이 흘러나온다.
번거롭다	Phức tạp/rắc rối	Tính	요즘 주부들은 김치 담기가 번거로워서 많이 사 먹는다.
호황을 누리다	Thịnh vượng		경기가 회복되면서 부동산 시장이 호황을 누리고 있다.

🍹 오늘의 문법

A/V-아/어	어떤 이유나 원인을 나타낸다. '-아/어서'의 줄임 형태이다. Diễn đạt lý do hoặc nguyên nhân nào đó. Đây là hình thức rút gọn của '-아/어서'. 예 이곳에 지진이 발생해 많은 사상자가 났다.
N(이)자	어떤 자격과 함께 다른 자격도 있음을 나타낸다. Sử dụng khi một chủ thể nào đó đồng thời có hai tư cách(địa vị, vai trò). 예 이 사람은 나의 영원한 친구이자 남편입니다.

32-34

32~34 내용이 같은 것 고르기

전체적인 내용을 잘 읽고 같은 내용을 찾는 문제입니다. 글을 순서대로 읽으면서 해당되는 선택지가 맞는지 틀리는지를 판단해야 합니다. 글의 내용과 선택지를 잘 비교해 가며 관련이 없는 내용을 하나씩 지워 나가야 합니다. 그리고 선택지에 사용되는 표현들은 지문에 나온 표현을 그대로 사용하지 않기 때문에 **비슷한 어휘와 표현을 알고 있어야 답을 찾아낼 수 있습니다.** 이 유형에서는 과학, 문화, 경제, 정책 등에서 많이 출제되므로 이 영역에서 많이 사용되는 어휘들을 알아 두면 좋습니다.

Đây là dạng đề đọc nội dung tổng thể và tìm nội dung giống nhau. Bạn phải đọc văn bản theo thứ tự và phán đoán xem đáp án nào đúng, đáp án nào sai. Hãy so sánh nội dung của văn bản với các đáp án, xóa từng nội dung không liên quan. Đồng thời, các từ vựng và ngữ pháp được sử dụng trong các đáp án có thể không được sử dụng y nguyên trong văn bản. Để tìm ra đáp án đúng, bạn cần biết những từ vựng và cấu trúc ngữ pháp tương tự. Dạng đề này thường đề cập tới các lĩnh vực như về khoa học, văn hóa, kinh tế và chính sách; vì vậy, bạn nên nắm vững các từ vựng thường được sử dụng trong các lĩnh vực này.

32-34

🔍 문제분석

기출문제

※[32~34] 다음을 읽고 내용이 같은 것을 고르십시오. 각 2점

32~34

'유라시아 횡단 프로젝트'의 원정단이 한국을 출발 아시아 여러 나라를 거쳐 독일에 이르는 먼 여정을 시작하였다. 이 프로젝트는 유럽과 아시아 협력의 필요성을 알리고 한국의 문화를 소개하기 위해한 언론사가 기획하였다. 일반 시민들로 구성된 원정단은 민간외교사절의 역할을 하게 될 것이다. 정부는 원정단의 여정에 맞춰 한류 행사를 열고 향후 유라시아 에너지 협력 프로젝트를 추진하겠다고 밝혔다.

〈TOPIK 37회 읽기 [33]〉
- 유라시아 횡단 프로젝트
  Dự án xuyên Á-Âu
- 원정단 Đoàn thám hiểm
- 여정 Hành trình
- 언론사 Cơ quan ngôn luận
- 민간외교사절
  Đoàn ngoại giao dân sự
- 향후 Tương lai/sau này
- 대두되다 Đối đầu
- 선발하다 Tuyển
- 논의하다 Bàn luận

① 원정단의 방문으로 유라시아 협력의 필요성이 대두되었다. X

② 원정단은 정부 기관에서 일하는 사람들 중에서 선발하였다. X

③ 원정단은 이번 방문 중에 에너지 협력 방안을 논의할 것이다. X

④ 원정단이 방문하는 곳에서 한국을 알리는 공연이 열릴 것이다.

32~34

① '이 프로젝트는 유럽과 아시아 협력의 필요성을 알리고'라고 했기 때문에 '필요성이 대두되었다(새롭게 나타났다)'는 틀립니다. ② 원정단은 '일반 시민들로 구성'되었습니다. ③ '향후(이다음) 에너지 협력 프로젝트를 추진하겠다'고 했습니다. 따라서 정답은 ④입니다.

① nói rằng dự án này trình bày về tầm quan trọng của sự hợp tác giữa châu Âu và châu Á nên 'sự cần thiết mới xuất hiện (새롭게 나타났다) là sai. ② nói rằng đội thám hiểm được hình thành bởi dân thường và ③ nói rằng Chính phụ 'sau này sẽ xúc tiến dựa án hợp tác về năng lượng. Vì vậy, đáp án đúng là ④.

샘플문제

※[32~34] 다음을 읽고 내용이 같은 것을 고르십시오. 각 2점

32~34

> 인주시는 외국인 관광객이 길을 찾는 데 혼란을 주는 잘못된 안내표지판을 개선하기 위해 다음 달 31일까지 '잘못된 외국어 안내표지판을 바로잡아 주세요.'라는 캠페인을 실시한다고 밝혔다. 잘못된 외국어 표기는 자문위원회의 자문을 거쳐 안내표지판을 관리하는 해당 부서로 통보해 정비하게 된다. 또한 신고 건수가 많거나 중요한 오류를 신고한 사람에게는 소정의 기념품을 지급한다는 계획이다.

① 인주시는 잘못된 외국어 안내표지판의 신고를 받고 있다.

② 인주시의 안내표지판 캠페인은 기한에 관계없이 시행된다.

③ 인주시는 캠페인에 참여하는 모든 사람들에게 상품을 지급한다.

④ 인주시는 관광객들을 위해 길을 안내하는 캠페인을 벌이고 있다.

- 표지판 Biển báo
- 캠페인을 실시하다
  Tổ chức cuộc vận động
- 표기 Biểu thị/viết
- 자문위원회 Ủy ban tư vấn
- 자문을 거치다 Thông qua tư vấn
- 통보하다 Thông báo
- 정비하다 Bảo dưỡng
- 건수 Số vụ
- 소정 Được quy định
- 지급하다 Cung cấp
- 기한 Kỳ hạn

32~34

② 안내표지판 캠페인은 다음달 31일까지만 시행됩니다. ③ 신고 건수가 많거나 중요한 오류를 신고한 사람에 한해 상품을 지급합니다. ④ 잘못된 표지판을 교체하려는 캠페인입니다. 따라서 정답은 ①입니다.

Trong ②, chiến dịch biển thông báo chỉ diễn ra đến ngày 31 tháng sau. ③ nói rằng chỉ những người khai báo nhiều vụ hoặc khai báo lỗi sai quan trọng mới được tặng quà. ④ Đây là chiến dịch thay biển báo sai. Vì vậy, đáp án đúng là ①.

🖱 연습문제

※[32~34] 다음을 읽고 내용이 같은 것을 고르십시오. 각 2점

32

최근 낚시, 등산, 캠핑 등 야외 활동을 즐기는 나들이객이 증가하면서 조리 과정이 번거롭지 않고 시간을 절약 할 수 있는 나들이 식품이 인기를 끌고 있다. 덕분에 군인들의 비상식량을 담당했던 C기업의 매출이 눈에 띄게 증가하면서 역대 호황을 누리고 있다. 나들이 식품의 핵심 기술은 가열 기술에 있다. 제품을 개봉 후 두 개의 줄을 당기면 파우치에 담겨 있는 발열 용액이 흘러나와 온도를 높이는 방식이다. 발열체의 열을 이용해 음식물을 가열하는 간접 가열 방식으로 야외에서 조리 도구 없이도 손쉽게 음식을 먹을 수 있다는 것이 큰 장점이다.

① 간접 가열 기술은 나들이 식품의 주요 기술이다.
② 나들이객의 증가로 군인들의 비상식량의 질도 향상되었다
③ 나들이 식품은 조리 도구는 필요 없지만 조리 과정이 번거롭다.
④ 나들이 식품의 음식을 데우는 방식은 불을 이용한 가열 방식이다.

33

요즘 환경을 살리는 자연친화적인 방법으로 지렁이 농법이 소개되고 있다. 지렁이 농법은 농약이나 화학비료를 사용하지 않는 유기농법의 일종으로, 최근 웰빙이 각광을 받으면서 주목 받게 되었다. 지렁이 농법은 지렁이의 배설물을 활용한 농사법이다. 지렁이 배설물은 배수성과 통기성이 뛰어나 뿌리가 내리는데 도움을 주며 화학비료로 나빠진 토양 환경을 개선하는 데 중요한 역할을 한다. 또한 식물 성장에 필요한 요소를 다량 함유하고 있으며 주변의 악취와 해충을 없애는 작용도 하는 것으로 나타나 지렁이 농법이 미래형 농법으로 주목받고 있다.

① 지렁이 농법으로 농약과 화학비료의 사용이 줄었다.
② 최근 들어 사람들은 건강한 삶에 대한 관심이 많아졌다.
③ 배수가 잘되는 식물의 뿌리가 있는 곳에서 지렁이는 배설한다.
④ 지렁이 농법의 핵심은 해충을 잡아먹어 악취를 줄이는 데 있다.

낚시 Câu cá | **야외 활동** Hoạt động ngoài trời | **나들이객** Khách tham quan | **비상식량** Lương thực khẩn cấp | **담당하다** Đảm trách | **역대** Trong lịch sử | **눈에 띄다** Đập vào mắt | **핵심 기술** Công nghệ cốt lõi | **가열** hâm nóng | **개봉** Khởi chiếu | **당기다** Kéo | **파우치** Túi | **발열 용액** Giải pháp tỏa nhiệt | **손쉽다** Dễ dàng | **데우다** Hâm nóng | **화학비료** Phân bón hóa học | **자연친화적** Thân thiện với môi trường | **지렁이 농법** Kỹ thuật nuôi bằng giun | **유기농법** Nông nghiệp hữu cơ | **배설물** Phân | **웰빙** Sự thịnh vượng/khỏe mạnh/hạnh phúc | **배수성** Khả năng thoát nước | **통기성** Khả năng thấm | **토양 환경** Môi trường đất | **요소** Yếu tố | **함유하다** Chứa | **악취** Mùi hôi thối | **해충** Sâu bọ

34

나날이 발전하는 휴대 전화의 기능과 디자인의 변화로 휴대 전화 교환 시기가 빨라지고 이로 인하여 가정마다 사용하지 않는 폐 휴대 전화가 늘고 있다. 환경부 자료에 의하면 2011년에 폐 휴대 전화 수거율이 가장 높았으며 이후 다시 감소하고 있다고 한다. 이것은 경제적 손실이자 낭비이며 그냥 버려진다면 부속품으로 사용된 유해 물질이 환경파괴의 주범이 될 수도 있다. 하지만 폐 휴대 전화에는 금, 은, 구리 등 재활용 가능한 물질들이 많아 올바르게 수거하여 적법하게 활용한다면 환경도 보호하고 경제적 손실도 막는 일석이조의 효과를 거둘 수 있을 것이다.

① 폐 휴대 전화 수거율은 2011년을 기점으로 증가하는 상태이다.
② 휴대 전화에는 유해 물질이 많아 사용 횟수를 줄이는 것이 좋다.
③ 소비자들의 요구에 따라 휴대 전화 신제품들의 출시가 빨라지고 있다.
④ 폐 휴대 전화의 재활용은 환경뿐만 아니라 경제적 측면에서도 효과가 있다.

나날이 Từng ngày | **폐 휴대 전화** Điện thoại phế liệu | **환경부** Bộ Môi trường | **수거율** Tỷ lệ thu gom chất thải | **손실** Tổn thất | **부속품** Phụ phẩm/phụ tùng | **유해 물질** Chất độc hại | **환경파괴** Phá hủy môi trường | **주범** Thủ phạm chính | **구리** Đồng | **올바르다** Đúng/ngay thẳng | **적법하다** Hợp pháp | **기점** Khởi điểm | **출시** Cho ra thị trường

35-38

✏️ 오늘의 어휘

경향	Khuynh hướng	Danh	요즘 젊은이들은 외모만을 중시하는 경향이 있다.
내면	Nội tâm	Danh	사람을 볼 때에는 겉모습보다는 내면을 봐야 한다.
무작정	Vô định	Danh	택시 기사는 목적지도 물어보지 않고 무작정 출발했다.
호감	Thiện cảm	Danh	나는 목소리가 좋은 남자에게 호감이 간다.
꾸준히	Đều đặn	Trạng	꾸준히 노력하는 사람은 꿈을 이룰 수 있다.
개선하다	Cải thiện	Động	난방 시설이 부족한 학교 환경을 개선해야 한다.
시도하다	Thử	Động	해 보지 않은 일을 시도하는 것은 누구에게나 어려운 일이다.
인상되다	Tăng	Động	물가 상승으로 인해 버스 요금이 인상되었다.
추구하다	Theo đuổi	Động	사람들은 모두 행복을 추구한다.
출시하다	Đưa ra thị trường	Động	우리 회사에서 올해 새로운 제품을 출시하였다.
거세다	Mạnh bạo/dữ dội	Tính	지난밤 거센 비바람으로 나무가 많이 쓰러졌다.
만족스럽다	Thỏa mãn	Tính	나는 졸업 시험 결과가 아주 만족스럽다.

🍵 오늘의 문법

A/V-고 싶어 하다	다른 사람의 희망을 나타낼 때 사용한다. Sử dụng khi diễn đạt hy vọng của người khác. 예 내 친구는 유명한 가수가 되고 싶어 합니다.
A/V-거니와	앞의 상황을 인정하면서 뒤에도 비슷한 사실이 이어짐을 나타낸다. Sử dụng khi thừa nhận tình huống trước đó, đồng thời diễn đạt một sự thật tương tự diễn ra sau đó. 예 그는 얼굴도 예쁘거니와 춤과 노래에도 소질이 있다.
A/V-(으)ㄹ뿐더러	앞의 상황에 다른 상황이 더해짐을 나타낸다. '-(으)ㄹ 뿐만 아니라'와 바꿔 쓸 수 있다. Diễn đạt một tình huống khác được thêm vào tình huống trước đó. Thay vì cấu trúc này, chúng ta có thể sử dụng '-(으)ㄹ뿐만 아니라'. 예 그는 출석률도 좋지 않을뿐더러 성적도 좋지 않다.
N(이)란	어떤 것을 주제로 해서 설명함을 나타낸다. Sử dụng khi giải thích một điều gì đó là chủ đề. 예 청춘이란 꿈을 꿀 수 있어서 행복한 시기이다.

35-38

35~38 글의 주제로 가장 알맞은 것 고르기

글을 읽고 주제를 찾는 문제입니다. **글의 주요 내용이나 글쓴이가 주장하는 중심 생각을 찾아야 합니다.** 주로 문화, 예술, 건강, 과학 등의 영역에서 많이 출제되고 있습니다. 그러므로 이 영역에서 사용될 만한 어휘들을 알아 두면 좋습니다.

글의 **주제는 보통 처음과 마지막 부분에** 나타나므로 그곳을 집중적으로 읽는 것이 좋습니다. 글을 요약하거나 정리해주는 접속 부사 '즉, 따라서, 그러므로' 등과 자신의 생각이나 주장, 대안을 제시할 때 사용하는 표현인 '-아/어야 하다, -아/어야 할 것이다' 등으로 끝나는 문장에 주제가 나오는 경우가 많습니다. 또한 글의 중간에 반대되는 내용이나 반론을 제기하는 '그러나, 하지만, 그렇지만, 반면, 반대로, 그런가 하면' 등과 같은 **접속 표현이 나오는 부분에도 주제가 많이 나오니까 주의 깊게 읽어야 합니다.**

Đây là dạng đề đọc và tìm chủ đề. Bạn cần tìm ra ý chính của bài viết hoặc ý chính mà tác giả muốn nêu lên. Các lĩnh vực thường xuất hiện trong dạng đề này là văn hóa, nghệ thuật, y tế, khoa học. Vì vậy, bạn nên nắm vững những từ vựng có thể được sử dụng trong lĩnh vực này.

Thông thường, chủ đề của một bài xuất hiện ở phần đầu và cuối, vì vậy bạn nên tập trung vào phần đó. Chủ đề thường xuất hiện ở câu sử dụng những trạng từ tóm tắt hoặc đúc kết bài như 'tức, theo đó, vì thế', '-아/어야 하다', '-아/어야 할 것이다' và các đuôi từ kết thúc câu được sử dụng khi trình bày suy nghĩ, quan điểm, giải pháp như 'nhưng, tuy nhiên, tuy thế, mặt khác, ngược lại, trong khi đó'. Chủ đề cũng có thể xuất hiện ở phần giữa có các trạng từ liên kết như 'nhưng, tuy nhiên, tuy thế, mặt khác, ngược lại, trong khi đó' - các trạng từ trình bày nội dung đối lập hoặc ý kiến phản đối - nên bạn phải đọc kỹ phần này.

35-38

문제분석

기출문제

※[35~38] 다음 글의 주제로 가장 알맞은 것을 고르십시오. `각 2점`

35~38

> 요즘 치유를 목적으로 '힐링' 강연을 듣는 사람들이 점점 많아지고 있다. 현대인이 힐링에 열광하는 이유는 마음의 상처를 치유하고 실패에 대한 위로를 받고 싶어 하기 때문이다. 그러나 치유 열풍이 거센 것에 비해서 이를 통해 마음의 평화와 안정을 얻었다고 하는 사람들은 그리 많지 않다. 분위기에 휩쓸려 무작정 강연에 매달리기보다는 스스로를 치유할 수 있는 내면의 힘을 찾아야 할 것이다.

① 힐링 열풍이 꾸준히 이어지고 있다.
② 힐링의 성패는 자기 자신에게 달려 있다.
③ 힐링 강연으로 마음의 상처를 치유할 수 있다.
④ 힐링 강연을 통해 나만의 치유법을 찾아야 한다.

※ 주로 첫문장이나 마지막 문장에 중심 생각이 나타나 있음

〈TOPIK 36회 읽기 [37]〉
- 치유(하다) Chữa khỏi
- 힐링 Chữa lành
- 열광하다 Cuồng nhiệt
- 위로 An ủi
- 열풍 Cơn sốt/làn sóng
- 안정 Ổn định
- 그리 Lắm
- 분위기에 휩쓸리다
  Bị cuốn theo bầu không khí
- 매달리다 Bị treo/deo bám
- 성패 Thành bại
- 달려 있다 Phụ thuộc

35~38

필자는 치유 열풍을 비판적인 시각으로 이야기하고 있습니다. 마지막 문장에 자신의 주장을 나타내고 있고 이 문장이 주제문이 됩니다. '스스로 치유할 수 있는 내면의 힘을 찾아야 할 것이다'라고 했기 때문에 정답은 ④입니다.

Tác giả đang phê phán làn sóng chữa bệnh. Tác giả nêu quan điểm của mình trong câu cuối cùng và câu này là câu chủ đề. Vì tác giả nói rằng '스스로 치유할 수 있는 내면의 힘을 찾아야 할 것이다' nên ④ là đáp án đúng.

샘플문제

※[35~38] 다음 글의 주제로 가장 알맞은 것을 고르십시오. 각 2점

35~38

> 여승무원은 기내에서 고객에게 식사와 음료를 제공함은 물론이고 탑승 및 하차 시에는 고객의 짐을 올리거나 내리는 일을 도와준다. 또한 비상상황에는 고객을 신속하고 정확하게 인솔해야 하는 중요한 책임이 있다. 그러나 치마는 이동에 용이하지도 않을뿐더러 업무적인 면에서도 결코 적합한 복장이라고 할 수 없다. 아름다움만을 강조하며 치마 길이, 귀걸이의 크기까지 제한하고 있는 것도 업무의 효과를 위해서 바로잡아야 한다.

① 여승무원은 단정한 머리와 깔끔한 복장이 필수적이다.

② 여승무원의 치마 길이와 액세서리 종류를 규제해야 한다.

③ 여승무원이 업무 효율을 높일 수 있도록 복장을 개선해야 한다.

④ 여승무원은 비상 상황에 대처할 수 있는 적절한 교육이 필요하다.

- 여승무원 Nữ tiếp viên hàng không
- 기내 Trong máy bay
- 탑승 Lên máy bay
- 하차 Xuống/rời khỏi
- 비상상황 Tình huống khẩn cấp
- 신속하다 Nhanh chóng
- 인솔하다 Hướng dẫn
- 결코 Không hề
- 적합하다 Thích hợp
- 복장 Trang phục
- 제한하다 Hạn chế
- 단정하다 Gọn gàng
- 깔끔하다 Sạch sẽ/chỉnh tề
- 필수적 Bắt buộc
- 액세서리 Vật trang sức
- 규제하다 Quy định

35~38

'그러나'로 시작하는 문장부터 글의 주제가 들어있기 때문에 이 부분을 주의 깊게 읽어야 합니다. 현재 여승무원의 복장은 업무에 불편한 복장이므로 개선이 필요함을 주장하고 있습니다. 따라서 정답은 ③입니다.

Vì câu bắt đầu bằng '그러나' đề cập tới chủ đề của bài viết nên bạn phải đọc kỹ phần này. Tác giả cho rằng trang phục của nữ tiếp viên hàng không hiện nay rất bất tiện cho công việc nên cần cải thiện. Do đó, đáp án đúng là ③.

35-38

※[35~38] 다음 글의 주제로 가장 알맞은 것을 고르십시오. 각 2점

35

> 외모도 스펙이다. 겨울방학이 되면 면접을 앞둔 취업 준비생들의 성형외과 출입이 증가한다. 바로 취업에 도움이 되는 인상을 얻기 위해 성형을 하기 때문이다. 이것은 여대생들에게만 국한된 것은 아니다. 남학생들에게도 외모가 경쟁력이란 인식이 굳어지면서 부드럽고 호감 가는 인상을 얻기 위해 성형을 시도하기도 한다. 모든 사람들이 만족스러운 결과를 얻는 것은 아니지만 외모에 자신감이 없던 사람들이 수술 후 자신감을 얻고 긍정적인 사회생활을 하는 사례가 늘어나면서 수술 선호도는 꾸준히 증가하고 있다.

① 외모도 스펙이란 인식에 따라 성형수술이 주목을 받고 있다.
② 외모도 스펙이기 때문에 면접을 하기 전 성형수술은 필수적이다.
③ 취업 준비생들은 호감 가는 외모를 갖기 위해 병원 치료를 받곤 한다.
④ 성형수술이 일반화되면서 성형 중독을 겪고 있는 사람들도 증가하고 있다.

36

> 젊은 직장인들 사이에 파랑새증후군이 증가하고 있다. 파랑새증후군은 행복만을 꿈꾸면서 현재의 일에는 열정을 느끼지 못하는 현상을 말한다. 또한 직장생활에서 발생하는 어려운 난관들을 극복하려고 하기보다는 이직을 통해 해결하려는 경향이 있는 사람들을 말하기도 한다. 발생 원인으로는 어머니의 과잉보호로 인한 가정 환경적인 면이 있으며 고용 불안 및 감원 등으로 인한 사회 환경적인 면이 있다. 그러나 아무 노력 없이 주변만을 탓하고 회피하는 것으로 행복을 얻을 수 없다는 것을 그들도 알아야 한다.

① 안락함만을 추구하려는 것이 파랑새증후군이다.
② 행복한 삶을 살기 위해서는 그에 상응하는 노력이 필요하다.
③ 인간은 자신의 불행을 무조건 환경 탓으로 돌리는 경향이 있다.
④ 부모의 과잉보호와 사회적 고용 불안이 파랑새증후군을 만들었다.

스펙 Bằng cấp/tầm cỡ/kích thước | **앞두다** Trước | **국한되다** Giới hạn | **굳어지다** Trở nên cứng | **사례** Ví dụ | **선호도** Mức độ yêu thích | **일반화** Bình thường hóa | **성형 중독** Nghiện phẫu thuật thẩm mỹ | **파랑새증후군** Hội chứng chim xanh | **난관** Khó khăn | **이직** Thay đổi công việc | **과잉보호** Bảo bọc quá mức | **고용 불안** Việc làm không ổn định | **감원** Giảm nhân lực | **탓하다** Đổ lỗi | **회피하다** Né tránh | **안락함** An lạc | **상응하다** Tương ứng

37

출판사들의 오프라인 시장이 무너지고 있다. 예전에는 독서의 계절인 가을이 오면 서점의 주말 분위기는 활기 그 자체였다. 그러나 요즘은 값싸고 편리한 온라인 시장이 성장하면서 오프라인 시장은 점점 설 자리를 잃어가고 있다. 결국 서점의 대소와는 상관없이 극심한 영업난으로 폐업을 결정하는 빈도가 높아지고 있다. 이것은 국내뿐만이 아니라 전 세계적인 추세인데 매장과 인건비를 줄여 싸게 공급하는 온라인 시장과의 경쟁이 어렵기 때문이다. 그러나 책의 상태나 내용을 훑어보고 바로 구매하고자 하는 소비자들에게는 오프라인 시장 또한 꼭 필요하다. 그러므로 소비자들은 어느 일방이 아닌 쌍방의 상생 구조가 양립되기를 희망하고 있다.

① 온라인 출판 시장이 심각한 경영난을 겪고 있다.
② 오프라인 출판 시장은 임대료와 인건비가 적게 든다.
③ 소비자들은 온라인 시장과 오프라인 시장의 공존을 희망한다.
④ 오프라인 출판 시장의 분위기는 국내와 국외에서 차이를 보인다.

38

가정마다 통신비 부담이 늘고 있다. 최근 통계청 자료에 의하면 2인 가구 월평균 통신비는 15만 원 정도다. 통신비가 상승하는 주요 원인은 무엇일까? 그것은 바로 휴대 전화 단말기 보조금 제도의 역기능 때문이다. 단말기 보조금은 처음 구입할 때 소비자의 부담을 줄여주는 역할을 한다. 그러나 보조금은 높은 약정 요금제를 2~3년간 지속해야만 효력이 있으며 이를 지키지 않을 경우 위약금을 물게 된다. 게다가 단말기는 신제품을 출시할 때마다 가격이 인상되어 보조금과는 별도로 약정 요금을 올리는 역할을 하고 있다. 결국 이러한 구조적인 문제가 이용자들의 통신비 지출을 늘리고 있으며 개인에게는 큰 부담을 주고 있다.

① 단말기 보조금 제도가 오히려 소비자의 부담을 가중시킨다.
② 단말기 보조금 제도 덕분에 휴대 전화를 쉽게 구매할 수 있게 되었다.
③ 단말기 보조금과 약정 요금제가 기기마다 다르므로 잘 비교해야 한다.
④ 단말기 약정 계약을 위반했을 경우 위약금이 있으므로 신중해야 한다.

39-41

✏️ 오늘의 어휘

거래	Giao dịch	Danh	요즘에는 휴대 전화로 증권 거래를 하는 사람이 많다.
결실	Kết quả	Danh	이번 대회에서 성실히 노력한 결과 큰 결실을 거두었다.
권리	Quyền lợi	Danh	사람들은 모두 교육을 받을 권리가 있다.
논의	Thảo luận	Danh	선생님들은 수학여행지 선정에 대해 논의 중이다.
모범	Mô phạm/gương mẫu	Danh	부모는 자식에게 모범이 되어야 한다.
삭제	Xóa	Danh	나는 인터넷에 등록된 개인 정보 삭제 방법을 알고 싶다.
연료	Nguyên liệu	Danh	자동차는 대부분 휘발유를 연료로 사용한다.
본래	Vốn	Trạng	본래 이곳은 숲이었지만 지금은 아파트 단지로 바뀌었다.
밝혀지다	Được làm rõ	Động	화재의 원인이 관리 부주의로 밝혀졌다.
집중되다	Tập trung	Động	모든 사람들의 관심이 올림픽에 집중되었다.
용이하다	Dễ dàng/đơn giản	Tính	이 휴대 전화는 사진 촬영이 용이하다.
저렴하다	Rẻ/phải chăng	Tính	한국의 화장품은 질이 좋을 뿐더러 가격도 저렴하다.
평범하다	Bình thường	Tính	나는 평범한 가정에서 태어난 보통 사람이다.

🌱 오늘의 문법

V-(으)ㄹ래야	말하는 사람이 어떤 행동을 하려고 해도 어떤 이유나 상황으로 인해 그 행동을 할 수 없음을 나타낸다. 보통 '-(으)ㄹ래야 -(으)ㄹ 수 없다'와 같이 사용된다. Sử dụng khi người nói dự định thực hiện một hành động nào đó, nhưng không thể thực hiện vì một lý do hoặc tình huống nào đó, Thông thường, chúng ta có thể sử dụng nó giống như '-(으)ㄹ래야 -(으)ㄹ 수 없다'. 예 요즘은 시간이 없어서 여행을 갈래야 갈 수 없다.

39-41

39~41 제시된 문장이 들어가기에 가장 알맞은 곳 고르기

글을 읽고 제시된 <보기>의 문장이 들어가기에 적합한 곳을 찾는 문제입니다. 주로 상식, 과학, 인물, 시사, 철학, 사상과 심리 등의 영역에서 많이 출제됩니다. 그러므로 이 영역에서 사용될 만한 어휘들을 알아 두면 좋습니다.

문제를 풀 때는 <보기>의 내용을 먼저 읽은 후에 **접속 부사나 종결 표현을 보고 전후 내용을 유추해 보는 것이 좋습니다.** 보통 <보기>는 도입 부분보다는 중, 후반에 들어가는 경우가 많습니다. 앞 문장의 내용을 받는 '이는, 이처럼, 이와 같이' 등의 표현이 나오면 문장의 선후 관계를 찾는 단서가 됩니다. 예를 들어 '-기 때문이다'와 같이 이유나 원인을 설명하는 표현이 나오면 앞에는 이와 관련된 내용이 나오므로 앞뒤 선후 관계를 잘 파악하는 것이 중요합니다.

Đây là dạng đề đọc văn bản và tìm vị trí thích hợp cho câu trong <보기>. Các lĩnh vực thường xuất hiện trong dạng đề này là kiến thức phổ biến, khoa học, nhân vật, thời sự, triết học, tư tưởng và tâm lý, vv. Vì vậy, bạn nên nắm vững những từ vựng có thể sử dụng trong các lĩnh vực này.

Khi giải đề, bạn nên đọc trước nội dung của <보기>, sau đó dựa vào các trạng từ liên kết hoặc đuôi từ kết thúc câu để suy ra nội dung trước và sau. Thông thường, <보기> được đặt ở giữa hoặc cuối hơn là phần mở đầu. Khi các cụm từ và cấu trúc ngữ pháp như ' 이는, 이처럼, 이와 같이', '-기 때문이다' bổ nghĩa cho nội dung của câu trước thì đó chính là manh mối để bạn tìm ra mối quan hệ giữa câu trước và câu sau. Ví dụ, khi xuất hiện các cấu trúc ngữ pháp giải thích lý do hoặc nguyên nhân như '-기 때문이다' thì trước đó là nội dung liên quan đến điều này; vì vậy, bạn nên nắm bắt mối quan hệ giữa câu trước và câu sau.

39-41

🔍 문제분석

※[39~41] 다음 글에서 〈보기〉의 문장이 들어가기에 가장 알맞은 곳을 고르십시오. 각 2점

39~41

> 그동안 한국에서는 고구마 꽃이 잘 피지 않아 백년에 한 번 피는 진귀한 꽃으로 생각되었다. (㉠) 최근에는 이 고구마 꽃이 희귀성을 잃고 반갑지 않은 존재라는 인상을 주고 있다. (㉡) 본래 고구마 꽃은 고온 건조한 날씨가 지속되는 아열대 기후에서만 피는 꽃으로 알려져 있다. (㉢) 그러나 지구온난화로 인해 한국에서 이상 고온 현상이 발생하면서 현재는 전국 각지에서 이 꽃이 심심찮게 발견되고 있다. (㉣)

───── 〈 보 기 〉 ─────

> 고구마 꽃이 기상 이변에 의해 쉽게 개화한다는 것이 밝혀졌기 때문이다.

① ㉠   ② ㉡   ③ ㉢   ④ ㉣

※ '-기 때문이다'는 이유를 나타내므로 앞 문장에는 관련된 상황이 필요

〈TOPIK 37회 읽기 [39]〉
• 진귀하다 Quý hiếm
• 희귀성 Tính quý hiếm
• 고온 건조하다 Nóng và khô hạnh
• 아열대 기후 Khí hậu cận nhiệt đới
• 지구온난화
  Tình trạng trái đất nóng lên
• 이상 고온 현상 Hiện tượng nhiệt độ
  cao bất thường
• 심심찮다 Thường xuyên
• 기상 이변 Thời tiết bất thường
• 개화하다 Nở

39~41

정답은 〈보기〉의 '-기 때문이다'로 찾을 수 있습니다. 이 글에서 '고구마 꽃이 희귀성을 잃고 반갑지 않은 존재가 되었다'는 문제를 제기하고 있습니다. 따라서 그 문장 뒤에 그 이유를 설명하는 〈보기〉가 와야 합니다. 따라서 정답은 ②입니다.

'Chúng ta có thể tìm được đáp án đúng bằng -기 때문이다' trong 〈보기〉. Bài viết này đang đặt vấn đề như sau '고구마 꽃이 희귀성을 잃고 반갑지 않은 존재가 되었다'. Do đó, sau câu đó phải là 〈보기〉 giải thích lý do đó. Vì vậy, đáp án đúng là ②.

※[39~41] 다음 글에서 <보기>의 문장이 들어가기에 가장 알맞은 곳을 고르십시오. 각 2점

39~41

요즘 인터넷이 발달하고 디지털 환경이 일반화되면서 '잊힐 권리'에 대한 법제화 논의가 일고 있다. (㉠) '잊힐 권리'란 인터넷 상에서 생성, 저장, 유통되는 개인의 사진이나 거래 정보들에 대해 소유권을 강화하고 유통기한을 정하거나 이를 삭제, 수정, 영구적인 파기를 요청할 수 있는 권리라고 할 수 있다. (㉡) 현재 우리는 일상에서 글이나 사진을 손쉽게 주고받는다. (㉢) 그러나 기존 정보를 완전히 삭제하고 싶을 때 삭제할래야 삭제할 수가 없다. (㉣) 이에 '정보 만료일'을 정해 만료일이 되면 정보가 자동적으로 파기되는 시스템을 도입하자는 의견이 제기되고 있는 것이다.

〈 보 기 〉

왜냐하면 포털 사이트를 운영하는 기업에게 운영권이 있기 때문이다.

① ㉠   ② ㉡   ③ ㉢   ④ ㉣

- 디지털 Kỹ thuật số
- 잊힐 권리 Quyền được lãng quên
- 법제화 Luật hóa
- 논의가 일다 Gây tranh cãi
- 생성 Tạo ra
- 유통되다 Được lưu thông
- 소유권을 강화하다
  Tăng cường quyền sở hữu
- 유통기한 Thời hạn sử dụng
- 영구적 Vĩnh cửu
- 파기 Phá vỡ
- 만료일 Thời hạn
- 포털 사이트 Cổng thông tin điện tử
- 운영하다 Vận hành/điều hành
- 운영권 Quyền điều hành

39~41

먼저 <보기>를 보면 '왜냐하면 -기 때문이다'로 끝나 이유를 나타내고 있음을 알 수 있습니다. ㉣ 앞에서는 인터넷 상의 개인 정보를 삭제하고 싶어도 삭제할 수 없음을 밝히고 있습니다. 따라서 이것의 이유가 되는 <보기>가 ㉣에 오는 것이 자연스럽습니다. 따라서 정답은 ④입니다.

Trước tiên, nếu đọc <보기>, bạn có thể nhận ra đây là câu thể hiện lý do kết thúc bằng '왜냐하면 -기 때문이다'. Trước ㉣, tác giả cho biết dù muốn xóa thông tin cá nhân trên internet, bạn cũng không thể xóa. Do đó, sẽ rất tự nhiên khi <보기> - lý do cho việc này- được điền vào ㉣. Do đó, đáp án đúng là ④.

39-41

※[39~41] 다음 글에서 <보기>의 문장이 들어가기에 가장 알맞은 곳을 고르십시오. 각 2점

39

(㉠) 자동차 업계에 새바람이 불고 있다. 지금까지 상용되고 있는 자동차 연료의 대부분은 휘발유나 디젤인 화석연료이다. (㉡) 그러나 화석연료 사용으로 인한 피해는 생각보다 심각하다. (㉢) 또한 유출된 오염물질이 대기의 수증기와 결합하여 산성비를 만들고 산성비는 토양을 산성화시켜 흙 속에 살고 있는 미생물을 죽게 한다. 이러한 환경문제의 심각성을 깨닫게 되면서 전 세계적으로 친환경 에너지 개발에 열을 올리고 있다. (㉣) 이러한 노력의 결과물인 전기자동차, 수소자동차, 하이브리드카 등이 공개되면서 친환경 자동차에 대한 세계인의 이목이 집중되고 있다.

───────〈 보 기 〉───────

자동차의 배기가스는 이산화탄소 배출을 가중시켜 지구온난화의 주범이 되고 있다.

① ㉠   ② ㉡   ③ ㉢   ④ ㉣

40

노령 인구의 증가로 실버타운에 대한 관심이 높아지고 있다. 실버타운은 장소에 따라 도시형, 도시 근교형, 전원 휴양형 등으로 구분된다. (㉠) 도시형은 도심에 위치해 있어서 다소 비싼 면은 있지만 지인들과의 왕래가 지속적으로 가능하며 실버타운 내에서 의료 및 문화 서비스를 모두 누릴 수 있다는 것이 장점이다. (㉡) 전원 휴양형은 비교적 저렴하며 대부분 도심에서 떨어진 시골에 위치해 있어서 맑은 공기와 자연을 즐길 수 있다. (㉢) 도시 근교형은 도시형과 전원 휴양형의 중간 형태로 가격과 환경적인 면에서 입주자들의 호응도가 높은 편이다. (㉣)

───────〈 보 기 〉───────

그렇지만 거리상의 문제로 가족 방문이나 외출이 용이하지 않다는 단점도 있다.

① ㉠   ② ㉡   ③ ㉢   ④ ㉣

상용되다 Thường được sử dụng | **휘발유** Xăng | **디젤** Dầu nhớt | **화석연료** Nhiên liệu hoá thạch | **대기** Khí quyển | **수증기** Máy hơi nước | **결합하다** Kết hợp | **산성비** Mưa a-xít | **산성화시키다** A-xít hóa | **미생물** Vi sinh vật | **노령 인구** Dân số già | **열을 올리다** Làm nóng lên | **수소자동차** Xe chạy bằng hydro | **하이브리드카** Xe lai điện | **배기가스** Khí thải | **이산화탄소** Carbon dioxide | **실버타운** Nhà hưu trí | **도시 근교형** Kiểu nhà ngoại ô | **전원 휴양형** Kiểu nhà vườn nghỉ dưỡng | **다소** Ít nhiều | **왕래** Qua lại | **누리다** Hưởng thụ | **입주자** Cư dân | **호응도** Mức độ đáp ứng

41

요즘 '이순신'을 소재로 한 영화가 흥행을 하면서 다시금 이순신에 대한 관심이 높아지고 있다. (㉠) 이순신은 조선시대의 강인한 무사이면서 탁월한 전략가로 유명하다. 그러나 전쟁 중에 쓴 그의 일기를 보면 그는 평범한 남편이자 아들이었으며 정이 많은 아버지였다. (㉡) 전장에서는 죽은 아들의 죽음 앞에서 한스러움에 밤잠을 설쳤으며 자주 병약한 모습이 일기에 등장해 연민의 정까지 느끼게 한다. (㉢) 이와는 반대로 그는 정보 수집에 능했으며 그 정보를 전략적으로 사용할 줄 아는 전략가였다. 또한 지휘관들과의 작전회의를 통해 늘 효과적인 방법을 연구했다. 그리고 전장에서는 몸을 사리지 않고 선두에 서서 장수들의 모범이 되었으며 만약의 상황에 대비해 자기관리도 철저히 했다. (㉣) 결국 지금의 명성은 피나는 노력으로 일구어낸 그의 값진 결실이라 하겠다.

〈 보 기 〉

그는 어머니의 안부를 늘 걱정했으며 어머니의 부고 앞에서는 찢어지는 아픔에 울부짖었다.

① ㉠   ② ㉡   ③ ㉢   ④ ㉣

소재 Nguyên liệu | 흥행 Bộ phim có doanh thu cao | 조선시대 Thời đại Triều Tiên | 강인하다 Mạnh mẽ | 무사 Võ sĩ | 탁월하다
Xuất sắc | 전략가 Nhà chiến lược | 전장 Chiến trường | 한스럽다 Buồn | 밤잠을 설치다 Khó ngủ | 병약하다 Ốm yếu |
연민의 정 Tình cảm của sự thương hại | 능하다 Giỏi/thành thạo | 지휘관 Chỉ huy | 작전회의 Hội nghị tác chiến | 몸을 사리다
Co rúm người | 선두에 서다 Dẫn đầu | 자기관리 Tự quản lý | 철저히 Thấu đáo | 명성 Danh tiếng | 피나다 Vất vả/đổ máu |
일구다 Đạt

42-43

📝 오늘의 어휘

인심	Nhân tâm	Trạng	그는 바르지 못한 행동으로 인심을 잃고 말았다.
무려	Khoảng	Trạng	지금까지 이곳을 방문한 사람이 무려 200명이 되었다.
문득	Bỗng nhiên	Trạng	집에 혼자 있다 보니 문득 고향에 계신 부모님 생각이 났다.
버럭	Đột ngột	Trạng	동생을 때리자 어머니께서 버럭 화를 내셨다.
좀처럼	Khó/hiếm khi	Trạng	그는 좀처럼 화를 내지 않는다.
가엾다	Tội nghiệp	Tính	길을 잃고 헤매는 강아지가 가엾어 보였다.
서운하다	Tiếc nuối	Tính	같이 지내던 룸메이트와 헤어지게 되어서 서운하다.
어색하다	Vụng về	Tính	그는 외국 사람이라서 한국말이 어색하다.
엄하다	Nghiêm khắc	Tính	아버지는 어렸을 때부터 엄하게 교육하셨다.
착잡하다	Phức tạp	Tính	더 이상 그를 볼 수 없다니 마음이 착잡해졌다.
말을 건네다	Mở lời		처음 만난 사람이어서 말을 건네기가 쉽지 않았다.
폐를 끼치다	Gây phiền toái		그동안 폐를 끼쳐 죄송합니다.

🍹 오늘의 문법

A/V-(으)ㄹ지라도	어떤 상황이 돼도 뒤의 문장에는 영향을 주지 않음을 나타낸다. Sử dụng khi vế sau của câu sẽ không chịu ảnh hưởng dù bất cứ tình huống được đề cập trong vế trước diễn ra. 예 생활이 힘들고 지칠지라도 나의 가족을 위해 열심히 살아갈 것이다.
V-곤 하다	어떤 행위를 반복해서 함을 나타낸다. Diễn đạt sự lặp đi lặp lại của một hành động nào đó. 예 나는 주말에 혼자 공원을 산책하곤 한다.
A-(으)ㄴ 모양이다 V-는 모양이다	어떤 상황을 근거로 추측할 때 사용한다. Sử dụng khi suy đoán dựa vào một tình huống nào đó. 예 수업 시간에 조는 걸 보니 피곤한 모양이다.

42-43

현대 문학 작품을 읽고 푸는 문제입니다. 글의 전체적인 내용을 파악해야 하며 글 안에 나오는 **등장인물들의 심정이나 태도를 파악하는 문제**가 출제됩니다. 주로 문학 잡지나 단편 소설집에 실려 있는 수필, 소설 등과 같은 작품에서 많이 출제가 되므로 평소에 한국에서 많이 읽히는 문학 작품을 읽어 두는 것이 좋습니다.

Đây là dạng đề đọc tác phẩm văn học hiện đại và giải quyết vấn đề. Thông thường trong dạng đề này, bạn phải nắm được đại ý của bài, đồng thời hiểu được cảm xúc hoặc thái độ của các nhân vật xuất hiện trong tác phẩm. Văn bản được sử dụng trong dạng đề này chủ yếu là các tác phẩm văn học như tùy bút, tiểu thuyết được đăng tải trên các tạp chí văn học và các tập truyện ngắn. Vì vậy, bạn nên đọc trước những tác phẩm văn học được nhiều độc giả Hàn Quốc đọc.

42 밑줄 친 부분의 심정이나 태도로 알맞은 것 고르기

밑줄 친 부분에는 등장인물의 심정이나 태도가 나타나 있습니다. 이 부분은 문장 원래의 뜻을 파악하기보다는 글의 흐름을 파악해서 그 사람의 심정이나 태도를 알아내야 합니다. 전체적인 글의 흐름을 파악하되, 밑줄 친 부분의 앞뒤 문장을 중심으로 읽으면서 **나오는 사람의 상황을 위주로 파악해야 합니다.** 또한 아래와 같은 **심정이나 태도를 나타내는 어휘를 알아 두는 것이 좋습니다.**

※ 심정이나 태도 어휘: 안타깝다, 괘씸하다, 담담하다, 허탈하다, 비참하다, 초조하다, 서운하다, 격려하다, 위로하다, 안도하다, 희열을 느끼다, 기대에 들뜨다, 가슴이 먹먹하다, 마음이 홀가분하다

Phần gạch chân thể hiện cảm xúc hoặc thái độ của nhân vật. Ở phần này, để biết được cảm xúc hoặc thái độ của nhân vật, bạn phải tập trung vào bố cục thay vì tập trung vào ý nghĩa của câu.

Bạn phải nắm được bố cục, nhưng hải vừa đọc kỹ câu trước và câu sau của phần gạch chân, vừa nắm bắt tình huống của nhân vật. Ngoài ra, bạn nên biết các từ thể hiện cảm xúc hoặc thái độ dưới đây.

43 글의 내용과 같은 것 고르기

전체적인 내용을 잘 읽고 분석해야 합니다. 처음부터 끝까지 하나의 이야기로 연결되어 있으므로 단어 하나하나의 의미를 파악하는 데 스트레스를 받지 말고 글의 전체 흐름을 위주로 하여 **나오는 사람의 환경이나 생각, 이야기의 흐름을 잘 읽고 분석**하는 연습을 하는 것이 좋습니다.

Bạn nên đọc và phân tích nội dung tổng thể. Vì tòn bộ nội dung được kết nối với nhau thành một câu chuyện cho nên thay vì tập trung tìm hiểu ý nghĩa của từng từ, bạn nên tập trung tìm hiểu bố cục của cả bài, luyện tập đọc và phân tích bối cảnh hoặc suy nghĩ của nhân vật, và diễn tiến của câu chuyện.

42-43

🔍 문제분석

※[42~43] 다음을 읽고 물음에 답하십시오. 각 2점

어린 시절 그 애는 정말 막무가내로 인혜를 따라다녔다. 계집애하고 논다고 친구들한테 별의별 놀림을 다 받으면서도 아침이면 어김없이 인혜네 양철대문을 두드리며 "오인혜 학교 가자"를 외쳐댔던 것이다. 새침한 인혜가 갈래 머리를 어깨 뒤로 넘기며 휭하니 앞서 걸으면 어느 틈엔가 따라와서 넌지시 인혜의 책가방 끈을 잡아당겨 제 책가방에 겹쳐들고 가곤 하던 이현석. 그러니 학교 변소 벽에는 이현석 오인혜 연애대장 어쩌구 하는 낙서가 지워질 날이 없을 수밖에.

5학년 때던가 현석이 이사 가던 날은 장맛비가 추적추적 내렸다. 이삿짐을 나르느라 부산한 뒷집의 기척을 다 들으면서도 인혜는 방에 처박혀 꼼짝을 하지 않았다. 이윽고 트럭이 부르릉 시동 거는 소리가 들려오자 자기도 모르게 가슴이 철렁하여 인혜는 골목 쪽으로 난 창문을 황급히 열어젖혔다. 그러자 바로 거기에, <u>비를 맞으며 현석이 인혜네 창문을 올려다보며 서 있었던 것이다. 늘 뻣뻣이 일어서 있던 머리카락이 비에 젖은 탓인지 현석의 표정은 어린애답지 않게 우수가 어려 있었다.</u>

42 밑줄 친 부분에 나타난 현석의 심정으로 알맞은 것을 고르십시오.

① 안타깝다   ② 괘씸하다
③ 담담하다   ④ 허탈하다

43 이 글의 내용과 같은 것을 고르십시오

① 현석이는 매일 아침 인혜와 함께 등교를 했다.
② 현석이네는 5학년 때 인혜네 앞집으로 이사를 왔다.
③ 친구들은 현석이가 인혜를 좋아한다는 것을 몰랐다.
④ 현석이는 인혜에게 가방을 들어 주겠다는 말을 자주 했다.

〈TOPIK 36회 읽기 [42~43]〉

• 막무가내 Ngoan cố • 별의별 Nhiều
• 놀림을 받다 Bị chế giễu
• 어김없이 Chắc chắn • 두드리다 Gõt
• 외치다 La/hô • 새침하다 Lạnh nhạt
• 휭하다 Trống/vắng vẻ
• 넌지시 Lén lút/bóng gió
• 연애대장 Lãng tử • 낙서 Viết/vẽ bậy
• 추적추적 Mưa phùn
• 이삿짐을 나르다 Khuân đồ(chuyển nhà)
• 부산하다 Nhộn nhịp • 기척 Dấu vết
• 처박히다 Mắc kẹt
• 이윽고 Cuối cùng
• 시동을 걸다
  Khởi động(xe hơi hoặc máy móc)
• 가슴이 철렁하다 Lòng chùng xuống
• 황급히 Vội vàng • 뻣뻣이 Cứng
• 우수가 어리다 Ủ rũ
• 괘씸하다 Xấc láo
• 허탈하다 Chán nản/mệt mỏi

42

현석이가 인혜를 짝사랑하는 이야기입니다. 밑줄 친 부분은 현석이가 이사 가는 날, 인혜가 방에 처박혀 꼼짝을 하지 않았기 때문에 현석은 인혜를 볼 수 없어 어찌할 바를 모르고 비가 오는데도 인혜 집 창문 밑에서 올려다만 보고 있습니다. 밑줄 친 부분에 현석의 안타까운 마음이 잘 담겨 있으므로 정답은 ①입니다.

Đây là câu chuyện về tình yêu đơn phương của Hyun Seok dành cho In Hye. Phần gạch chân là ngày Hyun Seok chuyển nhà đến, và In Hye tự nhốt mình trong phòng, không ra khỏi phòng; vì vậy, Hyun Seok không nhìn thấy In Hye nên không biết phải làm thế nào. Phần gạch chân miêu tả cảm xúc buồn của Hyun Sook, cho nên ① là đáp án đúng.

43

현석이는 '아침이면 어김없이'로 보아 매일 아침 인혜와 함께 등교했다는 것을 알 수 있습니다. 따라서 정답은 ①입니다.

Dựa vào 'a침이면 어김없이', chúng ta biết được Hyun Seok đến trường cùng với In Hye mỗi ngày . Vì vậy, đáp án đúng là ①.

※[42~43] 다음을 읽고 물음에 답하십시오.[1) 각 2점]

> 아들이 초등학교에 입학하면서 장인을 모시게 됐다. 맞벌이하는 아내 왈, "애를 봐 줄 사람이 필요해." 실은 장모가 돌아가신 뒤 홀로 지내는 장인이 마음에 걸려서일 것이다. 하지만 장인이 누구던가. 엄하기 그지없던 모교 선생님 아니던가! 그분이 우리 집에서 요리 본능을 발휘하는 중늙은이로 변하시다니…. 더구나 장모가 해주던 밥과 장인의 그것은 천지 차이다. 한마디로 부담 백배. 문득 착잡해지기도 한다. <u>내 부모님께는 이렇게 못 해드렸는데…. 자식에게 폐 끼치기 싫다며 고향에서 세탁소 하시는 그분들이 떠오르는 건 어쩔 수 없었다.</u>
>
> 얼마 전, 지인이 마늘을 보내줬다. 장인이 마늘을 좋아하신다고 해서 무려 다섯 접이나 받게 됐다. 난 당연히 장인이 마늘을 까 주실 줄 알았다. 그러나 마늘은 며칠이 지나도록 그대로였다. 외려 언제 까 줄 거냐는 아내의 채근에 버럭 화를 냈다. "<u>누구 부모님은 세탁소 지하에서 빨래하는데, 장인한테 좀 까 주십사 하면 안 되냐!</u>" 아내는 "홀로 계신 분 불쌍하지도 않냐"고 대성통곡. 결국 마늘 네 접을 혼자 다 깠다.

42 밑줄 친 부분에 나타난 나의 심정으로 알맞은 것을 고르십시오.

① 비참하다　　　　② 서운하다

③ 초조하다　　　　④ 담담하다

43 이 글의 내용과 같은 것을 고르십시오

① 장인은 장모보다 음식 솜씨가 좋다.

② 아내는 마늘을 까기 싫어서 울음을 터트렸다.

③ 장모가 세상을 뜨신 후에 분가를 해서 나왔다.

④ 나의 친부모님은 고향에서 세탁소를 운영하고 계신다.

- 장인 Bố vợ
- 맞벌이하다
  (Vợ và chồng) cùng kiếm tiền
- 장모 Mẹ vợ
- 마음에 걸리다 Áy náy
- 그지없다 Vô hạn
- 본능을 발휘하다 Phát huy bản năng
- 중늙은이 Người già
- 천지 Trời đất
- 접 Một trăm củ
- 마늘을 까다 Bóc tỏi
- 외려 Ngược lại
- 채근 Thúc giục
- 대성통곡 Gào khóc
- 비참하다 Bi thảm
- 초조하다 Thấp thỏm
- 솜씨 Tài nghệ/sự khéo léo
- 울음을 터트리다 Bật khóc
- 세상을 뜨다 Qua đời
- 분가를 하다 Dọn ra ở riêng

42

장모가 돌아가시자 장인과 같이 살게 되면서 겪는 갈등을 쓴 글입니다. 밑줄 친 부분에는 자기 부모님은 힘들게 일하시는데 현재 같이 살고 있는 장인이 마늘 까는 것도 도와 주지 않는 것에 대해서 서운함을 느끼고 있습니다. 정답은 ②입니다.

Đây là bài viết về những mâu thuẫn nảy sinh khi tác giả sống chung với bố vợ sau khi mẹ vợ qua đời. Phần gạch chân nói về nỗi buồn của tác giả khi bố mẹ ruột còn làm việc nhưng bố vợ sống chung mà thậm chí không bóc tỏi giúp. Đáp án đúng là ②.

43

'부모님은 세탁소 지하에서 빨래하는데'로 보아 나(남편)의 부모님은 세탁소를 운영하신다는 것을 알 수 있습니다. 따라서 정답은 ④입니다.

Dựa vào 'bố mẹ là세탁소 지하에서 빨래하는데', chúng ta có thể biết được bố mẹ của 'tôi(chồng)' điều hành tiệm giặt là. Do đó, đáp án đúng là ④.

42-43

※[42~43] 다음을 읽고 물음에 답하십시오.²⁾ 각 2점

> 장우림은 첫날 내게 한마디 말도 건네지 않았다. 처음에는 어색해서 그러나 보다 여겼지만 침묵은 꽤 오래 갔다. 다음날도 그 다음날도 한마디 하지 않았다. 나도 대수롭잖게 여겨 별로 신경을 쓰지 않았다. 나는 "지우개 좀 빌리자"고 말을 건네 보았다. 물론 거절은 하지 않았다. 그런데 지우개를 빌려주는 태도가 몹시 거슬렸다.
>
> (중략)
>
> 나는 짝꿍보다는 오히려 다른 친구들과 더 빨리 친해졌다. 나는 얌전한 편은 결코 아니었다. 휴식 시간 십 분일지라도 운동장에 나가 말타기라도 한차례 하고 와야 직성이 풀렸다. 그래서 내 주변에는 이내 친구들이 웅성웅성 모였다. 하지만 내 짝꿍은 그렇지 못했다. 장우림은 친구라곤 없었다. 휴식 시간이나 점심시간에도 늘 혼자였다. 그럼에도 불구하고 결코 남에게 먼저 말을 거는 법은 없었다. 남들이 먼저 말을 걸어도 흥미 없다는 태도로 대꾸했다. 나중에 안 일이지만, 그 아이는 학습 친구들한테 인심을 잃고 있었다. 그건 건방지다는 이유 때문이었다.
>
> "흥, 지가 무슨 공주 마마라도 되는 줄 아나 보지?" 여자 아이들은 우림이를 이렇게 비꼬곤 했다.
>
> 나는 다른 친구들한테 따돌림을 받으며 늘 혼자 지내고 있는 우림이가 어쩐지 불쌍하고 가엾게 느껴졌다. 하지만 그 아이는 스스로 외롭다고 생각하지는 않는 모양이었다. 그래서 그 아이는 좀처럼 내게 말을 건네려 들지 않았다.

42 밑줄 친 부분에 나타난 아이들의 말투로 알맞은 것을 고르십시오.

① 자랑하고 있다 ② 빈정거리고 있다
③ 자포자기하고 있다 ④ 잘난 척하고 있다

43 이 글의 내용과 같은 것을 고르십시오.

① 나는 말도 별로 없고 조용한 편이다.
② 나는 따돌림 당하는 우림이가 안돼 보였다.
③ 우림이가 먼저 말을 걸어도 친구들이 무시했다.
④ 우림이 주변에는 친구들이 항상 많이 모여 있었다.

여기다 Coi | **침묵** Sự im lặng | **대수롭다** Hệ trọng | **거슬리다** Trái(khó chịu) | **얌전하다** Hiền lành | **직성이 풀리다** Hài lòng | **웅성웅성** Ầm ầm | **건방지다** Hỗn láo | **대꾸하다** Cãi | **비꼬다** Châm biếm | **따돌림** Bắt nạt | **빈정거리다** Giễu cợt | **자포자기하다** Phó mặc cho số phận | **짝꿍** Cặp đôi/bạn thân

44-45

✏️ 오늘의 어휘

단편적	Ngắn/hạn hẹp/ sơ qua	Danh	단편적인 모습만 보고 사람을 판단하면 안 된다.
보급	Cung cấp	Danh	정부는 친환경 주택의 보급을 위해 힘쓰고 있다.
설비	Thiết bị	Danh	가정에서는 가스 안전 설비를 제대로 갖추어야 한다.
이득	Lợi ích	Danh	이번 일로 부당하게 이득을 취한 사람들이 많다.
합리적	Hợp lý	Danh	일을 모두가 이해할 수 있도록 합리적으로 처리해야 한다.
선뜻	Vui vẻ/sẵn lòng	Trạng	이 일은 선뜻 하겠다고 나서는 사람이 없다.
구축되다	Xây dựng	Động	최근 새로운 통신망이 구축되었다.
수렴하다	Tiếp thu	Động	이번 안건은 직원들의 의견을 수렴해서 결정하기로 했다.
실현시키다	Thực hiện	Động	나는 꿈을 실현시키기 위해 꾸준히 노력하고 있다.
완화시키다	Xoa dịu/giảm nhẹ	Động	정부는 경제 활성화를 위해 부동산 규제를 완화시켰다.
재생시키다	Tái tạo/tái chế	Động	우리가 먹는 과일은 피부를 재생시키는 데 효과가 있다.
적용되다	Áp dụng	Động	새로 제정된 법은 국민 모두에게 공정하게 적용된다.
창출하다	Tạo ra	Động	정부는 일자리를 창출하기 위해 취업 박람회를 개최했다.

🥤 오늘의 문법

N에 따라(서)	앞의 상황이나 기준에 의해 뒤에 이어지는 상황도 달라짐을 나타낸다.
	Diễn đạt sự thay đổi của tình huống tiếp diễn phía sau vì tình huống hoặc tiêu chuẩn phía trước.
	예 유행에 따라(서) 스커트의 길이도 많이 달라진다.

44-45

📖 유형분석

국가 정책, 제도를 소개하거나 문제점을 제기하면서 해결책을 마련해야 함을 주장하는 내용이 많이 출제됩니다. 이 유형에서는 법과 제도, 경영과 경제, 사회 등의 영역에서 출제될 확률이 높으므로 최근의 흐름이나 새로운 정책에 대해 관심을 갖고 신문이나 뉴스를 챙겨 보는 것이 좋습니다.

Nội dung chủ yếu là giới thiệu chính sách, chế độ của quốc gia hoặc nêu vấn đề và khẳng định rằng phải đưa ra phương án giải quyết. Trong dạng đề này, các lĩnh vực thường được đề cập tới là luật và chế độ, quản trị kinh doanh và kinh tế, xã hội, vv; vì vậy, bạn nên quan tâm đến các xu hướng gần đây hoặc các chính sách mới, thường xuyên đọc báo chí hoặc tin tức.

44 글의 주제로 알맞은 것 고르기

일반적으로 글의 앞부분에서는 문제점을 제시하거나 정책, 제도에 대해 간단하게 소개하는 내용이 나옵니다. 그리고 마지막 부분에서는 글의 주제를 다시 요약하거나 강조하고자 하는 내용이 나옵니다.

Thông thường, đầu bài trình bày các vấn đề hoặc giới thiệu sơ lược các chính sách, chế độ, Và phần cuối tóm tắt lại hoặc nhấn mạnh chủ đề của bài viết.

45 괄호에 들어갈 내용으로 가장 알맞은 것 고르기

'( )' 괄호의 앞뒤 문장의 내용을 파악해야 합니다. 보통 '( )' 괄호 안에 들어갈 내용은 앞에 제시된 내용을 정리하거나 중요한 부분을 다시 한 번 강조하는 경우가 많습니다. 따라서 '( )' 괄호 앞부분의 내용을 잘 알아 두어야 하며 '( )' 괄호의 앞뒤에 나오는 연결 표현들을 알아 두면 좋습니다.

Bạn phải nắm bắt nội dung của các câu trước và sau '( )'. Nội dung cần điền vào '( )' thường tóm tắt nội dung đã trình bày trước đó hoặc nhấn mạnh một lần nữa phần quan trọng. Vì thế, bạn nên biết nội dung phần trước '( )' và các đuôi từ liên kết câu đứng trước '( )'.

※ 연결 표현
1) 수식: -(으)ㄴ/는
2) 대조: -지만, -(으)ㄴ/는 반면에
3) 대등: -고, -(으)ㄴ/는 데다가
4) 인과: -아/어서, -기 때문에, -(으)므로

44-45

기출문제

※[44~45] 다음을 읽고 물음에 답하십시오. 각 2점

> 요즘 어지간한 회사에는 네트워크 시스템이 구축되어 있다. 그래서 미래 전문가들은 앞으로 기업 조직 내에서 지시 사항이나 정보를 아래로 전달하는 역할을 주로 해 오던 중간 관리직이 사라질 것이라고 한다. 이러한 주장은 (   ) 데에서 기인한다. 하지만 중간 관리자는 단순히 수직적 조직에서의 메신저가 아니라 다차원적 교차 지점에 있는 조정자들이다. 그들은 경영주의 이상과 일선의 구성원들이 직면하게 될 급변하는 시장 현실을 연결한다. 또한 구성원들의 요구와 정서를 수렴하는 수평적 소통의 창구이다. 이는 온라인 연결망으로는 한계가 있는 경험에 의한 직관과 감성을 요구하는 일이다.

44 이 글의 주제로 알맞은 것을 고르십시오.
① 근무 환경이 변해도 중재자의 역할은 유지될 것이다.
② 기업 활동에서 구성원 간의 대화가 무엇보다 중요하다.
③ 조직 구성원이 맡은 업무는 회사 사정에 따라 유동적이다.
④ 사내 연결망이 발달하면 구성원 간의 위계가 사라질 것이다.

45 (   )에 들어갈 내용으로 가장 알맞은 것을 고르십시오.
① 사내 연결망의 기능을 과소평가한
② 시장 환경의 변화 양상을 잘못 예측한
③ 중간 관리자의 역할을 단편적으로 이해한
④ 중간 관리자 직책을 수평적 선상에서 파악한

<TOPIK 37회 읽기 [44~45]>

- 어지간하다 Tươm tất/ngay ngắn
- 네트워크 시스템 Hệ điều hành mạng
- 중간 관리직 Vị trí quản lý trung gian
- 기인하다 Do/bắt nguồn
- 수직적 Chiều dọc
- 다차원적 Đa chiều
- 교차 지점 Giao điểm
- 조정자 Người điều chỉnh
- 경영주 Chủ doanh nghiệp
- 직면하다 Trực diện
- 급변하다
  Thay đổi một cách nhanh chóng
- 수평적 Chiều ngangl
- 소통 창구 Kênh liên lạc
- 연결망 Mạng lưới liên kết
- 직관 Trực quan • 중재자 Trọng tài
- 유동적 Lưu động • 위계 Thứ bậc

44
필자는 네트워크 시스템 구축으로 인한 근무 환경의 변화로 중간 관리직이 사라질 것이라는 예측에 동의하지 않고 있습니다. 또한 중간 관리직의 역할과 중요성을 강조하면서 중간 관리직(중재자)의 역할은 유지될 것이라 전망하고 있습니다. 따라서 정답은 ①입니다.

Tác giả không đồng ý với dự đoán rằng vị trí quản lý trung gian sẽ biến mất do sự thay đổi trong môi trường làm việc gây ra bởi việc xây dựng hệ thống mạng lưới liên kết. Tác giả cũng nhấn mạnh vai trò và tầm quan trọng của vị trí quản lý trung gian, đồng thời dự đoán rằng vai trò của vị trí quản lý trung gian(người trung gian) sẽ được duy trì. Vì vậy, đáp án đúng là ①.

45
'( )' 괄호 뒤의 내용에 주목해야 합니다. '하지만 단순히 수직적 조직에서의 메신저가 아니라'로 보아 '( )' 괄호에 들어갈 내용은 중간 관리자를 단순한 역할을 하는 존재로 판단한 것과 비슷한 내용이 올 것입니다. 따라서 ③이 정답입니다.

Bạn phải tập trung vào nội dung sau '( )'. Nhưng dựa vào '하지만 단순히 수직적 조직에서의 메신저가 아니라', chúng ta có thể biết được nội dung cần điền vào '( )' tương tự với nhận định các nhà quản lý trung gian là những người nắm vai trò đơn giản. Do đó, ③ là đáp án đúng.

※[44~45] 다음을 읽고 물음에 답하십시오. 각 2점

정부는 태양광, 지열 등과 같은 천연자원을 재생시켜 사용할 수 있는 친환경주택 보급을 활성화시키기 위해 신재생에너지 설비를 설치하는 가정에 일정 금액의 보조금을 지급하는 정책을 펴고 있다. 이와 같은 정책은 <u>오염 물질과 온실가스 배출을 줄이고 일반 가정에서 신재생에너지를 사용하게 함으로써 환경을 보호하고자 함</u>이다. 그러나 초기 비용도 많이 들뿐더러 유지나 보수에도 만만치 않은 비용이 들어가기 때문에 일반 국민들은 선뜻 나서기가 어렵다. 하지만 전기요금은 매년 꾸준히 늘고 있으며 누진세가 적용되어 가정 경제에 적지 않은 부담이 되고 있으므로 <u>장기적으로 보면 이 설비를 설치하는 것이 경제적으로 도움이 된다.</u> 따라서 이와 같은 정부 정책은 (   ) 점 이외에도 경제적인 효과를 기대할 수 있다.

44 이 글의 주제로 알맞은 것을 고르십시오.
① 정부는 환경보호를 위해 많은 노력을 기울이고 있다.
② 더 많은 저비용 고효율의 에너지 설비 개발이 필요하다.
③ 가정 경제의 부담을 줄이기 위해 보조금을 지급하고 있다.
④ 신재생에너지 설비 지원 정책은 다양한 효과를 기대할 수 있다.

45 (   )에 들어갈 내용으로 알맞은 것을 고르십시오.
① 단기간에 빠른 효과를 낼 수 있다는
② 환경오염 문제점을 해소할 수 있다는
③ 가정용 설비들을 유지, 보수해 준다는
④ 저소득층을 위한 정부 보조금을 늘린다는

- 태양광 Ánh sáng mặt trời
- 지열 Năng lượng địa nhiệt
- 천연자원 Tài nguyên thiên nhiên
- 신재생에너지 Năng lượng tái tạo
- 설치하다 Lắp đặt/cài đặt
- 정책을 펴다 Thi hành chính sách
- 온실가스 Khí nhà kính
- 초기 비용 Chi phí ban đầu
- 보수 Sửa/trùng tu
- 만만치 않다 Khó khăn
- 선뜻 나서다 Sẵn sàng tiến bước
- 누진세 Thuế lũy tiến
- 장기적 Dài hạn
- 노력을 기울이다 Nỗ lực
- 저비용 고효율
  Chi phí thấp hiệu quả cao
- 단기간 Thời gian ngắn
- 해소하다 Giải tỏa
- 저소득층 Tầng lớp thu nhập thấp

44
정부가 실시하는 신재생에너지 설비 지원 정책은 <u>환경오염을 줄일 수 있는 동시에 국민들의 가정 경제에도 도움을 줄 수 있으므로</u> ④가 정답입니다.

Vì chính sách hỗ trợ thiết bị năng lượng tái tạo do Chính phủ thực thi có thể giảm thiểu ô nhiễm môi trường, đồng thời có thể hỗ trợ cho kinh tế gia đình của người dân; vì vậy, đáp án đúng là ④.

45
'( )' 괄호의 뒤에 '이외에도 경제적인 효과를 기대할 수 있다'가 있으므로, 경제적인 효과 이외에 또 다른 효과가 있음을 알 수 있습니다. 앞의 내용에서 이 시설은 '<u>환경오염 물질과 온실가스 배출을 줄일 수 있는 효과</u>'도 있음을 알 수 있으므로 환경오염과 환경보호에 관련된 내용을 고르면 됩니다. 따라서 정답은 ②입니다.

Vì sau '( )' có '이외에도 경제적인 효과를 기대할 수 있다', nên có thể thấy rằng ngoài hiệu quả kinh tế còn có những hiệu quả khác. Dựa vào nội dung phần đầu, chúng ta có thể biết được thiết bị này còn có '환경오염 물질과 온실가스 배출을 줄일 수 있는 효과'; vì vậy, chúng ta phải chọn nội dung liên quan đến ô nhiễm môi trường và bảo vệ môi trường. Do đó, đáp án đúng là ②.

※[44~45] 다음을 읽고 물음에 답하십시오. `각 2점`

> 자유무역협정(FTA)은 국가나 지역 간에 무역을 제한시키는 여러 가지 법적, 제도적인 조치들을 완화시켜서 서로 간의 무역자유화를 실현시키고자 하는 것이다. 따라서 이 협정이 체결된 국가의 수출입 업체들은 다른 업체들에 비해 낮은 관세율이 적용되어 (   ) 많은 경제적 이득을 취할 수 있게 된다. 소비자 또한 질이 좋은 다양한 상품을 저렴하게 구입할 수 있으며 외국인 투자를 늘림으로써 고용을 창출하고 경쟁력을 높일 수 있다는 장점이 있다. 그러나 다른 한편으로는 경쟁력이 확보되지 않은 많은 중소기업들이나 생산업체들은 경쟁력이 떨어져 부익부 빈익빈의 양극화 현상은 더욱 심화된다. 따라서 정부는 협정을 체결하기 이전에 국가와 국민의 경제와 발전에 도움이 될 수 있는지를 먼저 철저하게 조사하고 분석하여 피해를 최소화하는 합리적인 대응책을 마련해야 할 것이다.

44 이 글의 주제로 알맞은 것을 고르십시오.
① 부익부 빈익빈의 양극화 현상을 하루빨리 개선시켜야 한다.
② 자유무역협정은 국가와 국민의 발전과 이익이 우선시되어야 한다.
③ 다른 국가와의 경쟁력을 갖기 위해서는 무역을 자유화시켜야 한다.
④ 양국의 활발한 무역 교류를 위해서는 많은 나라와 협정을 맺어야 한다.

45 (   )에 들어갈 내용으로 알맞은 것을 고르십시오.
① 많은 제품들을 생산해 내므로
② 투자를 위한 환경이 조성되므로
③ 상품의 가격이 경쟁력을 갖게 되므로
④ 구직자들을 위한 일자리가 창출되므로

자유무역협정 Hiệp định thương mại tự do(FTA) | **제한시키다** Hạn chế | **제도적** Mang tính chế độ/mang tính hệ thống | **조치** Hành động/xử lý | **무역자유화** Tự do hóa thương mại | **협정이 체결되다** HIệp định được ký kết | **수출입 업체** Doanh nghiệp xuất nhập khẩu | **관세율** Thuế suất | **이득을 취하다** Tạo ra lợi nhuận | **투자를 늘리다** Tăng đầu tư | **확보되다** Đảm bảo | **부익부 빈익빈** Những người giàu càng giàu lên và người nghèo càng nghèo đi | **양극화 현상** Hiện tượng phân cực | **심화되다** Trở nên sâu sắc/trầm trọng hơn | **최소화하다** Giảm thiểu/thu nhỏ | **대응책** Đối sách | **우선시되다** Được ưu tiên | **조성되다** Được xây dựng

✏️ 오늘의 어휘

경제성	Tính kinh tế	Danh	이 제품은 가격에 비해서 성능이 좋고 경제성이 뛰어나다.
고용	Sử dụng lao động	Danh	고용을 촉진하기 위해서는 정부와 기업의 협력이 필요하다.
기술력	Năng lực công nghệ	Danh	회사에서는 컴퓨터 분야의 기술력 향상을 위해 애쓰고 있다.
논쟁	Sự tranh cãi	Danh	정부는 기금의 효율적인 운영을 위해 뜨거운 논쟁을 벌였다.
바탕	Nền tảng	Danh	신제품은 새로 개발된 기술을 바탕으로 만들어졌다.
복지	Phúc lợi	Danh	회사는 근로자의 복지 향상을 위해 노력하고 있다.
취지	Động cơ	Danh	이 법은 쓰레기를 줄이려는 취지에서 시행되었다.
흐름	Xu hướng	Danh	전 세계 자동차 시장의 흐름이 바뀌고 있다.
매진하다	Dồn tâm sức	Động	나는 장학금을 타기 위해 학업에 매진하고 있다.
상승시키다	Tăng	Động	정부의 부동산 정책은 서민들의 전월세 가격을 상승시켰다.
수거하다	Thu gom	Động	우리나라에서는 빈 병을 수거하여 재활용한다.
전환되다	Chuyển/chuyển đổi	Động	계약직 사원이 2년 이상 근무하면 정규직으로 전환될 수 있다.
차단시키다	Chặn/cắt	Động	스마트폰은 광고성 스팸 문자를 차단시키는 기능이 있다.
차지하다	Chiếm	Động	생활비에서 통신비가 차지하는 비중이 높은 편이다.

🥤 오늘의 문법

V-아/어 오다	어떤 행위나 상태가 지금까지 계속되어 진행됨을 나타낸다. Sử dụng khi một hành động hoặc trạng thái nào đó tiếp diễn cho đến thời điểm hiện tại. 예 그분은 30년 동안 김치만을 연구해 오신 분이시다.
A-(으)ㄴ 가운데 V-는 가운데	어떤 일이 이루어지는 상황 안에 있음을 나타낸다. Sử dụng khi một sự việc nào đó ở trong tình huống một sự việc khác đang diễn ra. 예 비가 내리는 가운데 축구 경기가 계속되었다.
A-(으)ㄴ 셈이다 V-는 셈이다	실제로 그렇지는 않지만 거의 그 상황과 비슷함을 나타낸다. Diễn đạt tình huống thực tế không phải như vậy nhưng gần như như vậy. 예 두 회사의 계약이 끝나지는 않았지만 사인만 남았으니 계약된 셈이다.
V-는 한편	어떤 행위를 하면서 다른 쪽에서 또 다른 행위를 함을 나타낸다. Sử dụng khi thực hiện một hành động nào đó, đồng thời thực hiện một hành động khác. 예 그녀는 일을 하는 한편 아이도 돌보느라 정신이 없다.

46-47

📖 유형분석

사회적으로 관심을 받고 있는 주제나 새롭게 개발된 기술에 대한 내용을 읽고 푸는 문제입니다. 주로 사회적으로 이슈가 되고 있는 주제의 긍정적 측면과 부정적 측면을 소개합니다. 또한 새롭게 개발된 기술에 대해서 어디에서 어떻게 개발되었는지, 어떤 기능과 장점을 가지고 있는지를 간단하게 소개하는 내용이 많이 출제됩니다. 따라서 이 유형에서는 경영과 경제, 사회, 과학 등의 영역에서 문제가 출제될 확률이 높으므로 이와 관련된 어휘를 알아 두는 것이 좋습니다.

Đây là dạng đề đọc và giải quyết vấn đề về một chủ đề được xã hội quan tâm hoặc một công nghệ mới được phát triển. Văn bản chủ yếu giới thiệu những mặt tích cực và tiêu cực của các chủ đề nóng trong xã hội. Ngoài ra, nội dung văn bản cũng có thể giới thiệu ngắn gọn công nghệ mới đó được phát triển ở đâu, như thế nào có những chức năng và ưu điểm gì. Vì vậy, những lĩnh vực thường xuất hiện trong dạng đề này là quản trị kinh doanh và, kinh tế, xã hội, khoa học, vv xuất hiện trong bài thi' vì vậy, bạn nên biết trước các từ vựng liên quan đến các lĩnh vực này.

46 제시된 문장이 들어가기에 알맞은 곳 고르기

제시된 문장의 내용을 먼저 파악해야 합니다. 특히 **제시된 문장의 앞부분에 나오는 '이런, 이렇게, 따라서, 또한, 그러나, 반면에' 등과 같은 표현을 주의 깊게 본 후에 제시된 문장의 의미와 어울리는 적당한 곳을 골라야 합니다.** 어울리는 곳을 찾을 때에도 ㉠, ㉡, ㉢, ㉣이 있는 앞뒤 문장을 잘 분석해야 하는데 접속 부사나 연결 표현 등에 주의해서 봐야 하며 무엇보다 글의 흐름을 파악하는 것이 중요합니다.

Trước tiên, bạn phải hiểu nội dung của câu đã được trình bày. Đặc biệt, bạn phải đọc kỹ các từ nối như '이런, 이렇게, 따라서, 또한, 그러나, 반면에' xuất hiện ở đầu câu đã được trình bày, sau đó chọn chỗ phù hợp với ý nghĩ của câu đã được trình bày. Khi tìm chỗ phù hợp, bạn phải phân tích các câu trước và câu sau có ㉠, ㉡, ㉢ và ㉣ tốt, điều quan trọng là bạn phải chú ý tới những trạng từ liên kết hoặc các cụm từ liên kết , và trên hết, bạn phải nắm được mạch văn của bài.

47 글의 내용과 같은 것 고르기

전체적인 내용을 잘 읽고 같은 내용을 찾아야 합니다. 글을 순서대로 읽으면서 해당되는 선택지가 맞는지 틀리는지를 판단해야 합니다. 글의 **내용과 선택지를 잘 비교해 가며 관련이 없는 내용을 하나씩 지워 나가야 합니다.** 그리고 선택지의 문장에 사용되는 표현들은 위의 글에 나온 표현을 그대로 사용하는 경우가 많지 않기 때문에 **유사한 어휘들을 알고 있어야 같은 의미를 찾아낼 수 있습니다.**

Bạn phải đọc kỹ toàn bộ văn bản và tìm nội dung giống nhau. Hãy đọc lần lượt từng câu và phán đoán đáp án nào đúng, đáp án nào sai. Bạn nên so sánh nội dung của văn bản và các đáp án, và xóa dần những nội dung không liên quan. Ngoài ra, có nhiều trường hợp các đáp án và văn bản không sử dụng cùng từ vựng nên để tìm được câu có cùng ý nghĩa, bạn phải biết từ gần nghĩa.

46-47

기출문제

※[46~47] 다음을 읽고 물음에 답하십시오. 각 2점

통계청은 국민들의 실질적인 '삶의 질' 수준을 보여 주는 측정 체계를 구축하여 발표하였다. 이 체계는 삶의 질을 소득, 고용, 사회복지, 여가, 환경, 건강 등 12개 영역의 81개 지표로 표시하는 것이다. (㉠) 근 반세기 동안 한국 사회는 경제 성장을 지상 최대의 과제로 삼아 총력을 기울여 왔다. (㉡) 한편 통계청은 앞으로 측정 지표를 개방하고 국민들의 의견을 수렴하여 측정 체계의 완성도를 높여갈 계획이다. (㉢) 수준 높은 삶의 조건에 대해 지속적으로 전 국민이 함께 고민하자는 취지에서이다. (㉣) 무엇이 좋은 삶인지에 대한 공론화를 통해 추가 항목과 개선 항목에 대한 사회적 합의가 도출되어야 할 것이다.

46 다음 문장이 들어가기에 가장 알맞은 곳을 고르십시오.

현 시점에서 삶의 질 지표가 발표된 것은 경제 일변도에서 국민 삶의 질적 제고라는 방향으로 정책적 관심이 전환됨을 의미한다.

① ㉠   ② ㉡   ③ ㉢   ④ ㉣

47 이 글의 내용과 같은 것을 고르십시오.
① 삶의 질 지표는 통계청의 자체적인 결정에 따라 증감된다. X
② 삶의 질 지표는 국가 차원에서 도달해야 할 목표를 의미한다. X
③ 삶의 질을 측정하는 지표는 논의 결과에 따라 달라질 수 있다.
④ 삶의 질 지표와 함께 정부는 경제 성장을 위해 매진할 것이다. X

<TOPIK 37회 읽기 [46~47]>
• 실질적 Thực tế/thiết thực
• 측정 Đo lường
• 체계 Hệ thống
• 반세기 Nửa thế kỷ
• 과제로 삼다 Coi (cái gì đó) là bài toán
• 총력을 기울이다 Dồn tổng lực
• 완성도 Mức độ hoàn thành
• 공론화 Công luận hóa
• 추가 항목 Hạng mục bổ sung
• 합의 Đồng thuận • 도출되다 Rút ra
• 일변도 Một bên/đơn phương
• 질적 제고 Cải tiến chất lượng
• 자체적 Tự thân
• 증감되다 Tăng giảm
• 국가 차원 Phương diện quốc gia
• 도달하다 Đạt

46
제시된 문장에 있는 '경제 일변도에서 ~ 정책적 관심이 전환됨'에 주목해야 합니다. 선택지의 앞에는 '경제 일변도(한쪽으로만 치우침)'와 관련된 내용이 와야 합니다. 따라서 '한국 사회는 경제 성장을 ~ 총력을 기울여 왔다.' 뒤에 와야 자연스럽습니다. 따라서 정답은 ②입니다.

Bạn phải chú ý tới '경제 일변도에서 ~ 정책적 관심이 전환됨' trong câu được trình bày. Nội dung cần điền vào phần trước của đáp án phải liên quan đến '경제 일변도(한쪽으로만 치우침)'. Vì vậy, sẽ tự nhiên nếu nội dung đó đứng sau '한국 사회는 경제 성장을 ~ 총력을 기울여 왔다'. Do đó, đáp án đúng là ②.

47
'측정 지표를 개방하고 국민의 의견을 수렴하여 측정 체계의 완성도를 높인다'로 보아 지표는 논의 결과에 따라 달라질 수 있음을 의미합니다. 따라서 정답은 ③입니다.

'측정 지표를 개방하고 국민의 의견을 수렴하여 측정 체계의 완성도를 높인다' có nghĩa là chỉ số có thể thay đổi tùy thuộc vào kết quả của cuộc thảo luận. Do đó, đáp án đúng là ③.

※[46~47] 다음을 읽고 물음에 답하십시오. 각 2점

> 세계 스마트폰 시장이 <u>특허권 소송 논쟁</u>으로 뜨거웠다. (㉠) 스마트폰 업계의 1위를 차지하고 있던 '피치'가 새로운 기술력과 디자인을 바탕으로 무섭게 치고 올라오는 '오성'을 대상으로 자신들의 특허권 침해에 대한 소송을 제기하였던 것이다. (㉡) 이에 '오성'측도 '피치'를 대상으로 자신들의 기술을 침해한 제품을 모두 수거하여 폐기해 달라고 요청했다. (㉢) <u>왜냐하면</u> 일단 소송이 시작되면 소송에서 지든 이기든 이로 인해 발생한 비용이나 피해는 서로에게 적지 않은 영향을 주며 제품을 이용하는 소비자에게도 마찬가지로 적용되기 때문이다. (㉣) 따라서 특허권은 새로운 기술에 대한 정당한 권리로서 당연히 보호받아야 하지만 소비자들이 받아야 하는 영향도 한번쯤은 생각해 봐야 할 것이다.

46 다음 문장이 들어가기에 가장 알맞은 곳을 고르십시오.

> <u>이렇게</u> 양측이 팽팽하게 긴장된 가운데 소송이 진행되었으나 현재는 양측 모두 특허권에 대한 <u>소송을 대부분 취하한 상태</u>이다.

① ㉠   ② ㉡   ③ ㉢   ④ ㉣

47 이 글의 내용과 같은 것을 고르십시오.
① 두 기업의 소송은 상대방의 기술 도용으로 인한 문제이다.
② 두 기업의 소송이 소비자들에게까지 피해를 주지는 않았다.
③ 오성과 피치는 새로운 기술에 의해 만든 제품을 모두 폐기했다.
④ 특허권은 정당한 권리이므로 두 기업은 끝까지 소송을 진행했다.

- 특허권 Bằng sáng chế
- 소송 Kiện tụng
- 치고 올라오다 Leo lên
- 침해 Xâm phạm
- 제기하다 Trừ khử
- 폐기하다 Bỏ đi
- 정당하다 Chính đáng
- 양측 Hai bên
- 팽팽하다 Căng
- 취하하다 Hủy bỏ
- 도용 Ăn cắp

46

제시된 문장에 있는 '이렇게'로 보아 앞에 올 내용도 이와 비슷한 문장임을 알 수 있습니다. 선택지에 '양측이 팽팽하게 긴장됨'을 말하고 있으므로 앞의 내용에는 양측이 모두 강하게 대립하고 있는 내용이 와야 합니다. 또한 '특허권 소송을 취하한 상태이다'라고 했기 때문에 뒤에는 긴장이 해소되어 소송을 안 하게 되었거나 소송을 취하한 이유나 결과에 대한 내용이 오면 자연스럽습니다. 따라서 정답은 ③입니다.

Dựa vào '이렇게' trong câu được trình bày, chúng ta có thể biết nội dung phía trước cũng có nội dung tương tự. Vì đáp án có cụm từ '양측이 팽팽하게 긴장됨' nên nội dung trước đó phải là hai bên đối lập với nhau. Ngoài ra, câu trước là '특허권 소송을 취하한 상태이다' nên sẽ tự nhiên nếu nội dung câu sau là lý do hoặc nguyên nhân sự căng thẳng được giải tòa nên 'Oseong' không khởi kiện hoặc rút đơn kiện. Do đó, đáp án đúng là ③.

47

오성과 피치는 새로운 기술 개발에서 상대의 특허권 침해로 인한 문제로 소송을 하였으므로 ①이 정답이 됩니다.

Oseong và Fitch đã kiện vì đối phương vi phạm bằng sáng chế trong quá trình phát triển công nghệ mới, vì vậy ① là đáp án đúng.

🖱 **연습문제**

※[46~47] 다음을 읽고 물음에 답하십시오. 각 2점

최근의 흐름에 맞게 환경까지 생각한 미래형 주택이 국내 최초로 개발되었다. (㉠) 일반적으로 주택을 지을 때에는 보온 기능을 위해서 단열재를 많이 넣어야 하기 때문에 벽의 두께도 두꺼워지고 비용도 늘기 마련이었다. (㉡) 그래서 콘크리트와 단열재를 합친 고단열 복합 시스템을 개발한 것이다. (㉢) 이 시스템은 기존과 같은 두께를 유지하면서 단열 성능은 40%나 상승시켰다. (㉣) 그러므로 경제적인 부담도 줄일 수 있는 한편 에너지 사용도 줄일 수 있으므로 경제성과 환경, 두 마리 토끼를 잡을 수 있는 셈인 것이다. 이 시스템이 하루 빨리 상용화 되어 에너지 절약과 경제적인 효과가 나타나기를 기대해 본다.

46 다음 문장이 들어가기에 가장 알맞은 곳을 고르십시오.

따라서 겨울에는 보온 효과를 높여 주고 여름에는 외부로부터의 열을 흡수한 뒤 차단시켜 주므로 냉·난방비를 모두 절약하는 효과를 얻을 수 있다.

① ㉠   ② ㉡   ③ ㉢   ④ ㉣

47 이 글의 내용과 같은 것을 고르십시오.
① 이 시스템은 콘크리트와 단열재를 따로 분리시키는 방식이다.
② 새로 개발된 외벽은 이미 전국적으로 사용되고 있는 기술이다.
③ 이 시스템은 경제적, 환경적 측면을 모두 만족시키기에는 부족하다.
④ 고단열 복합 시스템은 기존의 벽과 두께는 동일하지만 더 따뜻하다.

최초 Ban đầu | **단열재** Vật liệu cách nhiệt | **두께** Độ dày | **콘크리트** Bê-tông | **고단열 복합 시스템** Hệ thống phức hợp cách nhiệt cao | **단열** Cách nhiệt | **성능** Tính năng | **상용화** Thương mại hóa | **두 마리 토끼를 잡다** Nhất cử lưỡng tiện | **보온** Giữ nhiệt | **외부** Bên ngoài | **측면** Mặt bên | **열을 흡수하다** Hấp thụ nhiệt | **분리시키다** Phân ly/tách riêng | **동일하다** Giống/cùng

48-50

📝 오늘의 어휘

개혁	Cải cách	Danh	정부는 공무원 연금 제도의 개혁을 놓고 찬반 토론을 벌이고 있다.
대책	Đối sách	Danh	정부가 내놓은 부동산 대책은 큰 효과를 보지 못하고 있다.
감수하다	Chấp nhận	Động	119 소방대원들은 생명을 구하기 위해 많은 위험을 감수한다.
강요하다	Ép	Động	경찰은 그 사람에게 허위 진술을 강요한 적이 없다고 했다.
공개하다	Công khai	Động	시민 단체는 언론에게 회의 내용을 공개해 달라고 요구했다.
급변하다	Thay đổi nhanh chóng	Động	사회가 급변함에 따라 생활방식과 사고방식도 변해가기 마련이다.
기피하다	Tránh	Động	요즘 사람들은 힘든 일을 기피하는 경향이 있다.
미루다	Hoãn	Động	오늘 할 일을 내일로 미루면 안 된다.
보장되다	Đảm bảo	Động	인권이 보장되지 않는 사회에서는 인간답게 살 수 없다.
부추기다	Khuyến khích/ xúi giục	Động	광고는 소비자의 소비 심리를 부추겨서 판매를 촉진하는 역할을 한다.
위축되다	Co cụm	Động	경기 불안으로 투자가 위축되었다.
주장하다	Khẳng định/ cho rằng	Động	시간제 노동자는 부당 해고를 당했다고 주장하고 있다.
머지않다	Không bao lâu nữa	Tính	조금만 더 참고 견디면 머지않아 좋은 일이 생길 거예요.

🥤 오늘의 문법

V-기 마련이다	어떤 일이 일어나는 것이 당연함을 나타낸다. Diễn đạt một sự việc nào đó diễn ra là lẽ đương nhiên. 예 사람은 누구나 늙고 늙으면 죽기 마련이다.
N을/를 불문하고	어떤 상황이든지 상관하지 않음을 나타낸다. Sử dụng khi một sự việc nào đó diễn ra bất kể tình huống nào. 예 비빔밥은 국적을 불문하고 모두가 좋아하는 한국의 대표 음식이다.

📖 유형분석

최근의 **이슈나 정책, 제도에 대해 문제 제기를 하고 있습니다.** 따라서 글의 목적과 필자의 태도를 이해해야 합니다. 국가 정책이나 법과 제도, 사상과 심리 등의 주제를 많이 다루므로 이와 관련된 뉴스를 보는 것이 좋습니다.

Bài viết đặt vấn đề về những chủ đề, chính sách và chế độ gần đây. Vì vậy, bạn cần nắm bắt mục đích của bài viết và thái độ của tác giả. Bởi vì nó đề cập đến rất nhiều chủ đề như chính sách quốc gia, luật pháp và chế độ, tư tưởng và tâm lý học, vv; vì vậy, bạn nên đọc tin tức liên quan đến những lĩnh vực này.

48 글을 쓴 목적 고르기

글의 목적을 고르는 문제이므로, **글의 처음 부분과 마지막 부분을 집중적으로 살펴보는 것이 좋습니다.** 필자는 우선 글의 앞부분에서 문제 제기를 할 대상을 소개하고 있습니다. 이후 '그러나'와 같은 대조를 나타내는 접속 부사와 함께 필자의 생각을 주장합니다. 그렇기 때문에 대조를 나타내는 접속 부사를 찾아 이후 내용을 잘 살펴봐야 합니다. 그리고 마지막 부분에는 다시 요약하거나 강조하는 내용이 나옵니다. 글의 **목적을 제대로 파악하기 위해서는 '요구하다, 반박하다, 제시하다, 지지하다, 제안하다, 분석하다, 주장하다' 등과 같은 표현을 알아 두는 것이 좋습니다.**

Đây là dạng đề chọn mục đích của bài viết; vì vậy, bạn nên tập trung vào phần đầu và phần cuối của bài viết. Trước hết, tác giả giới thiệu đối tượng đặt vấn đề ở phần đầu của bài viết. Sau đó, tác giả khẳng định suy nghĩ của mình cùng với trạng từ liên kết diễn đạt sự tương tương phản, ví dụ như ' 그러나'. Vì thế, bạn phải tìm trạng từ liên kết diễn đạt sự tương phản để hiểu rõ nội dung sau đó. Và ở phần cuối cùng thường xuất hiện nội dung thóm tắt hoặc nhấn mạnh. Để nắm bắt đúng mục đích của bài viết, bạn cần biết các từ vựng như '요구하다, 반박하다, 제시하다, 지지하다, 제안하다, 분석하다, 주장하다', vv.

49 괄호에 들어갈 내용으로 알맞은 것 고르기

빈 칸의 앞 문장과 뒤 문장의 내용을 파악해야 합니다. 보통 빈 칸은 이미 앞에 제시된 내용에 대해서 정리하거나 중요한 부분을 짚어주는 문제가 많이 출제됩니다. 따라서 '( )' 괄호 앞부분의 내용을 잘 알아 두어야 하며 **'( )' 괄호의 앞뒤에 나오는 연결 표현을 알아 두면 좋습니다.**

Bạn cần nắm bắt nội dung của câu trước và sau chỗ trống. Thông thường, khoảng trống tóm tắt hoặc nhấn mạnh nội dung đã được trình bày trước đó. Do đó, bạn phải biết nội dung trước dấu ngoặc '( )' và các cấu trúc ngữ pháp liên kết trước và sau dấu ngoặc '( )'.

※ 연결 표현
1) 수식: -(으)ㄴ/는
2) 대조: -지만, -(으)ㄴ/는 반면에
3) 대등: -고, -(으)ㄴ/는 데다가
4) 인과: -아/어서, -기 때문에, -(으)므로

50 밑줄 친 부분의 태도 고르기

밑줄 친 부분의 필자의 태도는 필자가 문제 제기한 내용과 관련이 있습니다. 따라서 필자가 문제 제기한 것이 무엇인지 먼저 파악하는 것이 좋습니다. '-겠는가?, -(으)ㄹ까?' 등과 같은 반어적 표현이나 부정적인 표현으로 필자의 비판적 태도를 나타냅니다. 선택지에서 태도를 나타내는 표현에는 '염려하다, 동정하다, 비판하다, 역설하다, 지적하다, 제안하다, 주장하다, 예측하다, 가정하다, 설득하다, 수긍하다' 등이 있습니다.

Thái độ của tác giả trong phần gạch chân liên quan đến nội dung tác giả đặt vấn đề. Vì vậy, trước tiên, bạn nên tìm hiểu điều mà tác giả đặt vấn đề là gì. Tác giả diễn đạt thái độ chỉ trích bằng các từ ngữ nghi vấn hoặc tiêu cực như '-겠는가?, -(으)ㄹ까?'. Trong đáp án có các từ vựng diễn đạt thái độ như '염려하다, 동정하다, 비판하다, 역설하다, 지적하다, 제안하다, 주장하다, 예측하다, 가정하다, 설득하다, 수긍하다', vv.

48-50

🔍 문제분석

기출문제

※[48~50] 다음을 읽고 물음에 답하십시오. 각 2점

> 성장과 분배는 경제 정책의 양 축이다. 새가 두 날개로 날듯 둘 중 하나만으로는 국가 경제가 제대로 굴러갈 수 없다. 문제는 어느 쪽에 더 정책의 무게를 두느냐에 있다. 지난 정부에서는 성장률이 올라가면 저절로 분배가 이루어진다는 '낙수 효과'를 기대하고 <u>선성장 후분배</u> 정책을 시행했지만 큰 효과를 보지 못하였다. 1950년대와 1960년대에 일부 국가들이 (   ), 이와 함께 소득 불평등이 크게 완화된 예가 있기는 하다. 그러나 대기업이 주도하는 현재 우리의 경제 구조에서는 발전의 성과가 편중되기 마련이어서 낙수 효과를 기대하기가 어렵다. 그러므로 <u>경제 성장에 따른 소득 불평등 완화 현상은 실현되기 어렵다.</u> 따라서 소득 불평등의 심화는 필연적이므로 이에 대한 획기적인 정책이 마련되어야 한다. 이런 점에서 현 정부가 발표한 성장과 분배의 균형에 목표를 둔 '<u>소득 주도 성장</u>' 정책은 시의적절하다고 볼 수 있다.

48 필자가 이 글을 쓴 목적을 고르십시오.

① 정부의 지원 대책 마련을 요구하기 위하여
② 낙수 효과가 일어나는 현상을 설명하기 위하여
③ 선성장 후분배의 성공 사례를 제시하기 위하여
④ 정부의 새로운 경제 성장 정책을 지지하기 위하여

49 (   )에 들어갈 내용으로 알맞은 것을 고르십시오.

① 높은 경제 성장을 이루고
② 다양한 분배 정책을 실시하고
③ 성장과 분배가 조화를 이루고
④ 적은 세금을 국민에게 부과하고

※ 선성장 ⟹ 높은 경제 성장
　후분배 ⟹ 소득 불평등이 크게 완화

〈TOPIK 36회 읽기 [48~50]〉

- 분배　Phân phối
- 굴러가다　Lăn
- 낙수 효과　Hiệu ứng nhỏ giọt
- 선성장 후분배
　Tiền tăng trưởng hậu phân phối
- 불평등　Bất bình đẳng
- 완화되다　Làm dịu/giảm nhẹ
- 성과　Thành quả
- 편중되다　Nghiêng
- 마련이다　Đương nhiên
- 실현되다　Được thực hiện
- 필연적　Tất nhiên
- 획기적　Đột phá
- 시의적절하다　Đúng thời điểm
- 부과하다　Áp đặt
- 가정하다　Giả định

48
마지막 문장에서 '현 정부에서 발표한 '소득 주도 성장'은 시의적절하다(그 당시의 사정이나 요구에 아주 알맞다)'고 하였습니다. 따라서 필자는 <u>현 정부의 정책을 긍정적으로 생각하고 있으며 정책을 지지하기 위하여 이 글을 썼다는 것을 알 수 있습니다.</u> 따라서 답은 ④입니다.

Trong câu cuối cùng, tác giả nói rằng '현 정부에서 발표한 소득 주도 성장은 시의적절하다'. Vì vậy, có thể thấy rằng tác giả suy nghĩ tích cực về chính sách của Chính phủ hiện tại và viết bài này để ủng hộ chính sách ấy. Vì vậy, đáp án đúng là ④.

49
'(　)' 괄호의 앞부분에서는 지난 정부가 낙수 효과를 기대하고 시행한 <u>선성장 후분배 정책을 설명하였습니다. '(　)' 괄호를 포함한 문장은 이 효과의 성공 사례를 들고 있습니다. 따라서 '(　)' 괄호에는 선성장을 나타내는 내용이 들어가야 하므로 정답은 ①</u>이 됩니다.

Phần trước của '(　)' giải thích chính sách tiền tăng trưởng hậu phân phối mà Chính phủ đã thực hiện với kỳ vọng hiệu ứng nhỏ giọt. Câu có '(　)' nêu ví dụ về sự thành công của hiệu ứng này. Do đó, '(　)' cần được điền nội dung diễn đạt tiền tăng trưởng; do đó, đáp án đúng là ①.

50 밑줄 친 부분에 나타난 필자의 태도로 알맞은 것을 고르십시오.

① 소득 불평등 문제가 해소된 상황을 가정하고 있다.
② 소득 주도 성장을 위한 다양한 방법을 제안하고 있다.
③ 이전과 같은 성장에 따른 분배가 불가능함을 주장하고 있다.
④ 정책 변화로 인해 경제 성장률이 떨어질 것을 예측하고 있다.

샘플문제

※[48~50] 다음을 읽고 물음에 답하십시오. 각 2점

> 최근 편안한 노후 생활을 위해서 경제 활동이 활발한 청년층부터 노후 준비를 해야 한다는 목소리가 높아지고 있다. 이에 나이를 불문하고 국민연금에 대한 관심이 뜨거워지고 있다. 그러나 국민연금제도의 신뢰도가 추락하면서 가입을 미루거나 기피하는 현상까지 생기고 있다. 이러한 현상이 생기는 가장 큰 이유는 장기적으로 볼 때 <u>국민연금의 재정이 불안하다</u>는 것이다. 현재 우리 사회는 이미 고령화 사회로 접어들었고 노령 인구는 더욱 많아질 것이기 때문에 머지않아 (   ) 소문이 돌고 있다. <u>노후 생활을 담보로 이러한 부담을 감수하면서까지 그 누가 도박을 하고 싶겠는가?</u> 국민연금제도에 대한 국민들의 불신은 날이 갈수록 깊어지고 있고 정부 또한 뚜렷한 대책을 내놓지 못하고 있다. 국민연금 기금의 운영이 안정성이나 수익성에서 보장이 되어야 국민들의 신뢰를 얻을 수 있다. 따라서 <u>급변하는 시대에 맞게 국민들의 요구를 반영한 국민연금제도 개혁안이 하루빨리 나와야 할 것</u>이다.

48 필자가 이 글을 쓴 목적을 고르십시오.

① 노후 준비의 필요성을 알리기 위하여
② 기금 운영의 투명성을 요구하기 위하여
③ 연금제도 개혁의 필요성을 주장하기 위하여
④ 연금 재정이 불안한 이유를 분석하기 위하여

49 (   )에 들어갈 내용으로 알맞은 것을 고르십시오.

① 연금 가입이 늘 거라는

② 국민의 신뢰를 얻을 거라는

③ 연금 재정이 고갈될 거라는

④ 편안한 노후가 보장될 거라는

50 밑줄 친 부분에 나타난 필자의 태도로 알맞은 것을 고르십시오.

① 노후 준비를 해야 하는 사람들을 설득하고 있다.

② 연금제도에 불만이 있는 사람들을 비판하고 있다.

③ 연금 재정 문제를 일으킨 사람들을 지적하고 있다.

④ 연금에 가입하지 않는 사람들 의견에 동조하고 있다.

48-50

※[48~50] 다음을 읽고 물음에 답하십시오. 각 2점

최근 정부는 스마트폰의 출고가와 판매가의 차이로 인한 문제점을 개선하고자 '단통법'이라는 법안을 실시했다. 이 법은 정부의 보조금을 줄이고 공개해서 투명화하는 대신 요금 할인제를 선택해서 이용할 수 있으며 소비자에게 고가의 요금제나 부가서비스를 강요하지 못하게 하여 (   ) 취지에서 출발하였다. 기존에 제조사나 통신사들의 치열한 경쟁으로 천차만별이었던 휴대 전화의 가격을 통일시켜서 가격의 거품을 없애고 그 혜택을 소비자에게 돌리고자 함이다. 이에 대해 제조사들은 휴대 전화 시장이 위축될 가능성을 제기하고 있으며 통신사들도 소비자들을 끌어들이기 위해 앞 다퉈 보완책을 내놓고 있다. 그러나 <u>현재 비관적인 전망을 내세우며 이 법안의 폐지를 주장하거나 수정을 요구하는 것은 아직 시기상조가 아닐까?</u> 과연 정부의 계획대로 제조사의 단말기 출고가가 인하되고 통신사의 서비스가 개선되어 국민들의 가계 통신비 절감 효과를 낼 수 있을지는 좀 더 지켜봐야 할 일이다.

48 필자가 이 글을 쓴 목적을 고르십시오.
① 새 법안을 제정한 취지를 밝히고 설득시키기 위하여
② 새 법안에 대한 성급한 판단 자제를 요구하기 위하여
③ 새 법안에 대한 폐지나 수정의 필요성을 알리기 위하여
④ 새 법안의 문제점을 분석하고 해결책을 제시하기 위하여

49 (   )에 들어갈 내용으로 알맞은 것을 고르십시오.
① 휴대 전화 시장을 활발하게 하려는   ② 제조사의 생산량을 늘리고자 하는
③ 통신사들의 경쟁을 치열하게 하려는   ④ 국민들의 통신비 부담을 줄이고자 하는

50 밑줄 친 부분에 나타난 필자의 태도로 알맞은 것을 고르십시오.
① 법안 실시에 대한 부정적인 태도를 우려하고 있다.
② 법안 폐지나 수정을 요구하는 의견에 수긍하고 있다.
③ 휴대 전화 가격 경쟁을 부추기는 유통 구조 개선을 요구하고 있다.
④ 법안을 실시함으로써 발생할 문제들을 비관적으로 예견하고 있다.

출고가 Giá xuất kho | **판매가** Giá bán | **단통법 (단말기 유통 구조 개선법)** Luật cải thiện cấu trúc phân phối điện thoại di động | **법안** Dự thảo luật | **투명화하다** Minh bạch hóa | **부가서비스** Dịch vụ bổ sung | **제조사** Nhà sản xuất | **치열하다** Khốc liệt | **천차만별** Đa dạng | **통일시키다** Thống nhất | **거품을 없애다** Loại bỏ bọt | **끌어들이다** Kéo/thu hút | **앞을 다투다** Cạnh tranh | **보완책** Chính sách bổ sung | **비관적** Bi quan | **내세우다** Đưa ra/khoe | **폐지** Bãi bỏ | **시기상조** Sớm | **인하되다** Giảm | **절감** Giảm | **자제** Tự kiềm chế | **성급하다** Vội vàng | **수긍하다** Chấp nhận | **예견하다** Dự kiến

〈 읽기 연습문제 정답 및 해설 〉

1 ② 여행 일정이 취소된 이유는 '눈이 왔다'이므로 '( )' 괄호에 들어갈 문법은 부정적인 원인, 이유를 나타내는 '-(으)ㄴ/는 탓에'입니다.

Lý do lịch trình du lịch bị hủy là vì '눈이 왔다' nên ngữ pháp cần điền vào '( )' là '-(으)ㄴ/는 탓' - cấu trúc diễn đạt nguyên nhân, lý do tiêu cực.

2 ④ 백화점에서 옷과 신발을 모두 샀다는 의미의 문장입니다. 두 가지 동작을 모두 했다는 의미인데, 선택지에 있는 문법 중에서는 '어떤 일의 기회나 계기로 두 가지 동작을 하다'는 의미의 '-는 김에'를 쓸 수 있습니다.

Câu này có nghĩa là 'tôi' đã mua cả quần áo và giày dép tại cửa hàng bách hóa. Nó có nghĩa là thực hiện hai hành động cùng một lúc, trong số các cấu trúc các ngữ pháp được sử dụng trong các đáp án, chúng ta có thể sử dụng '-는 김에' nghĩa là 'thực hiện hai động tác bởi một cơ hội hoặc động cơ nào đó'.

3 ③ 어렵고 힘든 '가정'의 상황에서도 영향을 받지 않고 잘 참고 견뎌야 한다는 의미입니다. '어떤 가정의 상황에도 영향을 받지 않음'을 의미하는 연결 표현 '-(으)ㄹ지라도'와 비슷한 표현으로는 '-더라도'가 있습니다.

Nghĩa là mặc dù hoàn cảnh 'gia đình' khó khăn, bạn cũng không được chịu ảnh hưởng nhưng phải kiên nhẫn, chịu đựng. Có '-더라도' - cấu trúc ngữ pháp tương tự với '-(으)ㄹ지라도' - đuôi từ liên kết câu nghĩa là 'không chịu bất kỳ ảnh hưởng nào từ hoàn cảnh gia đình'.

4 ④ 일을 서둘러서 처리하면 당연히 실수를 한다는 의미의 문장입니다. '-(으)ㄴ/는 법이다'라는 표현은 앞의 상황이 일어나는 것이 당연함을 나타내는데, 이 표현은 '-기 마련이다'와 비슷한 표현입니다.

Câu này có nghĩa là nếu hành động vội vàng, đương nhiên, bạn sẽ mắc sai lầm. Ngữ pháp '-(으)ㄴ/는 법이다' diễn đạt tình huống trước đó xảy ra là điều đương nhiên. Ngữ pháp này tương tự với '-기 mắc định'.

5 ② 광고 문구에 '엄마의 사랑, 따뜻함, 오래오래'라는 표현을 보면 '보온병'에 대한 내용임을 알 수 있습니다.

Nếu nhìn vào cụm từ '엄마의 사랑, 따뜻함, 오래오래' trong câu quảng cáo, bạn có thể biết được đây là nội dung nói về 'phích nước(bình giữ nhiệt)'

6 ① 핵심 문구를 찾으면 '지식 창고, 늘리다'입니다. 이 단어를 통해서 책과 관련된 '서점'이라는 것을 알 수 있습니다.

Từ khóa là '지식 창고(kho tri thức), 늘리다(mở rộng)'. Thông qua những từ vựng này, chúng ta có thể biết được đáp án đúng là là 'nhà sách' - từ vựng liên quan tới sách.

7 ② 마실 때에는 5분밖에 안 걸리고, 버릴 때에는 1초밖에 안 걸리지만 그때 사용한 종이컵이 썩어서 없어지기까지는 20년이 걸린다는 내용의 문장입니다. 또한 '썩다'라는 표현을 통해서도 환경 문제라는 것을 알 수 있습니다.

Nội dung của câu là chúng ta chỉ mất 5 phút để uống và mất 1 giây để vứt đi, nhưng những chiếc cốc giấy đã qua sử dụng phải mất 20 năm mới có thể phân hủy và biến mất. Ngoài ra, dựa vào từ '썩다', chúng ta có thể biết được đáp án đúng là vấn đề môi trường.

8 ③ 약 복용 시 주의해야 할 사항을 의미하는 문구입니다. 핵심 어휘 '용량, 지키다, 이상, 상의하다'를 통해 약품을 복용할 때 유의해야 할 사항이라는 것을 알 수 있습니다.

Câu này đề cập tới các chi tiết cần chú ý khi sử dụng thuốc. Dựa vào các từ khóa như '용량, 지키다, 이상, 상의하다', chúng ta có thể biết được đáp án là những lưu ý khi sử dụng thuốc.

9 ④ 이 글은 불꽃 축제에 대한 안내의 글입니다. '※' 참고표에 자세한 내용은 홈페이지를 참고하라고 했으므로 축제에 대한 내용은 인터넷을 통해서도 확인이 가능함을 알 수 있습니다.

Đây là bài viết về lễ hội pháo hoa. Nội dung chi tiết trong bảng tham khảo '※' khuyên người đọc hãy tham khảo trang web; vì vậy, chúng ta có thể biết được người ta có thể tìm hiểu thông tin về lễ hội thông qua internet.

10 ③ 외국인이 한국을 방문하는 목적에 대한 그래프입니다. 그래프에 나와 있는 통계 수치와 문제를 비교해 가면서 관계없는 내용을 하나씩 제외시켜야 합니다. 먼저 '쇼핑, 관광, 업무, 미용'과 같은 단어의 의미를 이해해야 합니다. 전체적으로 여성은 '쇼핑>관광>미용>업무'의 순서이고, 남성은 '관광>쇼핑>업무>미용'의 순서입니다. 관광을 목적으로 한국을 방문하는 외국인은 남자가 여자보다 더 많습니다.

Đây là biểu đồ về mục đích người nước ngoài đến Hàn Quốc. Bạn phải vừa so sánh số liệu thống kê hiển thị trên biểu đồ với câu hỏi, vừa loại trừ từng nội dung không liên quan. Trước tiên, bạn phải biết ý nghĩa của các từ vựng như 'rmua sắm, du lịch, làm việc, làm đẹp'. Nhìn chung, đối với nữ giới, thứ tự là 'mua sắm> du lịch> làm đẹp> làm việc', còn đối với nam giới, thứ tự là 'du lịch> mua sắm> làm việc> làm đẹp'. Nam giới đến Hàn Quốc với mục đích du lịch nhiều hơn so với nữ giới.

11 ③ 서울의 한강에 개장된 '한강공원 여름 캠핑장'에 대한 글입니다. 이곳에서는 전시 및 체험 행사 등 다양한 프로그램을 통해 서울 시민들에게 새로운 캠핑 문화를 제안하고 있다고 했습니다.

Đây là một bài viết về 'địa điểm cắm trại mùa hè trong công viên Hangang' được mở trên sông Hàn, Seoul. Ở đây, thông qua các chương trình khác nhau như triển lãm, trải nghiệm, tác giả đang đề xuất một loại hình cắm trại mới cho người dân Seoul.

12 ① 색채 치료 방법에 대한 글입니다. 색채 치료는 말로 표현해 내기 어려운 감정들을 그림이나 색으로 표현하는 것을 말합니다.

Đây là bài viết về các phương pháp trị liệu bằng màu sắc. Trị liệu bằng màu sắc nghĩa là thể hiện bằng hình ảnh hoặc màu sắc những cảm xúc khó diễn đạt bằng lời.

13 ① 처음으로 올 수 있는 문장은 (나)와 (다) 중의 하나입니다. (다)는 '그것이다'가 있기 때문에 첫 문장이 될 수 없고, 따라서 첫 문장은 (나)가 됩니다. (나)의 '특별한 선물'은 (다)의 '떡과 엿'입니다. 다음은 이것과 반대되는 미역국을 먹으면 떨어진다는 내용인 (라)가 올 수 있습니다. 다음으로는 생일날이어도 미역국을 먹지 않는 경우를 설명한 (가)가 올 수 있습니다.

Câu đầu tiên có thể là (나) hoặc (다). (다) không thể là câu đầu tiên vì có '그것이다'; vì vậy, (나) là câu đầu tiên. '특별한 선물' trong (나) là '떡과 엿(tteok và mạch nha)'. Tiếp theo có thể là (라) với nội dung là 'ngược lại với điều này: nếu ăn canh rong biển thì sẽ thi trượt'. Tiếp theo sẽ là (가) - câu giải thích trường hợp không ăn canh rong biển thậm chí vào ngày sinh nhật.

14 ④ 이 글의 주제는 '도서정가제'입니다. 첫 문장은 글의 주제인 '도서정가제'가 무엇인지 설명하는 (다)입니다. 다음은 이 문장을 받는 '이는'으로 시작하는 (나)입니다. (나)에서 '앞으로 보다 강화될 예정이다'로 끝나기 때문에 다음 문장은 그 이유를 설명하는 '-기 때문이다'로 끝나는 (가)입니다. 마지막 문장은 '하지만'으로 시작하여 앞 문장의 반대의 내용을 제시하는 (라)입니다.

Chủ đề của bài viết này là 'chế độ giá sách cố định'. Câu đầu tiên là (다) giải thích chế độ giá sách cố định - chủ đề của bài viết - là gì, Tiếp theo là (나) bắt đầu bằng '이는'. Bởi vì (나) kết thúc bằng '앞으로 보다 강화될 예정이다' nên câu tiếp theo là (가) kết thúc bằng '-기 때문이다'. Câu cuối cùng là (라) bắt đầu bằng '하지만'; vì vậy, nó trình bày nội dung tương phản với câu trước.

15 ② 이 글은 감정노동자와 일의 능률에 대한 글입니다. 처음 문장은 '감정노동자'가 무엇인지에 대해 설명하는 (가)입니다. 다음 문장은 '감정노동자'를 받는 '이런 감정노동자들은'이 있는 (라)입니다. 다음은 (라)에서 '미소를 지어야 할 때가 많다'는 내용을 받는 '이렇게'가 있는 (나)입니다. 마지막 문장은 '반면'으로 시작하여 앞 문장의 반대의 내용을 제시하는 (다)입니다.

Bài này viết về của '감정노동자(người lao động cảm xúc)' và hiệu quả của công việc. Câu đầu tiên là (가) - câu giải thích thế nào là '감정노동자'. Câu tiếp theo là (라) - câu có nhóm từ '이런 감정노동자' vì nhắc lại '감정노동자'. Tiếp theo là (나) - câu có từ '이렇게' thay thế cho nội dung '미소를 지어야 할 때가 많다' trong câu (라). Câu cuối cùng là (다) - câu bắt đầu bằng từ '반면' và trình bày nội dung tưởng phản với câu trước.

16 ③ ‘( )’ 괄호 뒤에 있는 ‘오히려’를 통해 이 문장은 ‘뇌에 좋은 음식을 먹는 것’에 대해 반대 의견을 제시하고 있음을 알 수 있습니다. 이러한 부정적인 견해를 제시함으로써 마지막 문장에 있는 ‘골고루 섭취하는 것이 뇌 건강에 좋다’는 결론을 내리고 있습니다. 따라서 ‘( )’ 괄호에 들어갈 내용은 ‘특정 음식을 골라 먹는 것’입니다.

Dựa vào từ ‘오히려’ sau ‘( )’, chúng ta biết được câu này trình bày ý kiến phản đối việc ‘ăn những thực phẩm tốt cho não’. Bằng cách trình bày quan điểm tiêu cực như vậy, tác giả đưa ra kết luận ‘Ăn cân đối các loại thực phẩm rất tốt cho sức khỏe của não’ trong câu cuối cùng. Do đó, nội dung cần điền trong ‘( )’ là ‘đặc biệt món ăn nào đó’.

17 ④ 이 글은 ‘식도의 운동’에 대해 설명하고 있습니다. 주목해야 할 부분은 식도는 ‘음식을 위에서 아래쪽으로 내려 보내는 운동을 한다’입니다. 이러한 운동은 매우 강력하기 때문에 ‘( )’ 괄호와 같은 상황에서도 소화를 할 수 있다는 것입니다. 따라서 정답은 ‘똑바로 서 있지 않아도’입니다.

Đoạn văn này giải thích về ‘식도의 운동(sự vận động của thực quản)’. Chi tiết chúng ta cần tập trung là ‘음식을 위에서 아래쪽으로 내려 보내는 운동을 한다’. Sự vận động như vậy này rất mạnh mẽ nên thậm chí trong tình huống giống như ‘( )’.người ta vẫn tiêu hóa được. Vì vậy, đáp án đúng là ‘똑바로 서 있지 않아도’.

18 ① ‘목소리의 차이’가 ‘( )’ 괄호에 들어가는 ‘무엇’의 중요한 요인이 되는지 찾는 문제입니다. ‘( )’ 괄호 뒤에 있는 문장이 무엇을 설명하고 있는지 이해하면 답을 찾을 수 있습니다. 목소리의 변화로 ‘인자하고 따뜻한 이미지로 대중의 인식을 바꿔 놓았다’는 내용을 통해 목소리의 차이가 ‘인상을 결정하는 데’ 중요한 요인이 됨을 알 수 있습니다.

Đây là dạng đề tìm ‘목소리의 차이(sự khác biệt trong giọng nói)’ là yếu tố quan trọng của ‘cái gì’ cần điền vào ‘( )’. Nếu hiểu câu trong ‘( )’ đang giải thích điều gì, bạn sẽ tìm được đáp án đúng. Dựa vào câu ‘인자하고 따뜻한 이미지로 대중의 인식을 바꿔 놓았다’ bởi sự thay đổi của giọng nói, chúng ta biết được sự khác biệt trong giọng nói là yếu tố quan trọng ‘인상을 결정하는데’.

19 ② 이 글의 주제는 ‘재능 기부의 장점’입니다. ‘( )’ 괄호가 있는 문장의 앞에는 금전 기부나 봉사활동의 단점에 대해 설명했고 ‘( )’ 괄호가 있는 문장에는 재능 기부의 장점에 대한 내용입니다. 따라서 반대의 문장으로 이어주는 ② ‘오히려’가 답이 됩니다.

Chủ đề của đoạn văn này là ‘ưu điểm của việc đóng góp tài năng’. Phần trước của câu có ‘( )’ giải thích về những nhược điểm của việc quyên góp tiền tệ hoặc hoạt động tình nguyện và câu có ‘( )’ nói về ưu điểm của việc đóng góp tài năng. Vì vậy, đáp án đúng là ‘오히려’ liên kết câu mang nghĩa tương phản.

20 ③ ‘봉사활동은 개인의 차이를 고려하지 않고 이루어진다’와 반대로 ‘재능 기부는 기부를 받는 사람에게 맞춤형 기부를 제공한다’고 하였습니다.

Tác giả cho rằng trái ngược với ‘봉사활동은 개인의 차이를 고려하지 않고 이루어진다(Các hoạt động tình nguyện được thực hiện mà không cân nhắc đến sự khác biệt của cá nhân)’, ‘재능 기부는 기부를 받는 사람에게 맞춤형 기부를 제공한다(đóng góp tài năng mang lại sự đóng góp phù hợp với người hưởng sự đóng góp đó)’.

21 ④ 과대 포장에 대해서 소비자들이 지속적으로 문제를 제기해야 함을 주장하는 글입니다. ‘( )’ 괄호 앞에는 과대 포장에 대해서 나오고 있으며, 이러한 사태를 ‘( )’ 괄호와 같이 하면 계속 속게 될 거라고 말하고 있습니다. 따라서 ‘자기와 관계없는 일이라고 생각해서 무관심하게 지켜보다’는 의미에 해당되는 ‘강 건너 불 보듯 하다’가 정답입니다.

Đây là bài viết cho rằng người tiêu dùng nên tiếp tục nêu lên những vấn đề về việc đóng gói quá mức. Trước ‘( )’, tác giả nói về tình trạng đóng gói quá mức, và cho rằng nếu xử lý tình trạng này như ‘( )’, người ta sẽ tiếp tục bị đánh lừa. Vì vậy, đáp án đúng là ‘강 건너 불 보듯 하다’ có nghĩa là ‘자기와 관계 없는 일이라고 생각해서 무관심하게 지켜보다’.

22 ④ 중심 생각을 고르는 문제는 글의 뒷부분을 주의 깊게 봐야 하며, ‘따라서, 그러므로’ 등과 같은 표현을 잘 봐야 합니다. 이 글에서는 제일 마지막 문장에 있는 ‘따라서 소비자들은 이러한 문제를 지속적으로 제기할 필요가 있다.’가 중심 문장이 됩니다. 따라서 ④의 ‘소비자들은 과대 포장 문제에 대해 건의해야 한다.’가 정답입니다.

Đối với vấn đề chọn ý chính, chúng ta phải để ý tới phần sau của bài viết, và các trạng từ liên kết như ‘따라서, 그러므로’. Trong bài viết này, ý chính nằm ở câu cuối cùng ‘따라서 소비자들은 이러한 문제를 지속적으로 제기할 필요가 있다’. Vì vậy ‘소비자들은 과대 포장 문제에 대해 건의해야 한다’ trong ④ là đáp án đúng .

23 ② 밑줄 친 부분의 '눈가가 촉촉이 젖어 들었다'는 것은 눈물이 났다는 의미입니다. 이 부분에 나타난 나의 심정을 알기 위해서는 앞의 문장을 봐야 합니다. 앞에 '어머니의 머리도 세월에 따라 백발로 변해 있었다', '집안의 궂은 일을 마다하지 않으시는'을 통해 '나'의 심정은 ②의 '안쓰럽다'임을 알 수 있습니다.

'눈가가 촉촉이 젖어 들었다(khóe mắt ướt) ở phần gạch chân nghĩa là chảy nước mắt. Để hiểu cảm xúc của 'tôi' được thể hiện trong phần này, bạn phải đọc câu trước. Dựa vào câu '어머니의 머리도 세월에 따라 백발로 변해 있었다(Tóc của mẹ cũng đã bạc theo thời gian) và '집안의 궂은일을 마다하지 않으시는 (Không ngại làm những công việc vất vả ở nhà)' ở trước, chúng ta có thể biết được cảm xúc của 'tôi' là '안쓰럽다' trong ②.

24 ② 어머니는 백발로 변해 있는 만큼 많이 늙으셨지만 여전히 궂은일을 하면서 쉬지 않고 일하신다고 했습니다.

Tác giả nói rằng mẹ mình đã già đến nỗi tóc đã điểm bạc nhưng không nghỉ ngơi mà vẫn làm những công việc vất vả.

25 ④ 존대법을 너무 많이 사용하는 것은 오히려 손님들의 기분을 더 나쁘게(불쾌하게) 만들 수 있다는 기사입니다.

Đây là bài báo nói rằng việc sử dụng quá nhiều kính ngữ ngược lại có thể khiến khách hàng cảm thấy không vui(khó chịu) hơn.

26 ③ 유명 연예인들이 인터넷에 올린 나쁜 내용의 댓글로 인해 심적으로 힘들고 많은 어려움을 겪고 있다는 기사입니다. 여기에서 '몸살'은 '몸이 아프다'는 의미가 아닌 '심적으로 힘들고 어렵다'는 의미를 나타냅니다.

Đây là một bài báo nói rằng những nghệ sĩ nổi tiếng đang đau khổ về tinh thần và gặp rất nhiều khó khăn do những bình luận xấu trên mạng. Ở đây, '몸살' không có nghĩa là 'cơ thể đau ốm', mà là 'tấm lòng đau ốm và khó chịu'.

27 ④ 내년의 세계 경제 성장률은 오르지 않고(제자리) 올해와 같을 거라고 예상하고 있습니다. 이렇게 전망을 하는 이유로 무역 감소가 큰 영향을 주었다(한몫을 했다)고 보고 있습니다.

Bài viết dự đoán rằng trong năm tới, tốc độ tăng trưởng kinh tế toàn cầu vẫn y như(giậm chân tại chỗ) năm nay. Bài viết cũng nhận định bởi tình trạng này, sự suy giảm trong thương mại đồng Euro đã ảnh hưởng(góp một phần) lớn vào tốc độ tăng trưởng kinh tế toàn cầu.

28 ③ 분수대의 일반적인 기능에서 벗어나 음악을 접목시킨 분수대가 인기를 끌고 있다는 내용입니다. 이 분수대는 독특하고 화려한 볼거리를 주기 때문에 '( )' 괄호에는 ③의 '시민들에게 색다른 즐거움' 주는 것이 답이 됩니다. '독특하다'가 있다고 해서 ④번 '독특하고 기발한 생각'을 고르지 않도록 주의해야 합니다. 독특한 것은 맞지만 '기발한 생각'을 주는 것은 아니기 때문입니다.

Ngoài chức năng thông thường, đài phun nước kết hợp với âm nhạc đang được ưa chuộng. Bởi vì đài phun nước này mang đến một cảnh tượng độc đáo và đầy màu sắc nên đáp án đúng, tức là chi tiết cần điền vào '( )' là '시민들에게 색다른 즐거움(một niềm vui khác biệt cho người dân)' trong ③. Vì ④ có chữ '독특하다' nên bạn phải cẩn trọng để không chọn '독특하고 기발한 생각'. Bởi vì '독특하다' thì đúng nhưng không phải mang lại 'ý tưởng độc đáo'.

29 ④ 최근 드라마의 시청률이 예전에 비해 그리 높지 않음을 지적하며 그 이유를 설명하고 있습니다. 시청률이 떨어진 두 번째 이유를 '여러 대의 텔레비전으로 각기 다른 방송을 본다'로 제시하고 있습니다. 따라서 집안의 텔레비전이 여러 대가 된 것과 관련된 말을 찾으면 되는데 ④ '텔레비전 보유 개수가 많아져'가 이와 같은 의미를 나타내므로 정답이 됩니다.

Bài viết chỉ ra rằng so với trước đây, tỷ lệ người xem phim truyền hình gần đây không cao lắm và giải thích lý do của hiện tượng đó. Bài viết giải thích lý do thứ hai của hiện tượng giảm tỷ lệ người xem là vì '여러 대의 텔레비전으로 각기 다른 방송을 본다'. Do đó, bạn chỉ cần tìm một từ liên quan đến 'nhiều chiếc ti-vi trong nhà' nên đáp án là '텔레비전 보유 개수가 많아져' trong ④ có nghĩa tương tự với cụm từ trên.

30 ③

한국의 전통 음식인 비빔밥을 세계화시키기 위해 개발된 '비빔밥 버거'에 대해 설명하고 있습니다. '( )' 괄호에 들어갈 내용은 햄버거와 비빔밥, 두 요소가 만난 것이 어떤 특징이 있는지 이해하면 됩니다. 따라서 독특하고 차별화된 두 요소가 합쳐졌다는 점에서 ③이 정답입니다.

Bài viết này giải thích về 'bibimbap burger' được phát triển nhằm toàn cầu hóa món ăn truyền thống của Hàn Quốc, Để chọn được nội dung cần điền vào '( )', bạn phải hiểu đặc điểm của sự kết hợp giữa hai yếu tố là hamburger và bibimbap. Do đó, đáp án đúng là ③, tức là câu nói rằng hai yếu tố độc đáo và đặc biệt kết hợp với nhau.

31 ④

금연 구역의 확대와 더불어 건물 전체를 금연으로 지정한 아파트가 인기를 얻고 있다는 내용의 기사입니다. '( )' 괄호의 뒷부분으로 금연 구역을 지정하려는 시도가 시민들의 노력 때문인 것을 알 수 있습니다. 또한 선택지가 모두 '-(으)려는'으로 끝나기 때문에 '( )' 괄호에는 금연 구역을 지정한 시민들의 의도를 나타내는 내용을 찾으면 됩니다.

Bài báo này nói rằng cùng với việc mở rộng các khu vực cấm hút thuốc, những chung cư mà toàn tòa nhà Được chỉ định là khu vực cấm hút thuốc đang được yêu thích. Dựa vào phần sau của '( )', chúng ta biết thử nghiệm chỉ định khu vực cấm hút thuốc là nhờ sự cố gắng của người dân. Ngoài ra, các đáp án đều kết thúc bằng '-(으)려는' nên trong '( )', bạn cần điền nội dung diễn đạt ý chỉ định khu vực cấm hút thuốc định của người dân .

32 ①

'나들이 식품의 핵심 기술은 가열 기술에 있다'라고 했으므로 정답은 ①입니다. '핵심 기술'과 '주요 기술'은 의미가 같습니다. ② 나들이객의 증가로 군인들의 비상식량의 질이 아니라 C기업의 매출이 늘었습니다. ③ '손쉽게' 음식을 만들 수 있기 때문에 '번거롭다'라는 표현은 틀립니다. ④ 불이 아닌 발열 용액을 통해 가열합니다.

Vì bài viết này nói rằng 'công nghệ cốt lõi của thực phẩm du lịch nằm ở công nghệ hâm nóng' nên đáp án đúng là ①. 'Công nghệ chính' và 'công nghệ chủ yếu' có cùng ý nghĩa. ② Sự gia tăng của lượng khách du lịch không làm nâng cao chất lượng lương thực khẩn cấp của quân đội nhưng làm gia tăng doanh thu của doanh nghiệp C. ③ Vì người ta có thể làm món ăn một cách '손쉽게(dễ dàng)' nên từ '번거롭다(phức tạp)' không đúng. ④ Người ta hâm nóng bằng dung dịch tỏa nhiệt thay vì lửa.

33 ②

답은 ②번으로 '웰빙'은 '건강한 삶'을 의미합니다. ① 농약과 화학비료의 사용량과 지렁이는 상관이 없습니다. ③ 지렁이 배설물은 배수가 잘되어 뿌리가 내리는 데 도움을 줍니다. ④ 지렁이 농법은 지렁이 배설물을 이용하는 것으로 배수성과 통기성이 뛰어나고 토양을 개선해 주는 데에 중요한 역할을 합니다.

Đáp án đúng là số ② tức là '웰빙', nghĩa là 'cuộc sống khỏe mạnh'. ① Lượng thuốc trừ sâu và phân bón hóa học không liên quan gì đến giun. ③ Phân giun thoát nước tốt nên giúp bám rễ tốt. ④ Là kỹ thuật sử dụng phân giun trong nông nghiệp, kỹ thuật nuôi bằng giun ó có khả năng thoát nước và độ thông thoáng ưu việt nên đóng vai trò quan trọng trong việc cải tạo đất.

34 ④

폐 휴대 전화를 수거하여 경제적 손실을 막고 환경을 보호하자는 내용으로 ① 2011년을 기점으로 '증가'가 아니라 '감소'하고 있다고 했습니다. ② 폐 휴대 전화의 유해물질로 인한 환경파괴의 위험성을 경고한 것이지 사람이 사용하는 횟수를 줄이라는 내용은 없습니다. ③ 소비자들의 요구가 아니라 '휴대 전화의 기능과 다양한 디자인의 변화'로 소비자들의 교환 시기가 빨라지고 있다고 했습니다. ④ '환경도 보호하고 경제적 손실도 막는 일석이조의 효과'라고 했으므로 글의 내용과 같습니다.

Đây là bài viết kêu gọi mọi người thu gom điện thoại phế liệu điện thoại nhằm chống thất thoát kinh tế và bảo vệ môi trường. ① cho biết tại thời điểm năm 2011, điện thoại phế liệu không 'tăng' mà 'giảm'. ② cảnh cáo mối nguy hại môi trường bị phá hủy do chất độc hại trong điện thoại phế liệu, nhưng không khuyên mọi người giảm số lần sử dụng điện thoại. Đó là lời cảnh báo về nguy cơ hủy hoại môi trường do các chất gây ra. Không có đề cập đến việc giảm số lần này được sử dụng. ③ Việc nhanh thay đổi điện thoại không phải là do nhu cầu của người tiêu dùng, mà do 'các chức năng của điện thoại di động và các thiết kế khác nhau ④ giống với nội dung bài viết vì nói về hiệu quả 'nhất cử lưỡng tiện của việc thu gom điện thoại phế liệu: vừa bảo vệ môi trường vừa chống thất thoát kinh tế.

35 ①

취업을 위한 성형 수술에 대한 글입니다. 마지막 문장에서 외모에 자신감이 없던 사람들이 수술 후 자신감을 얻고 긍정적인 사회생활을 하는 사례가 늘어나면서 수술 선호도는 꾸준히 증가하고 있다고 했습니다. 이 마지막 문장에서 글의 전체 내용을 정리하면서 이 글의 주제를 나타내고 있습니다.

Đây là đoạn văn nói về việc người ta phẫu thuật thẩm mỹ nhằm xin được việc làm. Câu cuối nói rằng khi nhiều người không tự tin vào ngoại hình của mình đã có được sự tự tin có cuộc sống xã hội tích cực sau khi phẫu thuật thẩm mỹ phẫu thuật, mức độ lựa chọn phẫu thuật đang gia tăng đều đặn. Câu cuối này tóm tắt nội dung tổng thể của đoạn văn, đồng thời trình bày chủ đề của đoạn văn này.

36 ② 이 글은 최근 증가하고 있는 '파랑새 증후군'의 현상, 발생 원인 등을 설명하고 있습니다. 주제를 찾기 위해서는 '그러나'로 시작하면서 필자의 주장을 나타내고 있는 마지막 문장을 주의 깊게 읽어야 합니다. '노력 없이 행복을 얻을 수 없다'로 보아 이 글의 주제는 행복을 위해서는 노력이 필요하다는 ②입니다.

Bài viết này giải thích hiện tượng và nguyên nhân dẫn đến '파랑새 증후군' - hội chứng đang gia tăng gần đây. Để tìm một chủ đề, bạn phải đọc câu cuối cùng - câu bắt đầu bằng '그러나' và trình bày quan điểm của tác giả. Dựa vào câu ' 노력 없이 행복을 얻을 수 없다', chúng ta biết được chủ đề của bài viết này là sự nỗ lực vì hạnh phúc; vì vậy ② là đáp án đúng.

37 ③ 이 글은 오프라인, 온라인 출판 시장에 대한 글입니다. 마지막 문장에서 '소비자들은 어느 일방이 아닌 쌍방의 상생 구조가 양립되길 희망하고 있다'로 끝납니다. '쌍방의 상생 구조가 양립되길 희망하고 있다'는 ③ '시장의 공존을 희망한다.'로 바꿀 수 있습니다. 여기서 '공존, 상생, 쌍방, 양립' 등의 어휘를 이해하면 정답을 찾을 수 있습니다.

Đây là bài viết nói về thị trường xuất bản ngoại tuyến và trực tuyến. Câu cuối cùng kết thúc bằng '소비자들은 어느 일방이 아닌 쌍방의 상생 구조가 양립되길 희망하고 있다'. '쌍방의 상생 구조가 양립되길 희망하고 있다.' được đổi thành ③ '시장의 공존을 희망한다. Ở đây, nếu hiểu được các từ vựng như '공존, 상생, 쌍방, 양립', bạn có thể tìm được đáp án đúng.

38 ① 이 글은 '단말기 보조금 제도의 역기능'에 대해 설명하고 있습니다. 전체적으로 일관되게 단말기 보조금 제도가 제 역할을 하지 못하고 오히려 소비자들의 부담을 증가시키고 있는 점을 설명하고 있습니다. 특히 마지막 문장에서는 글을 정리하면서 '개인에게 큰 부담을 주고 있다.'로 마무리하고 있습니다.

Bài viết này giải thích về '단말기 보조금 제도의 역기능'. Toàn bộ bài viết giải thích một cách nhất quán hệ thống trợ cấp thông qua thiết bị cầm tay không phát huy hết vai trò của mình mà ngược lại còn gia tăng gánh nặng cho người tiêu dùng. Đặc biệt, câu cuối cùng tóm tắt nội dung bài viết và kết luận bằng câu '개인에게 큰 부담을 주고 있다'.

39 ③ 〈보기〉의 내용은 화석연료를 사용하는 자동차의 배기가스가 지구온난화의 주요 원인이라는 내용입니다. 따라서 〈보기〉의 앞에서는 이 내용을 포괄적으로 설명하는 글이 오는 것이 자연스럽습니다. 뒤에서는 이와 비슷한 화석연료 피해의 예를 제시하는 글이 올 수 있는데 ©의 뒤 문장에서 '또한'으로 시작하면서 피해의 예를 더 제시하고 있기 때문에 〈보기〉는 이 앞에 들어가는 것이 자연스럽습니다.

〈보기〉 nói rằng khí thải từ ô tô sử dụng nhiên liệu hóa thạch là nguyên nhân chính gây ra hiện tượng trái đất nóng lên. Vì vậy, trước 〈보기〉 phải là câu giải thích toàn một cách khái quát về nội dung này. Tiếp theo phải là câu trình bày ví dụ về thiệt hại do sử dụng nguyên liệu hóa thạch tương tự với 〈보기〉, câu sau © bắt đầu bằng '또한' và nêu ví dụ về thiệt hại đó; cho nên, 〈보기〉 đứng trước câu này là phù hợp.

40 ③ 이 글은 '실버타운'을 세 유형으로 나누고 그 장단점을 소개하고 있습니다. 〈보기〉는 어느 한 유형의 단점을 소개하고 있습니다. 단점의 내용을 잘 읽고 유형을 찾으면 됩니다. '거리상의 문제'가 단점의 원인이 되기 때문에 '전원 휴양형'의 단점이 되고, '그렇지만'으로 시작하기 때문에 장점 뒤에 〈보기〉가 오는 것이 자연스럽습니다.

Bài viết này chia 'Silver Town' thành ba loại hình và giới thiệu những ưu và nhược điểm của chúng. 〈보기〉 trình bày những nhược điểm của một loại hình nào đó. Bạn cần đọc kỹ nội dung của những nhược điểm và tìm loại hình, Bởi vì '거리상의 문제' là nguyên nhân của nhược điểm nên đây là nhược điểm của '전원 휴양형', và 〈보기〉 bắt đầu bằng '그렇지만'; vì vậy, sẽ tự nhiên 〈보기〉 đứng sau ưu điểm.

41 ② 이 글은 '이순신'이라는 한국의 역사적 인물에 대해 소개하고 있습니다. 그 소개 중에서 〈보기〉의 내용은 이순신이 어머니에 대해 보였던 사랑의 구체적인 예입니다. 이순신의 인간적인 모습에 대한 예이기 때문에 그가 '평범한 남편이자 아들이었으며 정이 많은 아버지였다.'의 뒤에 구체적인 예로 〈보기〉가 들어가는 것이 자연스럽습니다.

Đây là bài viết giới thiệu về nhân vật lịch sử của Hàn Quốc tên là 'Yi Sun Shin'. Trong số những lời giới thiệu đó, nội dung trong 〈보기〉 là ví dụ cụ thể về tình cảm mà Yi Sun Shin dành cho người mẹ mình. Bởi vì đây là ví dụ hình ảnh con người của Yi Sun Shin nên sẽ hợp lý khi 〈보기〉 - một ví dụ cụ thể - đứng sau ' 그가 평범한 남편이자 아들이었으며 정이 많은 아버지였다'.

42 ②　여자 아이들이 우림이를 보고 하는 말입니다. '흥'이라는 단어에서 마음에 들어 하지 않는다는 것을 알 수 있으며 '지가 무슨 공주 마마라도 되는 줄 아나 보지?'에서는 우림이가 너무 공주처럼 도도하고 건방진 것에 대한 아이들의 불만이 나타나 있습니다. 아이들이 우림이에 대해서 빈정거리면서 말하고 있습니다.

Đây là những lời nói mà các bé gái nói với Woo Rim. Dựa vào từ '흥', chúng ta biết được chúng không thích Woorim, dựa vào câu '지가 무슨 공주 마마라도 되는 줄 아나 보지?', chúng ta có thể biết được thái độ không hài lòng của bọn trẻ đối với sự kiêu hãnh và ngạo mạn như một công chúa của Woo Rim. Những đứa trẻ đang mỉa mai Woo Rim.

43 ②　내 짝꿍인 우림이보다 다른 친구들과 더 빨리 친해질 정도로 나는 성격이 얌전하지 않았다고 했으므로 ①의 조용하다는 말은 정답이 될 수 없습니다. 나는 우림이가 좋지는 않지만 다른 아이들한테 따돌림을 받는 것이 불쌍하고 가엽게 느껴졌다고 했으므로 ② '우림이가 안돼 보였다'가 정답입니다. 우림이는 결코 남에게 먼저 말을 걸지 않으며 항상 혼자라고 했으므로 ③과 ④는 모두 정답이 될 수 없습니다.

Vì 'tôi' nói rằng tính cách mình không đủ hiền lành để nhanh chóng kết thân với những người bạn khác hơn Woo Rim - bạn cặp đôi nên chữ '조용하다(trầm tính)' trong ① không thể là đáp án. 'Tôi' không thích Woo Rim nhưng cảm thấy Woo Rim đáng thương và tội nghiệp khi Woo Rim bị những đứa trẻ khác bắt nạt nên ② '우림이가 안돼 보였다' là đáp án đúng. 'Tôi' nói rằng Woo Rim không bao giờ bắt chuyện với ai trước và luôn luôn ở một mình; vì vậy, không thể cả ③ và ④ đều là đáp đúng.

44 ②　자유무역협정을 설명하면서 글의 마지막 부분에 이 협정은 국가와 국민의 경제와 발전에 도움이 될 수 있는지를 철저하게 조사하고 분석하여 합리적인 대응책을 마련해야 함을 주장하고 있습니다.

Đây là bài viết về hiệp định thương mại thương mại tự do. Ở phần cuối, tác giả điều tra nêu ý kiến cần phải phân tích thấu đáo hiệp định thương mại này có ích lợi cho kinh tế và sự phát triển của đất nước và người dân không, từ đó dưa ra đối sách hợp lý.

45 ③　'(   )' 괄호의 앞뒤를 잘 살펴봐야 합니다. 앞에는 '다른 업체들에 비해 낮은 관세율이 적용되어'가 있으므로 세율이 낮다는 것은 그만큼 가격이 싸질 수 있다는 것을 의미합니다. 또한 뒤에는 많은 경제적 이득을 취할 수 있다고 했으므로 가격과 관련된 내용이 와야 합니다.

Bạn phải chú ý tới câu trước và sau '( )'. Vì trước '( )' có '다른 업체들에 비해 낮은 관세율이 적용되어' nên '세율이 낮다(thuế suất thấp)' có nghĩa là giá có thể được hạ xuống. Ngoài ra, câu sau đó nói rằng điều này có thể mang lại rất nhiều lợi ích kinh tế; cho nên, nội dung cần điền vào '( )' phải liên quan đến giá cả.

46 ④　제시된 문장을 살펴보면, '따라서'로 시작하면서 겨울에 따뜻하고 여름에는 시원하므로 냉방비와 난방비를 절약하는 것에 대한 내용입니다. 따라서 제시된 문장과 앞에 올 수 있는 문장의 관계는 인과관계로 볼 수 있으므로 앞에는 난방비와 냉방비를 절약할 수 있게 된 원인이나 이유에 관련된 문장이 올 수 있습니다. 글의 ⊙~② 의 앞 뒤 문장을 살펴보면 마지막 ②의 앞에 단열 성능을 상승시킨다는 내용이 나오며 뒤에는 경제적인 부담을 줄일 수 있다는 내용이 나와야 합니다.

Nhìn vào câu cho sẵn, chúng ta biết được đây là nội dung bắt đầu bằng '따라서' và nói '따뜻 ấm áp vào mùa đông và mát mẻ vào mùa hè nên tiết kiệm được chi phí điều hòa và sưởi ấm. Do đó, mối quan hệ giữa các câu cho sẵn và câu trước là mối quan hệ nhân quả; vì vậy, câu trước có thể trình bày nguyên nhân hoặc lý do của việc tiết kiệm được chi phí điều hòa và sưởi ấm. Nếu đọc câu trước và sau ⊙ ~ ②, chúng ta có thể biết được nội dung phải điền vào trước ② cuối cùng là tăng hiệu suất cách nhiệt và nội dung phải điền vào sau ② là có thể giảm bớt gánh nặng về kinh tế.

47 ④　이 단열 시스템은 기존의 벽과 비교했을 때 두께는 동일함을 유지하지만 단열 성능은 더 좋다고 했으므로 ④가 정답입니다. 하루 빨리 '상용화(일상적으로 쓰임)' 되기를 바란다고 했으므로 ②는 틀립니다.

Bài viết nói rằng so với bức tường sẵn có, hệ thống cách nhiệt này duy trì cùng độ dày nhưng lại có hiệu suất cách nhiệt tốt hơn; vì vậy ④ là đáp án đúng. Vì tác giả mong muốn hệ thống này được 'thương mại hóa(sử dụng trong cuộc sống hàng ngày)' càng sớm càng tốt nên ② là sai

48 ② 스마트폰의 가격을 공정하고 투명하게 하기 위해서 정부가 제정한 '단통법'에 대한 글입니다. 이 글은 눈에 보이는 부정적인 영향들 때문에 폐지하자고 하거나 수정해야 한다는 등의 말을 하기보다는 좀 더 지켜봐야 한다고 말하고 있으므로 성급한 판단의 자제를 요구하고 있습니다.

Đây là bài viết nói về '단통법(Đạo luật cải thiện cấu trúc lưu thông thiết bị đầu cuối)' do Chính phủ ban hành nhằm quy định giá điện thoại thông minh một cách công bằng và minh bạch. Bài viết này cho rằng phải duy trì đạo luật này hơn là chủ trương bãi bỏ nó vì những ảnh hưởng tiêu cực rõ rệt; cho nên, nó đòi hỏi sự kiềm chế để tránh phán đoán một cách vội vàng.

49 ④ '(   )' 괄호의 앞에 있는 문장은 '소비자에게 고가의 요금제나 부가서비스를 강요하지 못하게 하여'가 있고, 뒤에는 그런 목적에서 이 법안이 출발하였다는 이야기를 하고 있습니다. 따라서 이 법안의 목적은 국민들의 통신비를 줄이는 데에 목적이 있다고 밝히고 있습니다.

Câu đứng trước '( )' nói rằng '소비자에게 고가의 요금제나 부가서비스를 강요하지 못하게 하여(Vì đạo luật này áp đặt các chế độ cước phi đắt đỏ hoặc dịch vụ bổ sung)' và sau đó nói rằng đạo luật này xuất phát từ mục đích như vậy. Do đó, mục đích của đạo luật là nhằm giảm chi phí liên lạc của người dân.

50 ① 현재 나타나는 비관적인 현상을 통해 사람들이 법안의 폐지나 수정을 요구하는 것에 대해서 아직은 성급하다고 이야기하면서 이 법안의 부정적인 시각에 대해서 조심스럽게 비판하면서 우려(걱정)하고 있습니다.

Thông qua hiện tượng bi quan đang diễn ra hiện nay, tác giả cho rằng việc người ta yêu cầu bãi bỏ hoặc sửa đổi đạo luật là vội vàng, đồng thời phê phán và bày tỏ sự lo ngại một cách thận trọng về quan điểm tiêu cực của đạo luật này.

---

1) 월간 「샘터」 2014년 10월호 행복일기 중에서 「장인과 산다」
2) 위기철의 「아홉살 인생」 본문 중에서

문번	답 란
1	① ② ③ ④
2	① ② ③ ④
3	① ② ③ ④
4	① ② ③ ④
5	① ② ③ ④
6	① ② ③ ④
7	① ② ③ ④
8	① ② ③ ④
9	① ② ③ ④
10	① ② ③ ④
11	① ② ③ ④
12	① ② ③ ④
13	① ② ③ ④
14	① ② ③ ④
15	① ② ③ ④
16	① ② ③ ④
17	① ② ③ ④
18	① ② ③ ④
19	① ② ③ ④
20	① ② ③ ④

문번	답 란
21	① ② ③ ④
22	① ② ③ ④
23	① ② ③ ④
24	① ② ③ ④
25	① ② ③ ④
26	① ② ③ ④
27	① ② ③ ④
28	① ② ③ ④
29	① ② ③ ④
30	① ② ③ ④
31	① ② ③ ④
32	① ② ③ ④
33	① ② ③ ④
34	① ② ③ ④
35	① ② ③ ④
36	① ② ③ ④
37	① ② ③ ④
38	① ② ③ ④
39	① ② ③ ④
40	① ② ③ ④

문번	답 란
41	① ② ③ ④
42	① ② ③ ④
43	① ② ③ ④
44	① ② ③ ④
45	① ② ③ ④
46	① ② ③ ④
47	① ② ③ ④
48	① ② ③ ④
49	① ② ③ ④
50	① ② ③ ④

한국어능력시험
TOPIK II
2 교시 (읽기)

| 성 명 (Name) | 한국어 (Korean) | |
| | 영 어 (English) | |

수험번호

| 호 | 번 | 험 | 수 |
| 8 | | | |

0 1 2 3 4 5 6 7 8 9

※ 결시 확인란 | 결시자의 영어 성명 및 수험번호 기재 후 표기

바른 방법(Correct) ● | 답안지 표기 방법(Marking examples)
바르지 못한 방법(Incorrect) ⊘ ⊙ ⊗ ⊖ ◑

※ 위 사항을 지키지 않아 발생하는 불이익은 응시자에게 있습니다.

감독관 확 인 | 본인 및 수험번호 표기가 정확한지 확인 (인)

번호	답			란
1	①	②	③	④
2	①	②	③	④
3	①	②	③	④
4	①	②	③	④
5	①	②	③	④
6	①	②	③	④
7	①	②	③	④
8	①	②	③	④
9	①	②	③	④
10	①	②	③	④
11	①	②	③	④
12	①	②	③	④
13	①	②	③	④
14	①	②	③	④
15	①	②	③	④
16	①	②	③	④
17	①	②	③	④
18	①	②	③	④
19	①	②	③	④
20	①	②	③	④

번호	답			란
21	①	②	③	④
22	①	②	③	④
23	①	②	③	④
24	①	②	③	④
25	①	②	③	④
26	①	②	③	④
27	①	②	③	④
28	①	②	③	④
29	①	②	③	④
30	①	②	③	④
31	①	②	③	④
32	①	②	③	④
33	①	②	③	④
34	①	②	③	④
35	①	②	③	④
36	①	②	③	④
37	①	②	③	④
38	①	②	③	④
39	①	②	③	④
40	①	②	③	④

번호	답			란
41	①	②	③	④
42	①	②	③	④
43	①	②	③	④
44	①	②	③	④
45	①	②	③	④
46	①	②	③	④
47	①	②	③	④
48	①	②	③	④
49	①	②	③	④
50	①	②	③	④

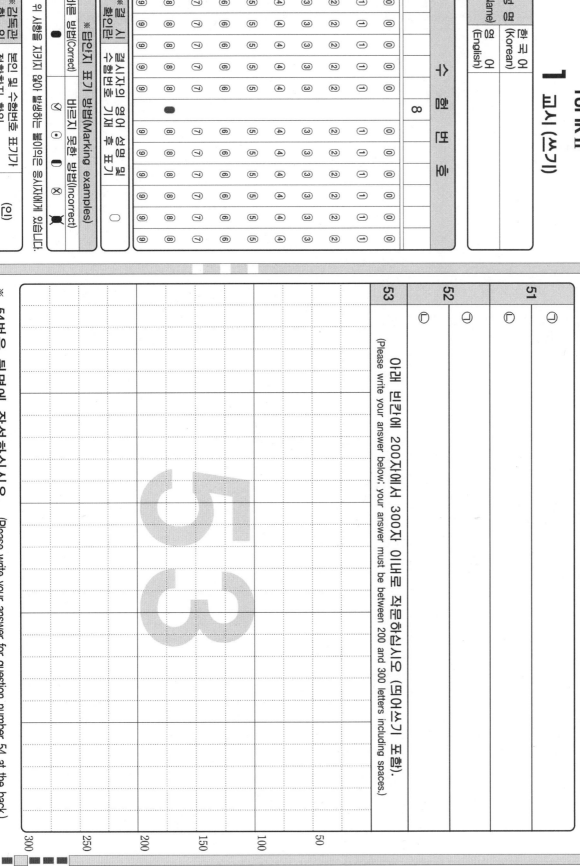

주 관 식 답 란 (Answer sheet for composition)

아래 빈칸에 600자에서 700자 이내로 작문하십시오 (띄어쓰기 포함).
(Please write your answer below; your answer must be between 600 and 700 letters including spaces.)

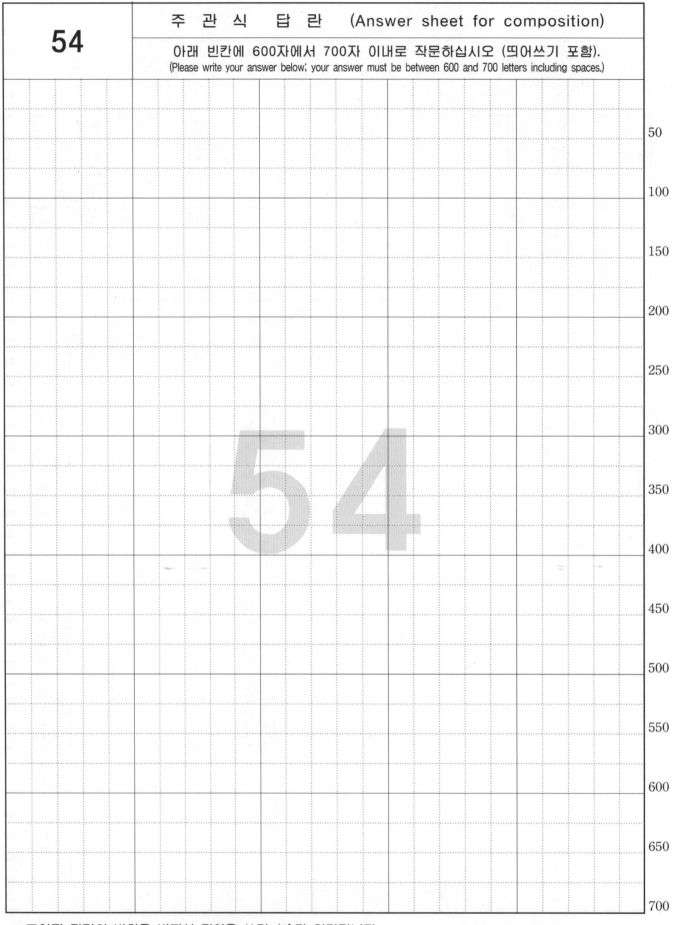

※ 주어진 답란의 방향을 바꿔서 답안을 쓰면 '0' 점 처리됩니다.
(Please do not turn the answer sheet horizontally. No points will be given.)